Bettina Boekle · Michael Ruf (Hrsg.)

Eine Frage des Geschlechts

Bettina Boekle · Michael Ruf (Hrsg.)

Eine Frage des Geschlechts

Ein Gender-Reader

VS VERLAG FÜR SOZIALWISSENSCHAFTEN

VS Verlag für Sozialwissenschaften
Entstanden mit Beginn des Jahres 2004 aus den beiden Häusern
Leske+Budrich und Westdeutscher Verlag.
Die breite Basis für sozialwissenschaftliches Publizieren

Bibliografische Information Der Deutschen Bibliothek
Die Deutsche Bibliothek verzeichnet diese Publikation in der Deutschen Nationalbibliografie;
detaillierte bibliografische Daten sind im Internet über <http://dnb.ddb.de> abrufbar.

1. Auflage Juli 2004

Alle Rechte vorbehalten
© VS Verlag für Sozialwissenschaften/GWV Fachverlage GmbH, Wiesbaden 2004

Lektorat: Frank Engelhardt / Nadine Kinne

Der VS Verlag für Sozialwissenschaften ist ein Unternehmen von Springer Science+Business Media.
www.vs-verlag.de

Umschlaggestaltung: KünkelLopka Medienentwicklung, Heidelberg

Gedruckt auf säurefreiem und chlorfrei gebleichtem Papier

ISBN-13:978-3-531-14271-5   e-ISBN-13:978-3-322-80575-1
DOI: 10.1007/978-3-322-80575-1

Für Silmara, Sérgio, Fernanda und Vera
&
für Christa und Helmut

Inhalt

V. Kultur und Medien

VI. Gender meets ‚Race'

VII. Gender - jenseits von Heterosexualität

Vorwort

Bettina Boekle, Michael Ruf

1. Entstehungsgeschichte

Der vorliegende Band ist aus der Arbeit des Genderforums Berlin entstanden. Was ist das Genderforum? ...werden Sic sich am Beginn dieses Buches, vielleicht auch schon beim Lesen des Einbandes, fragen. Wir haben eine dreijährige Vorgeschichte, genauer gesagt bestehen wir, eine parteiübergreifende Gruppe von ca. 20 Berliner Jungforscherinnen und Jungforscher, seit Ende 2001. Unser zentrales Anliegen bei der Beschäftigung mit dem Thema Gender ist es, nicht nur getrennt Frauen- und Männerperspektiven zu beleuchten, sondern darüber hinaus in das „dazwischen" mehrerer Geschlechterperspektiven zu blicken. Auf diesem Weg wollen wir unserer jeweils eigenen Definition von Gender auf die Spur kommen.

Wir sind in unterschiedlichen wissenschaftlichen Fachbereichen beheimatet. Diese Interdisziplinarität hat uns geholfen, das Thema Gender in seiner ganzen Bandbreite zu erkunden, von verschiedenen Seiten zu beleuchten, gemeinsam zu diskutieren und festzustellen, dass Gender für uns tatsächlich ein Querschnittsthema darstellt. Bei regelmäßigen Treffen haben wir unsere Forschungsarbeiten vorgestellt, unsere wissenschaftlichen Probleme zusammen erörtert, Referentinnen und Referenten eingeladen, eine öffentliche Abendveranstaltung organisiert und der methodischen Phantasie dabei keine Grenzen gesetzt. Insofern ist der Ihnen vorliegende Gender-Reader in seiner Mehrheit ein Spiegelbild unserer diskutierten Themen und Fragestellungen.

2. Zielrichtung des Gender-Readers

Gender Studies und Feministische Zukunftsforschung, Frauenförderng, Gleichstellungsrichtlinien, Men's Studies, Gender Mainstreaming und Gendertraining... Der Suchlauf im Internet nach Studiengängen und Arbeitsfeldern, die sich mit dem Thema Gender - zu Deutsch: soziales Geschlecht - beschäftigen, geht weiter. Allein in Deutschland gibt es inzwischen mehr als 30 universitäre Forschungseinrichtungen, die zu Gender lehren oder forschen. Noch vor 30 Jahren wäre eine solche Präsenz des Themas an deutschen Universitäten kaum denkbar gewesen. Zum damaligen Zeitpunkt ging es, zumindest im frauenbewegten Spektrum, um die emanzipatorische Erkämpfung grundlegender Rechte von Frauen in Gesellschaft und Politik.

Ab Mitte der 80er Jahre formierte sich in Deutschland eine heterogene Männerforschungsszene mit dem Ziel, männlich konnotierte Standpunkte in die Geschlechterdebatte einfließen zu lassen. Die Arbeitsbereiche reichen von der Auseinandersetzung mit feministischer Theoriebildung über Gay Studies bis hin zu pädagogischen Ansätzen der Männerarbeit.

Feministinnen der 68er Generation beklagen gegenwärtig, die junge, weibliche Generaton von heute würde die Rechte, die ihre Vorreiterinnen erkämpft hätten, als selbstverständlich hinnehmen. Genau diese Generation von Frauen vermeidet es größtenteils, sich als feministisch zu bezeichnen, selbst wenn sie - objektiv gesehen - ihre Emanzipation selbstverständlich lebt und rechtlich in Anspruch nimmt. Gender-Unaufgeklärte verstehen das Adjektiv feministisch als weibliche Kampfansage und die Beschäftigung mit Männerthemen durch Männer als Gefühlsdudelei.

Dennoch und trotz all dieser Haltungen und Vorurteile gegenüber dem Thema Geschlecht und ihrer Vertreterinnen und Vertreter beschäftigen sich in diesem Gender-Reader 18 Jungautorinnen und Jungautoren genau damit, mit der Frage des Geschlechts. Warum?

Uns interessieren z.B. folgende Fragen: Sitzt das Thema Gender nach einer weithin erkämpften Gleichberechtigung für Frauen von heute durch die ‚lila Großmütter' und der Geburt des ‚neuen' Mannes in einer Sackgasse, in der das Thema Geschlecht niemanden mehr interessiert und alles schon Schnee von gestern ist? Besteht die Gefahr, dass wir bei der Beschäftigung mit Gender in den vorherrschenden Kategorien männlich versus weiblich verharren und doch nur eine alte Debatte wiederbeleben, die lediglich das Aushängeschild Gender trägt (‚Etikettenschwindel')?

Wir möchten in diesem Gender-Reader einen Beitrag dazu leisten, folgende *Grundhaltungen* zu thematisieren:

- Die feministische Debatte um tatsächliche Gleichstellung von Frauen *und* Männern darf nicht allein in der „Frauenförderecke" verharren und nur von Frauen geführt werden. Ansonsten geht es tatsächlich nur um „alten Wein in neuen Schläuchen".

- Vielmehr fordern wir ein sichtbar machen (*making visible*) von Geschlecht in den unterschiedlichsten gesellschaftlichen Bereichen durch interdisziplinäres wissenschaftliches Arbeiten.
- Unser Gleichheitsverständnis verlangt eine Auseinandersetzung nicht nur mit bestehenden „typisch weiblichen" und „typisch männlichen" Rollenzuschreibungen. Genau diese wollen wir sowohl bei anderen, als auch bei uns als Forschende selbstreflektierend unter die Lupe nehmen.
- Wir möchten mit unseren Beiträgen zu den Themenbereichen Politik, Gesundheit, Bildung, internationale Zusammenarbeit, Kultur und Medien eine veränderte, geschlechtssensible Perspektive auf bereits vorhandene und vielseitig diskutierte Themen eröffnen.
- Geschlecht zeigt sich in den Beiträgen als gesellschaftlich konstruiert, nicht als natürlich gegeben.

Wir wünschen unserem Lesepublikum die Erkenntnis, dass das soziale Geschlecht, egal bei welchem Thema, eine hohe Relevanz besitzt, dass *Gender matters*. Dabei ist unser Anliegen, innovative Ansätze und Ansichten junger Forschenden einer breiteren Öffentlichkeit zugänglich zu machen, die sich zügig einen fundierten Überblick über das Thema Gender verschaffen möchte. Hierfür fanden wir den Ausdruck des „Readers" passend. Wir hoffen so, nicht nur uns selbst, sondern auch unserem Lesepublikum Denkanstöße zu geben und das Thema Gender aus der reinen Wissenschaftswelt heraus und hinein ins gesellschaftliche Denken und Geschehen zu tragen. Hinter diesem Ziel steckt unser Wunsch, in irgendeiner Form zu einem Wandel von heutigem Denken bezüglich der Geschlechtsidentitäten von Menschen und zu einem Wandel der oben skizzierten Vorurteilshaltung dem Thema gegenüber beizutragen.

Das *Thema Wandel* ist somit das Leitmotiv unseres Bandes und bildet trotz der inhaltlichen Spannbreite des Readers implizit einen roten Faden. Wandel als zentrales Motiv taucht in unseren Beiträgen nicht nur in der veränderten Thematisierung von biologischem (Sex) versus sozial konstruiertem Geschlecht (Gender) auf. Wandel als Motiv bestimmt auch den Charakter des Begriffs Gender an sich. Gender kann feststehende Gesellschaftsstruktur und Kategorie sein, kann aber auch den Prozess eines permanenten *Doing* und *Undoing* von Gender durch uns alle beschreiben. Die Autorinnen und Autoren selbst geben aufgrund ihrer unterschiedlichen Disziplinen dem Phänomen Gender nach und nach Gestalt.

3. Aufbau des Buches

Der Band, der dem zeitlichen und kontextbezogenen Wandel von Gender nach-
spürt, gliedert sich mit 17 Artikeln in sieben thematisch geordnete Kapitel. Im
Folgenden finden Sie eine kurze, kommentierte *Inhaltsübersicht*.

Im ersten Kapitel *Gender - Idee, Konzept und Implementierung* möchten wir
grundlegende Fragen in Bezug auf Gender stellen, die beim Lesen der nachfolgenden Artikel aus einzelnen Fachdisziplinen hilfreich sein können.
   Klaus Schwerma und *Andrea von Marschall* ermöglichen in ihrem Artikel
*Vom Mauerblümchen zum Straßenfeger - Geschlechtliche Gleichstellung als
Querschnittsaufgabe in Organisationen und Unternehmen* einen generellen Ein-
stieg in das Thema Gender Mainstreaming. Dabei greifen sie nicht nur dessen
Geschichte auf, sondern unterziehen Gender Mainstreaming auch einer kriti-
schen Würdigung im Bezug auf männlich geprägte Identitäten.
   Willi Walter greift die von Schwerma und von Marschall angebrachte Kritik
an Gender Mainstreaming in Bezug auf Männer- und Frauenperspektiven auf
und spitzt diese zu, indem er herausstellt, dass Frauenforschung oft in Genderforschung umbenannt wird, ohne die männliche Perspektive mit einzubeziehen.
Konkret zeigt er an den Beispielen eines Genderlexikons und am Diskurs zu
Häuslicher Gewalt, wie das Geschlecht der Männer auf der Ebene der Forschungsinhalte und das Geschlecht der Frauen auf der Ebene der forschenden
Subjekte verschwindet.
   Uta Kletzing setzt die vorangegangen Überlegungen von Gender Mainstreaming als Konzept der Gleichstellung in Bezug zur Frage der konkreten
Implementierung desselben. In *Mit Gender Budgeting zum geschlechter-
gerechten Haushalt* beschreibt die Autorin, warum Gender Budgeting ein un-
verzichtbares Element der Strategie des Gender Mainstreaming ist.

Das zweite Kapitel *Arbeit* thematisiert auf zweierlei Weise, inwieweit der Arbeitsmarkt ein Raum für geschlechterspezifische Thematiken ist.
   Lena Hipp stellt in ihrem Beitrag *Teilzeitarbeit - von einer geschlechtsspezifischen Arbeitsmarktfalle zu einer Brücke für Männer und Frauen auf dem
Arbeitsmarkt?* dar, dass die Regulierung von Teilzeitarbeit in den vergangenen
drei Jahrzehnten einen erheblichen quantitativen und qualitativen Wandel auf
dem Arbeitsmarkt für Männer und Frauen bewirkt hat. Ob dieser Wandel für
Frauen und Männer positiv oder negativ zu bewerten ist, erörtert die Autorin
ebenfalls.
   Marc Gärtner und *Vera Riesenfeld* beschäftigen sich in ihrem Beitrag *Geld
oder Leben?* mit der Lebensgestaltung und den Vereinbarkeitsproblemen von

Männern unter veränderten Arbeitsmarktbedingungen. Sie untersuchen die Bedeutung der Umbrüche auf den Arbeitsmärkten für die Lebens(findungs)-konzepte von Männern. Dabei hinterfragen der Autor und die Autorin ebenso die Gültigkeit hegemonialer Leitbilder von Männlichkeit in unserer Gesellschaft als auch den ausschließlichen Bezug und die Bewertung von Menschen aufgrund ihrer Erwerbsarbeit.

Das dritte Kapitel besteht aus drei Beiträgen zu den Themen *Gesundheit, Erziehung und Bildung.*

„Männer sterben früher und auch Frauen haben Herzinfarkt." Zu dieser Aussage kommt *Brigitte Sorg* in ihrem Beitrag, der das Zusammenspiel von Gesundheit und Geschlecht diskutiert. Denn eine angemessene medizinische Versorgung beider Geschlechter setzt differenzierte wissenschaftliche Erkenntnisse über Männer und Frauen voraus, nicht aber eine geschlechtsneutrale oder weitgehend an Männer orientierte Forschung, wie oft in der Gesundheitsforschung praktiziert.

Ebenfalls um Gesundheit geht es in dem Beitrag *HIV/AIDS und Gender* von *Michael Ruf.* Wurde HIV/AIDS anfangs als Bedrohung für homosexuelle Männer gesehen, sind heute weltweit Frauen und Männer gleichermaßen betroffen. Folgende Fragen werden gestellt: Inwiefern kann von geschlechtsspezifischer Gefährdung einer HIV-Infektion die Rede sein? Wie muss die Kategorie Gender in die Präventionsarbeit einbezogen werden?

Gender im (Re)Konstruktionsprozess: Perspektiven geschlechtsbezogener Bildung lautet der Beitrag *von Martina Busche.* Nach einem kurzen Überblick über das Feld der geschlechtsbezogenen Pädagogik geht die Autorin auf Geschlechterkonstruktionen unterschiedlicher Bildungskonzepte (mit Schwerpunkt auf Jungenbildung) ein. Leitende Fragen dabei sind, wie die aktuelle Gender-Debatte um Geschlecht und eine Kritik an binären Geschlechterverhältnissen in Bildungsansätze einfließt und welche Transformationsprozesse durch die Einbeziehung geschlechtskritischer Ansätze angeregt werden.

Weg aus dem bundesdeutschen Blickfeld bewegen wir uns in Kapitel vier, das mit drei Artikeln dem *Internationalen Kontext und der Entwicklungszusammenarbeit* gewidmet ist.

Catrin Becher ermöglicht in *Gender: Ein ökonomisch-technischer Begriff für politische Prozesse in der Entwicklungszusammenarbeit?* nicht nur einen generellen Überblick über die Entwicklung von Gender in der Entwicklungszusammenarbeit, sondern thematisiert auch das Verhältnis von (globaler) Frauenbewegung und bi- bzw. multinationalen Akteuren in der Entwicklungszusammenarbeit. Dabei kritisiert die Autorin eine zunehmende Entpolitisierung,

Technokratisierung und Bürokratisierung von Entwicklung, die weit von den Menschen entfernt ist, die diese Politik eigentlich betrifft.

Bezugnehmend auf den Paradigmenwechsel von rein frauenzentrierten zu genderorientierten Ansätzen in der Entwicklungstheorie und im entwicklungstheoretischen Diskurs, untersucht *Daniela Hrzan* in *TOSTAN: Eine Herausforderung für die Entwicklungstheorie?* welcher Stellenwert traditionellen kulturellen Praktiken, insbesondere weiblicher Genitalverstümmelung, zugewiesen wurde. Dabei interessiert sie vor allem der Zusammenhang zwischen genderorientierten Ansätzen und Programmen, die ausdrücklich Kultur thematisiert haben, sowie feministische Stimmen innerhalb der postkolonialen Theorie.

Welche Rolle spielen Gender und Feminismus in Brasilien? *Bettina Boekle* geht in ihrem Beitrag *Rechte nicht nur auf Papier: Wie brasilianische Gleichstellungsabteilungen im Großraum São Paulo Worte in Taten verwandeln* davon aus, dass sich im Rahmen der Demokratisierungsprozesse in den letzten 20 Jahren nennenswerte Rechtsveränderungen für brasilianische Frauen ergeben haben. Dass diese aber nicht unbedingt auch gesellschaftliche Rollenveränderungen bewirken und deshalb politische Umsetzungsalternativen geschaffen werden müssen, wird anhand der Arbeit von städtischen Gleichstellungsabteilungen in São Paulo/Brasilien gezeigt.

Im fünften Kapitel *Kultur und Medien* finden sich zwei Beiträge zu Film und einer zum Thema Internet.

In *Mythos „Femme fatale": zur medialen Inszenierung weiblicher Leidenschaft im Film* hält *Stephanie Catani* fest, wie in Bezug auf die gegenwärtige Darstellung erotischer Verführung und sexueller Libido im Medium Film häufig deutlich geschlechtsspezifische Unterschiede zu verzeichnen sind. Ein Blick auf die Geschichte der Kinoleinwand vor dem Hintergrund der theoretischen Debatte soll nicht nur die stereotypen Muster einer spezifischen Inszenierung von Weiblichkeit offen legen, z.B. repräsentiert durch die Femme fatale. Vielmehr zeigt die Autorin auch erste Schritte einer Relativierung der tradierten Bilder, welche die unbestrittene Faszination des Mediums Film in keiner Weise beschneiden muss.

Johanna Vollhardt beschäftigt sich mit dem *Einfluss des Faktors Geschlecht auf die Filmpräferenz*. Ausgehend von dem empirischen Befund, dass Menschen jene Filme präferieren, in denen sie sich aufgrund von Ähnlichkeiten mit der Hauptfigur identifizieren können, wirft die Autorin die Frage auf, ob nicht die Darstellung der Geschlechter im Film die Entstehung von Präferenzen beeinflusst. So zeigen Studien, dass Sehpräferenzen sich ändern, wenn die Zuordnung des Geschlechts der Hauptfiguren zu den Genres weniger stereotyp ist. Dies wird als Hinweis auf die soziale Konstruktion von Präferenzen gesehen.

In die Welt des Internets entführt uns *Vanessa Watkins* mit ihrem Beitrag *Der Cyberspace als Spielwiese der Geschlechterkonstruktion*. Cyberfeminismus ist ein Label für einen genderbezogenen Diskurs im Internet und erforscht die Überschneidungsbereiche zwischen Genderidentität, Körper, Kultur und Technologie. Die Autorin setzt sich mit der neuen Informationstechnologie kritisch auseinander. Cyberfeministinnen erforschen das Potenzial der neuen Technologie, um stereotypen Geschlechtszuschreibungen zu entgehen und weg vom Mythos der „männlichen" Technik zu kommen.

Kapitel sechs *Gender meets Race* behandelt die Verschränkung der Kategorien Geschlecht und ‚Rasse'.

Sushi und Muskeln. Zur Intersektionalität von ‚Rasse' und ‚Geschlecht'. *Anja Michaelsen* geht der Frage nach, inwiefern die Kategorien ‚Rasse' und ‚Geschlecht' zusammen gedacht werden können. Mit Hilfe feministischer Repräsentationskritik und Bildanalysen der Cultural Studies soll anhand zweier Beispiele gezeigt werden, wie sich Repräsentationen von Weiblichkeit und von Männlichkeit mit Zuschreibungen zu einer bestimmten (asiatischen) ‚Rasse' überlagern und zu je spezifischen Geschlechterbildern führen. Diese werden im Kontext zeitgenössischer ‚globalisierter' Konsumkultur untersucht.

Michael Ruf entwickelt in seinem Beitrag *Gender plus Race* ähnliche Grundannahmen von Anja Michaelsen in Bezug auf den Hollywood-Film weiter. In ihrer feministischen Filmtheorie propagierte Laura Mulvey, wie das Mainstream-Kino für einen „männlichen Blick" gemacht ist. Ausgehend von diesem Ansatz zeigt der Artikel die Begrenztheit einer reinen Gender-Analyse, ohne andere Kategorien in die Untersuchung mit aufzunehmen. Anhand konkreter Filmbeispiele wird deutlich, wie sich Ergebnisse potenzieren, relativieren, umkehren oder erheblich differenzieren, betrachtet man die filmischen Texte durch eine Gender-Brille *und* hinsichtlich des Differenzmerkmals „Race".

Das letzte Kapitel widmet sich dem für die in der Genderdebatte wichtige Diskussion um *Gender - jenseits von Heterosexualität*.

Eine heterosexuelle Sicht auf die Welt ist in vielerlei Hinsicht einschränkend, meint *Dieter Dorn*. Der Autor erläutert in seinem Beitrag zu *Bi-, Poly- und Multi-Sexualitäten* die Entdeckung bisexuellen Verhaltens durch die Sexualwissenschaft. Der Artikel erläutert Konzepte bi- und multisexueller Identitäten sowie die sich daraus ergebende geschlechterpolitische Bedeutung sexueller Identität. Ein einführender Artikel zum Thema „sexuelle Orientierung", der klassische Konzepte der Sexualwissenschaft sowie neue empirische Studien beinhaltet.

Im Gegensatz zu den Beiträgen der einzelnen Teilbereiche des Buches lassen wir im Nachwort nicht eine junge Wissenschaftlerin oder einen jungen Wissenschaftler zu Wort kommen, sondern eine in unseren Augen überparteilich und multidisziplinär anerkannte Persönlichkeit: *Frau Prof. Dr. Rita Süssmuth*. In ihrem Beitrag legt Frau Süssmuth exemplarisch an der derzeitigen Debatte zu Gender Mainstreaming ihre Sichtweise zu Geschlechterfragen dar.

Wir hoffen und wünschen uns, dass Sie im Folgenden ähnlich begeisternde Erfahrungen mit dem Thema Gender machen, wie wir diese bei der Diskussion, Bearbeitung und Zusammenstellung der Beiträge hatten.

An dieser Stelle möchten wir all jenen danken, die uns beim Herausgeben des Gender-Readers tatkräftig und ausdauernd unterstützt haben. Vor allem danken wir den Autorinnen und Autoren dieses Buches für die Bereitschaft, ihre wissenschaftlichen Erkenntnisse und Forschungsergebnisse einer breiteren Öffentlichkeit zur Verfügung zu stellen - und für ihr Vertrauen, mit dem sie sich auf unser Projekt eingelassen haben.

Bettina Boekle und Michael Ruf
Berlin, im Mai 2004

I.
Gender -
Idee, Konzept und Implementierung

Vom Mauerblümchen zum Straßenfeger?
Geschlechtliche Gleichstellung als Querschnittsaufgabe in Organisationen und Unternehmen
Klaus Schwerma, Andrea von Marschall

1. Einleitung

Wenn wir bei der Suchmaschine *Google* den Suchbegriff „Gender Mainstreaming" eingeben, erscheinen inzwischen 710.000 Einträge. Vor zwei Jahren waren es noch 30.000, vor drei Jahren 10.000 und vor fünf Jahren war das ein Begriff, den kaum jemand kannte. Gender Mainstreaming ist ein Modebegriff, und mit diesem Begriff wird (politische) Wirklichkeit gestaltet. Wir werden im Folgenden eine Annäherung an den Begriff und an das Phänomen Gender Mainstreaming vornehmen:

1. Beginnen werden wir mit einer Hinführung: Was ist Gender Mainstreaming? - Begriffserklärung, politisch-historische Wurzeln und Umsetzung.

2. Die Implementierung von Gender Mainstreaming demonstrieren wir an zwei praktischen Beispielen. Neben der Bestimmung als Querschnittsaufgabe in allen Bereichen von Organisationen halten wir die Einbeziehung von Männern als Akteure und Adressaten von Gleichstellung[1] für ein wichtiges Merkmal des Paradigmenwechsels im Gleichstellungsprozess.

---

[1] Wenn wir in diesem Artikel vereinfachend von Gleichstellung sprechen ist immer die geschlechtliche Gleichstellung gemeint.

3. Anschließen werden wir einen Teil über die Bedeutung von Gender Mainstreaming für Männer, weil wir dies für eine entscheidende Fragestellung für erfolgreiches Realisieren von Gender Mainstreaming halten.

4. Im vierten Teil unseres Artikels stellen wir die wichtigsten inhaltlichen/ politischen Kritikpunkte aus unserer Erfahrung in Gender-Trainings und Implementierungsprozessen heraus. Hieraus leiten wir Vorschläge ab, wie einige der Fallen von Gender Mainstreaming umgangen werden können.

2. Was ist Gender Mainstreaming?

Gender Mainstreaming ist ein Verfahren zur Verwirklichung von Geschlechtergerechtigkeit.

Der Begriff Gender kommt aus dem Englischen, das sprachlich zwischen „sex", dem biologischen Geschlecht und „gender, dem sozialen Geschlecht unterscheidet.

SEX meint das biologische Geschlecht, hingegen GENDER das soziale, kulturell bedingte Geschlecht, Rollen, Rechte und Pflichten von Frauen und Männern[2]. Soziale Unterschiede sind erlernt, d.h. können sich ändern. In unterschiedlichen Kulturen gibt es verschiedene Ausprägungen der Geschlechterrollen. MAINSTREAMING meint den „Hauptstrom", die Mitte der Gesellschaft, die durchdrungen und verändert wird. Schon aus dieser Worterklärung lässt sich ableiten, dass Gender Mainstreaming bedeutet, dass die Frage der Geschlechterrollen in den Hauptstrom unserer Gesellschaft gehört, und alle politischen und sozialen Anliegen unter dem Aspekt Gender betrachtet werden müssen. Alles Handeln und Denken in Politik und Verwaltung soll sich mit den Auswirkungen auf Männer und Frauen auseinandersetzen. Das bisherige Sonderthema der Frauenfrage wird zum Hauptthema Geschlechterfrage. In Anlehnung an eine Metapher der Gender Mainstreaming Expertin Dr. Barbara Stiegler (2000) verstehen wir Gender Mainstreaming als den Strang eines Zopfes (von verschiedenen Entscheidungs-prozessen) statt einer bisherigen verzierenden Schleife:

„Vergleicht man Entscheidungsprozesse in Organisationen nach dem Flechten eines Zopfes, waren die bisherigen Stränge Sachgerechtigkeit, Machbarkeit und Kosten. Wenn überhaupt wurde zum Schluss die Frage gestellt, in welcher Weise Frauen und Männer unterschiedlich betroffen sein könnten. Der fertige Zopf bekam also am Ende noch eine kleine Schleife. Gender Mainstreaming (GM) dagegen bedeutet, dass die Frage der Geschlechterverhältnisse ein wesentlicher Strang im Zopf ist. Alle Entscheidungen sind also von Anfang an durch GM geprüft."

---

2 An dieser Stelle sei hier nur erwähnt, dass diese Unterscheidung wird in der gegenwärtigen Diskussion v.a. aus dekonstruktionistischer Perspektive in Frage gestellt wird. Judith Butler, eine der prominentesten VertreterInnen betont, dass Sex schon eine Gender Kategorie sei, die kulturell hergestellt wird (Butler 1991).

Der Europarat hat Gender Mainstreaming 1998 wie folgt definiert:

„Gender Mainstreaming besteht in der (Re-)Organisation, Verbesserung, Entwicklung und Evaluierung der Entscheidungsprozesse mit dem Ziel, dass die an politischer Gestaltung beteiligten Akteurinnen und Akteure den Blickwinkel der Gleichstellung zwischen Frauen und Männern in allen Bereichen und auf allen Ebenen einnehmen."[3]

Konkret bedeutet Gender Mainstreaming bei allen Planungs- und Entscheidungsschritten immer zu überprüfen:

• Wie sieht in dem betreffenden Bereich das Geschlechterverhältnis aus? Ein Politikfeld, eine Organisation und ihre Produkte (auch Dienstleistungen) werden im Ist-Zustand analysiert.

• Wie wirkt sich das geplante Vorhaben auf die Situation von Frauen und Männern aus?

Dem liegt die These zugrunde, dass es kein geschlechtsneutrales Handeln und keine geschlechtsneutralen Politikentscheidungen gibt. Ziel ist es, auf eine tatsächliche Gleichstellung der Geschlechter hin zu wirken. Alle Maßnahmen sollen einen Beitrag zur Förderung der Gleichstellung von Frauen und Männern leisten. Gender Mainstreaming bezieht sich als Strategie auf Entscheidungsprozesse in Politik, Wirtschaft und Verwaltung und soll auf allen Politikebenen realisiert werden.

Gender Mainstreaming ersetzt nicht die politische Auseinandersetzung darüber, in welche Richtung die Geschlechterverhältnisse verändert und politisch gestaltet werden müssen. Gender Mainstreaming ersetzt auch nicht die bisherige Frauenförderpolitik, sondern ergänzt sie im Sinne einer Doppelstrategie. Das BMFSFJ[4] (2003: 30) definiert dies so:

„Gender Mainstreaming und Frauenpolitik werden beide eingesetzt, um die Gleichstellung der Geschlechter zu erreichen. Gender Mainstreaming ist dabei die Strategie, um geschlechtsspezifische Ausgangspositionen und Folgen einer Maßnahme zu bestimmen. Werden hierbei Benachteiligungen von Frauen oder von Männern festgestellt, sind Frauenpolitik bzw. Männerpolitik die einzusetzenden Instrumente, um der jeweiligen Benachteiligung entgegen zuwirken."

---

3 Definition Gender Mainstreaming des Europarates 1998, Zitiert nach der Übersetzung von Mückenberger und Tondorf (2001: 7)
4 Bundesministerium für Familie, Senioren, Frauen und Jugend

Historisch lässt sich Gender Mainstreaming aus drei Wurzeln ableiten:

Abbildung 1: Historische Herleitung von Gender Mainstreaming
Quelle: eigene Darstellung Schwerma, von Marschall

1985:
Gender Mainstreaming wird auf der Weltfrauenkonferenz der UN in Nairobi als
Strategie vorgestellt. Es wird gefordert, dass in der Entwicklungsarbeit die Position der Frauen gestärkt werden soll. Dem ging in den 80er Jahren eine Kritik
an den bisherigen Ansätzen der Entwicklungshilfe voraus, die zu der Erkenntnis
führte, dass Geschlechterverhältnisse vor Ort unbedingt berücksichtigt werden
müssen, um Projekte erfolgreich verwirklichen zu können.
80er Jahre:
In den USA wird der v.a. im Bereich Organisations- und Unternehmensberatung
Ansatz „Management Diversity" entwickelt, der dazu dient, soziokulturelle
Vielfalt und Verschiedenheit in Organisationen und Unternehmen anzuerkennen
und fruchtbar zu machen, meist im Sinne einer ressourcenorientierten Unter-
nehmenspolitik.
1995:
Auf der Weltfrauenkonferenz in Beijing wird in der Abschlussplattform die
weltweite Realisierung von Gender Mainstreaming gefordert, d.h. die bisherigen
Ansätze der Frauenförderung und -gleichstellung sollen durch ein Prinzip er-
gänzt werden, das die Geschlechterfrage zur Handlungsleitlinie allen politischen
Handelns macht. Es wird explizit formuliert, dass sowohl Männer als auch
Frauen für die Gleichstellung zuständig sind, und dass beide Geschlechter einen
Entwicklungsbedarf haben.

1996 hat sich die EU erstmalig verpflichtet, Gender Mainstreaming in alle
Maßnahmen und Konzepte einzubinden[5]. 1999 wird die Gemeinschaft im Amsterdamer Vertrag zur Umsetzung der geschlechtlichen Gleichstellung als über-
geordnetes Ziel verpflichtet.

---

5 Mitteilung der Kommission: Einbindung der Chancengleichheit in sämtliche Konzepte und Maßnahmen der Gemeinschaft, KOM (96) 67 endg. vom 21.2.1996

„Bei allen in diesem Artikel genannten Tätigkeiten wirkt die Gemeinschaft darauf hin, Ungleichheiten zu beseitigen und die Gleichstellung von Männern und Frauen zu fördern."[6]

Gender Mainstreaming wird sukzessive auf immer mehr Ebenen politisch, juristisch und administrativ[7] verankert. Viele Fördergelder sind inzwischen an die verbindliche Realisierung des Gender Mainstreaming gekoppelt. Europäischer Vorreiter war Schweden. Modellhaft wurde Gender Mainstreaming in Deutschland zuerst in Sachsen-Anhalt umgesetzt. Weltweit wurde Gender Mainstreaming zuerst in entwicklungspolitischen Organisationen und auf UN-Ebene (UNDP, OECD, ILO, WHO u.a.) umgesetzt.

3. Implementierung von Gender Mainstreaming

Gender Mainstreaming wird mit unterschiedlichsten Methoden, aber oft nach dem gleichen Arbeitsprinzip realisiert:

- Als Top-Down-Ansatz (wie Diversity Management auch) muss die oberste Führung (einer Regierung, Firma oder einer NGO) beschließen, dass Gender Mainstreaming realisiert werden soll und wie viele Ressourcen dafür eingesetzt werden.
- Das in der Organisation vorhandene Datenmaterial (über Kund/-innen und Mitarbeiter/-innen) wird nach Gender-Gesichtspunkten ausgewertet und es werden ggf. neue Daten erhoben (oft wissen wir in bestimmten Sachgebieten fast nichts über die geschlechtliche Verteilung oder nur etwas über ein Geschlecht).
- Gleichstellungsziele werden festgelegt und deren Realisierung in nachvollziehbaren Schritten geplant.
- Alle Beteiligte durchlaufen ein Gender-Training, um ihre Sensibilität in Bezug auf Geschlechterfragen zu schulen und ihr Wissen über Geschlechtsrollen zu erweitern (dieser Schritt kann auch an zweiter Stelle stehen).
- Gender Mainstreaming wird umgesetzt und die Implementierung wird laufend evaluiert. Oft wird in einem Bereich mit einem Pilotprojekt gestartet,

---

6 Artikel 3 Abs.2 EG Vertrag (konsolidierte Fassung)
7 Z. B. heißt es in den beschäftigungspolitischen Leitlinien der EU, Leitlinie 19:
„Daher werden die Mitgliedstaaten einen Gender-Mainstreaming-Ansatz bei der Umsetzung der Leitlinien der vier Grundsäulen zugrunde legen. Im Hinblick auf eine aussagekräftige Bewertung der mir dem Mainstreaming erzielten Fortschritte haben die Mitgliedstaaten dafür zu sorgen, dass geeignete Datenerhebungssysteme und –verfahren zur Verfügung stehen." (Bundesregierung 1999: 26)

um übertragbare Verfahrensweisen herauszuarbeiten und auch um die Beteiligten in anderen Bereichen zu motivieren.

- Anhand der Zwischenergebnisse werden Kurskorrekturen vorgenommen.
- Am Ende steht die Gesamtevaluation, Dokumentation und Veröffentlichung.
- Sehr oft wird die Implementierung von Gender Mainstreaming mit Schritten einer Verwaltungsreform gekoppelt.
- Neben dem Top-Down-Prinzip ist es weiterhin notwendig, dass alle Mitglieder einer Organisation an der Implementierung beteiligt sind und gehört
  werden.

Menschen, die solche Prozesse schon durchlaufen haben, berichten häufig, dass
sie anfänglich nicht das Thema überzeugt hat, sondern die Möglichkeit, ressortübergreifend mit allen Hierarchieebenen in einen Austausch über die gemeinsame Arbeit zu treten. Bei vielen Personen stellen sich Überraschungseffekte ein
- „soviel wurde lange nicht mehr über Männer und Frauen nachgedacht." Die
gemeinsame Verantwortung für diesen Prozess von Männern und Frauen wird
positiv erlebt. Oftmals gibt es Aha-Momente, wenn Benachteiligung oder erschwerte Zugangsbedingungen für Männer herausgearbeitet werden. Häufig
wird auch gestöhnt, wenn erkennbar und mit Zahlen belegbar wird, dass die
Gleichstellung von Frauen nicht weit fortgeschritten ist.

3.1 Erfahrungen aus dem Gender Mainstreaming Prozess

Es ist noch zu früh, um umfassende Schlüsse aus dem praktischen Prozess des
Gender Mainstreamings ziehen zu können. In vielen Bereichen ist Gender Mainstreaming bisher noch nichts weiter als ein Vorhaben, eine Absichtserklärung,
bestehend aus Strategiepapieren mit den Forderungen „sollte" und „müsste".
Von einer alltagspraktischen Umsetzung der Querschnittsaufgabe sind wir noch
weit entfernt. Im privatwirtschaftlichen Bereich wird noch darüber gestritten,
die geschlechtliche Gleichstellung per gesetzlichen Verordnungen oder auf freiwilliger Basis in den Unternehmen umzusetzen. Sollte es hier zu einer gesetzlichen Verpflichtung kommen, könnte Gender Mainstreaming als eine Methode
zur Umsetzung der geschlechtlichen Gleichstellung verankert werden.

Darüber hinaus bietet das neue Betriebsverfassungsgesetz einige Möglichkeiten für eine verbesserte Gleichstellungspolitik. Die Umsetzung des Gleichstellungsgebotes ist hier ausdrücklich als Aufgabe von Betriebsrät/-innen festgehalten. Martini (2003) betont neben vielfältigen Möglichkeiten zur Einflussnahme insbesondere die allgemeine Aufgabenzuweisung in §80 Abs.1 Nr.2a

BetrVG, nämlich „die Durchsetzung der tatsächlichen Gleichstellung von Frauen und Männern, insbesondere bei der Einstellung, Beschäftigung, Aus-, Fort- und Weiterbildung und dem beruflichen Aufstieg, zu fördern". Daneben könne der Betriebsrat im Rahmen der betrieblichen Personalplanung (§92, 92a BetrVG) Vorschläge „insbesondere für die Aufstellung und Durchführung von Maßnahmen zur Förderung der Gleichstellung von Frauen und Männern" machen. Die Ausgestaltung wäre durch Beratung und gezielte Gender-Analysen herauszuarbeiten. Gender Mainstreaming Verfahren sind also durchaus in der Privatwirtschaft rechtlich anschlussfähig. Dies wird aber auch im Wesentlichen von dem Informationsstand und dem politischen Willen der Akteure und Akteurinnen abhängen.[8] Hier sind insbesondere die Betriebsrät/ innen gefragt.[9]

Davon abgesehen gibt es privatwirtschaftliche Initiativen zumeist großer Unternehmen im Rahmen von Qualitätssicherungs- und Zertifizierungsmaßnahmen wie *work-life-balance* oder *total e-quality*.

Im öffentlichen Bereich gibt es viele Verpflichtungen und Festschreibungen, Gender Mainstreaming durchzuführen, ohne dass im Einzelnen geklärt wäre, wie die konkrete Umsetzung aussehen soll. Beispielsweise sind Gelder aus dem europäischen Sozialfond (ESF) daran gekoppelt, ob eine geschlechtliche Gleichstellungsperspektive eingenommen und Maßnahmen zu ihrer Verbesserungsmaßnahmen enthalten sind.[10] Im Kinder- und Jugendplan der Bundesregierung ist Gender Mainstreaming als Querschnittsaufgabe vorgeschrieben.[11] Die Bundesregierung „gendert" sich und einzelne Bundesländer wie z.B. NRW, Niedersachsen, Berlin, Sachsen-Anhalt[12]. Zumeist werden einzelne Pilotprojekte durchgeführt, um erste Erfahrungen zu sammeln. Mit Ausnahme dieser Bundes- oder Landesprojekte beschränkt sich Gender Mainstreaming oftmals noch auf Informationsveranstaltungen und Gender-Trainings für die Mitarbeitende, auch wenn in allen Umsetzungspapieren betont wird, dass Gender Mainstreaming sich gerade nicht auf Gender-Trainings beschränken sollte.

Unabhängig davon, wie im Einzelnen Gender Mainstreaming umgesetzt wird, sind nach unseren Erfahrungen die Trainings eine unverzichtbare Grundlage für die Sensibilisierung einer geschlechtlichen Perspektive der Mitarbeiten-

---

8 siehe auch die DGB Initiative „Chancen - gleich" (www.chancengleich.de)
9 Vgl. (Skrabs 2002) zur Einbeziehung von Gender Mainstreaming in die Tarifpolitik von Gewerkschaften
10 Verordnung (EG) Nr. 1784/1999 des Europäischen Parlaments und des Rates vom 12. Juli 1999, betreffend den Europäischen Sozialfonds Artikel 2, 2c
11 Das Leitprinzip GM ist in I. 1 Absatz 2 c und I. 2 Absatz 2 der allgemeinen Grundsätze der Richtlinien des Kinder-und Jugendplans (RL-KJP) verankert: „Der Kinder- und Jugendplan soll darauf hinwirken, dass die Gleichstellung von Mädchen und Jungen als durchgängiges Leitprinzip gefördert wird (Gender-Mainstreaming)". Siehe auch Kap. II Absatz 6, a-f
12 Für Bundesregierung siehe: www.gender-mainstreaming.net

den. Sie helfen beim Aufdecken von geschlechtsspezifischen Strukturen, Hierarchien und geschlechterdualistischen Zuweisungen und dienen der Verbesserung und Stärkung einer Auseinandersetzungskultur um Geschlechterverhältnisse innerhalb der Organisation. Geschlechterbelange werden meistens als Frauenbelange begriffen. Bisher gibt es oft keinen Ort für eine strukturierte und systematische Auseinandersetzung mit Geschlechterverhältnissen zwischen Männern und Frauen. Dies wird in den Trainings deutlich und kann dann eingefordert werden. Diese Diskussionen sind oft anstrengend und nicht widerspruchsfrei. Dennoch sind sie notwendig, um Prozesse hin zu einer „geschlechtersensiblen" Kultur in Organisationen und Kompetenzen der Mitarbeitenden zu stärken. Unabhängig von dem Bereich und der Organisation ist es von entscheidender Bedeutung, wie die Mitarbeitenden diesen Prozess für sich aufgreifen und bewerten. Durch sie entscheidet sich, ob Gender Mainstreaming ein lebendiger Veränderungsprozess sein kann oder als „Bettvorleger" endet.

3.2 Ein Beispiel für Sensibilisierungsprozesse in einem Gender Training

Auf einem von uns durchgeführten Gender-Training an einer berufsbildenden Schule im Handwerksbereich sollten die Lehrerinnen und Lehrer durch das Bauen eines Standbildes körperlich ausdrücken, wie sie ihre männlichen Schüler erleben. In der Analyse der Übung wurde deutlich, dass die Lehrerinnen und Lehrer die Jungen oftmals als verhaltensgestört und widerständig erleben aber auch ihr starkes Bedürfnis nach Kontakt, Kommunikation und Nähe sehen. Alle Lehrerinnen und Lehrer gaben unterschiedslos an, die wenigen Mädchen, die sie in ihren Berufsschulklassen hätten, so zu verteilen, dass in jeder Klasse wenigstens ein oder zwei Mädchen wären. Dies hätte eine beruhigende Wirkung für die Klasse und würde zu einer sozialeren Verträglichkeit der Jungen führen. In der anschließenden Diskussion wurde deutlich, dass alle dieses Vorgehen verfolgten, ohne dass es mit den anderen Kolleginnen und Kollegen explizit als Strategie abgesprochen war. Es wurde selbstverständlich von der Kommunikationskompetenz der Mädchen ausgegangen. Wie sich die Mädchen dabei fühlten, vereinzelt in einer Jungenklasse zu sein und verantwortlich für die Sozialverträglichkeit der Jungen gemacht zu werden, wurde nicht bedacht. Gleichzeitig verhindern solche geschlechterdualistischen Zuweisungen die Entwicklung von Strategien zur Stärkung der sozialen Kompetenzen von Jungen. Die weitere Diskussion beschäftigte sich mit der Möglichkeit, die Mädchen der Parallelklassen in einer Klasse zu konzentrieren, damit sie sich nicht als Superausnahme erleben und ihre Stellung gegenüber den Jungen gestärkt würde. Auch kamen mögliche jungengerechte Fördermaßnahmen in den Blickpunkt weiterer Überlegungen. Als Ergebnis kann man festhalten, dass die bisherigen Strategien überdacht wurden - zugunsten einer Perspektive, in der die unterschiedlichen Bedürfnisse sowohl für die Mädchen als auch für die Jungen gesucht und beachtet werden.

4. Paradigmenwechsel in der geschlechtlichen Gleichstellungspolitik

4.1 Gleichstellungspolitik ist weiblich

Bisherige Gleichstellungspolitik als Frauenförderpolitik betrachtete Männer als Gruppe, welche die Gleichstellung von Frauen verhinderte oder ihr im Wege stand. Die Einbeziehung von Männern fiel dementsprechend negativ aus - als Verursacher von geschlechtlicher Diskriminierung. Im besten Fall wurden Männer aufgefordert, die Forderungen von Frauen zu unterstützen oder zumindest nicht zu behindern. Ziel war es, Frauen die Möglichkeit zu geben, das zu tun, was Männer schon taten: ebenso erwerbstätig zu sein und Führungspositionen einnehmen zu können. In diesem Punkt unterschied sich die west- und ostdeutsche Gleichstellungspolitik nicht. Die Gleichstellungspolitik der ehemaligen DDR war nur insofern erfolgreicher, als dass Frauen über eine staatliche/ betriebliche Förderung (z.B. durch Kinderbetreuung) eher die Aufforderung und Möglichkeit zur Vollerwerbstätigkeit hatten und v.a. im mittleren Management mehr vertreten waren als in der alten BRD (vgl. Helwig/Nickel 1993).

Gender Mainstreaming begreift Geschlecht als Kategorie, in welcher die Geschlechterverhältnisse aller beteiligten Gruppen analysiert werden. Im Unterschied zu bisherigen Frauenfördermodellen soll Gender Mainstreaming die geschlechtsspezifischen Wirkungen, Benachteiligungen und Defizite für Männer und für Frauen erkennen und abbauen. Damit hat geschlechtliche Gleichstellungspolitik zumindest auf einer theoretischen Ebene nicht mehr nur Frauen als benachteiligte Gruppe im Blick. Männer können hier nicht nur als verursachende Akteure von Ungleichheit, sondern bei analysierten Defiziten auch als Adressaten von Gleichstellungsmaßnahmen wahrgenommen werden. Sie sind damit explizit auch Ziel von und handelnde Subjekte in gleichstellungspolitischen Maßnahmen.

Gleichstellungspolitik ist immer noch Nischen- und nicht Querschnittspolitik. Wie weit wir noch von einem neuen Gleichstellungsparadigma entfernt sind, können alle erleben, die eine Tagung über Gender Mainstreaming besuchen. Bspw. waren bei einer internationalen Tagung über Gender Mainstreaming 2002, organisiert von der Bundeszentrale für politische Bildung, von über 250 Besuchenden höchstens 20 männlich. Eine Veranstaltung des Deutschen Gewerkschaftsbundes/NRW 2003 zur Praxis der betrieblichen Gleichstellungspolitik mit über 160 Teilnehmenden brachte es immerhin auf 12 männliche Teilnehmer. Demgegenüber waren 2002 auf einer Tagung mit mehreren hundert Teilnehmenden des BMBF-Programms *Zukunft der Arbeit* gerade mal ca. 25% Frauen. Zukünftige Lösungen der Gleichstellungsproblematik kamen auf dieser männlich dominierten Tagung gar nicht oder nur in Randgesprächen vor. Es gab auch Ausnahmen. So wurde beispielsweise ein Film über die Zukunft der Arbeit präsentiert: Wir sahen Frauen auf dem Kinderspielplatz, die mit Laptop elegant das Vereinbarkeitsproblem lösten!

In beiden Beispielen spiegelt sich eindrücklich wieder, dass Gleichstellungspolitik immer noch als ,weiblich' angesehen wird. Viele Männer werden nicht erreicht, weil ihre Situation und Belange im Programm nur unzureichend berücksichtigt werden, und weil viele Männer sich nicht angesprochen fühlen. Andererseits werden auf Tagungen zu ,allgemeinen' Fragen wie z.B. Erwerbsarbeit Gleichstellungsperspektiven gar nicht oder nur in der Sonderform ,Frauensache' abgehandelt. Die Abspaltung von geschlechtlicher Gleichstellung als Frauen- und Sonderthema ist Ausdruck und zugleich Methode ihrer Nichtbehandlung auf breiter gesellschaftlicher Ebene. Verstärkt wird dies damit, dass für viele Männer geschlechtliche Gleichstellung immer noch „Frauenkram" ist, mit dem sie nichts zu tun haben wollen. Aus diesem „Frauenkram" auch einen „Männerkram" zu machen, ist eines der wichtigsten Aufgaben und Ziele von Gender Mainstreaming, wenn es denn ein Paradigmenwechsel sein soll. Gender-Trainings und Fördermaßnahmen sollten gerade hier ansetzen: bei der Verbesserung der Wahrnehmung, Einbeziehung und Sensibilisierung von Männern im Gleichstellungsprozess.

4.2 Männer in Gleichstellungsprozesse einbeziehen, um Männer zu fördern

Eine Gleichstellungspolitik, welche die Wirkungen für alle beteiligten geschlechtlichen Gruppen in ihre Analyse einbezieht, kann auch die jeweiligen Wirkungen auf Männer berücksichtigen. Bisherige Gleichstellungsprozesse verlaufen ungleich.

Als weiblich erachtete Attribute, Positionen und Handlungen werden sehr schwer von Männern angenommen, da viele dadurch einen Verlust ihrer männlichen Selbstverständlichkeiten befürchten. Männer, die wegen aktiver Vaterschaft, Partnerschaft, familiärer Pflegeaufgaben, Hausarbeit oder wegen sozialem und gesellschaftlichem Engagement Erwerbsarbeitsunterbrechungen haben oder Teilzeit arbeiten, werden oft als ,Drückeberger, Faulenzer und Weicheier' denunziert. In den Betrieben und Organisationen finden sie selten unterstützen-

de Ansprechpartner und Ansprechpartnerinnen. Frauen- oder Gleichstellungsbeauftragte sind oft nicht bzw. fühlen sich oft nicht zuständig oder werden nicht
als von den Männern zuständig angesehen. Personalchefs sind unwillig, - wenn
sie nicht eigene Erfahrungen mit diesem Thema haben und z.B. selbst in Erzie-
hungszeit waren - und Personal- und Betriebsräte reagieren nicht selten über-
rascht bis verständnislos über solches Begehren. Viele dieser Männer erleben
sich in dieser Situation als Einzelkämpfer und Exoten. Karriereverzicht ist der
Preis für ihr ‚weibliches' Erwerbsmodell.[13]

Weitere Punkte zu Gender Mainstreaming unter der Perspektive einer
gleichstellungsorientierten Männerarbeit können sein:

- Gerade traditionelle Männer erleben diese Prozesse als Auflösung von
  Männlichkeit und reagieren abwehrend mit verstärkter rigider Männlichkeit
  (Schwerma 2000). Dies trägt dazu bei, dass Männlichkeit als „natürlich"
  und nicht veränderbar wahrgenommen wird. Eine spezifische Förderung
  von Männlichkeitskonzepten, welche Frauen zugeschriebenen Positionen
  und Tätigkeiten wie Kindererziehung, Teilzeitarbeit und unterbrochene Be-
  rufsverläufe integrieren, erscheint aus dieser Perspektive sinnvoll.
- Die Förderung von Männern in Pflege- und Erziehungsberufen ist wichtig,
  um die geschlechtsspezifischen Zuweisungen durchlässiger zu machen.
  Männer als Erzieher in Kitas und Grundschulen, Arzt- und Zahnarzthelfer
  bieten Männern nicht nur neue Erfahrungsfelder, sondern auch Kindern und
  Erwachsenen neue männliche Fürsorgevorbilder und -modelle.
- Gender Mainstreaming bietet die Möglichkeit der Infragestellung von
  männlichen Erwerbs- und Karrieremodellen. Welchen Preis zahlen Männer
  für die geschlechterdualistische Arbeitsaufteilung und ihre starke Erwerbsorientierung?
- Gender Mainstreaming kann zu einer verbesserten Wahrnehmung von hierarchischen Geschlechterdifferenzen auf allen Ebenen der Arbeits- und Or-
  ganisationsprozesse beitragen, insbesondere bei den geschlechtsspezifischen
  Bedingungen, Prozessen, Produkten und Folgen von Handeln in öffentlichen Verwaltungen, Betrieben und Organisationen. Darin liegt die Möglichkeit einer „nachhaltigen" und „vorsorgeorientierten" Geschlechterpolitik, welcher kein eindimensionales Geschlechts- und Karrieremodell
  zugrunde liegt.
- Bisherige Männerarbeit und -politik konzentrierte sich auf den Privatbereich (Männergruppen, Therapiegruppen, Vätergruppen) und auf Jungenarbeit. Mit Gender Mainstreaming ist die Infragestellung und Veränderung

---

13 Vgl. z. B. die vorläufigen Ergebnisse aus dem Forschungsprojekt „Work Changes Gender"
(www.work-changes-gender.org)

von männlichen Strukturen im Berufs- und Organisationsbereich angelangt, einem „Kernbereich" männlicher Identität und damit nicht so leicht ignorierbar. Es ist nicht mehr Privatangelegenheit einiger „Softis" und „Weicheier", sondern „Chefsache".

▪ „Vergeschlechtlichung" von Männern: Die gesellschaftliche Konstruktion von Geschlecht beinhaltet nicht nur die geschlechterdualistische Aufteilung der Welt, sondern auch die Tendenz, Geschlechtlichkeit insgesamt als „weiblich" wahrzunehmen und Männlichkeit entgeschlechtlicht zu verallgemeinern. Die Einbeziehung von Männern in Geschlechterpolitik kann helfen, dies aufzubrechen. Zwei Ebenen lassen sich unterscheiden:

(1) Männer werden als eigenständige Adressaten von geschlechtlicher Gleichstellungspolitik wahrgenommen. Defizite in ihrer Situation können besser wahrgenommen werden. Zum Beispiel können männerspezifische Hindernisse für Teilzeitarbeit besser erkannt und Förderungsmöglichkeiten für Männer entwickelt werden.

(2) Männer nehmen sich selber als geschlechtliche Wesen in Geschlechterverhältnissen wahr. Gleichstellungspolitik ist für viele Männer immer noch „Frauenkram", der sie nicht oder nur als negativ empfundene Forderung betrifft. Durch die gezielte Einbeziehung können sie ihre spezifische Situation besser erkennen, beispielsweise übersteigerte Erwerbsorientierung aus der Ernährerrolle[14], ihre „Schattenseiten", wie ein erhöhtes Krankheits- und Sterberisiko, oder Ausschluss aus anderen Lebenssphären.

▪ Gender Mainstreaming fragt nach den Wirkungen einer hierarchischen sozialen Geschlechterdifferenz und stellt deren Strukturen und Herstellungsprozesse in Frage. Hier geht es weniger um die „neutrale" Tatsache einer scheinbar biologischen Differenz als vielmehr um die soziale Qualität und Bewertung dieser Differenz, also um soziale Aus- und Einschlüsse, welche geschlechtlich determiniert werden. Mehr als die Vorstellung von der Zweigeschlechtlichkeit ist das Modell der „sozialen Konstruktion von Geschlecht" konstitutiver Teil von Gender Mainstreaming und daher durchaus kompatibel mit Queer-Theorien und Diskussionen um (De-) Konstruktion, Konstitution und Leiblichkeit von Geschlecht.

---

14 Zur Definition traditioneller Männlichkeit vgl. Øystein Holter's «sprinkle system»: men are breadwinner, men are expendable / functioning performers («go on till you drop»); men do not care (vgl. Holter 2003: 25).
15 Zur Definition traditioneller Männlichkeit vgl. Øystein Holter's «sprinkle system»: men are breadwinner, men are expendable / functioning performers («go on till you drop»); men do not care (vgl. Holter 2003: 25).

5. Grenzen und Kritik an der Strategie Gender Mainstreaming

Gender Mainstreaming ist eine Strategie, der mit viel Misstrauen und Kritik begegnet wird. Diese Kritik erfolgt weniger durch Männer, die sich meist gar nicht mit dem Thema auseinandersetzen, sondern v. a. durch Frauen und durch Gender-Forscher und -Forscherinnen. Als eine politische Strategie, die von oben verordnet wird und oft in formalisiertes Verwaltungshandeln mündet, wirft sie per se die Frage auf, wer denn eigentlich von oben verordnet und in wessen Interesse hier gehandelt wird. Gender Mainstreaming ist ein systemimmanenter Ansatz, der nicht den Anspruch erhebt, patriarchale und kapitalistische Strukturen grundsätzlich zu ändern. Als Konzept jedoch bedient sich Gender Mainstreaming der Ergebnisse der (autonomen) Frauenbewegung und der Gender-Forschung. Dies ist ein grundlegender Widerspruch, der sich schwerlich auflösen lässt und der notwendigerweise zu Spannungen führt.

Die daraus erwachsene Kritik lässt sich in fünf Felder unterteilen:

1. Mangelnde Sorgfalt im Umgang mit dem Hintergrund und der Geschichte von Gender Mainstreaming in der Frauenbewegung:
Auf dem Server der Europäischen Union (s. Linkliste) ist viel über die Realisierung von Gender Mainstreaming, allerdings fast nichts über seine theoretischen und politischen Wurzeln zu finden. Gender Mainstreaming wird oft in Abgrenzung zu bisherigen Konzepten der Frauenförderung dargestellt. Oft wird die Weltfrauenkonferenz 1995 in Peking erwähnt. Dies bleibt aber meist der einzige historische Hinweis. Gender Mainstreaming taucht in einem fast unhistorisch anmutenden Kontext auf. So formuliert z.B. die Frauenbeauftragte der Alice-Salomon-Fachhochschule in Berlin, Heike Weinbach, dass in der Präsentation von Gender Mainstreaming sowohl die Geschichte der Frauenbewegungen als auch die Beiträge feministischer Wissenschaftlerinnen ausgeblendet werden (Weinbach 2001). Kritisch daran ist nicht nur die Missachtung der Leistungen vieler Frauen, sondern in der Konsequenz eine daraus folgende Verflachung und Simplifizierung im Umgang mit gesellschaftlichen Wirklichkeiten. Dies lässt sich zum einen an dem Begriff „gender", um den es in den 90er Jahren ein heftiges Ringen gab und von dem es unterschiedliche Facetten gibt, behaupten. Zum anderen lässt sich dies auch an dem immer wieder konstatierten, aber nicht umfassend untersuchten und analysierten „Scheitern" der Frauenförderung und Gleichstellungspolitik zeigen.

2. *Zementierung der Zweigeschlechtlichkeit statt Konstruiertheit und De-Konstruierbarkeit von Geschlecht und Nivellierung der Unterschiede innerhalb der Geschlechter:*
Hier wird u.a. eingeklagt, dass Gender Mainstreaming ein technokratisches Verfahren ist, das jede Auseinandersetzung und Diskussion über Machtverhältnisse zwischen und innerhalb der Geschlechter ausblendet. Es ist Aufgabe in jedem Implementierungsprozess von Gender Mainstreaming, nach der Benachteiligung beider Geschlechter zu fragen. Hierbei werden in der Regel einige Punkte gefunden, bei denen Jungen oder Männer gegenüber Mädchen oder Frauen benachteiligt sind: z.b. wird in Kitas und Grundschulen wenig auf die Interessen von Jungen eingegangen. Oder: es gibt kein Äquivalent zum Wehr- oder Zivildienst der Männer bei Frauen. Oder: Frauen werden durchschnittlich älter als Männer. Diese Liste ließe sich beliebig fortführen und es ist ein Fortschritt, dass Benachteiligungen von Jungen und Männern bekannt und zum Thema werden. Wenn, wie dies häufig geschieht, jetzt aber Benachteiligungen von Frauen und Männern parallel nebeneinander gestellt werden und keine Kommentierung erfolgt, bleiben die in der westlichen Welt bestehenden strukturellen Unterschiede im Zugang zu Macht und Ressourcen ausgeblendet. Susanne Schunter-Kleemann (2001) bezeichnet diesen Vorgang treffend als technokratische Perspektive auf die Geschlechterfrage.

Hauptziel jeder Gender-Analyse ist es, Benachteiligungen beider Geschlechter und die Auswirkungen der geplanten Maßnahmen auf jedes Geschlecht herauszufinden. Hierdurch sollen Ungleichheiten behoben und die Chancengleichheit für beide hergestellt werden. „Der >>Gender<< Begriff im Sinne eines Spiels mit Geschlechterrollen findet keinen Niederschlag in Projekten" (Weinbach 2001). Transsexuelle, Lesben und Schwule kommen im Zusammenhang mit Gender Mainstreaming nicht vor. Die Dualität des sozialen Geschlechts wird dadurch eher zementiert. Regina Frey (2000) formuliert dies so:

> „Auch wenn Gender-Trainings und Gender-Analysen immer mehr verfeinert wurden, sind es nur bestimmte Konzepte von Gender, die vermittelt werden, nämlich in erster Linie separative und geschlossene. Nimmt man die Idee der sozialen Konstruktion von Gender ernst, so ist jedoch ein separatives, also in einem Mann-Frau Dualismus verankertes Gender-Konzept problematisch. Wenn Gender sozial konstruiert ist, gibt es nicht nur zwei Genders, sondern potentiell für jedeN eine Bandbreite an Rollen."

Unterschiede zwischen den Lebensrealitäten von Männern und Frauen werden als grundlegend angesehen und, ohne dass dies explizit benannt wird, als „Hauptwiderspruch" behandelt. In Gender-Analysen wird Geschlecht als vorherrschender Faktor behandelt, die Differenzierung in verschiedene ethnische Gruppen, in soziale Lebenslagen und unterschiedliche körperliche/geistige Verfassung ist im Konzept Gender Mainstreaming nicht per se enthalten, sondern muss von den jeweiligen Akteurinnen und Akteuren selbst mitgedacht werden. Über diese Universalisierung von Gleichstellungspolitik kann Heterogenität zwischen Frauen und zwischen Männern verloren gehen.

3. *Fehlende langfristige Strategien zur Umsetzung von Gender Mainstreaming und zur Verhinderung der Beschneidung der bisherigen Frauen- und Mädchenförderung.*
Gender Mainstreaming wird häufig als technokratisches, der Verwaltung angepasstes Instrument eingesetzt. So wichtig es auch ist, gleichstellungspolitische Forderungen in messbares Verwaltungshandeln umzusetzen, so ist hier doch festzustellen, dass häufig eine langfristige Perspektive und Zielvorgabe fehlt. Viele Maßnahmen kommen als Einzelaktionen daher, denen ein politisches Gesamtziel fehlt. Mit dem Gender Mainstreaming Prozess

„einhergehende oder dem vorausgehende Basisdiskussionen über Sinn, Zweck und Inhalt einer solchen Politik sind nicht erkennbar oder dokumentiert. Kritische Diskussionen glänzen durch Abwesenheit." (Weinbach 2001)

Gender Mainstreaming wird immer als Doppelstrategie formuliert, in der die Frauen- und Mädchenförderung solange betrieben werden soll, bis die Benachteiligung aufgehoben ist. In der Praxis ist häufig der Satz zu hören: wir machen doch jetzt Gender Mainstreaming, wozu brauchen wir da noch eine Extra-Frauenförderung? Gender Mainstreaming Projekte wollen bezahlt werden - woher kommen die Mittel hierfür? Es gibt noch keine Rückversicherung, noch keinen Schutz vor einem schleichenden Abbau von Frauen- und Mädchenförderung[16]. Gender Mainstreaming Prozesse können als gelungen betrachtet werden, wenn sich hier beide Geschlechter verantwortlich fühlen.

4. *Ungenügende Einbeziehung von Männern in den Umsetzungsprozess von Gender Mainstreaming*
In der Praxis zeigt sich immer wieder, dass viele Frauen schnell bereit sind, sich mit dem Ansatz Gender Mainstreaming auseinander zu setzen und sich aktiv an Implementierungsverfahren zu beteiligen. Männer gehen häufiger mit mehr Vorbehalten an diesen Prozess heran. „Jetzt sollen wir hier Frauenförderung unter einem neuen Etikett unterstützen"[17]. Es ist für sie oft nicht ersichtlich, welche Vorteile, bzw. welchen Gewinn sie von einer aktiveren Beteiligung hätten.

---

16 „Es besteht die Gefahr, dass trotz Propagierung Gender Mainstreaming noch nicht in allen Politikfeldern stattfindet, aber Gelder für die Frauenförderung gestrichen werden" Nohr (2001)
17 So der Kommentar eines Mannes während eines Flurgespräches in einer Berliner Verwaltung

5. Gender Mainstreaming als neoliberale Ressourcenverwertungsstrategie

Dieser Kritikpunkt bezieht sich in erster Linie auf die Herkunft des Gender Mainstreaming Konzeptes von „Managing Diversity", ein aus den USA stammendes Modell, bei dem es darum geht, multikulturelle Realitäten und Fähigkeiten in gutes Personalmanagement umzusetzen. Ziel von Gender Mainstreaming sei weniger, eine geschlechtergerechte Gleichstellung zu ermöglichen, als den Anspruch des globalisierten Kapitals umzusetzen, alle Humanressourcen zu verwerten. Dazu gehört auch die Propagierung von scheinbaren Win-Win Situationen zwischen Kapital und Arbeit. Einerseits können so basisdemokratische gleichstellungspolitische Forderungen und Initiativen (Bottom-Up) eingefangen und ihnen ihr radikalpolitischer Gehalt entzogen werden. Anderseits existiert mit Gender Mainstreaming ein Instrument, um Humanressourcen, (Zeitressourcen, soziale Kompetenzen von Frauen (und Männern) besser zu verwerten. Die geschlechterdualistische Gesellschaft produziert eine Kompetenzverteilung, in welcher gerade Frauen hohe Sozial-, Emotional- und Kommunikationskompetenz zugesprochen wird. Auf diese Ressourcen zu verzichten ist im postindustriellen Zeitalter mehr als sträflich. Schunter-Kleemann (2003: 29) zieht eine „kritische Bilanz" bezüglich der Wirkungsweise von Gender Mainstreaming und identifiziert zwei Grundströmungen der Frauenbewegung: Eine Strömung, welche gleichstellungsorientiert ihr Augenmerk auf eine Teilhabe an der Macht „hier und jetzt" richte und eine, welche „emanzipativ am langfristigen Ziel einer Transformation gesellschaftlicher Strukturen" festhalte. Ihrer Ansicht nach tendiere der Gender Mainstreaming Ansatz dahin, „das Problem der Machtungleichheiten auf die Teilhabe weniger Frauen an Spitzenpositionen zu verengen" (Schunter-Kleemann 2003: 30).

6. Notwendige Voraussetzungen, um einen geschlechtergerechten Gender Mainstreaming Prozess durchzuführen

Zum Abschluss führen wir einige Punkte an, die aus unserer Erfahrung heraus in Implementierungsprozessen von Gender Mainstreaming hilfreich sind.

- Sowohl Männer als auch Frauen sollten in alle Planungs- und Durchführungsschritte einbezogen werden. In der Befolgung des Top-Down-Prinzips sind Frauen, da weniger in der Führungsspitze vertreten, an den grundsätzlichen Strategieentscheidungen zur Realisierung von Gender Mainstreaming weniger beteiligt. Bei der Durchführung sind hingegen meist die Frauen aktiver. Damit es ein Prozess werden kann, von dem und in dem beide Geschlechter profitieren, sollte von Anfang bis Ende auf eine ausgewogene Beteiligung beider Geschlechter hingewirkt werden.

- Alle Gender Mainstreaming Prozesse, darunter fallen Implementierungen, Trainings, Evaluationen, sollten von gemischtgeschlechtlichen Teams angeleitet, bzw. durchgeführt werden. Die Akteurinnen und Akteure in Gender Mainstreaming Prozessen sollten nicht nur an dem obligatorischen Gender Training teilnehmen, sondern auch miteinander austauschen, mit welchen Erwartungen, Hoffnungen, Befürchtungen und Ressourcen sie jeweils als Mann, bzw. als Frau in diesen Prozess hineingehen und von Anfang an Strategien entwickeln, wie im Prozess selbst Gleichgewichte geschaffen werden können. Gender Mainstreaming ist immer ein Aushandlungsprozess.

- In Evaluationen, Planungsberichten, politischen Vorgaben, Verwaltungsanweisungen, kurz: in allen Schriften im Zusammenhang mit Gender Mainstreaming, sollte explizit erwähnt werden, dass es nicht nur zwei Geschlechter gibt, und dass keinesfalls davon ausgegangen werden kann, dass Männer und Frauen in sich homogene Gruppen sind. Lesben, Schwule (Homosexuelle) und Transsexuelle sollten aktiv in die Prozesse einbezogen und benannt werden.

- Insgesamt ist es hilfreich, sich immer wieder zu vergegenwärtigen, dass Gender Mainstreaming ein systemimmanenter Ansatz mit politischen Grenzen ist, der nicht das Patriarchat oder den Kapitalismus als solchen abschaffen will. Innerhalb dieser Grenzen liegt es v.a. an den Akteurinnen und Akteuren, insbesondere an der Kraft des Bottom-Up, ob dieses neue Instrumentarium zum bürokratischen Mauerblümchen verkümmert oder als Straßenfeger dazu beiträgt, geschlechterpolitische Grenzen zu verändern.

Literatur

Bundesministerium für Familie, Senioren, Frauen und Jugend (2002): Gender Mainstreaming. Was ist das?

Bundesministerium für Familie, Senioren, Frauen und Jugend (2001): Richtlinien für den Kinder- und Jugendplan vom 19.12.2000

Bundesregierung (1999): Beschäftigungspolitischer Aktionsplan der Bundesrepublik Deutschland (April 1999) BT-Dr., 14/1000.

Butler, Judith (1991): Das Unbehagen der Geschlechter. Frankfurt a.M.: Suhrkamp.

Englert, Dietrich / Kopel, Mechthild / Ziegler, Astrid (2002): Gender Mainstreaming im europäischen Sozialfond – Das Beispiel Deutschland. In: WSI Mitteilungen 08/2002.

EU-Kommission (1999): Einbeziehung der Chancengleichheit in die Strukturfondsmaßnahmen (Technisches Papier 3).

EU-Kommission (1999): Leitfaden zur Bewertung geschlechtsspezifischer Auswirkungen.

EU (1999): VERORDNUNG (EG) Nr. 1784/1999 des Europäischen Parlaments und des Rates vom 12. Juli 1999.

Frey, Regina (2000): Training Gender? Theoretische Voraussetzungen entwicklungspolitischer Gender-Trainings. In: Peripherie Nr. 77-78, Jg. 2000. 123 – 142.

Helwig, Gisela / Nickel, Hildegard Maria (Hg.) (1993): Frauen in Deutschland 1945-1992, Berlin: Akademie Verlag.

Höyng, Stephan / Schwerma, Klaus (2002): Gender Mainstreaming - Möglichkeiten und Grenzen eines neuen Gleichstellungskonzepts im aus der Perspektive Blickwinkel von Männern. In: Nohr / Veth (Hrsg.) (2002): 56-63 .

Holter, Øystein G. / Nordic Council of Ministers (2003): Can men do it? Men and gender equality – the Nordic experience. Copenhagen: TemaNord 2003: 510

Hurrelmann, Klaus / Kolip, Petra (Hg.) (2002): Geschlecht, Gesundheit und Krankheit. Männer und Frauen im Vergleich. Bern, Göttingen, Toronto, Seattle: Verlag Hans Huber.

Imboden, Natalie (2003): Mit Gender Mainstreaming gegen Malestream? Ein Praxistest am Arbeitsmarkt. In: Widerspruch. Beiträge zu sozialistischer Politik, Heft 44, 23. Jhrg., 1. Halbj. 2003. 85-98.

Krell, Gertrude, Mückenberger, Ulrich; Tondorf, Karin (2001): Gender Mainstreaming – Informationen und Impulse, Niedersächsisches Ministerium für Frauen, Arbeit und Soziales (Hg.), Hannover.

Martini, Silke (2003): Das Prinzip des Gender Mainstreaming – Demaskierung eines freundlichen Gespenstes, AIB 3/2003.

Mückenberger, Ulrich / Tondorf, Karin (2001): Das Konzept des Gender Mainstreaming. In: Krell, Gertrude, Mückenberger, Ulrich; Tondorf, Karin (2001): Gender Mainstreaming – Informationen und Impulse, Niedersächsisches Ministerium für Frauen, Arbeit und Soziales (Hg.), Hannover 2001.

Nohr, Barbara / Veth, Silke (Hrsg.) (2002): Gender Mainstreaming. Kritische Reflexionen einer neuen Strategie. Berlin: Dietz Verlag.

Nohr, Barbara (2001): Total E-Quality, diversity und Gedöhns. Vom stillen Abgesang auf die Quote und dem glanzvollen Aufstieg der Humanressource Frau. In: Forum Wissenschaft. 2/2001 Marburg. 15.

Schunter-Kleemann, Susanne (2001): Doppelbödiges Konzept. Ursprung, Wirkungen und arbeitsmarktpolitische Folgen von „Gender Mainstreaming". In: Forum Wissenschaft 2/2001, Marburg: S.20-24.

Schunter-Kleemann, Susanne (2003): Was ist Neoliberal am Gender Mainstreaming? In: Widerspruch. Beiträge zu sozialistischer Politik, Heft 44, 23. Jhrg., 1. Halbj. 2003, 19-33.

Schwerma, Klaus (2000): Stehpinkeln. Die letzte Bastion der Männlichkeit. Identität und Macht in einer männlichen Alltagshandlung. Bielefeld: Kleine Verlag.

Skrabs, Sylvia (2002): Gender Mainstreaming in der Tarifpolitik. In: Nohr, Barbara / Veth Silke (Hrsg.) (2002): 80-88.

Stiegler, Barbara (2000): Wie Gender in den Mainstream kommt. Konzepte, Argumente und Praxisbeispiele zur EU-Strategie des Gender Mainstreaming, Bonn, FES Library [Electronic ed.].

Weinbach, Heike (2001): Über die Kunst, Begriffe zu fluten. Die Karriere des Konzepts „Gender Mainstreaming". In: Forum Wissenschaft 2/2001, Marburg S.6, Als PDF-Format unter: http://www.bdwi.de/forum/fw2-01-6.htm

Links

- UN: www.undp.org/gender.htm
- EU: www.europa.eu.int/comm/employment_social/equ_opp/gms_de.html
- DGB – Initiative zu Chancengleichheit in der Arbeitswelt: www.chancengleich.de
- GeM Chancengleichheit von Frauen und Männern: www.gem.or.at
- Zertifikate zu Gleichstellung und work-life-balance: www.total-e-quality.de und www.beruf-und-familie.de

Genderforschung gleich Frauenforschung? Verschwinden des Geschlechts oder neue Erkenntnisdimension?

Willi Walter

> „Entstanden als eine Befreiungstheorie, fühlt sie sich durch neue Befreiungstheorien bedroht; langsam errichtet sie ein Gefängnis für den Geist." (S. Griffin 1989: 566)

1. Einleitung

Genderforschung ist en Vogue. Begrifflich hat sich Gender Studies gegenüber Women's Studies inzwischen in vielen Bereichen durchgesetzt. Es gibt inzwischen einige neue Studiengänge, mehrere Institute und eine kaum mehr überschaubare Zahl von Buchtiteln, welche Gender im Titel tragen. Beim Blick auf die Inhalte stellt sich allerdings häufig die Frage, ob die neue Begrifflichkeit auch in einem neuen Verständnis von Geschlechterverhältnissen oder von Genderforschung begründet ist - oder schlicht deshalb genommen wird, weil der Gender-Begriff gerade in Mode ist. Nicht selten gewinnen Lesende jener „Gender-im-Titel-Publikationen" den Eindruck, dass einfach Beiträge zur Frauenforschung mit einem neuen, scheinbar zeitgemäßen oder marktgerechten Etikett verkauft werden.

Aus Sicht der feministischen Frauenforschung wurde die Tendenz hin zur Genderforschung vielfach kritisch diskutiert. In diesem Beitrag soll insbesondere aus Sicht der Männerforschung beschrieben werden, warum die beliebige Verwendung des Genderbegriffs problematisch und häufig die Ursache dafür ist, dass blinde Flecken nicht wahrgenommen werden und es zu einem mehrfachen Verschwinden des Geschlechts aus dem Forschungsbewusstsein kommt. Es wird diskutiert, ob - wie einige meinen - Frauen- und insbesondere Männerforschung heute obsolet geworden und in der Geschlechterforschung automatisch schon enthalten ist.

2. Begriffsklärung:
Frauenforschung, Männerforschung, Genderforschung

Zur begrifflichen Klärung lohnt sich ein kurzer Rückblick. Unter Frauenforschung (oder Women's Studies) wurde zunächst die bewusste Forschung von Frauen über Frauen verstanden. Ein eigenes Wissenschafts-, Erkenntnis- und Forschungsgebiet wurde auf breiterer Ebene in der zweiten Hälfte des 20. Jahrhunderts als notwendig erachtet, weil die klassischen Wissenschaften im doppelten Sinne als Männerwissenschaft gesehen wurden: Einerseits waren die forschenden Subjekte fast ausschließlich Männer. Zum anderen fanden viele Frauen ihre Erfahrungen, Erkenntnisse und Lebensinhalte nicht oder nicht angemessen reflektiert.

Frauenforschung verstand sich zumindest anfangs - in einigen Bereichen bis heute - als eine emanzipatorische Wissenschaft. Da feministische Theoriebildung die herrschenden Geschlechterverhältnisse radikaler als andere Denktraditionen in Frage stellte, galt sie nicht nur für viele Frauen, sondern auch für einige Männer, die ein Interesse an einer Veränderung dieser Verhältnisse hatten, als eine Art Befreiungstheorie.

Das Geschlecht und das Verhältnis der forschenden Subjekte und der/des Beforschten standen im Zentrum zahlreicher metatheoretischer Reflektionen. Dies hatte auch Konsequenzen für das Geschlecht der Frauenforschenden: Lange Zeit galt es im Mainstream der feministischen Diskussion als selbstverständlich, dass Frauenforschung nur von Frauen betrieben werden könne und dürfe. Aufgeschlossene Männer waren aufgefordert, sich um ihr eigenes (häufig: Täter-) Geschlecht zu kümmern und konnten bestenfalls solidarische, „antisexistische" oder „profeministische" Unterstützer sein. Diese Sichtweise hat sich je nach politischem und theoretischem Konzept der verschiedenen feministischen Teildiskurse unterschiedlich schnell bzw. langsam verändert. Bis heute gilt es in einigen Diskursen als skandalös, wenn ein Mann auf eine „Gender-Professur" berufen wird - unabhängig von seiner fachlichen Qualifikation.

Hinsichtlich des Zu-Beforschenden war dies nicht so eindeutig. Zwar galt das Interesse in erster Linie Frauen. Allerdings wurden fast zwangsläufig auch Aussagen über Männer gemacht, da „Frau" und „Mann" als sich wechselseitig bedingende Strukturkategorien aufgefasst wurden. Trotz einiger dezidierter und sehr anregenden Analysen und Beiträge zu männlicher Sozialisation und zu

Männlichkeit, blieb die Mehrheit der feministischen Publikationen lange Zeit einem eher implizit vorhandenen und stereotypen Männlichkeitsbild verhaftet. Als Constance Engelfried 1997 *die Öffnung des feministischen Blicks auf den Mann* fordert, beschreibt sie drei zentrale Männerbilder, welche aus ihrer Sicht innerhalb der feministischen Theorie und Praxis erkennbar sind: 1. *Der Mann als Feind* 2. *Der Mann als (potentieller) Täter sexueller Gewalt* und 3. *Der Mann als illegitimer Partner*. Diese Männerbilder scheinen aus heutiger Sicht vielleicht längst überholt,

> „stützen jedoch in erheblichem Maße überkommene, feministische Erkenntnisse, die längst zu Dogmen geworden sind und eine Weiterentwicklung feministischer Forschung und Praxis hemmen" (Engelfried 1997: 19).

Eine Geschlechterforschung, welche unreflektiert auf einer solchen Basis aufbaut, birgt die Gefahr, dass sich diese heute weitgehend nicht mehr explizit geäußerten Bilder als Phantasien über Männer und Männlichkeiten unbewusst fortpflanzen und im Subtext von Genderforschung weiterwirken.

Die sich im englischsprachigen Raum Mitte der 80er Jahre gründende Männerforschung setzt sich ebenfalls kritisch mit traditioneller Wissenschaft auseinander. Sie teilte die feministische Analyse, dass die Erfahrung von Frauen entweder systematisch ausgegrenzt oder in an Männern orientierten Kategorien gefasst und dass vielfach „Mann" zur „Norm" gemacht und synonym für „Mensch" benutzt wurde. Allerdings ist es ein Kurzschluss, zu denken, dass Männerforschung als Forschung von Männern und über Männer obsolet wäre, nur weil die traditionelle Wissenschaft von Männern betrieben wurde, die zwar Mensch sagten, aber Mann meinten. Dies würde nämlich voraussetzen, dass bei dieser „Verallgemeinerung" von Mann zu Mensch und von männlich zu menschlich in Bezug auf das verobjektivierte Geschlecht nichts verloren bzw. verborgen würde (vgl. Brod 1987: 39ff.).

Die fast zeitgleich erschienenen Sammelwerke von Harry Brod (1987), Michael Kaufman (1987) und Michael Kimmel (1987) knüpfen an einer feministischen Theorietradition und an der seit Anfang der 70er Jahre entstehenden „antisexistischen Männerbewegung" an (vgl. Walter 1996 und Walter 2000). Gefordert wird eine Männerforschung, in der Männer als Geschlechtswesen bewusst untersucht werden und die männliche Erfahrungen als spezifische und kulturell wie geschichtlich variierende zum Thema macht:

„While seemingly about men, traditional scholarship's treatment of generic man as the human norm in fact systematically excludes from consideration what is unique to men qua men. The overgeneralization from male to generic human experience not only distorts our understanding of what, if anything, is truly generic to humanity but also precludes the study of masculinity as a specific male experience, rather than a universal paradigm for human experience" (Brod 1987: 40).

Bis zum heutigen Tage hat sich Männerforschung in fruchtbarer Auseinandersetzung mit feministischer Theoriebildung stark ausdifferenziert und in vielen Bereichen zur Theoriebildung zu Männern, Männlichkeiten und Geschlechterverhältnissen beigetragen. Auf eine eigentümliche Weise werden diese Beiträge im Mainstream-Gender-Diskurs jedoch nicht ernst genommen und marginalisiert.

Noch bis Ende der 90er Jahre wurde auch innerhalb der Männerforschung für die Notwendigkeit einer Nach- oder Unterordnung von Männerforschung gegenüber der feministischen Frauenforschung gesprochen. In diesem Kontext wurde auch die denkwürdige These vertreten, Männerforschung sei die Sache von Frauen und Männern, während Frauenforschung ausschließlich Frauensache sei:

„There is no parity between women's studies and the critique of men. While we see women's studies as being by women, of women, and for women, the critique of men is by both women and men" (Hearn/Morgan 1990: 203f.) [1]

Vermutlich werden heute kaum mehr derartige Forderungen in wissenschaftlichen Publikationen vertreten. Wie bereits angedeutet, steht allerdings zu befürchten, dass die Grundannahme auch heute noch als unausgesprochene Haltung in den Köpfen jener präsent sein kann, welche jetzt immer von Gender sprechen, wo früher Frau gesagt wurde.

3. Genderforschung, die Geschlecht zum Verschwinden bringt...

Eine eher vom Wunschdenken geleitete Vorstellung dessen, was heute gerne als Genderforschung bezeichnet wird ist, dass sie tatsächlich einen Paradigmen- oder zumindest Kategorienwechsel vollzogen hat, und heute eine Forschungsrichtung darstellt, welche interdisziplinär beiden - oder allen - Geschlechtern

---

1 Dies ging so weit, dass Hearn forderte, Frauen müssten die (politische) Kontrolle über die Geschlechter- und ebenso über die Männerforschung haben: „[P]olitical control of Women's Studies and Gender Research, including Critical Studies on Men, needs to remain with women" (Hearn 1999: 5).

gerecht zu werden versucht und welche Gender als zentrale Kategorie ins Zentrum der Forschung stellt.

In der Realität scheint jedoch Genderforschung/Gender Studies mit umgekehrten Vorzeichen ähnlichen Wahrnehmungs- und Verallgemeinerungsmechanismen aufzusitzen, wie es der Männerwissenschaft vor einigen Jahrzehnten von der Frauenforschung angekreidet wurde. Diese Mechanismen lassen sich wie folgt zusammenfassen:

- Frau ist die Norm. Mann die Abweichung oder Ausnahme.
- Es wird Gender gesagt, wenn eigentlich Frau gemeint ist. Auf der Ebene des zu Beforschenden kommen männliche Erfahrungen kaum vor. Häufig wird begrifflich vorgetäuscht, es ginge allgemein um Gender, wenn es inhaltlich nur um Frauen geht. Man ist fast versucht von einem postfeministischen Ein-Geschlechter-Modell zu sprechen.
- Auf der Ebene der Forschenden ist Genderforschung eine Frauenwissenschaft. Männer werden mit Methoden und Argumenten ferngehalten, welche früher fast wörtlich gleich dazu benutzt worden, Frauen den Zugang zum Wissenschaftsbetrieb zu erschweren.
- Das (weibliche) Geschlecht der Forschenden wird weitgehend nicht reflektiert.

Das bedeutet - entgegen dem Titel der Disziplin - ein mehrfaches Verschwinden des Geschlechts: 1. Das Geschlecht der Männer verschwindet auf der Ebene der Forschungsinhalte und 2. Das Geschlecht der forschenden Subjekte entschwindet dem reflexiven Bewusstsein. Es wird weder reflektiert, wenn Männer nicht beteiligt sind, noch was es bedeutet, wenn nur Frauen beteiligt sind.

Die Wirkweise dieser Mechanismen soll einerseits an zwei Beispielen illustriert bzw. diskutiert werden: Zunächst am konkreten Beispiel eines Lexikons zu Gender Studies/Geschlechterforschung und dann am Diskurs zu „Häuslicher Gewalt".

4. Metzler Lexikon Gender Studies/Geschlechterforschung

Ein Fachlexikon ist ein Nachschlagewerk, in dem der wesentliche Wissenstand eines Gebietes konzentriert und nach Stichworten geordnet ist. Im vorliegenden Beispiel handelt es sich um das „Metzler Lexikon Gender Studies - Geschlechterforschung. Ansätze - Personen - Grundbegriffe." Das Werk bietet sich für die beabsichtigte Illustration deswegen an, weil es sich hierbei um das erst 2002 erschienene, erste deutschsprachige Lexikon zu Genderforschung handelt und weil es einen hohen Anspruch einzulösen versucht: „Dieses Lexikon spiegelt den aktuellen Forschungsstand wieder (...)" (Kroll 2002: V).

An dieser Stelle soll ausdrücklich gesagt werden, dass die folgenden Ausführungen nicht als Kritik an der Herausgeberin, dem Verlag oder den Mitautorinnen und Mitautoren gedacht ist. Im Gegenteil: Das Werk wurde gerade deshalb ausgesucht, weil es ein gelungenes Abbild dessen ist, was weithin unter „fortschrittlicher" Gender Studies/Geschlechterforschung verstanden wird. Insofern sollen die Ausführungen nicht als Kritik am Spiegel, sondern als Kritik an der Geschlechterforschungspraxis verstanden werden, welche in diesem Spiegel gut sichtbar wird.

Was den dafür aufmerksamen Lesenden schon beim ersten Durchblättern ins Auge fällt, ist die Geschlechterverteilung der als darstellenswert erachteten Personen. Wie in anderen Fachlexika auch, werden international herausragende Persönlichkeiten, deren Lebenswerk wertvolle Beiträge für die Disziplin geleistet haben, durch eine kurze Darstellung dieses Werkes gewürdigt, die in der Regel auch das Geburtsjahr und bei Verstorbenen auch das Sterbejahr beinhaltet. Die Herausgeberin schränkt ein, dass hier kein Anspruch auf Vollständigkeit erhoben wird und dass „(bis auf wenige Ausnahmen) keine Namensartikel zu deutschen feministisch orientierten Wissenschaftler/innen bzw. Genderforscher-/innen aufgenommen wurden" (Kroll 2000: VI). Löblich ist im Vorwort die konsequente Mitverwendung der männlichen Form.

Bei der Suche nach den bezeichneten Frauen und Männern, welche „Genderforscher/innen" sind, stellt man dann allerdings fest, dass es gereicht hätte, von „Genderforscherinnen" zu sprechen. Von den ca. 90 Menschen, die einen oben spezifizierten eigenen Beitrag unter ihrem Namen erhalten, ist kein einziger, männlicher und lebender Geschlechterforscher. Nur acht wichtige und - bis auf eine Ausnahme - alle verstorbene Theoretiker wie z.B. Sigmund Freud und Jacques Lacan werden auf diese Weise dargestellt. So ergibt sich (nach schneller Zählung) folgendes Zahlerverhältnis: 66:1 lebende Frauen im Vergleich zu lebenden Männer. 16:7 verstorbene Frauen im Vergleich zu verstorbenen Männern.

Noch entscheidender ist allerdings die Information, dass kein einziger zeitgenössischer männlicher Männerforscher auf diese Weise gewürdigt wurde und ebenso kein einziger moderner männlicher Geschlechterforscher. Wer beispielsweise den m.E. sehr bedeutenden Gender-Soziologen Robert W. Connell sucht, findet ihn nicht, außer man liest unter Männlich/ Männlichkeit/ Männlichkeitsforschung nach. Auch andere männliche Gender-Theoretiker sind in dem Lexikon unter inhaltlichen Schlagworten noch zu finden. Trotzdem hat es nicht nur auf der symbolischen Ebene eine Bedeutung, wenn z.B. Alice Schwarzer im Lexikon Gender Studies einen eigenen Beitrag erhält, Robert Connell,

Michael Kimmel, Harry Brod, Victor Seidler[2] und *alle* anderen international bekannten und bedeutenden Männer aber nicht für bedeutend genug erachtet werden.

Die Tendenz zum Verschwinden eines Geschlechts aus der Geschlechterforschung macht sich allerdings nicht nur an den Personendarstellungen fest, sondern findet sich auch in der Auswahl und in der Beschreibung der Stichworte. Da hier nicht das ganze Lexikon durchgearbeitet werden kann, nur einige Beispiele. Unter dem Eintrag Genitalverstümmelung wird einfach die männliche Genitalverstümmelung wegdefiniert. Dabei wird der vorwiegende englischsprachige Diskurs zu „male genital mutilation" komplett ignoriert. Ein Eintrag zur männlichen Beschneidung fehlt ebenfalls. Sichtbar wird dabei, dass nur die Zurichtung eines Geschlechtes im Blick der Autorin und der Herausgeberin ist.

Ebenso ist es beim Eintrag Gewalt. Hier wird immerhin gleich explizit dazu gesagt, worum es geht: „Gewalt (gegen Frauen)" (162). Es fehlt allerdings der Eintrag „Gewalt (gegen Männer)". Mit keinem Wort wird erwähnt, dass Männer in den meisten Bereichen noch stärker von Gewalt betroffen sind als Frauen. Die Gewalt, welche Jungen und Männer erleiden, ist hinsichtlich der Frage der Herstellung von Männlichkeiten von zentraler Bedeutung, findet im Lexikon allerdings keine Erwähnung.

Die Reihe der Einträge, die genauer betrachtet werden könnten ist so lang wie das Lexikon selbst. An dieser Stelle möchte ich allerdings nur noch kurz eingehen auf den Eintrag zum Thema „Orgasmus". In diesem Beitrag wird das Verschwinden eines Geschlechts auf der körperlichen Ebene deutlich. Anfang und Ende des Eintrags geben den Anschein, den menschlichen Orgasmus beschreiben zu wollen. So, als werde in diesem Eintrag der Orgasmus von Frauen und Männern beschrieben. Innerhalb des Eintrags verschwindet allerdings das männliche Geschlecht völlig, während das weibliche Geschlecht klar benannt wird. Begrifflich wird das weibliche Geschlecht unter anderem mit folgenden Worten repräsentiert (in der Reihenfolge des Vorkommens): Vulva, Vagina, Klitoris (mehrfach), Uterus. Es wird auch explizit gesagt, dass Frauen mehrere Orgasmen hintereinander haben können und es werden verschiedene Formen des weiblichen Orgasmus kurz benannt. Das männliche Geschlecht hingeben verschwindet. Es gibt weder Penis, noch Eichel, noch Samenerguss, noch werden verschiedene Formen des männlichen Orgasmus benannt. Der spezifisch weibliche Orgasmus wird detailliert beschrieben, der männliche ist verborgen im allgemein-menschlichen Orgasmus: „in zartem, lokal begrenztem Kribbeln

---

2 Es geht mir hier nicht darum, zu sagen, dass ein bestimmter Mann in dem Lexikon fehlt. Bei jeder Auswahl wird eine bestimmte Frau oder ein bestimmter Mann fehlen. Wichtig ist mir der Hinweis, dass kein einziger Mann aus diesem Bereich erscheint.

oder auch in unwillkürlichen Zuckungen, die in Wellen den ganzen Körper durchlaufen" (300).

Auf Grund seiner Kürze kann hier der Eintrag zu Masturbation wörtlich zitiert werden, der ein vergleichbares Muster aufweist:

> „Masturbation (lat. masturbari: mit der Hand befriedigen; geschlechtliche Selbstbefriedigung, Onanie) ist eine von Phantasien begleitete körperliche Aktivität, die der Erregung und Befriedigung sexueller Empfindungen dient. Mädchen und Frauen können masturbieren, indem sie erogene Zonen, deren empfindlichste die Klitoris ist, manuell stimulieren, oder z.B. auch, indem sie den Scheidenmuskel rhythmisch bewegen. Beides kann zu Orgasmus und Entspannung führen. Masturbatorische Akte sind schon beim Säugling zu beobachten; sie bezeugen die Fähigkeit des Menschen, Triebspannungen selbständig zu regulieren und sich Lust zu verschaffen. Im lustvollen Zusammenspiel von körperlichem Erleben und Phantasietätigkeit bildet sich in der Vorstellung von sich selbst als sexuellem Wesen heraus. Die M. hat für Mädchen in Kindheit und Pubertät (Adoleszenz) eine wichtige Funktion für die Entwicklung der sexuellen Identität und des eigenen Weiblichkeitsentwurfs. Die Unterdrückung der M., wie sie früher gefordert wurde, bewirkt dagegen, dass das Mädchen die Fähigkeit, Triebregungen selbständig zu regulieren und sich als sexuell aktive Frau zu phantasieren, nicht ausreichend kennenlernt" (Ruth Waldeck in: Kroll 2000: 258 f.).

Bleibt noch hinzuzufügen, dass im Lexikon auch ein Eintrag zu Klitoris (als Geschlechtsorgan der Frau), nicht aber zu Penis (als Geschlechtsorgan des Mannes)[3] zu finden ist.

Sollen Lesende schlussfolgern, dass die drei Gruppen von Menschen, die masturbieren, Säuglinge, Mädchen und Frauen sind? Oder soll damit gesagt werden, dass Masturbation bei Jungen zwar vorkommt, aber in Kindheit und Pubertät keine wichtige Funktion für die Entwicklung der sexuellen Identität und des eigenen Männlichkeitsentwurfs hat? Oder, dass es keine Geschichte und Realität der Unterdrückung der Selbstbefriedigung von Jungen und Männern gibt?

Nicht fraglich ist allerdings, dass hier wie auch in vielen anderen Bereichen dessen, was das Etikett „Geschlechterforschung" trägt, ein Geschlecht verborgen bleibt. Es scheint manchmal fast so, als haben Männer kein Geschlecht - hier immer im doppelten Wortsinne gemeint. Steht dahinter der Gedanke, dass die Forschung, die nicht „Genderforschung" ist (früher: „Männerwissenschaft") schon alles erwähnenswerte über Männer und Männlichkeiten gesagt hat? Dass Genderforschung nur noch das ergänzen muss, was noch zu Frauen zu sagen ist? Oder ist impliziert, dass das Weibliche das eigentlich wichtige, das Erwähnenswerte ist? Also in den genannten Beispielen: Soll gesagt werden, dass weibliche Masturbation und weiblicher Orgasmus wert ist, ausgeführt zu werden, während männliche Masturbation und männlicher Orgasmus uninteressant oder irrelevant

---

3 Statt dessen findet sich ein Eintrag zur Symbol- und Kulturgeschichte des Phallus.

sind? Oder, dass Gewalt gegen Frauen erwähnenswert oder relevant ist, Gewalt gegen Männer aber nicht?

Wie bereits zu Beginn gesagt: Die hier gemachten Ausführungen sollen nicht als eine Kritik der jeweiligen Autorinnen und Autoren oder der Herausgeberin des Lexikons verstanden werden. Im Gegenteil, sie geben - so gut ein Lexikon das leisten kann - das wieder, was dem weithin vorherrschenden Konzept von Gender Studies oder Geschlechterforschung entspricht.

5. Der Diskurs zu „Häuslicher Gewalt"

Der Begriff „Häusliche Gewalt" ist im Genderdiskurs ein sehr stark aufgeladener. Das rührt einerseits daher, dass es hierbei um ungeheuerliche Gewalterlebnisse und -erfahrungen von Frauen und Männern geht, welche emotional sehr belastend bis traumatisierend sind. Zum anderen liegt es daran, dass im Konzept von häuslicher Gewalt die grundlegendsten Vorstellungen von Männlichkeit und Weiblichkeit verhandelt und entsprechend auch potentiell erschüttert werden.

Am Diskurs zu „häuslicher Gewalt" lässt sich exemplarisch zeigen, was es bedeuten kann, wenn die soziale Realität einseitig „gegendert" wird. Während in den Anfängen der Frauenforschung schlicht von Männergewalt gegen Frauen (wife-abuse, wife-battering) die Rede war, wurde auch auf Grund gesetzlicher Initiativen und politisch-strategischer Überlegungen die ursprünglich in anderen Forschungskontexten entwickelte Terminologie („domestic violence" oder „family violence") übernommen.

Unbestritten ist häusliche Gewalt von Männern gegen Frauen ein wichtiges Thema. Begrifflich assoziiert wurde mit häuslicher Gewalt ursprünglich jene Gewalt, die im sozialen Nahraum geschieht, welcher früher als „Privatbereich" (im Gegensatz zum öffentlichen Bereich) galt. Es ist ein wichtiges Verdienst insbesondere der Frauenbewegung und Frauenforschung, dass dieser Bereich publik wurde und heute Gegenstand von öffentlicher Meinungsbildung, Aufklärungsarbeit und Gesetzesänderungen ist.

Berücksichtigt man auch den englischsprachigen Bereich, so gibt es seit gut zwei Jahrzehnten (seit etwa 1978) eine immer umfangreicher werdende Diskussion und Forschung, welche feststellt, dass ein wesentlicher Teil der häuslichen Gewalt Jungen und Männer trifft, und dass ein Großteil dieser Gewalt von Frauen ausgeht.[4] Diese seit einiger Zeit empirisch sehr gut abgesicherten Erkenntnis-

---

4 Überblick bei: Fiebert 2001, Archer 2000a, Archer 2000b, Gemünden 1996 u. 2003.

se werden jedoch in weiten Teilen eines spezifischen feministischen Diskurses[5] zu häuslicher Gewalt ignoriert oder vehement bekämpft. Dass Frauen Täterinnen und Männer Opfer sein können und dass es sich hierbei nicht um Einzelfälle handelt, scheint die Grundfeste des Geschlechterbildes vieler Forschenden so sehr zu erschüttern, dass sie geradezu panisch nach Argumenten und Wegen suchen, welche die Erkenntnisse relativieren sollen - statt sie erst einmal als Weltbild-erschütternd zu Kenntnis zu nehmen.

Die im Mainstream-Genderdiskurs heute immer noch vorherrschende Definition des Begriffs „Häusliche Gewalt" drückt sich in der Gleichung „Häusliche Gewalt = Männergewalt" aus.

Diese Gleichung wird - allen gegenläufigen empirischen Erkenntnissen zum Trotz - fast gebetsmühlenartig wiederholt. Diese Gleichung kann aufrecht erhalten werden, indem einerseits ganze Gewaltbereiche ausgeklammert oder weginterpretiert werden und indem sie in der Form einer Tautologie „bewiesen" wird. Stark vereinfacht folgt diese Tautologie dem einfachen Muster: Zunächst wird häusliche Gewalt (teilweise unter Rückgriff auf ein Patriarchatskonzept) als etwas definiert, was Frauen in Partnerschaften durch Männer erfahren. Dann wird mit dieser Definition „empirisch geforscht" und festgestellt, dass hinsichtlich Männergewalt gegen Frauen tatsächlich nur Konstellationen zu finden sind, in denen Frauen die Opfer und Männer die Täter sind. Das wird dann wiederum als der empirische Beweis für die Ausgangsdefinition angesehen.

Im Alltags- und Assoziationsverständnis und ebenso in der ursprünglichen konzeptionellen Verwendung des Begriffs wurden unter häuslicher Gewalt Gewalthandlungen und Gewaltverhältnisse im sozialen Nahraum, z.B. innerhalb der Familie gemeint.

Er beinhaltet innerhalb einer heterosexuellen Familienkonstellation folgende Dimensionen:

Es geht also vor allem um Gewalt zwischen erwachsenen Partnern (in diesem Falle Frau und Mann) und um Gewalt der Eltern gegen die Kinder und um Gewalt zwischen Kindern.[6] Als besonders verwerflich wird vor allem die Gewalt in hierarchischen Machtbeziehungen angesehen. Das hieße innerhalb eines simplifizierenden Patriarchatsmodells, dass vor allem die Gewalt von Männern gegen Frauen und von Eltern gegen Kinder zu betrachten ist. Was elterliche Gewalt gegen Kinder angeht, ist es offensichtlich, dass Frauen als Mütter in die

---

5 Hier treten sowohl Männer als auch Frauen als Akteurinnen und Akteure in Erscheinung - siehe z.B. Kimmel 2002.
6 Gewalt von jugendlichen Kindern gegen Eltern wurde lange Zeit nicht beachtet und spielt im Diskurs bisher keine wesentliche Rolle. Im Gegensatz dazu spielt die häusliche Gewalt gegen alte, vor allem gegen pflegebedürftige Menschen eine wichtigere Rolle. Auch in diesem Bereich geht die Gewalt sowohl von Frauen als auch von Männern aus.

Täterinnenrolle kommen können. Eine Strategie, das Geschlechterstereotyp hierdurch nicht in Frage stellen zu müssen ist, diese Dimension hierarchischer Gewalt entweder ganz aus der Begriffsdefinition zu streichen oder sie zumindest in einem Patriarchatsmodell zu verorten, in welchem die Frauen als Mütter sowieso Opfer des Patriarchats sind. Dann ist das Patriarchat verantwortlich für die Gewalt von Frauen gegen ihre Kinder. Tatsächlich war es in diesem emotional so aufwühlenden Bereich bisher einigen Vertreterinnen und Vertreter der alten Stereotype (Mann = Täter häuslicher Gewalt, Frau = Opfer häuslicher Gewalt) nicht möglich, dem Paradigmenwechsel vom Konzept „Patriarchat" zum Konzept „Gender" zu folgen.

Häufig werden in einem verengten Verständnis von häuslicher Gewalt in Ausblendung der anderen nur die folgend dargestellten Aspekte gesehen:

Eine elaborierte Definition ist beispielsweise zu finden bei Birgit Schweikert, in der sie „nach der erfolgten näheren Eingrenzung des Untersuchungsgegenstands Gewalt im Geschlechterverhältnis auf den häuslichen Bereich" (Schweikert 2000: 73) den Begriff wie folgt zu fassen beginnt:

„Häusliche Gewalt bedeutet:

- eine Handlung oder zusammenhängende, fortgesetzte und wiederholte Handlungen eines Mannes gegenüber einer Frau [...]
- die dazu dient bzw. dienen, Macht und Kontrolle über die Frau in dieser Beziehung auszuüben" (Schweikert 2000: 73).

Derartigen Definitionen sind problematisch in zwei Richtungen: Einerseits wird, wer mit einer solchen Definition durch die Welt geht, immer wieder bestätig finden, dass häusliche Gewalt männlich ist. Andererseits wird durch diese Definition die Erfahrung von Männern, denen häusliche Gewalt zustößt, nicht nur ignoriert, sondern ihnen quasi abgesprochen, ja verleugnet. Wenn das Hilfesystem (z.B. Therapierende, Familienhelferinnen und -helfer, Polizei, Richterinnen und Richter) mit „Informationen" und „Aufklärungsveranstaltungen" versorgt bzw. „weitergebildet" werden, die auf der Gleichung „Häusliche Gewalt = Männergewalt" aufbauen - und das ist die heute vorherrschende Realität in Deutschland - dann kann der geschlagene, systematisch gedemütigte oder misshandelte Mann sich leicht ausrechnen, wie gut seinen Chancen stehen, dass ihm jemand glaubt.

Das zugrundeliegende Geschlechterstereotyp besagt, dass Männer Täter (jedoch keine Opfer) und Frauen Opfer (jedoch keine Täterinnen) sein können. Dieses Geschlechterstereotyp hat auch Konsequenzen für die Opfer häuslicher Gewalt in gleichgeschlechtlichen Paarbeziehungen: Oft wurde/wird angenommen, dass häusliche Gewalt in schwulen und (vor allem) in lesbischen Paarbeziehungen nicht vorkommt. Wie sehr dieses Geschlechterstereotyp wirksam ist, zeigt sich (in den bisher noch sehr seltenen Fällen) wenn die Polizei zu Fällen häuslicher Gewalt in gleichgeschlechtlichen Paarbeziehungen gerufen wird und dann im Zweifelsfalle dazu tendiert, unabhängig von der realen TäterIn-Opfer-Situation den „männlicher aussehenden" Part mitzunehmen - auch bei lesbischen Beziehungen.

Der Diskurs zu häuslicher Gewalt hat theoretische Modelle hervorgebracht, welche sich hermetisch gegen die Realität abgeriegelt haben. Gedankenkonstrukte, die sich begrifflich gegen die Wirklichkeit immunisieren[7], gehen - um wieder Susan Griffin zu zitieren - „den Weg aller Ideologie". Ideologie schafft „durch ihre eigenen Verleugnungen und Blindheiten ihre eigene verbotene, unterschwellige Welt der Realität" (Griffin 1989: 569). An einer anderen Stelle fährt sie fort:

> „Lässt sich eine Befreiungsbewegung vor allem durch Hass gegen einen Feind [...] inspirieren, dann ist dies der Anfang ihrer Selbstvernichtung. [...] Obwohl sie von sich selbst behauptet, für Befreiung einzutreten, hat ihre Sprache nichts Befreiendes mehr. Sie bedarf einer inneren Zensur. Ihre Vorstellungen von Wahrheit werden immer enger" (ebd.: 582f.).

6. Schlussfolgerung für Genderforschung, Männerforschung und Frauenforschung

Aus Sicht einer Kritischen Männerforschung ist Geschlechterforschung als neue Erkenntnisdimension einerseits begrüßenswert, andererseits nur in Ansätzen existent. Wenn derzeit überall das Etikett „Genderforschung" über Inhalte geschrieben wird, in denen ein Geschlecht - in der Regel das männliche - nicht substantiell vorkommt, trägt dies eher zur Verschleierung und zum Verschwinden von Geschlecht bei.

Vielen der Akteurinnen und Akteure scheinen die angedeuteten Mechanismen nicht bewusst zu sein. Für einen Männer- und Geschlechterforscher, der selbst seinen ersten Universitätsabschluss in Women's Studies erhielt, ist es oft erstaunlich, wie bekannt ihm die Mechanismen des Nicht-Wahrnehmens, des Verallgemeinerns, des Ausschließens und akademischen Ignorierens innerhalb des Genderdiskurses vorkommen. Diese Mechanismen kennt man aus dem Studium der feministischen Wissenschaftskritik der 80er und 90er Jahre. Es ist zu vermuten, dass niemand - weder Gender-, noch Frauen-, noch Männerforschenden - gegen blinde Flecken, Wahrnehmungsblockaden und Ideologisierung gefeit

---

7 Siehe auch Bock 2003.

ist. Als mögliches Korrektiv der Einseitigkeit ist daher eine legitime Vielfalt der Forschungsrichtungen anzustreben.

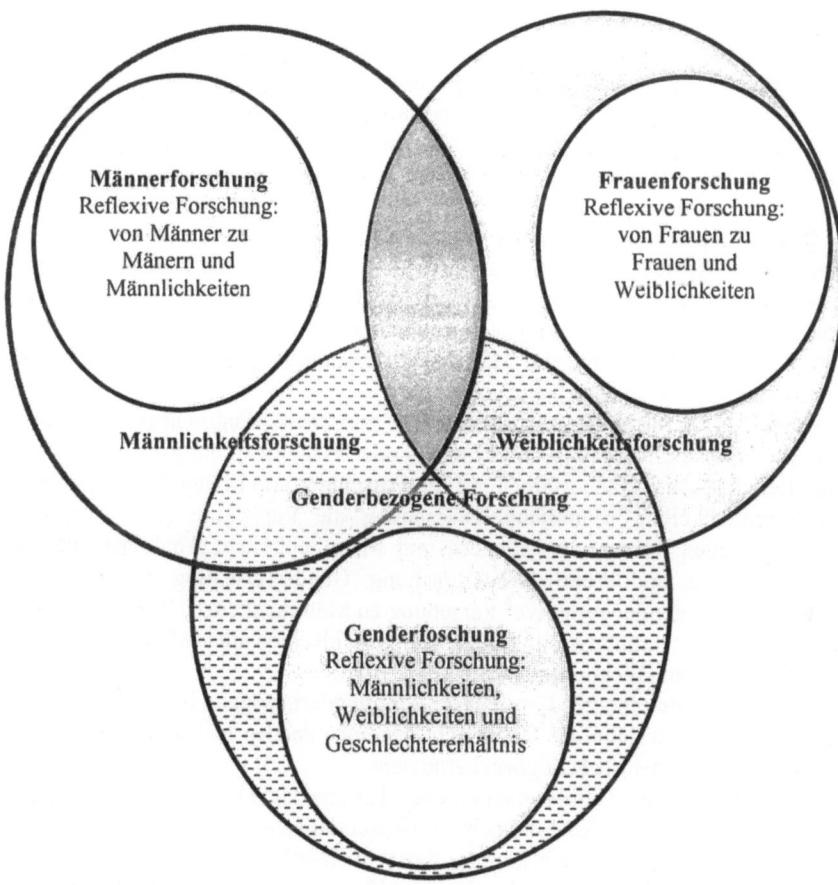

Abbildung 1: Zur Begrifflichkeit der Geschlechterforschung
Quelle: eigene Darstellung, Walter

Statt einfach alles Genderforschung zu nennen, sollten bewusste Männer- und Frauenperspektiven weiterhin beibehalten und als fruchtbare Erkenntnisperspektiven respektiert werden. Allerdings kann Männerforschung nur dann innerhalb des Genderdiskurses ein Korrektiv im eben angesprochenen Sinne sein, wenn sie ernst genommen und nicht marginalisiert oder maternalistisch belächelt wird. Zu diesem Zwecke ist derzeit eine eigene Förderung Kritischer Männer- und Geschlechterforschung ebenso sinnvoll und notwendig wie die weitere Förderung von bewusster Frauenforschung.

Hinsichtlich einer fruchtbaren Geschlechterforschung ist Männerforschung zum jetzigen historischen Zeitpunkt eine notwendige Voraussetzung.

So wie traditionelle Männerwissenschaft hat weitgehend auch die Frauen- und Geschlechterforschung bisher nur Frauen, nicht aber Männer als Geschlechtswesen wahrgenommen. Ansätze der radikalen Dekonstruktion von Geschlecht und der

Queer Studies haben scheinbar einige Akteurinnen und Akteure zu der m.E. vorschnellen Ansicht verleitet, das Geschlecht der forschenden Subjekte spiele keine zentrale Rolle mehr. Insbesondere für Männer gilt heute: Bevor man sein Geschlecht dekonstruieren kann, muss man es erst einmal haben. Insofern braucht es eine Forschung, die Männer erst einmal als geschlechtliche Wesen wahrnimmt.

Dabei ist es hilfreich, auch sprachlich zwischen Männlichkeitsforschung bzw. Weiblichkeitsforschung und Männer- oder Frauenforschung zu unterscheiden. Hiernach wäre Männerforschung die Forschung von Männern zu Männern und Männlichkeiten, Männlichkeitsforschung die Forschung (von welchem Geschlecht auch immer) zu Männern und Männlichkeiten. Analoges gilt für Frauenforschung und Weiblichkeitsforschung. Genderforschung wäre hier reserviert für eine gender-reflexive[8] Forschung zu Männlichkeiten, Weiblichkeiten und Geschlechterverhältnissen, welche die Geschlechter aller Akteurinnen und Akteure mit in den Blick nimmt.

Hiervon könnte eine genderrelevante oder genderbezogene Forschung unterschieden werden, welche das Geschlecht der Forschenden nicht reflektiert oder nur vereinzelt Gender als Kategorie heranzieht.

Die offensichtliche Gefahr einer solchen Terminologie besteht darin, dass sie als Rückkehr zu einem dichotomen und essentialisierenden Verständnis von Geschlecht verstanden werden könnte. Tatsächlich soll nicht behauptet werden, dass Männer und Frauen jeweils eine spezifische Sichtweise entwickeln und daher das Geschlecht der Forschenden eine entscheidende Rolle spielen muss. Gleichwohl zeigt die Erfahrung, dass die Reflexion der eigenen geschlechtlichen Strukturiertheit eine Erkenntnisebene mit ins Spiel bringt, welche für den Forschungs- und Erkenntnisprozess entscheidend sein kann.

Zum jetzigen Zeitpunkt sollte m.E. immer reflektiert werden, was es bedeutet, wenn in einem Forschungsvorhaben nur Frauen oder nur Männer beteiligt

---

8 Auf den Begriff der Reflexivität wurde ich in diesem Zusammenhang durch Johannes Moes und Oliver Geden aufmerksam.

sind und welches Genderkonzept sie jeweils vertreten. Doch das alleine reicht bei weitem nicht aus. Es muss zusätzlich reflektiert werden, welcher Teil der Gender-Realität abgebildet wird und welcher nicht. Die Forschenden sollten möglichst explizit machen, welchen Teil der Realität sie nicht beleuchten, d.h. im Dunkeln lassen. Bisher bleibt im Genderdiskurs meist ein ganzes Geschlecht im Dunkeln. Schon um der wissenschaftlichen Redlichkeit willen sollten künftig Titel vermieden werden, in denen so getan wird, als gehe es um Gender und X, wenn es inhaltlich dann ausschließlich um Frauen und X geht.

Anstrebenswert ist, dass es künftig mehr Publikationen, Studiengänge, Institute und Forschungsvorhaben gibt, in denen das Label „Gender" mehr als nur ein Geschlecht meint.

Anzustreben ist eine ihrem Namen tatsächlich gerecht werdende Geschlechterforschung, die aus dem fruchtbaren Dialog bewusster Frauen- und Männerperspektiven entsteht. Eine Forschung, die geprägt ist von einem Wunsch, den Susan Griffin am Ende ihrer Abhandlung beschreibt: Dem

„Wunsch nämlich, die unumschränkte Wahrheit zu erkennen, zu verstehen und zu wissen, was im Dunkeln liegt oder was vergessen wurde [...]. Er ist auf das engste mit einer Haltung verbunden, die jedes Leben ehrt" (ebd.: 583).

Gleich welchen Geschlechtes möchte man heute wohl gerne noch hinzufügen.

Literatur

Archer, John (2000a): Sex Differences in Aggression Between Heterosexual Partners: A Meta-Analytic Review. In: Psychological Bulletin. 126. Jg., H. 5: 651-680.
Archer, John (2000b): Sex Differences in Physical Aggression to Partners: A Reply to Frieze (2000), O'Leary (2000), and White, Smith, Koss, and Figueredo (2000). In: Psychological Bulletin, Jg. 2000: 697-702.
BauSteineMänner (Hrsg.) (1996): Kritische Männerforschung: Neue Ansätze in der Geschlechtertheorie. Berlin: Argument.
Bock, Michael (2003): „Natürlich nehmen wir den Mann mit". Über Faktenresistenz und Immunisierungsstrategien bei häusliche Gewalt. In: Lamnek/ Boatca (2003): 179-194.
Braun, Christina von/ Stephan, Inge (Hrsg.) (2000): Gender-Studien: Eine Einführung. Stuttgart, Weimar: Metzler.
Brod, Harry (1987): The Case for Men's Studies. In: ders. (Hrsg.): The Making of Masculinities. The New Men's Studies (39-62). Boston: Allen & Unwin.
Connell, Robert W. (1987): Gender and Power. Society, the Person and Sexual Politics. Oxford: Polity Press.
Connell, Robert W. (1999): Der gemachte Mann. Konstruktion und Krise von Männlichkeiten. Opladen: Leske + Budrich.
Gemünden, Jürgen (1996): Gewalt gegen Männer in heterosexuellen Intimpartnerschaften. Ein Vergleich mit dem Thema Gewalt gegen Frauen auf der Basis einer kritischen Auswertung empirischer Untersuchungen. Marburg: Tectum.

Gemünden, Jürgen (2003): Gewalt in Partnerschaft im Hell- und Dunkelfeld. Zur empirischen Relevanz der Gewalt gegen Männer. In: Lamnek/ Boatca (Hrsg.) (2003): 333-353.

Griffin, Susan (1989): Der Weg aller Ideologie. In: List/ Studer (1989): 557-585.

Hearn, Jeff (1999): Getting Organised? The Politics and Organisation of Critical Studies on Men. In: Kritische Männerforschung 17. 1999: 4-6.

Hearn, Jeff/ Morgan, David (1990): The Critique of Men. In: dies. (Hrsg.): Men, Masculinities and Social Theory (203-205). London: Unwin Hyman.

Kaufman, Michael (Hrsg.) (1987): Beyond Patriarchy: Essays by Men on Pleasure, Power, and Change. Toronto/New York: Oxford University Press.

Kimmel, Michael S. (2002): 'Gender symmetry' in domestic violence: A substantive and methodological research review. In: Violence Against Women, Special Issue: Women's Use of Violence in Intimate Relationships, Part 1. 8(11).

Kimmel, Michael S. (Hrsg.) (1987): Changing Men: New Directions in Research on Men and Masculinity. Newbury Park: SAGE.

Kroll, Renate (Hrsg) (2002): Metzler Lexikon Gender Studies - Geschlechterforschung. Ansätze - Personen - Grundbegriffe. Stuttgart: Metzler.

Lamnek, Siegfried; Boatca, Manuela (Hrsg.) (2003): Geschlecht Gewalt Gesellschaft. Opladen: Leske + Budrich.

List, Elisabeth/ Studer, Herlinde (Hrsg.) (1989): Denkverhältnisse: Feminismus und Kritik. Frankfurt a.M.: Suhrkamp.

Schweickert, Birgit (2000): Gewalt ist kein Schicksal. Baden-Baden: Nomos.

Walter, Willi (1996): Männer entdecken ihr Geschlecht: Zu Inhalten, Zielen, Fragen und Motiven von Kritischer Männerforschung. In: BauSteineMänner (Hrsg.) (1996): 13-26.

Walter, Willi (2000): Gender, Geschlecht und Männerforschung. In: Braun, Stephan (Hrsg.) (2000): 97-115.

Mit Gender Budgeting zum geschlechtergerechten Haushalt
Uta Kletzing

1. Einleitung

Das Konzept „Gender Budgeting" wurde erstmals auf der Weltfrauenkonferenz 1995 in Peking von den 189 Teilnehmerstaaten vereinbart und in der Peking-Aktionsplattform als Forderung verankert (vgl. Schratzenstaller 2002). Basierend auf dem Begriff „Budget" als englische Bezeichnung für *Etat* oder *Haushalt(splan)* (PONS/Collins, 1997: 977) bezeichnet „Gender Budgeting" das *geschlechterbewusste[1] Haushalten* als Verfahren bzw. Prozess. Der Begriff „Gender Budget" meint das Ergebnis von geschlechterbewusstem Haushalten, also den *geschlechterbewussten Haushalt* (vgl. Schratzenstaller 2002)[2].

Geschlechtergerechtes Haushalten ist noch ein relativ neues und deshalb gestaltbares Konzept, dessen konkrete Umsetzung durch verschiedene Initiativen

---

1 Deutsche Synonyme für „geschlechterbewusstes Haushalten" sind geschlechtersensibles oder geschlechtergerechtes Haushalten. Englische Synonyme für Gender Budgeting sind gender sensitive, gender aware, gender responsive, women's budgeting oder Gender Auditing of Government Budgets.

2 Es wird unterschieden zwischen dem Gender-Budget-*Verfahren* als „geschlechtersensible Analyse der öffentlichen Haushaltspolitik" (Schratzenstaller, 2002: 134) und dem Gender-Budget-*Bericht* als die schriftlich festgehaltenen Ergebnisse der Gender-Budget-Analyse (vgl. Schratzenstaller 2002).

je nach Zielen und Akteurinnen und Akteuren sehr voneinander variiert. Rake (zit. n. Frauenrat Basel-Stadt 2002) bezeichnet die Gender-Budget-Analyse als „methodology in the making" (14), das Canadian Center für Policy Alternatives (2000) weist auf die „embryonic nature of activity in this area (gender budgeting)..." (14) hin.

In diesem Beitrag soll zur allgemeinen Beschreibung von Gender Budgeting als gleichstellungspolitisches Handlungsfeld den Fragen nachgegangen werden,

- wie sich Gender Budgeting in Gleichstellungspolitik einordnet und was dieses Konzept beinhaltet (unter 1)
- welche Bedeutung es angesichts von Überlegungen zu Demokratisierung und nachhaltigem Wirtschaftswachstum hat (unter 2 und 3)
- welche Erfahrungen mit Gender Budgeting wegweisend für die weitere Umsetzung sind (unter 4).

1.1 Einordnung

Gender Budgeting ist ein entscheidendes Handlungsfeld der Strategie „Gender Mainstreaming"[3] (vgl. Schratzenstaller 2002; vgl. Morna 2000). Durch Gender Mainstreaming soll die Perspektive der Geschlechterverhältnisse in alle Entscheidungsprozesse sämtlicher Arbeitsfelder einer Organisation einbezogen werden und sollen alle Entscheidungsprozesse für die Gleichstellung der Geschlechter nutzbar gemacht werden (vgl. Stiegler 2000). Gender Budgeting verfolgt diese Ziele speziell bezogen auf die *haushaltspolitischen* Entscheidungs-prozesse, z.B. in der öffentlichen Verwaltung.

1.2 Inhalt

Gender Budgeting beinhaltet, in alle Phasen (Konzeption, Planung, Umsetzung, Kontrolle und Wirkungsanalyse) haushaltspolitischer Entscheidungsprozesse die Perspektive der Geschlechterverhältnisse einzubeziehen und die Auswirkungen haushaltspolitischer Maßnahmen - also aller öffentlicher Einnahmen und Ausgaben - auf die soziale und ökonomische Situation von Frauen und von Männern in unterschiedlichen Lebenslagen zu untersuchen und unter dem Gesichtspunkt der Benachteiligung aufgrund von Geschlechtsmerkmalen zu bewerten (vgl. Schratzenstaller 2002). Die Idee von Gender Budgeting ist, die Auswirkungen von Haushaltspolitik auf die Geschlechterverhältnisse und die Gleich-

---

3 „We cannot talk about policies and programmes without talking about money!" (Morna 2000: 8)

stellung von Frauen und von Männern in unterschiedlichen Lebenslagen in Betracht zu ziehen (vgl. Madörin, zit. n. Frauenrat Basel-Stadt 2002). Gender Budgeting-Prozesse können ganz verschiedene Formen annehmen. Für das Canadian Center for Policy Alternatives (2000) umfasst Gender Budgeting ein Kontinuum zwischen geschlechterbewusster Stellungnahme zum öffentlichen Haushalt bis zu grundsätzlicher Um- und Restrukturierung des öffentlichen Haushalts(prozesses). Gender-Budgeting-Prozesse können sich aus verschiedenen Komponenten zusammensetzen und unterscheiden sich nach dem jeweilig spezifischen sozialen und politischen Kontext des Staates bzw. der Region (vgl. Hewitt & Mukhopadhyay 2001). Welcher methodische Weg genau einzuschlagen ist, entscheiden die Bedingungen vor Ort (vgl. Petra-Kelly-Stiftung 2002).

2. Bedeutung von Gender Budgeting: Haushalte aus Gender-Perspektive

Grundannahme von Gender Budgeting ist, dass es keine geschlechtsneutrale Haushaltpolitik gibt (vgl. Initiative für geschlechtergerechte Haushaltsführung in Berlin). Damit wird die bisherige Auffassung infrage gestellt, dass Haushalte sämtliche Bürger und Bürgerinnen eines Landes in gleichem Maße betreffen oder dem „Allgemeinwohl", d.h. den Bedürfnissen einer „Durchschnittsperson", entsprechen. Stattdessen sollen Haushalte die faktische Ungleichheit zwischen Menschen, z.B. zwischen den Geschlechtern, hinsichtlich ihrer Ausstattung mit Ressourcen sowie ihrer Stellung in der gesellschaftlichen Arbeitsteilung und somit die realen Abweichungen der Menschen vom „repräsentativen Wirtschaftssubjekt" (Schratzenstaller 2002: 138) berücksichtigen. Haushalte, die diese Unterschiede nicht berücksichtigen, sind nur vermeintlich geschlechtsneutral und tatsächlich geschlechtsblind (vgl. Schratzenstaller 2002).

Die Gleichstellung der Geschlechter steht in der Finanzpolitik noch am Anfang. Indikatoren für die finanzielle Ungleichheit der Geschlechter sind z.B. der unterschiedliche Lebensstandard von Frauen und von Männern und die ungleiche Verteilung bezahlter und unbezahlter Arbeit bei Frauen und Männern (vgl. Madörin 2001; vgl. BMFSFJ 2003). Die Realisierung von Recht und Anspruch auf Gleichstellung erfordert, dass auch die finanziellen Mittel dafür bereitgestellt werden (vgl. Schratzenstaller 2002). Gender Budgeting dient somit als gleichstellungspolitisches Steuerungsinstrument (vgl. Madörin 2001). Budgetfragen sind sowohl Macht- als auch Zukunftsfragen: Wo wird auf Kosten von wem gestrichen? Von wem wird das Staatsgeld eingenommen? Für welche und wessen Zukunft wird Geld verwendet (vgl. Madörin 2001)? Gerade in Zeiten von Haushaltskürzungen gewinnen diese Fragen an Brisanz, denn es geht nicht um die Erhöhung oder Verringerung von Einnahmen und Ausgaben, sondern um die Prioritätensetzung bei der strukturellen Zusammensetzung der Einnahmen und Ausgaben (vgl. Scheub 2002; vgl. Schratzenstaller 2002). Wem soll wie viel bezahlt bzw. von wem wie viel eingenommen werden, um die gewünschten Effekte, die durch Politikziele definiert werden, zu erreichen (vgl. Himmelweit 2001)? Das ist die generelle Fragestellung von Haushaltspolitik. Nach welchen Kriterien werden finanzpolitische Entscheidungen getroffen, und wie müssen diese im Sinne der Gleichstellung von Frauen und von Männern verändert bzw. ergänzt werden? Das ist die Fragestellung von Gender Budgeting.

3. Warum Gender Budgeting?

Gender Budgeting geht von bestimmten statistisch nachgewiesenen Charakteristika der ökonomischen und sozialen Situation von Frauen und von Männern aus, aus denen einerseits die Notwendigkeit für Gender Budgeting entsteht und die andererseits aufgrund bisher nicht erfolgten Gender Budgetings entstanden ist (vgl. BMFSFJ 2003). Rake (2002) beschreibt das Geschlechterverhältnis folgendermaßen: „Women and men are located at different points in the economic and social structure" (S. 15). Damit ist gemeint, dass die Mehrheit der *Männer* gegenwärtig
- mehr Einkommen hat als die Mehrheit der Frauen
- Vollzeit und seltener als Frauen im öffentlichen Sektor arbeitet
- sich weniger zuständig für die (unbezahlte) Familien- und Hausarbeit fühlt.

Die „Naturgegebenheit" dieser unterschiedlichen Lebenslagen von Frauen und von Männern wird aus der Gender Budgeting-Perspektive infrage gestellt[4]. Vielmehr wird in den Fokus gerückt, dass diese Charakteristika in Wechselwirkung mit bestehenden Gesellschaftsstrukturen, z.B. der Verteilung von Ressour-

---

4 Im Sinne der Gender-Perspektive ist es deshalb auch angemessen, nicht von „Frauen und Männern", sondern von Menschen mit typisch „weiblicher Lebenssituation" und Menschen mit typisch „männlicher Lebenssituation" zu sprechen. Damit wird die Lebenssituation unabhängig vom biologischen Geschlecht betrachtet und eher das soziale Geschlecht (Gender), also z.B. die Wahl eines bestimmten Lebensmusters, in den Vordergrund gerückt als das biologische Frau- bzw. Mann-Sein. In der Gender-Budgeting-Literatur wird zwar von „Männern und Frauen" gesprochen - gemeint sind aber die Vertreterinnen und Vertreter des „männlichen" (verkürzt: Männer) und des „weiblichen" (verkürzt: Frauen) Lebensmusters. Sollte eines Tages die klare Zuordnung dieser Lebenssituation zur Mehrheit der Frauen bzw. Männer nicht mehr möglich sein, weil Geschlechterunterschiede sich angleichen, so müssten die Merkmale an sich (z.B. die Schlechterverdienenden, die Nichterwerbstätigen, die Beschäftigten des öffentlichen Sektors, die unbezahlt-Arbeitenden etc.) zur Beschreibung der diskriminierten Gruppen herangezogen werden.

cen in öffentlichen Haushalten, stehen. Frauen bzw. Menschen in der oben beschriebenen typisch „weiblichen Lebenslage" erfahren eher strukturelle Diskriminierung: Das heißt, strukturelle Rahmenbedingungen bringen sie in diese soziale und ökonomische Situation - diese Situation wiederum verstärkt aber auch ihre strukturelle Diskriminierung. Männer bzw. Menschen, die das beschriebene typisch „männliche Lebensmuster" betrifft, erfahren finanziell privilegierende gesellschaftliche Rahmenbedingungen.

3.1 Folgen aus dem Geschlechterverhältnis für öffentliche Haushalte

Gender Budgeting soll die strukturelle Diskriminierung von Frauen in bestimmten Lebenslagen und die strukturelle Privilegierung von Männern in bestimmten Lebenslagen aufheben, indem die realen Lebenssituationen von Menschen, z.B. mit einem „weiblichen" und „männlichen" Lebensmuster, in einem öffentlichen Haushalt berücksichtigt werden. Ausgehend vom Ist-Zustand existierender Muster von Geschlechterungleichheit[5] folgert Rake (2002), dass Frauen und Männer anders auf wirtschaftspolitische Maßnahmen reagieren. Wenn Haushaltsentscheidungen auf unhinterfragten Annahmen eines „normalen" oder „typischen" Männerlebens -ein Vollzeit-Arbeitsleben ohne Unterbrechung und ohne arbeitsgeteiltes Familienleben- basieren, folgt daraus ein indirekter „Gender Bias" und die Reproduktion der ungleichen Geschlechterverhältnisse. Rake (2000) folgert auch, dass effektives Haushalten neben bezahlter auch unbezahlte Arbeit[6] berücksichtigen muss, um zu prüfen, ob der Haushalt neben eng definierten ökonomischen auch sozialen Zielen dient. Wirtschafts- und Sozialpolitik können nicht als getrennte Mechanismen analysiert werden. Die Notwendigkeit, unbezahlte Arbeit im Rahmen von Haushaltsentscheidungen ernster zu nehmen, zeigen exemplarisch die Ergebnisse der Gender-Budget-Analyse im Schweizer Kanton Basel-Stadt (vgl. Madörin, zit. n. Frauenrat Basel-Stadt 2002):
- Unbezahlte Arbeit nimmt mehr Zeit in Anspruch als die gesamte Erwerbzeit.
- Die Verteilung zwischen Männern und Frauen, wie viel sowie was bezahlt und unbezahlt gearbeitet wird, ist ungleich.
- Frauen arbeiten jährlich 160 Stunden (= 3 Wochen Vollerwerbsarbeitszeit) mehr (bezahlt + unbezahlt) als Männer.
- Der Anteil ehrenamtlicher und freiwilliger Arbeit beträgt nur ca. 3-4 Prozent der gesamten unbezahlten Arbeit.

---

5 Indikatoren für Geschlechterungleichheit sind z.B. die ungleiche Verteilung von bezahlter und unbezahlter Arbeit sowie von Zeit- und Geld-Ressourcen.

6 Pfeifer & Madörin (2002) definieren Arbeit als „was andere Personen gegen Bezahlung für uns tun können" (Drittpersonenkriterium).

3.2 Gründe für geschlechterbewusstes Haushalten

Budgets spiegeln die Prioritäten in der Politikgestaltung hinsichtlich der Verteilung öffentlicher Güter wider (vgl. Rundbief Europäische Frauenlobby 2002;
vgl. Scheub 2002). Bei dieser Prioritätensetzung die Perspektive der Geschlechterverhältnisse einzubeziehen, ist aus verschiedenen Gründen angezeigt (vgl.
Rundbrief Europäische Frauenlobby 2002). Abgesehen von gesetzlichen, mora-
lisch-ethischen sowie aus dem Demokratieverständnis abgeleiteten Gründen
spielen auch ökonomische Gründen eine entscheidende Rolle.

3.2.1 Gesetze, Moral und Demokratieverständnis

Es ist davon auszugehen, dass alle gesetzlichen Bestimmungen zu Gender
Mainstreaming (vgl. Bundesministerium für Familie, Senioren, Frauen und
Jugend 2002) wie z.B. der Amsterdamer Vertrag, Art. 2 und 3, sowie das
Grundgesetz, Art. 3, gleichermaßen zu Gender Budgeting -als Element von
Gender Mainstreaming und notwendiges Mittel zur Durchsetzung der Gleich-
stellung von Männern und Frauen- verpflichten. Außerdem liegen internationale
Vereinbarungen vor, deren Umsetzung explizit Gender Budgeting fordert oder
inhaltlich impliziert.

Gerechtigkeit zwischen den Geschlechtern ist erreicht, wenn eine gerechte
Beteiligung von Männern und Frauen an allen Entscheidungen über und am
Zugang zu materiellen oder materiell bemessenen sowie finanziellen Ressourcen garantiert ist (vgl. Böker/Neugebauer 2001). Um diese Gerechtigkeit herzustellen und aufrechtzuerhalten, ist Gender Budgeting notwendig. Dabei kommt
dem Staat eine zentrale Rolle zu, denn er muss für die Umverteilung von Mitteln innerhalb der Gesellschaft sorgen, um ungleiche Chancen auszugleichen
(vgl. Straumann zit. n. Frauenrat Basel-Stadt 2002). Maier (2001) beschreibt
den Einfluss öffentlicher Ausgaben bzw. Einsparungen bezüglich folgender
Dimensionen: Staat als Arbeitgeber, als Bereitsteller sozialer Dienstleistungen
(z.B. Betreuung, Gesundheit), als Investor in Infrastruktur und als Verantwortli-
cher für soziale Sicherungssysteme. Eine wirkungsorientierte Verwaltungsfüh-
rung zeichnet sich durch Transparenz über ihre Produkte, ihre Kundschaft und
ihre Leistungs- und Wirkungsziele aus und macht staatliche Leistungen dadurch
steuerbarer und überprüfbarer. Welche Mittel müssen wo eingesetzt werden, um
was zu erreichen? Welche Veränderungen werden mit welchem veränderten
Mitteleinsatz erreicht? Geschlechtssensible Kriterien sind zwingender Bestandteil solcher Überlegungen (vgl. Madörin 2002).

Gender Budgeting ist auch Teil eines Demokratisierungsprozesses (vgl. Madörin, 2001). Mit der Forderung nach Gender Budgeting werden allgemeine Forderungen an Haushalte bzw. Haushaltsprozesse aufgegriffen, die Gegenstand des Demokratieverständnisses sind. Der Haushalt bzw. Haushaltsprozess soll transparent sein, überprüfbar sein und regelmäßig überprüft werden, partizipativ gestaltet[7] und der Öffentlichkeit zugänglich sein sowie niemanden diskriminieren.[8]

3.2.2 Ökonomische Gründe

Gender Budgeting kann einen Beitrag dazu leisten, „realistischere ökonomische Vorstellungen zu entwickeln und den wirtschaftspolitischen Sachverstand zu schärfen" (Madörin, 2002: 11). Wirtschaftliche Anreize passgenauer einzusetzen, erfordert ein Denken über klassische ökonomische Theorie hinaus (vgl. Rake 2002). Die Notwendigkeit für geschlechterbewusstes Haushalten basiert auf der Erkenntnis aus Entwicklungstheorie und -politik, dass die Wohlfahrts-, Wachstums- und Verteilungswirkungen von Maßnahmen auch von der Berücksichtigung geschlechtstypischer Unterschiede (z.B. Zugang zu Güter- und Faktormärkten; Möglichkeit zur Bildung von Humankapital) sowie unterschiedlicher Auswirkungen öffentlicher Ausgaben auf Frauen und auf Männer in unterschiedlichen Lebenslagen abhängen (vgl. Schratzenstaller 2002). Die makroökonomische Erkenntnis des „Engendering Macroeconomics", also die Geschlechterperspektive und allgemein soziale Fragen von vornherein in alle makroökonomischen Überlegungen einzubeziehen, wächst (vgl. Schratzenstaller 2002). Warum?

Die neoklassischen Wirtschaftstheorien, auf denen makroökonomische Politik bislang basierte, gehen von einem „perfekten Markt" aus, der durch uneingeschränkter Mobilität von Kapital und Arbeit dorthin, wo sie ihren höchsten

---

7 Aus der Literatur geht nicht eindeutig hervor, welche Formen der Partizipation angestrebt werden: ob die repräsentative Partizipation aller oder nur ausgewählter Bevölkerungsgruppen, ob in allen Phasen des Haushaltsprozesse oder nur in ausgewählten etc.

8 Aus der Literatur geht nicht eindeutig hervor, ob die Integration der Gender-Perspektive in den Haushalt bzw. den Haushaltsprozess ausschließlich die Berücksichtigung des Geschlechterverhältnisses, also die Diskriminierung hinsichtlich der Zugehörigkeit zur Bevölkerungsgruppe der Männer und Frauen meint, oder generell *alle* bisher nicht genügend berücksichtigten Bevölkerungsgruppen im Sinne der Schaffung eines „people's budget" beachtet werden sollen. Angesichts der Heterogenität der Frauen- und Männerpopulation in sich und angesichts des Ziels einer allgemeinen Demokratisierung, welches sich Gender Budgeting setzt, wäre die Berücksichtigung anderer gesellschaftlicher Ungleichheiten –abgesehen vom Geschlechterverhältnis- durchaus angemessen. Allerdings birgt dies Verteilungskonflikte zwischen Bevölkerungsgruppen in sich, deren Forderungen ggf. gleichermaßen berechtigt sind (vgl. Schratzenstaller 2002).

Nutzen erzielen, sowie gleiche Transparenz und Zugänglichkeit des Marktes für alle Individuen gekennzeichnet ist. Die „perfekten Individuen" sind frei, verfolgen eine Strategie der Gewinnmaximierung und können ohne Ansprüche Dritter über ihr Einkommen verfügen. In dem Maße, in dem ein reales Individuum vom neoklassischen Individuum abweicht, gibt es jedoch Abweichungen vom „perfekten Markt", z.b. bezüglich der Mobilität und bezüglich seiner *gleichen* Zugänglichkeit für alle. Diese Abweichungen und somit auch die bestehende Ungleichheit zwischen Marktteilnehmern und -teilnehmerinnen, z.b. zwischen den Geschlechtern, blenden die neoklassischen Theorien aus.

Die Praxis zeigt, z.b. bezogen auf den Staatshaushalt, dass die Erhöhung oder Verringerung von Staatsausgaben und -einnahmen *nicht* die gleichen Auswirkungen auf alle Individuen hat, sondern z.b. gekürzte Sozial- und Infrastrukturausgaben Frauen - als häufiger für die Kinder und für den Haushalt Zuständige - mehr betreffen als Männer. Auch der Zugang zu Kredit auf dem Kapitalmarkt ist möglicherweise ein unterschiedlicher für weibliche und männliche Kunden, weil Frauen häufiger für Banken unattraktive Kleinkredite wollen und seltener über die geforderten Kreditgarantien verfügen.

Auch die Verflechtung der zwei großen ökonomischen Sektoren, der Erwerbsarbeit und der unbezahlten Arbeit, ihr Zusammenhang zum bestehenden Geschlechterverhältnis und ihre Rolle für die ökonomische und soziale Nachhaltigkeit der Gesellschaft muss in Haushaltsprozesse einbezogen werden (vgl. Madörin 2001). Angesichts der demographischen Entwicklung muss der zu leistenden Betreuungsarbeit[9] in der Gesellschaft mehr Aufmerksamkeit zuteil werden. In der Literatur wird der Begriff „Care-Ökonomie" geprägt, um dem Ausmaß dieses Sektors und seiner notwendigen Formalisierung Ausdruck zu verleihen (vgl. Bettio, zit. n. Frauenrat Basel-Stadt 2002). Niedrige Geburtenraten sind für eine an Nachhaltigkeit interessierte Gesellschaft sicherlich die schlechteste Lösung, mit Betreuungsleistungen umzugehen (vgl. Bettio 2002).

Rubery et al. (1999) postulieren Chancengleichheit als Produktionsfaktor. Erstens eröffnet Chancengleichheit eine neue Perspektive für ökonomische und soziale Politik, bei der Effizienz und Realismus verbessert werden (weg von dem „Ernährermodell") und die Lebensqualität für Frauen, Männer, Kinder erhöht wird. Zweitens steigert Chancengleichheit die Flexibilität der ganzen Gesellschaft, da eine erhöhte Fähigkeit und Anpassung aller Individuen erreicht wird. Durch reduzierte Spezialisierung bzw. Arbeitsteilung in der Partnerschaft bzw. Ehe und weniger Geschlechtersegregation in der Arbeitswelt wird das

---

9 Damit ist immer die Betreuung sowohl pflegebedürftiger (z.b. alter, behinderter) Menschen als auch von Kindern gemeint.

individuelle und soziale Risiko des Individuums und der Gesellschaft verringert.[10]

Ökonomische Ressourcen und Potentiale sind nicht bei allen Individuen gleich verteilt, da nicht alle die gleichen Ausgangsvoraussetzungen für die Teilnahme am Markt haben. Nur die differenzierte Analyse dieser Ausgangsvoraussetzungen der verschiedenen Marktteilnehmerinnen und -teilnehmer ermöglicht eine Makroökonomie, die alle Wirtschaftssubjekte einbezieht und effizientes, dauerhaftes sowie sicheres Wachstum schafft. Dabei müssen Kernbegriffe der ökonomischen Analyse wie „Produktivität", „Kosten" und „Effizienz" hinterfragt und neu definiert werden. Ist z.b. die Verschiebung der Kosten vom öffentlichen in den privaten Bereich tatsächliche Effizienzsteigerung? Was ist der gesellschaftliche Zugewinn, wenn kurzfristige Kostensenkung langfristige negative soziale Wirkungen nach sich zieht? Warum werden die Bereiche der gesellschaftlichen Reproduktion und Selbstversorgung aus Marktperspektive analytisch vernachlässigt, obwohl sie viel Arbeitskraft und -zeit absorbieren? Die Integration von Gender-Fragen in die Makroökonomie bedeutet ein Umdenken mit dem Ziel, makroökonomische Anreize nicht nur auf die Förderung privater ökonomischer Effizienz auszurichten, sondern auch die soziale Effizienz dieser Anreize zu berücksichtigen und damit anhaltendes ökonomisches Wachstum zu fördern (vgl. Frackmann et al. 1996).

4. Erfahrungen bisheriger Gender Budgeting-Initiativen

4.1 Ausgabentypen im Haushalt

Die im Haushalt festgelegten Ausgaben lassen sich aus Gender-Perspektive in drei Kategorien einteilen (vgl. Hewitt & Mukhopadhyay 2001; vgl. Elson 1999; vgl. Morna 2000): erstens geschlechterspezifische Ausgaben speziell für Frauen/Mädchen, Männer/Jungen (z.B. für eine Brustkrebsaufklärungs-Kampagne); zweitens Ausgaben für die Gleichstellung der Geschlechter im öffentlichen Sektor (z.B. für eine Fortbildung zu Gender Mainstreaming im Personalmanagement); drittens alle anderen Ausgaben („mainstream"-Ausgaben). Diese Klassifikation suggeriert, dass vor allem die ersten beiden Ausgabenkategorien für die Geschlechterperspektive von besonderer Bedeutung sind. Dabei ist es aber aufgrund ihres Mittelumfangs vor allem die dritte „mainstream"-Kategorie, die unter der Gender-Perspektive betrachtet werden muss (vgl. Schratzenstaller

---

10 Haushalte sind keine lebenslang stabilen und versorgenden Einheiten (mehr), weshalb finanzielle Abhängigkeitsverhältnisse nicht vom Staat gefördert werden sollten (vgl. Himmelweit 2001).

2002; vgl. Morna, 2000)[11]. Morna (2000) weist darauf hin, dass der „real trick" (S. 8) ist, gerade die nicht-frauen- bzw. nicht-gleichstellungsspezifischen Ausgaben zum Gegenstand von Gender Budgeting zu machen.

4.2 Akteurinnen und Akteure von Gender Budgeting

Die Akteurinnen und Akteure und die Art ihrer Zusammenarbeit variiert zwischen den Initiativen und ist sehr von den Bedingungen vor Ort abhängig (vgl. Morna 2000). Hewitt & Mukhopadhyay (2001) empfehlen die Kooperation von Regierungsinitiative(n) und zivilgesellschaftlichen Aktivitäten wegen entstehender Synergieeffekte. Vorteile der Zusammenarbeit mit Nichtregierungsorganisationen sind die Expertise zur Bearbeitung von Fragestellungen aus Geschlechterperspektive und breitere Öffentlichkeit(sarbeit).

4.3 Erfolgsfaktoren für Gender Budgeting-Initiativen

Die Literatur dokumentiert verschiedene Faktoren, die für den Erfolg einer Gender-Budget-Initiative entscheidend sind.

Politischer Wille: Einen bürokratischen Prozess zu etablieren, genügt nicht. Es ist notwendig, Veränderung von Institutionen und Reflexion über Politik zu verfolgen (vgl. Rake 2002). Die Zieldefinition für einen geschlechtergerechten Haushalt lässt sich nicht aus der Haushaltsanalyse selbst gewinnen. Die Ziele des geschlechterbewussten Haushaltens, also die Gleichstellungsziele, müssen von der Gleichstellungspolitik entwickelt werden und auf Haushaltsprozesse angewendet werden (vgl. Petra-Kelly-Stiftung 2002).

Personalentwicklung: Verhaltensänderungen bedürfen der Veränderung von Einstellungen und Vorverständnissen: „(...) the first stage in changing priorities is to change understandings" (Elson, 1999: 11). Für einen Gender Budgeting-Prozess bedarf es der Zusammenführung von Gender- und Finanzexpertise. Beides muss von den Prozessbeteiligten entwickelt werden, d.h. Wissen und Methoden für die Analyse müssen durch Beratung und Training[12] vermittelt werden (vgl. Rake 2002).

---

11 Die „mainstream"-Ausgabenkategorie macht ca. 99 Prozent aller Ausgaben aus und muss deshalb wesentlicher Gegenstand von Gender Budgeting sein (vgl. Sharp & Broomhill, 1990, zit. n. Hewitt & Mukhopadhyay 2001; vgl. Madörin 2001). Beispiel Südafrika: 1,2 Mio. Beschäftigte im öffentlichen Sektor (Kategorie 2) vs. übrige 40 Mio. SüdafrikanerInnen (Kategorie 3).
12 Die Finanzierung dieser Maßnahmen gilt als entscheidender Erfolgsfaktor.

Ressourcen: Es müssen geschlechterdifferenzierte Daten zur Beantwortung und zur Entwicklung gleichstellungsrelevanter Fragestellungen verfügbar sein bzw. erhoben werden. Weiterhin braucht Gender Budgeting Zeit sowie externe Unterstützung zur Begleitung des Prozesses (vgl. Hewitt & Mukhopadhyay 2001). Bewusstsein für unterschiedliche Interessen: Die Gender-Budgeting-Initiative braucht eine Öffentlichkeit und (einflussreiche) Befürwortende. Deshalb ist eine gezielte Öffentlichkeitsarbeit durch Lobbying und Partizipation unabdinglich (vgl. Morna 2000). Gender Budgeting ist keine rein technische Übung, deren Erfolg allein von der „richtigen Methodik" abhängt. Gender Budgeting bewegt sich immer in einem Spannungsfeld konfligierender Interessen der beteiligten Akteurinnen und Akteure mit asymmetrisch verteilten Machtmitteln (vgl. Schratzenstaller 2002).

Zuständigkeiten: Der Commonwealth (1999) hat mit der Übergabe der Gender Budgeting-Projektleitung an das Finanzministerium sowie der interministeriellen Zusammenarbeit sehr gute Erfahrungen gemacht. Außerdem empfehlen sie, konkret und praktisch werden (vgl. Commonwealth 1999).

4.4 Der Weg ist das Ziel

Vielfach wird in der Literatur dokumentiert, dass auch noch bzw. vor allem *während* des Gender Budget-Prozesses die relevanten inhaltlichen Fragen entstehen. Gerade die Gender Budget-*Analyse* stellt mehr eine Annäherung an genauer abzuklärende Fragen dar, als die Antwort selbst (vgl. Pfeifer & Madörin, zit. n. Frauenrat Basel-Stadt, 2002). „Erst wenn der Prozess (...) angepackt wird, erst dann stellen sich die interessanten Fragen" (Straumann, zit. n. Frauenrat Basel-Stadt 2002: 33).

Ähnlich wie bei Gender Mainstreaming scheint auch bei Gender Budgeting ein wesentliches Instrument die „richtige" Frage zu sein. Um die richtigen Fragen zu stellen und richtigen Kriterien[13] anzulegen, müssen Ideen entwickelt werden, auf welche Zusammenhänge es bei Haushaltspolitik aus Gender-Perspektive ankommt (vgl. Madörin 2002): Welche Gender-Indikatoren für die Messung der Auswirkungen von Staatsausgaben und -einnahmen[14] gibt es? Bei der Feststellung direkter und indirekter Effekte von staatlichen Einnahmen und Ausgaben sind folgende Eckpunkte unbedingt zu beachten (vgl. Rake 2002):

---

13 In den Kriterien spiegelt sich die politische Debatte des Landes und die Sicht, was für die Gleichstellung von Frau und Mann von zentraler Bedeutung ist, wider (vgl. Madörin 2002).

14 Zur Beschreibung der sozialen und ökonomische Lage von Frauen und Männern in europäischen Ländern wird derzeit ein „European Gender Equality Index" (EUGEI) entwickelt, der jedoch zum Zeitpunkt der Fertigstellung dieses Artikels noch nicht vorlag.

- Ressourcen-Verteilung innerhalb der Haushalte, d.h. Analyseebene Familie UND Individuum
- kurzfristige und langfristige Haushaltskonsequenzen
- differenzierte Betrachtung der Entscheidungen zwischen bezahlter und unbezahlter Arbeit und der mit der jeweiligen Entscheidung verbundenen Opportunitätskosten

Erst während des Prozesses wird klar, wie viel Wissen über die spezifischen Verwaltungsbereiche und das Geschlechterverhältnis notwendig ist (vgl. Pfeifer & Madörin 2002). Gegenstand von Gender Budgeting sind nicht nur die Inhalte des Haushaltsplans, sondern auch seine Aufbereitung an sich. Was müsste der Haushaltsplan zusätzlich enthalten, um Geschlechtereffekte besser sichtbar zu machen? Welche Daten und Informationen fehlen, um zu einer genaueren Einschätzung der Haushaltsstellen zu kommen? Woher sind diese Informationen zu bekommen? Durch Gender Budgeting werden die Transparenz- und Informationslücken des Haushaltsprozesses aufgedeckt (vgl. Petra-Kelly-Stiftung 2002). Die Instrumente für Gender Budgeting können wichtige Erkenntnisse liefern, wie überhaupt für politisch definierte Ziele Indikatoren zu entwickeln und zahlenmäßig zu erfassen sind.

4.5 Leistung, Wirkung, Nutzen

Die analytisch notwendige Unterscheidung zwischen Leistung, Wirkung und Nutzen ist in der Praxis oft schwer nachvollziehbar. Zum Beispiel bei öffentlichen Ausgaben für eine kulturelle Institution: Wer profitiert von den staatlichen Leistungen - die Angestellten, die auftretenden Künstlerinnen und Künstler, die Besucherinnen und Besucher etc.? Für den Gender Budgeting-Prozess gilt es, eine klare Definition zu finden, welche Betrachtungsebene für Leistung, Wirkung und Nutzen relevant ist (vgl. Straumann 2002). Eine andere Frage stellt sich bezüglich des Nutzens staatlicher Leistungen, da dieser schwierig zu bemessen ist. Prinzipiell sind staatliche Leistungen für alle nutzbar, jedoch ist der individuelle Nutzen entscheidend, da der Nutzen einer Leistung selbst für alle Personen, welche diese beziehen, nicht gleich hoch sein muss. Der individuelle Nutzen einer Person aus öffentlichen Gütern hängt von ihren Bedürfnissen, Wertvorstellungen und politischen Einstellungen ab[15]. Auch der monetäre Wert einer Leistung sagt nicht zwingend etwas über deren Nutzen aus (vgl. Schwendener & Pfeifer, zit. n. Frauenrat Basel-Stadt 2002).

---

15 Zur Erfassung des individuellen Nutzens wären Bevölkerungsbefragungen nötig.

4.6 Was haben Gender Budget Initiativen bisher erreicht?

Im Sinne der Bewusstseinsbildung haben Initiativen in Sri Lanka, Südafrika und Uganda allgemeine Schwächen des Haushaltsprozesses sowie finanzpolitischer Entscheidungen aufzeigen können. In Australien, Tansania und Südafrika konnte Gender Budgeting Zugänge zu Gender Mainstraming konkretisieren. Bei allen Initiativen wurden ökonomisches Wissen[16] verbreitet und politisch-partizipative Prozesse initiiert.

Im Sinne tatsächlicher finanzpolitischer Veränderungen wirkten Initiativen in den Philippinen, Südafrika, Australien, Großbritannien und Kanada. Hier wurden neue Prioritäten bei den Ausgaben gesetzt und allgemeine Politikveränderungen erreicht.

5. Abschluss & Ausblick

Der Beitrag hat aufgezeigt, was Gender Budgeting umfasst bzw. umfassen kann und welche Bedeutung es für eine Gesellschaft hat, die Nachhaltigkeit anstrebt. Die aus bisherigen Umsetzungserfahrungen abgeleiteten Qualitätskriterien für die Prozessgestaltung von Gender Budgetings sowie für das Ergebnis des geschlechtergerechten Haushalts wurden zusammengefasst. Jedoch wird und muss die Zukunft zeigen, welche Herangehensweisen an Gender Budgeting sich bei bestimmten Rahmenbedingungen qualitätssichernd bewähren.

Die theoretischen Grundlagen für Gender Budgeting, gerade die ökonomischen, bedürfen differenzierterer Forschung. So fehlt es z.B. an Theorien zur Dynamik zwischen der Professionalisierung unbezahlter Arbeit (Care-Ökonomie), Wirtschaftswachstum und Rolle des Staates (vgl. Madörin 2002). Der Forschungsstand zur gegenwärtigen Organisation von Betreuungsarbeit ist nach Bettio (2002) sehr unterentwickelt, z.B. würde Forschung bezüglich der Wirkung von formalen Betreuungsstrategien (z.B. Geld, zeitliche Freistellung, Service) auf die Geburtenrate Strategien für die Verbindung von Arbeitsmarkt- und Elternschaftsbedürfnissen wissenschaftlich unterlegen können. Bezüglich zweier Grundfragen existieren in der Literatur unterschiedliche Auffassungen, die systematisiert werden sollten:

- Ist Gender Budgeting ausschließlich die *Analyse* von Haushalten, oder impliziert das Konzept gleichermaßen die Veränderung von Haushalten anhand der Analyseergebnisse?

---

16 original: „economic literacy" (Morna 2000: 6)

- Ist ein Gender Budget „nur" für Geschlechterfragen zuständig, oder fühlt sich ein Gender Budget im Sinne eines „people's budget" auch für andere gesellschaftlich benachteiligte Gruppen zuständig?[17]

Der Vorschlag von Böker & Neugebauer (2001) weist in die Zukunft: Ein unabhängiges Büro für Gender Budgeting soll bestehende und entstehende Gender Budget-Initiativen vernetzen und koordinieren. Aufgaben dieses Büros könnten darin bestehen, Modelle des Gender Budgeting zu vergleichen, vergleichbar und zugänglich zu machen, Indikatoren und Kategorien für geschlechterbewusste(s) Haushalte(n) zu entwickeln sowie die Umsetzung von Gender Budgeting mit Expertise und Monitoringstudien zu begleiten.

Literatur

Böker, M. & Neugebauer, A. (2001): Erfahrungen auf kommunaler Ebene - Eine Tagung, ein Buch und die Praxis in Münster. Infobrief NRO-Frauenforum, 2/2001.

Bothfeld, S; Gronbach, S. & Riedmüller, B. (Hg.) (2002): Gender Mainstreaming - eine Innovation in der Gleichstellungspolitik. Frankfurt a.M. / New York.

Bundesministerium für Familie, Senioren, Frauen und Jugend (2002): Gender Manstreaming. Was ist das? Berlin.

Bundesministerium für Familie, Senioren, Frauen und Jugend / Destatis (2003): Wo bleibt die Zeit? Die Zeitverwendung der Bevölkerung in Deutschland 2001/02, Wiesbaden.

Commonwealth Secretariat (1999): Tools. The Commonwealth Secretariat, London.

Canadian Center for Policy Alternatives (2000): Gender Budgets: An Overview.

Elson, D. (1999): Gender Budget Initiative - Background Papers. The Commonwealth Secretariat, London.

Europäische Frauenlobby (2002): Gender Budgeting. Der Euro ist da - aber werden öffentliche Euros richtig ausgegeben? Rundbrief 1/2002.

Frackmann, R.; Hartig, S. & Kremb, V. (1996): Makroökonomie aus geschlechterdifferenzierter Sicht. Deutsche Gesellschaft für Technische Zusammenarbeit GmbH, Eschborn.

Frauenrat Basel-Stadt (2002): Gender Balance - Equal Finance: Eine Fachtagung von Frauenrat und Gleichstellungsbüro Basel-Stadt zur geschlechterdifferenzierten Budgetanalyse. Tagungsdokumentation, Basel.

GenderKompetenzZentrum an der Humboldt-Universität zu Berlin: www.genderkompetenz.info, 1.04.04.

Gesellschaft für Sozialwissenschaftliche Frauenforschung (2003): Wissensnetz Gender Mainstreaming für die Bundesverwaltung. Frankfurt a. M/ Berlin.

Hewitt, G. & Mukhopadhyay (2001): Gender Responsive Budget Initiatives - A Report to Commonwealth Finance Ministers. The Commonwealth Secretariat, London.

---

17 Der in Wissenschaft und Praxis gleichermaßen geführte Diskurs um den Zusammenhang und die Abgrenzungen zwischen „Gender Mainstreaming" und „Managing Diversity" – und speziell um die Definition von „Gender" und „Diversity" - ist für die Antwort wegweisend (vgl. Gesellschaft für Sozialwissenschaftliche Frauenforschung 2004; vgl. GenderKompetenzZentrum).

Himmelweit (2001): Tools for Budget Impact Analysis: Taxes and Benefits. Paper for the UNIFEM-OECD-Nordic Council-Government of Belgium High Level Conference. Open University, Milton Keynes. Initiative für eine geschlechtergerechte Haushaltsführung in Berlin: www.gender.de/budgets, 1.04.04.

Maier, F. (2001): Gender Mainsreaming in Public Finance. Discussion Paper.

Madörin, M. (2001): Budgets als gleichstellungspolitisches Instrument. Infobrief NRO-Frauenforum, 2/2001.

Morna, C.L. (2000): Gender Budgeting - Myths and Realities. Presentation at the 25 Years International Women's Politics Workshop.

Petra-Kelly-Stiftung (2002): Gender Budget - was ist das eigentlich?. Kommunalpolitische Schriftenreihe, 8/2002.

PONS/Collins (1997): Großwörterbuch für Experten und Universität. Deutsch-Englisch, Englisch-Deutsch. Stuttgart / Düsseldorf / Leipzig.

Rubery, J.; Humphries, J.; Fagan, C.; Grimshaw, D. & Smith, M. (1999): Equal Opportunities as a productive factor - Study for the Policy and Perspective Group of DGV. Manchester School of Management, European Commission.

Scheub, U. (2002): Einkommenunterschiede schaden der ganzen Nation. die tageszeitung, 15.03.02.

Schratzenstaller, M. (2002): Gender Budgets - ein Überblick aus deutscher Perspektive. In: Bothfeld et al. (2002): 133-155.

Stiegler, B. (2000): Wie Gender in den Mainstream kommt - Konzepte, Argumente und Praxisbeispiele zur EU-Strategie des Gender Mainstreaming. Friedrich-Ebert-Stiftung, Bonn.

II.
Arbeit

Teilzeitarbeit - Von einer Arbeitsmarktfalle für Frauen zu einer Arbeitsmarktbrücke für beide Geschlechter? Was die Bundesrepublik von anderen Ländern lernen kann
Lena Hipp

1. Einleitung

Unqualifizierte Aushilfstätigkeiten, geringfügige Beschäftigungsverhältnisse ohne eigene soziale Absicherung, Tätigkeiten von acht bis 12 Uhr und schließlich auch das Ende von Karrieren.... Dies sind für viele nicht nur die ersten Assoziationen, die sich mit Begriff Teilzeitarbeit verbinden, sondern eine zutreffende Beschreibung der Realität von Teilzeitbeschäftigten.

Dieser Artikel macht sich zum Thema, wie sich jedoch Teilzeitarbeit, bedingt durch gesellschaftliche und politische Änderungen, allmählich verändert bzw. zukünftig eine neue Qualität gewinnen könnte: Führungskräfte, die Teilzeit arbeiten, weil sie Erziehungsaufgaben wahrnehmen oder Handwerker, die ihre Arbeitszeit reduzieren, um Kurse in Betriebswirtschaftslehre zu besuchen, sind zwar nicht sehr zahlreich, kommen aber immer häufiger vor und sind ein gutes Beispiel dafür, welch positive Funktion Teilzeitarbeit in bestimmten Phasen der Erwerbstätigkeit übernehmen kann, um individuellen Lebensplanungen und Bedürfnissen gerecht zu werden.

In diesem Beitrag soll die Frage beantwortet werden, wie politische Steuerungsmechanismen dazu beitragen können, dass sich Teilzeitarbeit von einem frauen- bzw. mütterspezifischen Beschäftigungsverhältnis, welches oftmals mit Benachteiligungen einhergeht, zu einer geschlechtsneutralen Brücke entwickelt, welche Übergänge im Arbeitsleben fließend gestaltet und zu mehr Beschäftigung und einer höheren Lebenszufriedenheit beitragen kann (OECD 2001: 138).

Vor zwei Jahren wurde mit dem „Teilzeit- und Befristungsgesetz" (TzBfG) von der rot-grünen Bundesregierung ein generelles Anrecht auf Teilzeit eingeführt.[1] Ob diese - und andere - Regelungen dazu beitragen können, dass sich Teilzeitarbeit (in Zukunft) größerer Beliebtheit als Übergangsbeschäftigung erfreut, und zwar bei Männern und Frauen, wird nach einem kurzen Überblick in die empirische Entwicklung von Teilzeitbeschäftigten, erörtert. Eine international vergleichende Perspektive hilft, die bundesdeutschen Regelungen besser zu bewerten und liefert Inspirationen für mögliche Veränderungen.

2. Die Empirie: Es tut sich was!

2.1 Steigende Teilzeitquoten, bei Frauen - und auch bei Männern

In allen europäischen Staaten ist es während der letzten Jahrzehnte zu einem Anstieg der Teilzeitbeschäftigung gekommen, allerdings verbunden mit Unterschieden in Ausmaß und Geschwindigkeit.

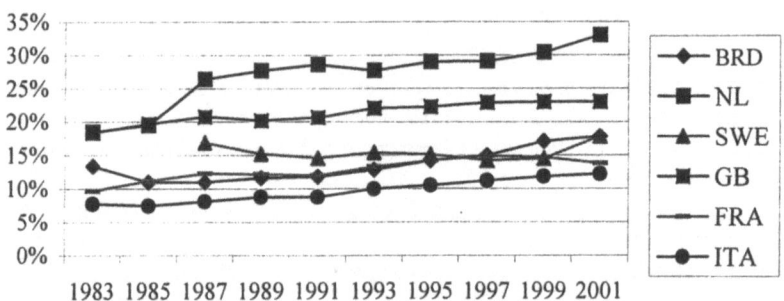

Abbildung 1: Anteil der Teilzeitbeschäftigten an der Gesamtbeschäftigung, 1983 - 2001
Quelle: OECD - Labour Force Statistics 1981-2001, 2002a.

---

1 In Betrieben mit mehr als 15 Beschäftigten haben Beschäftigte einen Rechtsanspruch auf individuelle Arbeitszeitverkürzung, bzw. -verlängerung, sofern dies mit den betrieblichen Interessen vereinbar ist. Bislang ist das Gesetz bislang auf positive Resonanz gestoßen (vgl. IAB 2002).

Anm. zu Abb. 1: Die Angaben beziehen sich auf die aktive Erwerbsbevölkerung (15-65J.), Teilzeit-beschäftigung meint wöchentliche Arbeitszeit von weniger als 30 Stunden als Hauptbeschäftigung. Deutschland bewegt sich innerhalb des europäischen Vergleichs im oberen Mittelfeld: Während v.a. die südeuropäischen Staaten wie bspw. Italien deutlich niedriger Teilzeitquoten aufweisen, arbeiten sowohl in den skandinavischen Staaten als auch in Großbritannien und den Niederlanden vergleichs-weise mehr Personen in einem Teilzeitbeschäftigungsverhältnis als in der Bundesrepublik.

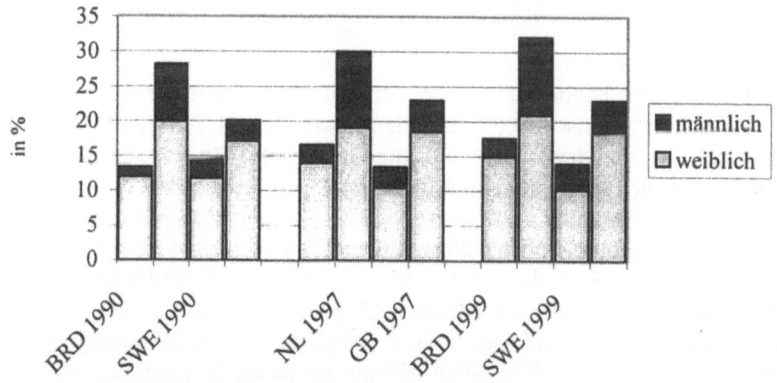

Abbildung 2: Teilzeitquoten von Männern und Frauen 1990 bis 1999
Quelle: OECD Employment Outlook 2002: 319.

Trotz steigenden Anteils von männlichen Beschäftigten ist Teilzeitarbeit noch immer „Frauendomäne": Im europäischen Vergleich nehmen die Niederlande mit einem Anteil von einem Drittel Männer an den Teilzeitbeschäftigten den ‚Spitzenplatz' im Vergleich ein. Dies verwundert beim „Teilzeitwunderland" Niederlande nicht sehr, besteht doch eine Korrelation zwischen hohen Teilzeit-quoten von Frauen und reduzierten Arbeitszeiten von Männern.

> „So sind in Ländern mit hoher Teilzeitarbeit der Frauen auch immer mehr Männer an kürzeren Arbeitszeiten interessiert. Kurze Arbeitszeiten sind hier offenbar gesellschaftlich stärker ak-zeptiert. Gleichzeitig ändern die Unternehmen ihre Personalpolitik; sie erkennen die Vorteile von Teilzeitarbeit für bestimmte Tätigkeiten und bieten sie zunehmend auch Männern an" (Bie-lenski u.a. 2002: 82).

2.2 Strukturelle Benachteiligungen von Teilzeitbeschäftigten treffen v.a. Frauen

Die unterschiedlich hohen Teilzeitquoten bei Männern und Frauen wären an sich nicht problematisch, ginge Teilzeitarbeit nicht mit Nachteilen einher: Im Vergleich zu Vollzeitbeschäftigten arbeiten Teilzeitbeschäftigte häufiger in befristeten Beschäftigungsverhältnissen (OECD 1999: 28). Sie nehmen weniger oft an Weiterbildungsmaßnahmen teil[2] und werden niedriger entlohnt[3]. Aufgrund ihrer höheren Teilzeitquoten sind Frauen häufiger von diesen Nachteilen betroffen als Männer.

Erschwerend kommt zu diesen Befunden noch hinzu, dass Frauen deutlich länger als Männer in Teilzeitbeschäftigungsverhältnissen verbleiben: Für Frauen scheint Teilzeitarbeit weniger häufig als für Männer eine zeitlich befristete Übergangslösung zu sein, stattdessen hat sie sich als eine Form des weiblichen ‚Normalarbeitsverhältnisses' entwickelt (OECD 1999: 27).

Vor diesem Hintergrund wird der politische Handlungsbedarf deutlich: Gleichstellungspolitische Ziele erfordern, dass die mit Teilzeitarbeit verbundenen Nachteile, von denen in erster Linie Frauen betroffen sind, beseitigt werden. Nur so kann sich eine zeitweilige Teilzeitstelle als Arbeitsmarktbrücke erweisen und auch für Männer attraktiv werden.

Die Beseitigung von Nachteilen und sozialen Stigmata kann eine veränderte Wahrnehmung von Teilzeitarbeit als „vollwertiges" Beschäftigungsverhältnis bewirken, welches dann tatsächlich auch als Arbeitsmarktbrücke funktioniert. Ausgeklügelte Teilzeitmodelle helfen dabei, dass auch in hochqualifizierten Tätigkeiten Teilzeitarbeit möglich ist und der in der Bevölkerung vorhandene Wunsch nach mehr Teilzeitarbeit befriedigt werden kann (OECD 2001: 136).

Welche Steuerungsinstrumente stehen der Politik zur Verfügung, um diese Veränderungen zu erreichen? Und, was kann sich die Bundesrepublik von anderen Staaten abschauen?

3. Ein Wandel der Teilzeitarbeit durch staatliche Steuerung?

Zwei Institutionen im bundesdeutschen Steuer- und Abgabesystem verhindern, dass Teilzeitarbeit als Brücke zwischen verschiedenen Beschäftigungsstatus

---

2 Diese Beobachtung lässt sich folgendermaßen erklären: Investitionen in Weiterbildung von Teilzeitbeschäftigten erscheinen als wenig gewinnbringend, da Teilzeitbeschäftigte sich a) nicht im gleichen Ausmaß in den Betrieb einbringen wie Vollzeitbeschäftigte, b) Teilzeitbeschäftigte meist eine kürzere Verweildauer auf ihrem Arbeitsplatz aufweisen als Vollzeitbeschäftigte und c) oft niedriger qualifizierte Tätigkeiten als Vollzeitbeschäftigte verrichten (OECD 1999: 22).
3 Die niedrigere Entlohnung von Teilzeitbeschäftigten ist zwei Tatsachen geschuldet: Teilzeitarbeit ist (bislang noch) am stärksten in niedriglohnten, geringqualifizierten, von Frauen dominierten und mit wenig Aufstiegschancen verbundenen Bereichen verbreitet (u.a. Talós 1999: 434, 453; Fagan u.a. 1999: 63f, Eurostat 2001: 137). Teilzeitbeschäftigte weisen i.d.R. weniger Arbeitserfahrung auf als Vollzeitbeschäftigte (OECD 1999: 25).

fungiert: Zum einen sind dies die so genannten Geringfügigkeitsgrenzen (,400€'- oder ‚Mini-Jobs'), zum anderen das Ehegattensplitting.

3.1 Das Deutsche Abgabensystem verhindert Übergänge mittels Teilzeitarbeit

3.1.1 Geringfügigkeitsgrenzen

Die Tatsache, dass bis zu einer Verdienstgrenze von 400€/Monat Arbeitnehmende weder Steuern noch Sozialbeiträge zahlen müssen, macht es attraktiv unter dieser Einkommensgrenze zu verbleiben.[4] Das gilt insbesondere für verheiratete Frauen, die zwar über die Familienmitversicherung krankenversichert sind, aber keine Leistungsansprüche gegenüber der Bundesagentur für Arbeit erwerben und oftmals nur geringe (Witwen-) Rentenansprüche haben.

Im Zuge der „Hartz"-Reformen hat die rot-grüne Bundesregierung eine ambivalente Politik im Umgang mit den ‚Mini-Jobs' verfolgt: Zum einen wurden durch die Einführung einer ‚Gleitzone' im Bereich von 400€ bis 800€ Monatseinkommen die Übergänge von einer geringfügigen Beschäftigung hin zu einer qualifizierten Teilzeitbeschäftigung erleichtert. Sozialversicherungsbeiträge steigen graduell an, der volle Beitragssatz muss erst ab einem Einkommen von 800€/Monat gezahlt werden. Zum anderen wurden aber zeitgleich die ‚Mini-Jobs' attraktiver gemacht und damit die Geringverdienerrolle von Frauen vertieft, indem die Verdienstgrenze von 325 auf 400€ angehoben wurde.

Geringfügigkeitsgrenzen gibt es zwar auch in anderen europäischen Staaten (vgl. Übersicht), allerdings liegen diese in Schweden und auch in den Niederlanden auf so niedrigem Niveau, dass sie nicht als „Teilzeitfalle" wirken.

Geringfügigkeitsgrenzen	
BRD	Seit 4/1999: 325€-Grenze oder 50h/Jahr
	Ausweitung zum 01.04.2003: 400€ oder max. 50Tage/Jahr; Progressionszone bis 800€
NL	Arbeitskräfte ohne Arbeitsvertrag oder Arbeitskräfte mit einem Verdienst unter 40% des gesetzlichen Mindesteinkommens
SWE	keine bzw. sehr niedrige Einkommens- sowie Zeitgrenzen
GB	66Pfund (96 €) pro Woche für Arbeitnehmer/-innen, für die Arbeitgeberseite ab 83 Pfund/-Woche (Stand 1999)

Abbildung 3: Länderspezifische Definitionen von geringfügiger Beschäftigung
Quelle: Talos 1999: 419, 426, Vidmar 1999: 317, Molitor 1999: 226, §2 Teilzeit- und Befristungsgesetz (TzBfG)

---

4 Seit 1999 können geringfügig Beschäftigte durch freiwillige Beiträge, Ansprüche gegenüber der gesetzlichen Rentenversicherung erwerben.

3.1.2 Ehegattensplitting

Durch die kollektive Besteuerung der Ehepartner („Ehegattensplitting"/‚Joint
Taxation') und die damit verbundenen materiellen Anreize fördert das bundesdeutsche System faktisch den „kleinen" Hinzuverdienst mittels Teilzeitarbeit und
verhindert damit tendenziell wiederum Übergänge in Vollzeitarbeitsplätze bzw.
Teilzeitarbeitsplätze mit größerem Stundenumfang. Dadurch, dass beim Ehegattensplitting die Steuereinheit das Haushaltseinkommen des verheirateten Paars
ist, wird das Einkommen des hinzuverdienenden Partners bzw. der hinzuverdienenden Partnerin mit dem Steuersatz belegt, der für den ‚letzten' Euro der
‚hauptverdienenden' Person gilt. Somit ist ein Zuverdienst des zweiten, meist
weiblichen Ehepartners, nur bedingt und bis zu einer bestimmten Einkommens-
bzw. Zeitgrenze ökonomisch rational. Damit werden Teilzeitbeschäftigungsver-
hältnisse mit geringem Stundenumfang gefördert.

In Schweden, Großbritannien und auch den Niederlanden werden Einzel-
personen besteuert. Die bloße Unterscheidung zwischen individualisiertem und
kollektivem Steuersystem reicht allein jedoch nicht aus, um die tatsächlichen
Rückwirkungen der Besteuerung auf das Segment der Teilzeitarbeit zu erfassen.
Gewährt das individualisierte Steuersystem Begünstigungen für Haushalte mit
Alleinverdienern bzw. für Haushalte mit einem Hauptverdienst und einem zwei-
ten gering verdienenden Zusatzverdienst, so spricht Dingeldey (1998; 2000) von
„formal oder partiell individualisierten Steuersystemen". Wird diese *de facto*
Unterscheidung an andere Steuersysteme angelegt, so wird klar, dass hier v.a.
Schweden und Großbritannien als Vorbilder dienen können.

Individualisierte Steuersysteme		Splittingsysteme	
voll/nahezu voll	formal/partiell	Ehegatten-splitting	(Familienquotient)
Schweden	Niederlande	Deutschland	(Frankreich)
Großbritannien			

Abbildung 4: Individuelle und kollektive Steuersysteme
Quelle: Dingeldey 2000:16.

3.2 Zementierung des Status Quo durch die deutsche Sozialversicherung?

Das System der sozialen Absicherung spielt mit seinen Zugangsvoraussetzun-
gen und Berechnungsmethoden von Leistungen der sozialen Sicherung für Ar-
beitnehmer/-innen eine weitere wichtige Rolle bei der Entscheidung für oder ge-

gen die Aufnahme einer Teilzeitbeschäftigung. Die Entscheidung darüber, ob ein Teilzeitarbeitsverhältnis aufgenommen wird, ist auch davon abhängig, wie sich dies auf Leistungen im Alter oder bei Arbeitslosigkeit auswirkt.

3.2.1 Arbeitslosenversicherung

In der Bundesrepublik stehen die Angebote der aktiven Arbeitsmarktpolitik ehemals Teilzeit- als auch Vollzeitbeschäftigten zwar in gleichem Maße offen, allerdings bezieht erstere Gruppe, analog zum vorherigen Einkommen, ein niedrigeres Arbeitslosengeld.

Im Rahmen der Arbeitslosenversicherung sind zwei Möglichkeiten denkbar, wie Teilzeitarbeit als ein Übergangsbeschäftigungsverhältnis genutzt werden könnte:

(1) Die Höhe des Arbeitslosengeldes könnte für teilzeitbeschäftigte Arbeitnehmende so berechnet werden, dass im Falle von Arbeitslosigkeit ein ausreichend hohes Einkommen gesichert ist. Damit kann die Bereitschaft, zeitweise Teilzeit zu arbeiten, gesteigert werden.

(2) Möglichkeiten, Teilzeitarbeit als Übergang aus Arbeitslosigkeit zu nutzen, könnten weiter ausgebaut werden.

Ersteres, eine Abweichung von der äquivalenzbasierten Berechnung des Arbeitslosengeldes, ist in der Bundesrepublik nur in speziellen Fällen möglich, beispielsweise aufgrund eines vorangegangenen Zivil- oder Wehrdienstes, Zeiten der Kindererziehung oder in einer Übergangsfrist, für den Fall, dass der oder die Beschäftigte dauerhaft in ein Teilzeitarbeitsverhältnis wechselt (SGB III § 131): § 131 SGB III Bemessungszeitraum in Sonderfällen

(1) Wäre es mit Rücksicht auf das Entgelt, das der Arbeitslose in Zeiten der Versicherungspflichtverhältnisse in den letzten 2 Jahren vor dem Ende des Bemessungszeitraumes überwiegend erzielt hat, unbillig hart, vom dem Entgelt im Bemessungszeitraum auszugehen, oder umfasst der Bemessungszeitraum Zeiten des Wehrdienstes oder des Zivildienstes, ist der Bemessungszeitraum auf diese zwei Jahre zu erweitern, wenn der Arbeitslose dies verlangt und die zur Bemessung erforderlichen Unterlagen vorlegt.
(2) Bei der Ermittlung des Bemessungszeitraumes bleiben Zeiten außer Betracht, in denen 1. Versicherungspflicht wegen des Bezuges von Mutterschaftsgeld oder der Erziehung eines Kindes bestand oder in denen der Arbeitslose Erziehungsgeld bezogen oder nur wegen der Berücksichtigung von Einkommen nicht bezogen hat, soweit wegen der Betreuung oder Erziehung eines Kindes das Arbeitsentgelt oder die durchschnittliche regelmäßige wöchentliche Arbeitszeit gemindert war oder 2. die durchschnittliche regelmäßige wöchentliche Arbeitszeit auf Grund einer Teilzeitvereinbarung nicht nur vorübergehend auf weniger als 80% der durchschnittlichen regelmäßigen Arbeitszeit einer vergleichbaren Vollzeitbeschäftigung, mindestens um 5 Std. wöchentlich, vermindert war, wenn der arbeitslose Beschäftigungen mit einer höheren Arbeitzeit innerhalb der letzten 3½ Jahre vor der Entstehung des Anspruchs während eines 6 Monate umfassenden zusammenhängenden Zeitraums ausgeübt hat.

Teilzeitwünsche gehen nicht in den Vermittlungsprozess ein; gleichzeitig kann niemand durch die Arbeitsvermittlung zur Aufnahme einer Teilzeitbeschäftigung angehalten werden.

Obwohl Schweden und die Niederlande ihre Arbeitslosenversicherung unterschiedlich organisieren, könnte die Bundesrepublik durchaus von den Absicherungssystemen in diesen Staaten sich einige Anregungen holen. Teilzeitarbeit übernimmt hier explizit eine ‚Brückenfunktion':

- Bei einem „relevanten Arbeitsstundenverlust" (Pennings 1992: 164) wird in den Niederlanden ein so genanntes „Teilarbeitslosengeld" gewährt. Konjunkturelle oder betriebsspezifische Nachfrageeinbrüche können damit sowohl für die Arbeitnehmer- als auch Arbeitgeberseite abgefedert werden.
- In Schweden wird das Teilarbeitslosengeld dann gewährt, wenn eine arbeitslose Person eine Teilzeit- anstelle einer Vollzeitbeschäftigung annimmt. In Form eines Kombilohns verhindert das schwedische Teilarbeitslosengeld somit Arbeitslosigkeit. Sowohl für Arbeitnehmer als auch Arbeitgeber werden Anreize geboten, Teilzeitarbeit als ein Instrument flexibler Arbeitsorganisation zu benutzen.

3.2.2 Alterssicherung

Auch das Alterssicherungssystem kann sich auf die Bereitschaft zur Aufnahme eines Teilzeitbeschäftigungsverhältnisses auswirken. In den unterschiedlichen Wohlfahrtsstaaten haben insbesondere im Zuge der letzten Reformwelle Ende der 90er Jahre Änderungen stattgefunden, die sich sehr unterschiedlich auf die Absicherung von Teilzeitbeschäftigungsverhältnissen auswirken.

Die Bundesrepublik hat eine bedarfsorientierte Altersgrundsicherung (GSiG) eingeführt und setzt finanzielle Anreize zum Ausbau der privaten Altersvorsorge (‚Riester-Rente'). Theoretisch eröffnen diese beiden neuen Elemente unterschiedlichen Adressatengruppen die Perspektive, dass sich Zeiten der Teilzeitarbeit weniger problematisch auf die Höhe der Alterssicherung auswirken: Die Grundsicherung garantiert ein Existenzminimum im Alter, unabhängig davon, wie viel und wie lange gearbeitet wurde. Die Stärkung der privaten Vorsorge ermöglicht es Individuen, Zeiten geringerer Einkommen, beispielsweise aufgrund von Teilzeitarbeit, auszugleichen. Zudem wurden partiell auch Zeiten der Kindererziehung aufgewertet.

Interessant für die Altersabsicherung von Teilzeitbeschäftigten sind im internationalen Vergleich die Modelle der Niederlande und Schwedens.

- In den Niederlanden wird eine relativ großzügige Grundrente gewährt. Anders als bei der deutschen Grundsicherung handelt es sich hierbei um eine so genannte „Volksrente", welche allen Bürger/-innen zur Verfügung steht. Außerdem ist durch eine flexible Regulierung des Renteneintrittalters bei betrieblichen Pensionsfonds u.ä. garantiert, dass zeitweise niedrigere Einkommen durch verstärkte Arbeitsmarktaktivitäten am Ende der Erwerbsbiographie ausgeglichen werden können.

▪ In Schweden wurde zwar im Zuge einer grundlegenden Rentenreform im Jahr 1999 die für Teilzeitbeschäftigte attraktive Zusatzrente abgeschafft, deren Höhe sich nach den 15 „besten" Jahren der Erwerbsbiographie bemaß (Heese 1999), dennoch kann sich die Bundesrepublik auch vom reformierten schwedischen System etwas abschauen: Im neuen, stärker äquivalenzbezogenen System werden Zeiten der Kindererziehung, die oftmals mit einem Teilzeitbeschäftigungsverhältnis einhergehen, von einer strikten Äquivalenzberechnung ausgenommen. Bei der Berechnung dieser Zeiten wird zwischen verschiedenen Gehaltsklassen und Erwerbsbiographien unterschieden, so dass sie für viele attraktiv ist (Heese 1999: 175).

3.3 Arbeitsrecht und konditionale Teilzeitarbeit: Wandel in Sicht!

3.3.1 EU-intendierte Harmonisierung im Arbeitsrecht

Arbeitsrechtlich sind teil- und vollzeitbeschäftigte Arbeitnehmende in Europa gleichgestellt. Das ist nicht zuletzt den Initiativen zur Geschlechtergleichstellung der Europäischen Union zu verdanken: Mit der Umsetzung der EU-Teilzeitrichtlinie Richtlinie (97/81/EG) zum 1. April 2000 besteht in allen EU-Mitgliedstaaten bei der Behandlung von Voll- und Teilzeitbeschäftigten de jure ein Gleichstellungsgebot für die Bereiche Bezahlung, Kündigungsschutz, Abfindung, Urlaubsrecht, Mutterschutz, Bezahlung von Überstunden, Weiterbildung sowie ggf. ein Anspruch auf Mindestlohn. Rechtliche Benachteiligung von Teilzeitbeschäftigten und die damit einhergehenden materiellen Verluste sowie oftmals eine soziale Geringschätzung sind seither zumindest größtenteils beseitigt worden.

Jedoch ist auch die EU-Teilzeitrichtlinie nicht der Weisheit letzter Schluss. Beispielsweise wird die Vorgabe, Überstunden für Voll- und Teilzeitbeschäftigte einheitlich zu bezahlen, verschieden ausgelegt. Überstunden werden in der BRD erst dann als solche entgolten, wenn die reguläre Arbeitszeit von Vollzeitbeschäftigten, i.d.R. 38,5h/Woche, überschritten wird. Anders in Schweden: Zuschläge werden bereits dann gezahlt, wenn die Beschäftigten länger arbeiten als dies ihre individuelle Arbeitszeit vorsieht (Vidmar 1999: 322).

3.3.2 Teilzeitarbeit und Kindererziehung

Auch im Hinblick auf die Vereinbarkeit von Familie und Beruf und der damit
einhergehenden besonderen Rolle von Teilzeitbeschäftigungsverhältnissen über-
nahm die Europäische Union mit der 1996 verabschiedeten Elternzeit-Richtlinie
die Rolle eines ‚Reformmotors': Die Mitgliedstaaten mussten Vorkehrungen
treffen, um die Vereinbarkeit von Familie und Beruf zu fördern.

Mit dem ‚Gesetz zum Erziehungsgeld und zur Elternzeit'[5] vom 1. Januar
2001 wurde dieser Forderung Rechnung getragen. Die zulässige Teilzeitarbeit
während der Elternzeit wurde von 19h/Woche auf 30h/Woche je Elternteil erhöht. In Kombination mit dem neuen Recht auf Teilzeitarbeit, welches auch für
Zeiten der Kindererziehung gültig ist, entstand ein erheblich größerer Spielraum
für die Ausgestaltung von Kindererziehungszeiten (BMFSFJ 2002: 9).

Seit 2001 können beide Elternteile gemeinsam bis zu einer Dauer von drei
Jahren Elternzeit in Anspruch nehmen - zuvor war dies nur alternativ möglich.
Diese Änderung ist insofern begrüßenswert, weil so beide Partner im familiären
Aushandlungsprozessen über die Aufteilung der Erziehungsarbeit über diesel-
ben Voraussetzungen verfügen (Schmid 2002b: 296).

Das dritte Jahr der Elternzeit kann neuerdings flexibel ausgestaltet werden:
Bis zu 12 Monate der Elternzeit können, mit Zustimmung des Arbeitgebers, bis
zur Vollendung des 8. Lebensjahres des Kindes in Anspruch genommen werden.

Einen Anreiz, den Übergangszeitraum zeitlich zu limitieren und so die Brückenfunktion von Teilzeitarbeit zu stärken, bietet das so genannte Budget-
Angebot des Elternteilzeitgesetzes. Diese Regelung ermöglicht es Eltern, die nur
ein Jahr der Elternzeit in Anspruch nehmen, ein höheres Erziehungsgeld zu
erhalten (450 €/Monat anstelle von 300 €/Monat). Damit werden Übergangs-
zeiten verkürzt und die integrative Funktion von Teilzeitarbeit gestärkt.

Allerdings könnten die Kindererziehungszeiten materiell noch attraktiver
ausgestaltet sein. Dies würde insbesondere für Väter einen zusätzlichen Anreiz
bieten, aufgrund von Erziehungsaufgaben die Arbeitszeit zu reduzieren. Diese
Anregung gibt uns die Ausgestaltung der schwedischen Elternzeit: Mit Hilfe des
Elterngeldes kann bei fast vollem Lohnausgleich Teilzeit gearbeitet werden.
Gekoppelt mit dem seit 1995 eingeführten ‚Papa-Monat' während der 15-mona-
tigen Babypause, der allein für Väter reserviert ist, hat die großzügige Entlohnung der Elternzeit in Schweden dazu geführt, dass sich seither immerhin 30%

---

5 Damit wurde das „Gesetz über die Gewährung von Erziehungsgeld und Erziehungsurlaub"
(BErGG), welches 1986 erstmals in Kraft trat und in seiner Fassung von 1992 bis zum 1. Januar 2001
Gültigkeit besaß, abgelöst. Gleichzeitig verabschiedete man sich auch von dem euphemistischen Be-
griff des „Erziehungsurlaubes" und ersetzte diesen durch „Elternzeit".

der Männer zumindest zeitweise freistellen lassen (Schmid 2002b: 299). In der Bundesrepublik sind hingegen nur 1,5% der ‚Elternzeitler' männlich (ebd. 296). Diese niedrige Quote ist sicherlich auf kulturelle Eigenheiten zurückzuführen.

Auch mit den verbesserten Regelungen der Elternzeit wird es eine Weile dauern, bis es tatsächlich zu Verhaltensänderungen kommt. Eine kritische Masse kann nur dann überschritten werden, wenn (gesetzliche) Regelungen einen ausreichend hohen Bekanntheitsgrad erreicht haben und die Rahmenbedingungen, wie z.b. die Ausstattung mit Ganztageskinderbetreuungseinrichtungen, stimmen (vgl. zum Versorgungsgrad mit Kinderbetreuungseinrichtungen, Statistisches Bundesamt 2004).

4. Fazit: Von einer Arbeitsmarktfalle für Frauen zu einer Arbeitsmarktbrücke für beide Geschlechter?

Wie ist nun abschließend die Frage zu beantworten, ob sich Teilzeitarbeit von einem frauendominierten Beschäftigungsverhältnis, welches oft in einer Sackgasse endet, zu einer Beschäftigungsbrücke für Männer und Frauen wandelt oder wandeln könnte?

Der Blick in die Empirie zeigt uns, dass sowohl in der Bundesrepublik als auch in anderen europäischen Staaten immer mehr Menschen, auch Männer, in Teilzeitbeschäftigungsverhältnissen arbeiten. Um herauszufinden, durch welche Mechanismen es zu den intendierten Veränderungen kommen kann, wurden die unterschiedlichen Regulierungsbereiche betrachtet, die der staatlichen Steuerung zur Verfügung stehen. Dies hat ein differenziertes Bild ergeben:

Die Verbesserungen im Arbeitsrecht und bei erziehungsbedingter Teilzeitarbeit sind über den ‚Umweg' der Geschlechtergleichstellung und durch Initiativen der Europäischen Union zustande gekommen. Elemente wie Geringfügigkeitsgrenzen, Ehegattensplitting und die strenge Beitragsäquivalenz im Sozialversicherungssystem, welche sich negativ auf die Bereitschaft auswirken, zeitweise in Teilzeit zu arbeiten, bleiben jedoch weiterhin bestehen. Ob die partiellen Änderungen (z.B. Besserstellung von Teilzeitbeschäftigten aufgrund von Kindererziehungszeiten in der Rentenversicherung), die in diesen Bereichen vorgenommen worden sind, gemeinsam mit arbeitsrechtlichen Änderungen (z.B. Recht auf Teilzeitarbeit), schon Hoffnungen auf einen grundsätzlichen Wandel aufkommen lassen können, ist eher zu bezweifeln.

Sonderregelungen bewirken weder generelle Verhaltensänderungen noch können sie einen Beitrag dazu leisten, die mit Teilzeitarbeit verbundenen Stigmata aufzuheben. Solange Teilzeitarbeit die Domäne der auf dem Arbeitsmarkt benachteiligten Personen bleibt, sind Übergänge mittels Teilzeitarbeit mit psychologischen Hemmschwellen verbunden: Teilzeitarbeit wird als sozialer Abstieg und als ‚unmännliches Beschäftigungsverhältnis' wahrgenommen. Gesetzliche Regelungen und Verfahrensweisen in vergleichbaren anderen europäischen Staaten, die im Rahmen dieses Artikels relativ eklektizistisch aufgeführt worden sind, bspw. die Individualbesteuerung in Schweden, die Idee des schwedischen und niederländischen Teilarbeitslosengeldes sowie das niederländische Rentensystem, können Hinweise darauf geben, wie sich gesetzliche Rahmenbedingungen ändern müssten, damit die Assoziationskette zu Teilzeitarbeit in ein paar Jahren lauten könnte: Teilzeitmanager in Führungsposition, erziehungsbedingte Arbeitszeitreduzierung, Weiterqualifizierung in Ergänzung zu einer Teilzeitbeschäftigung, behutsamer Wiedereinstieg ins Berufsleben nach Erkrankungen ...

Literatur

Bielenski, Harald/Bosch, Gerhard/Wagner, Alexandra (2002): Wie die Europäer arbeiten wollen - Erwerbs- und Arbeitszeitwünsche in 16 Ländern, Frankfurt/M.: Campus.

Bundesministerium für Familie, Senioren, Frauen und Jugend (BMFSFJ) (2002): Erziehungsgeld, Elternzeit, Bonn.

Dingeldey, Irene: Einkommenssteuersysteme und familiale Erwerbsmuster im europäischen Vergleich, in: dies. (Hg.) (2000): Erwerbstätigkeit und Familie in Steuer- und Sozialversicherungssystemen - Begünstigungen und Belastungen verschiedener familialer Erwerbsmuster im Ländervergleich, Opladen: Leske+Burdrich. 11-47.

Dingeldey, Irene (1998): Geringfügige Beschäftigung und soziale Absicherung: die deutsche Reformdiskussion im europäischen Vergleich, in: Soziale Sicherheit, Zeitschrift für Arbeitsmarkt und Sozialpolitik, N° 12, 1998, S. 411-420.

Eurostat: Erhebung über die Arbeitskräfte, Ergebnisse, Luxemburg: Amt für amtliche Veröffentlichungen der Europäischen Gemeinschaften, mehrere Jahre.

Eurostat: Jahrbuch 2002 - Der Statistische Wegweiser durch Europa, Daten aus den Jahren 1990-2000, Luxemburg/Brüssel: Amt für amtliche Veröffentlichungen der Europäischen Gemeinschaften, 2002.

Fagan, Colette/O'Reilly, Jacqueline/Rubery, Jill: Teilzeitarbeit in den Niederlanden, Deutschland und dem Vereinigten Königreich - Eine Herausforderung für den Geschlechtervertrag?, in: WSI-Mitteilungen N° 1, 1999, S. 58-69.

Heese, Claudia: Länderbericht Schweden, in: Rentenversicherung im internationalen Vergleich, DRV-Schriften Band 15, Frankfurt/M.: VDR, 1999, S. 159-182.

IAB-Kurzbericht: Teilzeitarbeit - Neues Gesetz im ersten Jahr einvernehmlich umgesetzt, N° 23, 04.10.2002, Nürnberg: Bundesanstalt für Arbeit, 2002.

Molitor, Franz: Atypische Beschäftigung in den Niederlanden, in: Talós, Emmerich (Hg.): Atypische Beschäftigung - Internationale Trends und sozialstaatliche Regelungen, Wien: Manzsche Verlags- und Universitätsbuchhandlung, 1999, S. 221-250.

Neuhold, Christine: Atypische Beschäftigung in Deutschland, in: Talós, Emmerich (Hg.): Atypische Beschäftigung - Internationale Trends und sozialstaatliche Regelungen, Wien: Manzsche Verlags- und Universitätsbuchhandlung, 1999, S. 36-81.

O'Reilly, Jacqueline/Cebrián, Inmaculada/Lallement, Michel (Hg.): Working-Time Changes - Social Integration Through Transitional Labour Markets, Cheltenham: Edward Elgar, 2000, S. 132-172.

Ochs, Christiane: Mittendrin und trotzdem draußen - geringfügige Beschäftigung, in: WSI-Mitteilungen N° 9, 1997, S. 640-650.

OECD: Beschäftigungsausblick / Employment Outlook, Paris: OECD Publications (mehrere Jahrgänge).

OECD: Jobs Study - Taxation, Employment and Unemployment, Paris 1995.

OECD: The OECD Job Strategy - Making Work Pay - Taxation, Benefits, Employment and Unemployment, Paris 1997.

Pennings, Frans: Niederländische und deutsche Arbeitslosenversicherung im Vergleich, in: Zeitschrift für ausländisches und internationales Arbeits- und Sozialrecht, N° 2, 1992, S. 151-176.

Schmid, Günther: Förderung der Gleichstellung der Geschlechter durch Übergangsarbeitsmärkte, in: Gottschall, Karin/Pfau-Effinger, Birgit (Hg.): Zukunft der Arbeit und Geschlecht - Diskurse, Entwicklungspfade und Reformoptionen im internationalen Vergleich, Opladen: Leske+ Budrich, 2002b, S. 281-307.

Schmid, Günther: Wege in eine neue Vollbeschäftigung - Übergangsarbeitsmärkte und aktivierende Arbeitsmarktpolitik, Frankfurt a. M./New York: Campus, 2002a.

Statistisches Bundesamt: Kindertagesbetreuung in Deutschland - Einrichtungen, Plätze, Personal und Kosten 1990 bis 2002, Wiesbaden 2004.

Talós, Emmerich: Atypische Beschäftigung - Verbreitung, Konsequenzen, sozialstaatliche Regelungen - ein vergleichendes Resümee, in: ders. (Hg.): Atypische Beschäftigung - Internationale Trends und sozialstaatliche Regelungen, Wien: Manzsche Verlags- und Universitätsbuchhandlung, 1999, S. 417-468.

Vidmar, Silvia: Atypische Beschäftigung in Schweden, in: Talós, Emmerich (Hg.): Atypische Beschäftigung - Internationale Trends und sozialstaatliche Regelungen, Wien: Manzsche Verlags- und Universitätsbuchhandlung, 1999, S. 314-335.

Geld oder Leben?
Männliche Erwerbsorientierung und neue Lebensmodelle unter veränderten Arbeitsmarktbedingungen
Marc Gärtner, Vera Riesenfeld

1. Einleitung

Am 21. Oktober 2003 berichtete das Hamburger Abendblatt:

> „Der Osnabrücker Georg Marszalkowski (51) ist „Hausmann des Jahres" 2003 geworden. Im Hotel Steigenberger in der Innenstadt hatten sich gestern die besten acht aus insgesamt 2000 Bewerbern zum finalen Wettputzen und -kochen getroffen. (...) Marszalkowski setzte sich schon früh von den anderen Mitstreitern ab. Im Blumenumtopfen, Omelettebacken und Spiegelputzen sammelte er Höchstbewertungen. Mit in der Jury war auch Schauspieler Hannes Jaenicke (43): „Vor den Leistungen der Hausmänner habe ich großen Respekt.'"

In einer Welt, in der Omelettebacken und Spiegelputzen zum Pflichtprogramm gehören, fühlt sich der „Durchschnittsmann" nicht recht wohl. Ob eine Leistungsschau daran etwas ändert, ist zweifelhaft, und der Berliner Künstler Funny van Dannen (selber Teilzeithausmann) bringt das Dilemma auf den Punkt: „Hausmann, oh Hausmann, sieh doch endlich ein: Eine Einbauküche kann kein

Cockpit sein"[1]. Was fehlt, so die Botschaft, ist die Herausforderung - warum sonst heißt ein Väter-Ratgeber „Mensch Papa! Vater werden - Das letzte Abenteuer. Ein Mann erzählt" (Schlenz 2002)?

An dieser Stelle werden einige Ergebnisse des EU-Forschungsprojektes *Work Changes Gender*[2] vorgestellt. Geforscht wurde nach Umbrüchen in Leitbildern und Lebenspraxen von Männern im Zuge der Auflösung standardisierter Arbeitsverhältnisse in Europa. Ausgangspunkt ist, dass Herstellung und Aneignung von Männlichkeit an gesellschaftliche Rahmenbedingungen gekoppelt sind, welche zunehmend erodieren. Geschlechtliche Vergesellschaftung verbindet immer zwei Seiten: einerseits die gesellschaftliche Verortung, hergestellt über strukturelle Rahmenbedingungen und Fremdzuweisungen, andererseits die individuelle Aneignung der kollektiven Zuschreibungen.

Mit dem Theorem der „doppelten Vergesellschaftung" und dem Konzept der „alltäglichen Lebensführung" werden wir zwei theoretische Entwürfe vorstellen, welche die geschlechtsspezifische Eingebundenheit in gesellschaftliche Strukturen behandeln. In Anlehnung an die aktuelle Männerforschung werden wir den Blick auf den Herstellungs- und Aneignungsprozess von Männlichkeit öffnen, um dann mit eigenen empirischen Ergebnissen Strategien von Männern im Widerspruch zum herrschenden Männlichkeitsbild zu beschreiben.

Abschließend schlagen wir vor, in den unterschiedlichsten Bereichen ein Umdenken einzuleiten, um bei dem Diskurs um die Gleichstellung der Geschlechter die Männer nicht zu vergessen.

2. Gesellschaftliche Struktur und geschlechtliche Aneignung

Die Einbindung der Bevölkerung in die Bereiche Erwerbsarbeit und Privatsphäre[3] ist in kapitalistischen Gesellschaften universell. Laut der eindrücklichen

---

1 Funny van Dannen: Hausmann, auf: ders., Melody Star, München (Trikont) 2000.
2 Das Projekt Work Changes Gender, Laufzeit 2001-2004, wird im 6. Forschungsrahmenprogramm der EU absolviert und vom Bundesministerium für Bildung und Forschung unterstützt. Es werden Daten in fünf europäischen Ländern und Israel gesammelt und analysiert. Das Projekt wird von Dissens e.V. in Kooperation mit der Katholischen Hochschule für Sozialwesen Berlin koordiniert. Interviewsequenzen in diesem Text stammen, soweit nicht anders gekennzeichnet, aus dieser Befragung.
3 Auch der Teil der Bevölkerung, welcher aktuell nicht in das Erwerbssystem eingebunden ist, hat es entweder noch vor oder hinter sich (Schule, Rente), lebt von sozialstaatlichen Unterstützungen (welche wiederum an das Erwerbssystem gekoppelt sind) oder wird von einem erwerbstätigen Familienmitglied finanziell abgesichert.

Beschreibung von Claudia Honegger (1991), hat die Herausbildung industrieller moderner Gesellschaften gleichzeitig die Trennung dieser beiden Bereiche sowie das „moderne" Geschlechterverhältnis mit den je spezifischen Zuständigkeiten und Zuschreibungen hervorgebracht. Dies bedeutet sowohl für Frauen als auch für Männer, sich mit den vorherrschenden Leitbildern von Männlichkeit und Weiblichkeit auseinander zu setzten, sich diese Bilder anzueignen sowie sich geschlechtlich zu positionieren.

2.1 Doppelte Vergesellschaftung und alltägliche Lebensführung

Seit den 80er Jahren wurden mehrere Versuche unternommen, den Zusammenhang von gesellschaftlicher Struktur und individueller Lebensführung empirisch und theoretisch zu erfassen. Regina Becker-Schmidt (1987) betrachtet mit dem Theorem der „doppelten Vergesellschaftung" die geschlechts-spezifische Eingebundenheit von Frauen in die gesellschaftlichen Bereiche Familie und Erwerbsarbeit[4]. In der empirischen Untersuchung von Becker-Schmidt wird deutlich, dass Frauen in beiden gesellschaftlichen Bereichen - Erwerbs- und Hausarbeit - als Arbeitskraft eingebunden sind. Diese Zuordnung stellt sich für Frauen jedoch widersprüchlich dar, da die spezifischen Rollenzuschreibungen unterschiedlicher Fähigkeiten bedürfen. Dies bedeutet, dass sowohl der Sozialisationsprozess als auch die „weiblichen" Fähigkeiten und Eigenschaften auf diese beiden Bereiche ausgerichtet sein müssen[5].

Dem gegenüber scheint Vereinbarkeit von Familie und Beruf für Männer keine gegensätzlichen Momente zu enthalten. Die Anforderung an einen guten Erwerbsarbeiter gehen in den Anforderungen an einen guten Familienvater auf: In beiden Sphären ist der Erwerb des Familieneinkommens handlungsleitend.

Eine ähnliche Position nehmen die Forschenden des Sonderforschungsprojektes 333 ein. Zwar kritisieren sie das Theorem der doppelten Vergesellschaftung, weil es ihrer Ansicht nach eine Einschränkung auf die Dualität Beruf/ Familie vornimmt und darüber hinaus Unterschiede in der Lebensführung nur im

---

4 Die Autorin wendet sich gegen Sichtweisen, welche Frauen einseitig in der Sphäre der privaten Reproduktion verorten und Sozialisation sowie Entwicklung eines „weiblichen Arbeitsvermögens" (vgl. Ostner 1990) in erster Linie auf den Bereich der Hausarbeit beziehen (vgl. Becker-Schmidt/Knapp 1984).

5 Diese Ausrichtung ist jedoch nicht als eine äußerliche Ausrichtung der Individuen zu verstehen, sondern wird von ihr als ein Prozess der inneren Vergesellschaftung im Sinne einer Modellierung der psychischen und mentalen Persönlichkeitsstrukturen in kollektivem Ausmaß (Becker-Schmidt 1991: 387) verstanden.

Raster Mann/Frau sieht. Außerdem, so die weitere Kritik, wird nur bei Frauen die Vergesellschaftung in mehreren bzw. in zwei Lebensbereichen betrachtet (vgl. Voß 1991: 45ff). Dennoch kommen die Autorinnen und Autoren zu dem Ergebnis, dass

> „(b)eim ersten Hinsehen (...) in der Betrachtung der Lebensführung von Frauen und Männern vor allem nach wie vor hartnäckige Unterschiede [überwiegen]. Die Strukturen geschlechtsspezifischer Differenzen und Benachteiligungen von Frauen im Hinblick auf Alltag, Arbeitsteilung und Familienleben existieren beharrlich weiter, auch wenn sie von den Rändern her ‚auszufransen' beginnen" (Jurzcyk/Rerrich 1993: 270).

Obwohl beide vorgestellten theoretischen Konzepte die Seite der individuellen Aneignung gesellschaftlicher Strukturen benennen, greifen sie diese Prozesse in ihrer Analyse nicht auf. Der Schwerpunkt der Untersuchungen liegt auf der gesellschaftlichen Verortung und den damit zugewiesenen strukturellen Möglichkeiten, als Mann oder Frau in modernen Gesellschaften zu leben. Aus dem Blick geraten sind die kulturellen Deutungsmuster, geschlechtlichen Leitbilder und damit ein wesentlicher Faktor der Herstellung von Geschlechtlichkeit. Im Folgenden soll daher ein Blick auf den Herstellungsprozess von Männlichkeit geworfen werden.

2.2 Aneignung von Männlichkeit

Connell (1999) sieht die Produktionsbeziehungen - neben der Verteilung politischer Macht und den emotionalen Bindungsmustern - als wesentlichen Faktor der Geschlechterordnung. Die jeweilige Konfiguration dieser Ordnung steht in einem Wechselverhältnis zu den jeweils vorherrschenden Geschlechterleitbildern, an denen die Subjekte sich orientieren, die also identitäts- und handlungsleitend sind. Da das soziale Strukturvermögen dieser Leitbilder herrschaftsbildend ist, spricht Connell von hegemonialer Männlichkeit als

> „jene Form von Männlichkeit, die in einer gegebenen Struktur des Geschlechterverhältnisses die bestimmende Position einnimmt" (ebd.: 97)[6].

---

6 Hegemonie basiert nicht nur auf direkten Gewaltstrukturen, sondern auch auf dem Konsens mit den Beherrschten, sowohl mit Männern als auch mit Frauen (vgl. Männerforschungskolloquium Tübingen 1995: 50). Die Akzeptanz wird über positiv besetzte Geschlechtskonzepte mit realen oder vermeintlichen eigenen Machtfeldern erreicht. Auch wenn das hegemoniale Modell tatsächlich nur von wenigen Männern gelebt wird, partizipieren durch Imagination oder verlagerte Aggression eine große Anzahl von Männern daran (vgl. Carrigan, T., Connell, R.W., Lee, J. 1996: 62f).

Die Entsprechung mit herrschenden Männlichkeitsbildern kann für ihre Trägerinnen und Träger über Erfolg und Misserfolg - zum Beispiel im Erwerbsleben - entscheiden.[7] Ralf Lange (1998) zeigt dies anhand hegemonialer Männlichkeit bei Leitungseliten:

> „Je stärker die Manager in den von ihnen untersuchten Unternehmen diesem Männlichkeitsbild bzw. -diskurs entsprachen, desto eher konnten sie ihren Anspruch auf Führung und Definitionsmacht und Hegemonie durchsetzen" (ebd.: 52).

Dabei geht es vor allem darum, Kontrolle durch individuelle Kompetenz, Effizienz, Rationalität und Durchsetzungsfähigkeit zu erlangen oder zu behaupten. Umgekehrt werden gemäß dem Modell der hegemonialen Männlichkeit widersprechende Aspekte ausgeschlossen.

> „Dies führt dazu, dass insbesondere Frauen, aber auch Männer, die dem Bild konkurrenzorientierter Männlichkeit nicht entsprechen können oder wollen, von Benachteiligungen und Diskriminierungen betroffen sind" (ebd.).

Die Kosten der Abweichung
Georg H. arbeitet seit über zehn Jahren in Teilzeit. Auf die Frage nach seinen Karrierechancen antwortet er wie folgt: „Gute Frage. Die Chance ist gleich null. Das wusste ich aber auch in dem Augenblick, in dem ich mich dafür entschlossen habe. In dem Augenblick, wo man sich als Mann für Teilzeit entscheidet, ist man tot, karrieremäßig. Man ist tot."

Die bislang herrschende Aufteilung von eher männlicher Erwerbsarbeit und weiblicher Reproduktion wird von einem System aufrechterhalten, das Holter (2003) als „sprinkle system", also Rasensprenger-Prinzip, bezeichnet. Geschlechtstypische Einkommensdifferenzen[8] bilden ein System aus, welches das männliche Erwerbsmodell nahe legt und sogar dazu führt, dass Väter, um den Einkommenslevel zu halten, im Fall der Vaterschaft mehr arbeiten. Das Rasensprenger-Prinzip funktioniert normierend, was bedeutet, dass es nicht nur teilweise auf ökonomischem Gewinn der Akteure fußt, sondern Dimensionen wie soziale Sanktionierung der Grenzüberschreitung und emotionale Orientierungsmuster beinhaltet.

---

7 Vgl. hierzu auch: Böhnisch/Winter (1993), Höyng/Puchert (1998), Schnack/Gesterkamp (1998), Holter (2003).
8 Eine schwedische Studie zeigt, dass Väter fünf Prozent mehr verdienen als Männer ohne Kinder. Umgekehrt verdienen Mütter sieben Prozent weniger als Frauen ohne Kind (Holter 2003: 25).

„Diese Perspektive hilft zu erklären, warum viele Männer immer noch Entscheidungen treffen, als ob sie Ernährer wären, während sie sich objektiv von dieser Position entfernen und subjektiv sagen, dass sie soziale Ziele (caring goals) vorziehen" (ebd.: 26).

3. Der Preis männlicher Erwerbsorientierung

Diese Leitbilder sind aber auch für die Protagonisten dieses Aneignungsprozesses selbst problematisch: Böhnisch (2003) analysiert als Konstante von Männlichkeit in der Moderne das

„Problem des Ausgesetztseins, der Verfügbarkeit und Zurichtung des Mannes in der ökonomisch-technischen Apparatur des Industriekapitalismus" (ebd.: 11).

Männlichkeit wird von Bönisch/Winter (1993) als „Bewältigungsproblem" im Prozess der Sozialisation von Jungen und Männern begriffen. Die psycho-emotionalen Paradigmen dieses Prozesses sind Externalisierung („Stillstand ist Rückschritt") und Abspaltung („Nur das Produktive zählt"). Unter Externalisierung verstehen Böhnisch/Winter eine kontinuierliche, zielgerichtete und nach vorne weisende Bewegung, eine Verausgabung, die den Bezugsrahmen für eigene und gesellschaftliche Anerkennung bildet. Diese Bewegung nach außen bedeutet aber nicht nur soziale Abkopplung, sondern auch emotionale Selbstentfremdung des Mannes. Sie bildet einen

„Teufelskreis: je mehr er sich in der Außenwelt anstrengt, um so weniger bleibt von ihm in der Innenwelt, was ihn zu weiteren Anstrengungen draußen animiert" (Schnack/Gesterkamp 1998: 112).

Abspaltung umfasst dabei die Entäußerung von Emotionen, aber auch die Abgrenzung von Weiblichkeit.[9]

Die Erwerbsfixierung hat negative Folgen für Männer im Familienkontext: So verweisen Schnack/Gesterkamp (1998) auf den fehlenden Kontakt der Männer zu Kindern, Familie und zum familiären Raum. Der Mann wird in

---

9 Die im Bewegungsschema der Externalisierung zurückgelassenen, abgespaltenen Komponenten der Ökonomie (Reproduktions- und Beziehungsarbeit, Erziehung und Pflege) sind nicht zufällig weiblich besetzt. Die damit einher gehende Abwertung erklärt die Tatsache, dass entsprechende Tätigkeiten unentgeltlich (wie Haus- und Familienarbeit) oder schlecht bezahlt (Erziehungswesen) geleistet werden. Böhnisch begreift diese Bewältigungsmuster des Mannseins gleichzeitig als Grundmotiv des Kapitalismus. Männer werden in den Sog der industriekapitalistischen Verwertung nach diesen Grundmotiven geformt. Der Autor geht also von einer existenziellen Bindung des Mannes an den Kapitalismus aus (Böhnisch 2003: 51).

diesem Raum zum Fremden, was umso schwerer wiegt, als diese Familie doch den Kern dessen bildet, wofür der Ernährer arbeitet. In Bezug auf seine Familie „darf [der Mann] qua Berufskarriere für sich in Anspruch nehmen, der Verantwortliche in einem übergeordneten Sinne zu sein. Er ist also innerfamiliär aufgrund seines außerhäuslichen Engagements eine bedeutende Figur" (Meuser/ Behnke 1998: 20).

Demgegenüber bilanzieren Schnack/Gesterkamp sehr deutlich: „Männer sind in der Gefahr, die Verankerung in ihrem eigenen Privatleben zu verlieren" (Schnack/Gesterkamp 1998: 107) und Opfer eines Bedeutungsverlustes zu werden, der sich auf ihr Selbstkonzept wenig vorteilhaft auswirken wird.[10] Mit Blick auf Schnack/Gesterkamp resümiert Creydt (2001):

> „Diese Anstrengungen beinhalten aber ein Maß an Erschöpfung, das wiederum eine ‚kompetente' Teilnahme am Familienleben fast verunmöglicht. Die kapitalistisch begründete gesellschaftliche Prioritätenordnung zwischen den Arbeiten verunmöglicht also nicht nur für Frauen, sondern auch für Männer, Arbeit und Leben mit Kindern auf eine gedeihliche Weise miteinander zu vereinbaren. Für beide Geschlechter bedeutet es eine Überforderung, das Zusammenleben zwischen verschiedenen Generationen und Erwerbstätigkeit zusammenzubringen." (ebd.)

Folgen dieser Prozesse sind unter anderem Wünsche, dieser Überforderung zu entrinnen. Nicht die gleichzeitige Vereinbarkeit von Arbeit und Leben wird angestrebt, sondern der Ausstieg aus dem Kreislauf der Verfügbarkeit.

Der Atlantiküberquerer
Der Hamburger Arbeitszeitberater Dirk Mescher bezeichnet Männer, die solche Ausbruchsentwürfe entwickeln, als Atlantiküberquerer: Diese Männer formulieren oft unerfüllte (Jugend-)Träume, stabilisieren damit aber nicht selten lediglich die von ihnen als überlastend erlebte Arbeitssituation. Stephan G.: „Ich würde mir wünschen, ein Jahr oder mehr weg zu gehen - mit meiner Familie, ein Jahr lang, mit einem Bus. Reisen, reisen, reisen, das wäre mein großer Wunsch, abschalten von dieser Hektik und von diesen Verhältnissen. Manchmal wünsch ich mir ein ganz anderes Leben zu haben, aber später, nicht jetzt - und dann irgendwann mach ich was anders."

---

10 Auch der populäre australische Männerbuchautor Steve Biddulph stellt seine Diagnose von einer „Krise der Männlichkeit" in den Kontext moderner Erwerbsarbeit. In romantischer Verklärung vorkapitalistischer Geschlechter- und Familienarrangements kritisiert er die Phänomene der Vaterlosigkeit und Entemotionalisierung der Männer seit Beginn der Industrialisierung (Biddulph 2003: 42ff.).

4. Gesellschaftliche Veränderungen und Männlichkeit

Die Herstellungs- und Aneignungsbedingungen von Männlichkeit verändern sich im Zuge von Umstrukturierungen auf den Arbeitsmärkten und Ausdifferenzierungen von Familienformen: Das Bild des „Familienoberhauptes" bzw. „Ernährers" verliert in der Lebenspraxis an Relevanz.

- Weniger als 50% der bundesdeutschen Männer (im Alter von 15-65) sind in einem Normalarbeitsverhältnis - das klassisch als männlicher Erwerbsentwurf angesehen wird - tätig. Ca. 50% der Erwerbsfähigen sind erwerbslos, teilzeitbeschäftigt, selbstständig, befristet beschäftigt oder Auszubildende[11] (Oschmiansky/Schmid 2000: 24).
- Der Anteil der Einpersonenhaushalte in der Altersklasse 25 bis unter 45 Jahre erhöhte sich in den letzten 12 Jahren erheblich sowie die Anzahl der außerehelichen Lebensgemeinschaften[12].
- Die Anzahl der alleinerziehenden Väter stieg im Zeitraum von 1991 - 2000 um 63% an (Mikrozensus 2000).
- Männer (und Frauen) befinden sich länger in der Ausbildung, in erwerbsfreien Zeiten, bekommen später Kinder und leben seltener mit Kindern zusammen, Bereiche wie (Weiter-)Bildung und Freizeit nehmen für beide Geschlechter zu.
- Darüber hinaus wird vorsichtig das Bild der polaren und ausschließenden Geschlechtlichkeiten in Frage gestellt. So dürfen in der Werbung inzwischen auch Männer Babys liebkosen und wickeln.
- Gender Mainstreaming als Richtlinie der europäischen Politik soll stärker als bisherige Genderpolitiken Männer in den Blick und die Verantwortung nehmen.[13]

Obwohl ökonomische und politische Deregulierungen als Motor dieses Wandels auftreten, ist weder die betriebliche Interessenspolitik, noch die Arbeitsmarkt- und Sozialpolitik in der Lage oder programmatisch darauf ausgerichtet, die

---

11 Vor allem Erwerbsformen wie Selbstständigkeit ohne Angestellte, befristete Anstellungen und Teilzeitarbeit nehmen für Männer zu (Mikrozensus 2001). Weiterhin hat sich Erwerbslosigkeit von Männern in den letzten 15 Jahren fast verdoppelt. Der Anteil der Männer, welche weder erwerbstätig, noch erwerbslos sind, ist kontinuierlich gestiegen. Waren es 1985 noch 14,5%, so sind 1998 18% zu verzeichnen.
12 Wohngemeinschaften und/oder Lebensgemeinschaften ohne gemeinsamen Haushalt werden (leider) noch immer nicht vom Mikrozensus erfasst, so dass die bundesdeutsche Datenbasis nur sehr unzureichend ist, um die Ausdifferenzierung von Lebenswelten abzuzeichnen.
13 Siehe dazu auch den Beitrag von Klaus Schwerma und Andrea von Marschall in diesem Buch.

veränderten Lebensmuster zu stützen und abzusichern. Trotz positiver Veränderungen, z.B. im Eherecht, stützt die Sozialpolitik weiterhin die „Ernährerehe", ähnlich wie das deutsche Sozialrecht das Normalarbeitsverhältnis stützt (Oschmiansky/Schmidt 2000). Damit wird das Bild von der geschlechtsspezifischen Rollenverteilung zementiert. Sowohl in der politischen Diskussion als auch in der Praxis der Arbeitsämter und deren Rechtsgrundlage wird auf die Erwerbsarbeitszentrierung der Männer beharrt.[14]

Das traditionelle Rollenverständnis:
Die Frau ist für die emotionale, der Mann für die ökonomische Unterstützung zuständig:
Frank S., ein erwerbsloser Vater, dessen Tochter die Hälfte der Woche bei ihm lebt, wurde von der Arbeitsberaterin aufgefordert, sich nun auch bundesweit zu bewerben. Auf seinen Einwand, er betreue seine Tochter mehrere Tage in der Woche und müsse deshalb in der Stadt bleiben, bekam er zur Antwort: „Andere Familienväter würden gerade für ihre Kinder den Wohnort wechseln, um arbeiten zu können und die Familie finanziell abzusichern."

Männer geraten aufgrund sozialer Veränderungen in eine paradoxe Situation: Einerseits bauen kulturelle Leit- und individuelle Selbstbilder noch immer zentral auf Karriere und/oder der Rolle als Familienernährer auf - und damit auf der Vorstellung von stabilen Beschäftigungsverhältnissen. Andererseits erschüttern die verminderten Möglichkeiten für Männer, einer Vollbeschäftigung nachzugehen, dieses Leitbild zunehmend:

> „In Zeiten der rasanten Veränderungen des Normalarbeitsverhältnisses werden Männer an ihrer Achillesferse getroffen: Die zentrale Definition eines männlichen Lebens über Erwerbsarbeit verliert ihre Grundlage, wenn Erwerbsarbeit gesellschaftlich zunehmend entwertet wird bzw. ganz wegfällt" (Lenz 2001).

5. Neue Lebensentwürfe von Männern als geschlechtsbezogene Dissidenz?

Der gesellschaftliche Veränderungsprozess betrifft nicht nur Entscheidungen darüber, in welcher Form der/die Einzelne sein Leben zu organisieren versucht, sondern betrifft auch die Selbstkonzeption von Männlichkeit und Weiblichkeit. Kollektive Umdeutungsprozesse, wie z.B. in der Schwulenbewegung, finden eher selten statt. Männer sind gemeinhin darauf angewiesen, sich individuell

---

14 So werden in der aktuellen Diskussion um Erwerbsarbeitslosigkeit noch immer die (ost)deutschen Frauen und ihre Erwerbsneigung benannt. Von einer weiterhin starken Erwerbsneigung von Männern ist nirgendwo etwas zu lesen oder zu hören. Diese wird einfach vorausgesetzt.

eine (andere) Männlichkeit anzueignen. Die Kosten dafür erscheinen zunächst hoch, sind doch Ausgrenzung, fehlende Anerkennung und Krisen der Preis dafür.

Legt man die oben genannten Basismuster männlicher Vergesellschaftung - Externalisierung und Abspaltung - zu Grunde, lassen sich Strategien von Männern beschreiben, die im Widerspruch zur herrschenden Männlichkeit zu agieren.

5.1 Integration verschiedener Bereiche

Allmählich, wenn auch zaghaft, verändert sich der Diskurs um Männlichkeit und bietet somit „Aussteigern" die Möglichkeit, sich an anderen Leitbildern zu orientieren. So erscheint seit 1998 regelmäßig die Zeitschrift „paps - Die Welt der Väter"[15], kommunale Väterinitiativen treffen sich zum „Väterstammtisch"[16]. Kirchliche Veranstalter werben mit einem „Erlebnistag für Väter, Töchter und Söhne"[17]. Der Berufsmann hat doppelte Konkurrenz bekommen: im Erwerbsbereich erheben Frauen Ansprüche und Männlichkeitsleitbilder - so tief sie in der männlichen Erwerbskultur wurzeln - werden zunehmend von „neuen Vätern" mithesetzt, die möglicherweise einen Formationswechsel markieren[18]

> „Viele Männer wollen nicht länger eine Schwellenposition in der Familie innehaben. Sie wollen eine Familie *sein*, nicht nur eine Familie *haben*." (Holter 2003: 121)

Vaterschaft als Männlichkeitskonzept
Ein Modell, das Männlichkeit durch Erwerbsorientierung bereits als hinreichend definiert betrachtet, greift zu kurz. Dies betrifft sowohl die Handlungspraxis als auch die Selbstdefinition der Akteure. Freilich sind solche Männer noch selten anzutreffen, die, wie in diesem Fall, eine Selbstdefinition bewusst über Vaterschaft entwickeln:
Uwe E[19]. „Das Bewusstsein, ein Mann zu sein, habe ich damit nicht verloren (...) Mir reichte für mein Selbstwertgefühl vollkommen aus, dass ich als Mann meine Vaterrolle intensiv lebe."

---

15 Herausgegeben von Paps e.V., erscheint vierteljährlich in Stuttgart.
16 Eine Veranstaltung des Väterzentrum Hamburg e.V..
17 Ein Angebot der ökumenischen Bildungsstätte Ibbenbühren.
18 Weitere Felder, von denen traditionell gültige Männlichkeitsvorschriften abgelöst oder zumindest modifiziert wurden, stellen Teilerfolge und die gewachsene Sichtbarkeit der Schwulenbewegung oder die Auseinandersetzung mit Themen wie Gewalt, Sexualität und Gesundheit dar. Einen guten regelmäßigen Überblick über Männer- und Männlichkeitsdiskurse bekommt, wer die in Hamburg erscheinende Zeitschrift für Männer und Jungenarbeit „Switch-board" zur Hand nimmt.
19 Referat für Frauen und Gleichstellung (2002) :13.

In einer Studie im Auftrag des hessischen Sozialministeriums wurden Partnerschaftsarrangements jenseits des Allein-(oder Eineinhalb-) Verdienermodells untersucht (Rühling/Kassner 2003). Beide Personen der untersuchten Paare gehen in unterschiedlicher Weise berufliche Risiken (aktueller Einkommens- oder längerfristiger Karriereverzicht) ein, so ein Ergebnis der Studie. Auffällig ist an den vorgestellten Beispielen, dass die Männer jeweils eine hohe Motivation für das Familienleben und die Bereitschaft zum (mindestens partiellen) Karriereverzicht mitbringen, obwohl berufliche Risiken die „Vereinbarkeitsproblematik" einer „weiblichen" Biographie beinhalten. Die Autorinnen und Autoren sprechen von einer Ausdifferenzierung und pragmatischen Veränderungen in Vaterschaftsmodellen.

> „[I]n der Haus- und Familienarbeit verlieren sie den Status des ‚ewigen Praktikanten' und übernehmen selbstverständlicher ‚unangenehme' Aufgaben und Tätigkeiten - putzen, waschen, bügeln - bis hin zur Gesamtverantwortung für die Alltagsabläufe in der Familie. Insbesondere das intensive Verhältnis zu ihren Kindern sehen sie als persönliche Bereicherung im Vergleich zu ihren Vätern und Kollegen" (ebd.).

Wie unsere eigene Studie zeigt, kann dadurch auch eine Integration von Bereichen und Tätigkeiten stattfinden, die traditionell weiblich kodiert sind, und die nun selbstverständlich zur alltäglichen Lebenspraxis auch mancher Männer gehören. Damit geht nicht zwangsläufig eine Abkehr vom (männlich kodierten) Leistungsprinzip, wohl aber eine Aufwertung weiblich kodierter Tätigkeiten einher. Zumindest individuell wird so mit der Abspaltung des reproduktiven Bereichs gebrochen, was Gleichstellungschancen erhöht und geschlechtliche Zuschreibungen hinterfragbar macht, ja sogar obsolet erscheinen lässt.

Die Integration verschiedener Lebensbereiche wird Bestandteil eines neuen Selbstbewusstseins
Auf die Frage, wie Johannes M. (Hausmann) reagieren würde, wenn er als „Weichei" bezeichnet würde, antwortet er:
„Da würde ich sehr gelassen drauf reagieren, weil grundsätzlich, ja mit solchen Machosprüchen, die lassen mich ehrlich gesagt kalt. Weil er muss erst einmal umgekehrt beweisen, dass er das auch kann. Dann kann er mit solchen Sprüchen kommen. Hausarbeit und berufliche Arbeit, also da kann man nicht sagen, das eine ist leichter als das andere. Also man kann das auch nicht bewerten, weil es ist beides notwendig und es gehört beides getan und ich finde, der einzige Unterschied ist vielleicht, dass man für die Hausarbeit kein Geld kriegt."

Ein anderes Motiv für die Annahme einer Teilzeitstelle ist bei einigen der von uns befragten Männer, mehr Zeit mit ihrem Lebenspartner oder ihrer Lebenspartnerin zu verbringen. Familienorientierung drückt sich bei ihnen nicht über

die Fürsorge für Kinder, sondern über das Bewusstsein aus, dass eine zufrieden
stellende Beziehung zu anderen Menschen gemeinsam verbrachte Zeit erfordert.

Teilzeit, um eine befriedigende Beziehung zu leben[20].
Georg H.: „Und ich muss ihnen sagen, das Schöne ist ja, dass dieses Teilzeitmodell
uns Möglichkeiten gibt, soviel voneinander zu haben, wie wir es noch nie hatten."

5.2 Leben jenseits der Externalisierung

Männer, die mit dem Muster der Erwerbsfixierung brechen, ernten einerseits
Unverständnis von anderen Männern, andererseits aber auch ein neues Verhältnis zu ihrem Umfeld. Lebenszufriedenheit und nicht Geld werden zu wichtigen Bezugspunkten. Gleichzeitig wird dem Zwang zum Funktionieren und der
Erwerbsarbeitszeit eine Grenze gesetzt.

Arbeit ist nicht das Einzige im (Männer-)leben
Andreas D.: „Das ist eigentlich was, was uns einfach Spaß macht, also für uns sind dann eben eher
so soziale Kontakte, wenn man es so nennen will, wichtiger, als so auf Arbeit zu sitzen und Geld zu
verdienen."

Im Fall von Georg H. wird deutlich, dass er aufgrund eines Vorfalls im Kol-
legenkreis die „Kosten der Externalisierung" in drastischer Weise miterleben
konnte.

Gleichzeitigkeit der verschiedenen gesellschaftlichen Bereiche
Georg H.: „Das war in meiner ersten Tätigkeit und da war ein Mitarbeiter, den ich furchtbar nett
fand. Der war immer gut drauf. Der sagte: ‚Pass mal auf. Ich hab jetzt mein ganzes Leben geplant,
mein Leben nach der Rente. Ich hab mir eine Hütte gekauft im Allgäu und bereite mich schon
innerlich auf das Leben vor. Und wenn ich jetzt auf die Rente gehe, da beginnt das Leben dann
richtig.' Und die Tage rückten immer näher, und dann waren es nur noch fünf Tage und seine
Abschiedsfeier war dann schon arrangiert. Und was sag ich ihnen? Zwei Tage vorher ist er ge-
storben. Und da hab ich gesagt: Nö. Du musst vorher dir schon etwas von diesem Kuchen abzwei-
gen. Und das sind Tage, die mir keiner wegnehmen kann. Die sind dann eben schon gelebt. Und ich
kann es nur jedem raten, wenn es sich machen lässt, so ein Leben schon zu leben."

---

20 Anzumerken ist hierbei, dass wir uns in der Auswahl der Männer sehr bewusst gegen eine
Eingrenzung auf Väter entschieden haben. Einige Männer erwähnten ausdrücklich, dass sie sich
zum Interview bereit erklärt haben, da sie und ihre Lebenspraxis normalerweise nicht von der For-
schung/Politik in den Blick genommen werden und sie dazu beitragen wollten, diesen Blick zu
erweitern.

Trotz wiederkehrender Zweifel und der immer wiederkehrenden „hegemonialen Männlichkeit im Ohr" zeigten die von uns befragten Männer ein hohes Maß an Lebenszufriedenheit. Die Reduzierung der Arbeitszeit führte bei allen Befragten zu einer erhöhten Zufriedenheit mit dem Gesamtarrangement zwischen Arbeit und Leben.

Lebenszufriedenheit
Andreas D.: „Also, ich hatte in jugendlichen Zeiten schon manchmal die Idee, so nach dem Motto ,Oh, du musst Karriere machen und toll Geld verdienen' und was weiß ich, aber ich denk, irgendwo hab ich eigentlich gemerkt, es gibt andere Sachen, die sind mir auch wirklich wichtiger heutzutage. Eigentlich bist du doch sehr zufrieden, was willst du da eigentlich. Und wir haben uns so gemeinsam entwickelt, und das ist gut so, find ich, ist gut geworden"

---

6. Was tun?

„Nur wenn, was ist, sich ändern lässt, ist das, was ist, nicht alles." T.W. Adorno

Zusammenfassend lässt sich sagen, dass Männlichkeit sich als kulturelles Konzept aufgrund veränderter gesellschaftlicher Verhältnisse in einem Spannungsfeld von Veränderung, Auflösung und Verharrung befindet. Darin bleiben Männer allerdings oft in alten, von der sozialen Realität weitgehend entkoppelten Leitbildern zurück. Männlichkeit zeichnet sich somit durch Differenzierung, Diskontinuität und häufig widersprüchlichen Anforderungen aus. Brüche mit und Abweichungen von der herrschenden Männlichkeit vollziehen sich in Teilbereichen und nur langsam. „Neue Männlichkeit" ist für den einzelnen Mann nur lebbar, wenn er die Möglichkeit hat, sich neue Deutungsmuster anzueignen. Neue Leitbilder von Männlichkeit haben sich jedoch gesellschaftlich noch nicht durchgesetzt. Wir fanden in unserer Forschung daher auch keine „neuen Männer", sondern Männer die mit neuen Strategien den gesellschaftlichen Veränderungen und deren Auswirkungen auf das (noch immer) herrschende Leitbild von Männlichkeit begegnen. Auch die von uns befragten Männer wiesen in Teilen traditionelle Männlichkeitskonzepte auf. Vielleicht sollte auch für Männer gelten, was Jurzcyk/Voß (1995: 394) den Frauen bescheinigt: dass diese neue und in der Person widersprüchliche Aneignung von Männlichkeit „eine durchaus rationale Form der Verarbeitung gesellschaftlicher widersprüchlicher Zumutungen an (...)" Männer ist.

Wie gezeigt, hinken die gesellschaftlichen Institutionen den sozioökonomischen Entwicklungen hinterher. Gefahr droht auch durch die anstehenden Reformen des Arbeitsmarktes: Klopp (2003) weist zu Recht auf eine das Ernährermodell stützende Politik im Zusammenhang mit der Agenda 2010 hin. Lösungen aus diesem Dilemma müssen immer die Strukturiertheit der unterschiedlichen Bereiche und damit auch die spezifische Eingebundenheit der Akteure in Betracht ziehen.[21]

6.1 Erwerbsökonomie

Damit eine Vereinbarkeit unterschiedlicher Lebensbereiche für Männer und Frauen gelingen kann, sollte die Politik der umfassenden Arbeitszeitverkürzungen (bei existenzsichernder Entlohnung) fortgesetzt und nicht, wie aktuell zu beobachten, untergraben werden. Überstunden sollten abgebaut bzw. verteuert werden. Die diskontinuierliche Teilnahme am Erwerbsleben darf nicht mehr automatisch auf minderwertige Laufbahnen verweisen. Die geschlechtsbezogene Arbeitsteilung sowie die Hierarchie der getrennten Arbeitssphären sollte reduziert und der Berufswahl von Jugendlichen nach geschlechtlichen Stereotypen entgegen gewirkt werden[22].

Männer auf der Suche nach Teilzeit- oder familienfreundlichen Lösungen brauchen innerbetriebliche Ansprechpartnerinnen und Ansprechpartner und kollektive Interessenvertretungen. Diese müssten, mit Problembezug auf Männer in unterschiedlichen Lebenslagen, erst aufgebaut und über Gleichstellungsbeauftragte und Betriebsräte an betriebliche Strukturen angebunden werden. Träger der beruflichen Weiterbildung können durch Gender-Trainings helfen, Alternativen zum Leitbild des allzeit verfügbaren, auf die Ernährerrolle festgelegten Mannes zu entwickeln.

6.2 Sozialpolitik

Das bundesdeutsche Familien- und Steuerrecht stützt noch immer das Bild der traditionellen Hausfrauenehe. Deutlich wird dies am Ehegattensplitting oder dem Heirats- und Adoptionsverbot für homosexuelle Paare. Darüber hinaus sollte auch über das bundesdeutsche Sorgerecht, das den Vorrang der Mutter vor dem Vater betont (und das in diesem Jahr gerichtlich wesentlich bestätigt wurde), neu

---

21 Die nachfolgenden Vorschläge sind stark von Creydt (2001) und Holter (2003) inspiriert.
22 Als Beispiel entwickeln die Bildungsträger LIFE e.V. und Dissens e.V. in Berlin Bildungskonzepte, die Jungen und Mädchen jeweils gegengeschlechtlich geprägte Berufe nahe bringen sollen.

nachgedacht werden. Hier werden - zum Nachteil für beide Geschlechter - die Zuschreibungen „aktive Mutterschaft" und „inaktive Vaterschaft" zementiert.[23]

Kinderbetreuung ist, ähnlich der Erwerbsarbeit, kein Privatvergnügen, sondern gesellschaftlich notwendige Arbeit. Unter dieser Prämisse ist es unerlässlich, mehr Mittel für Kinderbetreuungsplätze und Ganztagsschulen bereit zu stellen und die Betreuung kollektiv zu gestalten. Ebenso sollten finanzielle Aufwendungen für Kinder sozialstaatlich hinreichend kompensiert werden.

6.3 Geschlechterforschung

Die Forschung sollte insbesondere das statische Bild von Männern demontieren und dekonstruktiv die kulturelle Eingebundenheit und historische Differenziertheit von Männlichkeiten nachweisen (vgl. Holter 2003: 197).

Dadurch wird weitere, und auch zielgerichtete Veränderung vorstellbar, verhandelbar und durchsetzbar. Geschlechterforschung kann sich so vom traditionellen feministischen Diskurs über Männlichkeit lösen, welche dort weitgehend als statisch gesehen wird und in dem Männer als Problem eingestuft werden. Dieser traditionelle Diskurs eröffnet, obgleich historisch wichtiger Anstoß, letztlich zu wenige Veränderungsperspektiven und bietet nicht viel soziales Bewegungs- und Mobilisierungspotential (vgl. ebd.: 93-101)[24].

Bei der Entwicklung von Erhebungsmethoden ist ein Umdenken notwendig. Männer wie Frauen leben nur noch zu einem Bruchteil in der klassischen Kleinfamilie. Sowohl die Familien- als auch die Erwerbsarbeitsformen haben sich ausdifferenziert. Leider arbeitet ein Großteil der empirischen Sozialforschung noch immer mit Erhebungsinstrumenten, welche eine „Normalfamilie" voraussetzen.

---

23 Auch hier können die nordeuropäischen Länder als Vorbild dienen. In Norwegen ist seit 1993 einer von zehn Elternzeit-Monaten für Väter „reserviert", in Schweden seit 1995 30 von 450 Tagen. In Island gelten seit 2000 drei von neun Monaten als Väterzeit. Wird der Anteil von Männern nicht in Anspruch genommen, verfällt er (Holter 2003: 53).
24 Ohne antifeministische Ressentiments zu stützen, sollte der Preis der herrschenden Männlichkeitskonzepte für Männer weiter untersucht werden: Männliche Sozialisation sollte auch als Abspaltungs- und Unterdrückungsprozess wahrgenommen sowie Männer als Opfer von Gewalt thematisiert werden.

Geschlechterforschung bedeutet auch, die Zusammenhänge zwischen Erwerbsstrukturen und Caring work[25] nicht nur auf Frauen zu beziehen. Auch Männer stecken in diesem Dilemma und zahlen einen hohen Preis dafür. Bei der Suche nach Veränderungsmöglichkeiten empfehlen wir, den Titel „Geld oder Leben" durchaus wörtlich nehmen: Die Lebenserwartung von Männern liegt deutlich unter der von Frauen, ihre Suizidrate in zentralen Erwerbsaltersstufen ist etwa dreieinhalb Mal höher (Statistisches Bundesamt 1998). Männer zwischen 30 und 50 erleiden sechs Mal häufiger einen Herzinfarkt als Frauen (MännerGesundheit 1997). Erst die Einsicht in den hohen Preis, den der permanente Produktivitätszwang erfordert, macht Veränderung möglich. Oder in den Worten eines Interviewpartners:

Georg H.: „Arbeit und Freizeit, wenn das in einem gesunden Verhältnis steht, ich kann das nur jedem raten. Nichts ist doch schlimmer, als wenn die Leute hier schon morgens muffelig ankommen. Wenn man aber sagt, ich komm jetzt drei Wochen hier her und danach habe ich zwei Wochen Zeit, mein eigenes Leben zu leben, das gibt soviel Zufriedenheit. Weil, dieser zeitliche Arbeitsblock ist überschaubar, es ist nicht einfach so endlos, die Leute rechnen, oochh, mein nächster Urlaub der ist erst in sechs Monaten oder sieben Monaten. Und bis dahin jeden Tag hierher kommen? Uarghhhh! Mich kann nur noch ne Krankheit retten. Das ist doch ne Scheiß Lebensperspektive."

Literatur

Autorinnengemeinschaft (1990): Erklärungsansätze zur geschlechtsspezifischen Strukturierung des Arbeitsmarktes. Arbeitspapier aus dem Arbeitskreis SAMF. Paderborn.
BauSteineMänner (Hg.) (1996): Kritische Männerforschung. Neue Ansätze in der Geschlechtertheorie. Hamburg: Argument (1. Aufl.).
BauSteineMänner (Hg.) (2001): Kritische Männerforschung, Neue Ansätze in der Geschlechtertheorie. Hamburg: Argument (3. Aufl.).
Becker-Schmidt, Regina (1987): Die doppelte Vergesellschaftung - die doppelte Unterdrückung: Besonderheiten der Frauenforschung in den Sozialwissenschaften. In: Unterkirchner/Wagner (1987).
Becker-Schmidt, Regina (1991): Vergesellschaftung - innere Vergesellschaftung. Individuum, Klasse und Geschlecht aus der Perspektive der Kritischen Theorie. In: Zapf (1991).
Becker-Schmidt, Regina/Knapp, Gudrun-Axeli (1984): Eines ist zuviel, beides ist zuwenig. Bonn.
Biddulph, Steve (2003): Männer auf der Suche. Sieben Schritte zur Befreiung. München.
Böhnisch, Lothar (2003): Die Entgrenzung der Männlichkeit. Verstörungen und Formierungen des Mannseins im gesellschaftlichen Übergang. Opladen.

---

25 Leider ist der Begriff durch „versorgende Arbeit" oder „Betreuung" nur sperrig oder ungenau zu ersetzen. Wichtig ist, dass „Caring work" im engeren Sinne die Arbeit an und mit Abhängigen (Kindern, Alten, Kranken, Personen mit Behinderung) meint, im Weiteren aber auch emotionale Reproduktion, Kommunikation, Beziehung und Partnerschaft umfasst.

Böhnisch, Lothar/Winter, Reinhard (1993): Männliche Sozialisation. Bewältigungsprobleme männlicher Geschlechtsidentität im Lebenslauf. 2. Aufl. Weinheim.

Carrigan Tim/Connell Robert W./Lee John (1996): Ansätze zu einer neuen Soziologie der Männlichkeit. In: BauSteineMänner (1996): 38-75.

Chancengleich: Aktionsprogramm des DGB und der Mitgliedsgewerkschaften 2003/2004.

Connell, Robert W. (1999): Der gemachte Mann. Konstruktion und Krise von Männlichkeiten. Opladen.

Creydt, Meinhard (2001): Zur Kritik feministischer Wirklichkeitskonstruktion. In: Hintergrund. Heft 1/2001. Jg. 14. Osnabrück.

Hamburger Abendblatt, Ausgabe vom 21. Oktober 2003.

Holter Øystein G. (2003): Can men do it? Men and Gender Equality - The Nordic Experience. Nordic Council of Ministers.

Honnegger, Claudia (1991): Die Ordnung der Geschlechter. Die Wissenschaft vom Menschen und das Weib. Frankfurt.

Höyng, Stephan/Puchert, Ralf (1998): Die Verhinderung der beruflichen Gleichstellung. Männliche Verhaltensweisen und männerbündische Kultur. Bielefeld.

Jurczyk, Karin/Rerrich, Maria (1993): Die Arbeit des Alltags. Beiträge zu einer Soziologie der alltäglichen Lebensführung. Freiburg i. Br.

Jurzcyk, Karin/Voß, Günther (1995): Zur gesellschaftsdiagnostischen Relevanz der Untersuchung von alltäglicher Lebensführung. In: Projektgruppe „Alltägliche Lebensführung" (1995): 371-407.

Klopp, Tina (2003): Kinder, Küche, Kurzzeitjobs. In: Konkret 09/2003.

Lange, Ralf (1998): Männer, Macht, Management. Zur sozialen Konstruktion von hegemonialer Männlichkeit in Organisationen. In: Widersprüche. Heft 67. S. 45-61.

Lenz, Hans-Joachim (2001): Mann versus Opfer. In: BauSteineMänner (2001).

Männerforschungskolloquium Tübingen (1995). Die patriarchale Dividende: Profit ohne Ende? Erläuterungen zu Bob Connells Konzept der „Hegemonialen Männlichkeit". In: Widersprüche. Heft 56/57 Schwerpunkt Männlichkeiten. 47-61. Bielefeld.

MännerGesundheit (1997): Tagungsdokumentation. Hamburg.

Meuser, Michael/Behnke, Cornelia (1998): Tausendundeine Männlichkeit? Männlichkeitsmuster und sozialstrukturelle Einbindungen. In: Widersprüche, Heft 67, 18. Jg. 1998. 7-25. Bielefeld.

Mikrozensus (2000): Statistisches Bundesamt: Leben und Arbeiten in Deutschland. Wiesbaden.

Mikrozensus (2001): Statistisches Bundesamt: Leben und Arbeiten in Deutschland. Wiesbaden.

Oschmiansky, Heidi/Schmid, Günther (2000): Wandel der Erwerbsformen? Berlin und die Bundesrepublik im Vergleich. Diskussionspapier FS I 00 204. Wissenschaftszentrum Berlin für Sozialforschung.

Ostner, Ilona (1990): Das Konzept des weiblichen Arbeitsvermögens. In: Autorinnengemeinschaft (1990).

Projektgruppe „Alltägliche Lebensführung" (Hg.) (1995): Arrangements zwischen Traditionalität und Modernisierung. Opladen.

Referat für Frauen und Gleichstellung (Hg.) (2002): Wir haben es gewagt. Wir haben es geschafft. Landeshauptstadt Hannover.

Rühling, Anneli/Kassner, Karsten (2003). Familiale Arbeitsteilung revisited - Neue Arrangements von Arbeit und Leben in jungen Familien, Diskussionspapier zum Vortrag am 28.02.2003 auf der Tagung des Max Planck-Instituts für demographische Forschung: Das „vernachlässigte" Geschlecht in der Familienforschung: Analysen zum Heirats- und Geburtenverhalten von Männern in Deutschland. Rostock.

Schlenz, Kester (2002): Mensch Papa! Vater werden - Das letzte Abenteuer. Ein Mann erzählt.

Schnack, Dieter/Gesterkamp, Thomas (1998): Hauptsache Arbeit? Männer zwischen Beruf und Familie. Reinbek bei Hamburg.

Unterkirchner, Lilo/Wagner, Ina (Hg.) (1987): Die andere Hälfte der Gesellschaft. Wien.

Voß, Günther (1991): Lebensführung als Arbeit. Über die Autonomie der Person im Alltag der Gesellschaft. Stuttgart.

Zapf, Wolfgang (Hg.) (1991): Die Modernisierung moderner Gesellschaften. Frankfurt a.M.

III.
Gesundheit, Erziehung und Bildung

... Männer sterben früher und auch Frauen haben Herzinfarkt Gesundheit und Geschlechtsbezug
Brigitte Sorg

1. Einleitung

In der gesundheitlichen Versorgung, Gesundheitsforschung und -politik waren geschlechtsbezogene Aspekte lange auf weibliche Fortpflanzungsorgane und darauf, dass manche Krankheiten „typische" Frauen- oder Männerkrankheiten sind, beschränkt. So galten der Herzinfarkt und Herz-Kreislauf-Erkrankungen fälschlicherweise als typische Männerkrankheiten. 1998 war der Anteil von Frauen, die einen Herzinfarkt erlitten, genau so hoch wie der von Männern (Engelmann/Stamm 2003: 10; BMFSFJ: 109f.). Mittlerweile findet in den Gesundheitswissenschaften (Public Health) langsam ein Paradigmenwechsel statt: Weg von einer androzentristischen über eine frauenspezifische bis hin zu einer mehr und mehr geschlechtsbezogenen Sichtweise. Der Artikel stellt die Entwicklung dar und beschreibt, wie geschlechtsbezogene Verzerrungseffekte in der (Gesundheits)forschung identifiziert und vermieden werden können und dies Teil einer politischen Strategie des Gender Mainstreaming sein kann.

2. Frauenspezifische Gesundheitsforschung

In den siebziger Jahren entwickelte sich als Folge der Frauengesundheitsbewegung, der daraus entstehenden Frauengesundheitszentren und beginnenden Diskussionen an den Universitäten, die Frauengesundheitsforschung. Wichtige Themen waren die Selbstbestimmung über den eigenen Körper. In der Parole „Mein Bauch gehört mir!" kam der Protest gegen das Verbot, eine Schwangerschaft abzubrechen zum Ausdruck. Im Laufe der Zeit rückten weitere Themen wie (sexuelle) Gewalt, die Freiheit sexueller Orientierung und unnötige medizinische Eingriffe, z.b. Gebärmutterentfernungen, ins Blickfeld. Die Frauengesundheitsforschung kritisierte, dass Frauen von der Medizin entweder nur in ihren biologischen Unterschieden zu Männern beforscht wurden oder sie ganz aus der Forschung herausfielen. Hahn und Maschewsky-Schneider (2003: 49) merken an, dass eine Konsequenz dieser androzentristischen Sichtweise war und ist, dass die an männlichen Untersuchungspopulationen gewonnenen Ergebnisse meist ungeprüft auf Frauen übertragen werden. In klinischen Arzneimittelstudien sind Testpersonen in der Regel Männer mittleren Alters und mittlerer Statur. Dies beruht auf ethischen Vorbehalten gegenüber Frauen im gebärfähigen Alter. Bei Männern scheint die Zeugungsfähigkeit keine Rolle zu spielen. Zur Folge hat dies, dass bei unter vierzigjährigen Frauen die Nebenwirkungsrate doppelt so hoch ist wie bei gleichaltrigen Männern. Auch Dosierungshinweise sind immer noch vermeintlich neutral und nicht geschlechtsspezifisch (Engelmann/Stamm 2003: 10). Andererseits können stereotype Weiblichkeitsbilder zu Medikalisierung und Überversorgung führen, wie die Hormontherapie in den Wechseljahren zeigt.

Diesem meist auf Krankheiten und biochemisch reduzierte Prozesse orientierten Frauen- und Wissenschaftsverständnis stellte die Frauengesundheitsforschung, in Anlehnung an die sozialwissenschaftliche Frauenforschung, einen anderen Ansatz gegenüber. Gesundheit und Krankheit wird als mehrdimensionales Geschehen verstanden, das seine Dynamik in der Lebensgeschichte, der Lebenslage und den Lebensweisen von Subjekten, die ein Geschlecht haben, entfaltet (Helfferich 2003: 47). Der androzentristische Blick wurde reflektiert und abgelöst durch die Berücksichtigung einer geschlechtsspezifischen, d.h. ausschließlich bei einem Geschlecht vorkommenden Aspekt. Darüber hinaus wurden Unterschiede zwischen den Geschlechtern in den Mittelpunkt gerückt.

3. Geschlechtsbezogene Gesundheitsforschung

Im Laufe der Zeit wurden neue Forschungsansätze und entwickelt, um geschlechtsbezogene und -spezifische Fragestellungen angemessen zu untersuchen. Die Ergebnisse spiegeln sich in zahlreichen Publikationen[1] wider.

---

1 Schneider (1981) „Was macht Frauen krank? Ansätze zu einer frauenspezifischen Gesundheitsforschung", Kolip (1994), „Lebenslust und Wohlbefinden. Beiträge zu einer geschlechtsspezifischen Jugendgesundheitsforschung.", Helfferich/Troschke, v. (1994) „Der Beitrag der Frauengesundheitsforschung zu den Gesundheitswissenschaften/Public Health in Deutschland" und Maschewsky-Schneider (1996), „Frauen - das kranke Geschlecht. Mythos und Wirklichkeit".

In den neunziger Jahren entwickelt sich der frauenspezifische Fokus weiter zu einer Geschlechterperspektive (Helfferich 2003: 47), die beide Geschlechter einbezieht. Aus dieser Perspektive wird die Frage gestellt, wie sich Verhältnisse zwischen den Geschlechtern bilden, verfestigen und sozial konstruiert werden. Damit beginnt sich der Blick in der Frauengesundheitsforschung von der Differenz zwischen „den" Männern und „den" Frauen zu öffnen. Dabei wird deutlich, dass eine Unterscheidung nach dem biologischen Geschlecht nicht ausreicht. Geschlecht als soziale Konstruktion hält Einzug in die Gesundheitswissenschaft und wird weiter gefasst. Zunehmend wird anerkannt, dass Geschlecht neben Alter, sozialer Schichtzugehörigkeit, ethnischer Herkunft und Bildung ein wesentlicher Einflussfaktor auf Gesundheit ist. Frauen wie Männer stellen keine homogene Gruppe dar, deshalb müssen neben Geschlecht, je nach Fragestellung weitere Differenzierungen wie sexuelle Orientierung und Behinderung mit einbezogen werden (Jahn/Kolip 2002: 8). Darüber hinaus ist es problematisch, dass Menschen, die nicht der jeweiligen „Gender Ordnung" entsprechen, stigmatisiert werden. Um Ansprüchen von Korrektheit zu genügen, besteht jedoch die Gefahr, Gender synonym für Sex zu verwenden, obwohl biologische Faktoren beschrieben werden. Wichtiger als die korrekte Begriffswahl ist zu untersuchen, wie sich soziale Komponenten von Geschlecht auswirken und dargestellt werden (Jahn 2002: 147).

4. Männerspezifische Gesundheitsforschung

Seit den neunziger Jahren rücken zunehmend Jungen und Männer und ihre gesundheitlichen Belange in das Blickfeld. Daraus entwickelte sich eine heterogene Diskussion zum Thema Männergesundheit. Diese läßt sich grob in drei Strömungen einteilen.

1. Die Richtung, die aus Ergebnissen der Frauengesundheitsforschung und der hierzulande etwa sechs Jahre kürzeren Lebenserwartung von Männern, eine „wahre Opferrolle" von Männern ableitet (Kolip et al. 2004: 220).

2. Diese Strömung ist durch eine starke Kommerzialisierung des Themas gekennzeichnet (Altgeld 2003: 8) und schlägt sich in der Öffentlichkeit bisher vorwiegend in kommerziellen Männerzeitschriften nieder. Dabei geht es vor allem um kosmetische Produkte, Potenz, Sexualität und körperliche Fitness sowie darum pharmakologische Produkte wie Viagra an den Mann zu bringen.

3. Die Richtung ist um eine Neubestimmung der Geschlechterrollen und gesellschaftlichen Rahmenbedingungen bemüht und stellt Machtverhältnisse in Frage. Die Vertreter setzen sich auch politisch für mehr Geschlechtergerechtigkeit ein (Faltermaier 2004; Winter/Neubauer 2004). Thematisiert werden die

Auswirkungen männlicher Sozialisation auf Gesundheit und Krankheit. Dabei geht es vor allem um gefährdende gesundheitliche Verhaltensweisen, wie höherer Alkoholkonsum oder größere Beteiligung an Unfällen im Straßenverkehr, (sexuelle) Gewalt und bisher gesellschaftlich tabuisierte Krankheiten wie Prostatakrebs (Merbach et al. 2001, Klotz et al. 1998). Ebenso wird die Norm des starken Mannes und der Leistungsdruck, dem er sich unterwerfen muss, wenn er gesellschaftlich als echter Mann anerkannt werden will, kritisiert.

Kolip und Hurrelmann sehen in der Männergesundheitsforschung keinen Widerspruch zum männlich dominierten Blick in der Medizin und Gesundheitsforschung. Denn durch impliziten Androzentrismus entsteht noch keine Männergesundheitsforschung, die spezifische Gesundheitsprobleme von Männern herausarbeitet (Hurrelmann/Kolip 2002: 16).

5. Aktuelle Entwicklungen in den Gesundheitswissenschaften

Neuere Ergebnisse im deutschsprachigen Raum[2] und aus der internationalen Public Health Forschung[3] zeigen immer wieder die Notwendigkeit eines expliziten Einbezugs der Geschlechterperspektive und belegen sowohl für Frauen als auch für Männer gesundheitliche Nachteile und Fehlbehandlungen. Eine geschlechtssensible und gerechte Forschung steht also vor der Aufgabe, Theorien, Forschungsmethoden, Ergebnisse zu Gesundheit und Krankheit und der Gesundheitsversorgung auf mögliche Stereotypisierungen und Verzerrungen zu prüfen. Dazu gehört auch eine geschlechtsdifferenzierte, -spezifische Datenerhebung und Berichterstattung. Dabei geht es nicht darum, Angaben zum Krankenstand von Frauen und Männern zu erheben, sondern um einen grundsätzlichen Perspektivwechsel. Die gängigen Verfahren und Methoden sind nicht geeignet, um soziale, politische und ökonomische Lebenslagen, vor allem von Frauen angemessen zu beschreiben. Sie orientieren sich bisher überwiegend an einer männlichen „Normalbiographie" und gehen von einem erwerbstätigen, die Familie ernährenden, männlichen Haushaltsvorstand aus.

Seit 2001 liegt der erste Bericht zur gesundheitlichen Situation von Frauen in Deutschland (BMFSFJ) vor. Darin wird der Fokus auf spezifische gesundheitliche Belastungen und Ressourcen von Frauen in unterschiedlichen Lebenskontexten gelegt. Auf regionaler Ebene haben Baden-Württemberg (2000),

---

2 Franzkowiak et al. (1998); Maschewsky-Schneider et al. (2001); Kolip/Jahn (2002) und Jahn (2002).
3 In der Übersicht von Lesley Doyal (2000a) „Gender Equity and Health. Debates and Dilemmas" und dem Artikel von Ingeborg Jahn (2002) „Methodische Probleme einer geschlechtergerechten Gesundheitsforschung".

Bremen (2001) und Berlin (2003) eigene Frauengesundheitsberichte erarbeiten lassen. Im Landesgesundheitsbericht von Nordrhein-Westfalen (2000) wird erstmalig aus geschlechtervergleichender Perspektive berichtet. Brandenburg (2003) erarbeite ebenfalls einen geschlechtervergleichenden Gesundheitsbericht. Im deutschsprachigen Raum ist in Wien (1999) ein erster Männergesundheitsbericht erschienen. Die öffentliche Aufmerksamkeit, die frauenspezifischen und geschlechtervergleichenden Gesundheitsberichten zu Teil wurde, macht deutlich, welcher Erkenntnisgewinn durch einen geschlechtsspezifischen Zugang möglich wird (Lange/Lampert 2003: 22). Deutlich wird daran auch, dass dem Politikfeld „Geschlecht und Gesundheit" im Sinne der politischen Strategie des Gender Mainstreaming Bedeutung beigemessen wird. Gender Mainstreaming hat das Ziel, eine geschlechtsbezogene Sichtweise in alle politischen Konzepte, in alle Prozessphasen und auf allen Ebenen mit einzubeziehen.

6. Geschlechtsbezogene Verzerrungseffekte

Die Gesundheitsforschung im deutschsprachigen Raum verfügt, anders als in den USA und Kanada, bisher über keine einheitlichen Richtlinien, wie geschlechtsbezogene Forschung und Versorgung aussehen könnte und durchgeführt werden soll. Allerdings existieren Initiativen in verschiedenen Arbeitsbereichen[4] und Projektergebnisse[5], um diese Forschung voran zubringen und Verzerrungen aufgrund einer nicht vorhandenen oder nicht angemessenen Berücksichtigung der Kategorie Geschlecht (Gender Bias) aufzudecken. Als Ursachen für geschlechtsbezogene Verzerrungseffekte können nach Ruiz und Verbrugge (1997) (zit. n. Eichler 2000: 293) drei Annahmen gelten:

1. Die Annahme von Gleichheit von Männern und Frauen, wo diese nicht vorhanden ist.
2. Unterschiede zwischen Frauen und Männern werden angenommen, wo möglicherweise keine bestehen.
3. Faktoren, die bei beiden Geschlechtern auftreten, werden je nachdem, ob sie einen Mann oder eine Frau betreffen, anders bewertet.

---

4 Die „Deutsche Arbeitsgemeinschaft für Epidemiologie" (DAE) hat entsprechende Leitlinien und Empfehlungen entwickelt (Bellach 2000). Die Epidemiologie ist eine Basisdisziplin in den Gesundheitswissenschaften und bedeutet „die Lehre von der Verbreitung und Verteilung von Krankheiten".
5 „Gender Bias - Gender Research", ein Projekt am Institut für Gesundheitswissenschaften der Technischen Universität Berlin, zur Bestandsaufnahme geschlechtsspezifischer Gesundheitsforschung in Deutschland (Fuchs/Maschewsky-Schneider 2001).

Von Eichler et al. wurde vor diesem Hintergrund 1999 ein Handbuch für das kanadische Gesundheitsministerium entwickelt[6]. Dabei werden drei Hauptkategorien von Gender Bias unterschieden: „Androzentrismus", „Geschlechterinsensibilität" und „doppelter Bewertungsmaßstab" mit entsprechenden Unterformen:

1. Androzentrismus bzw. Übergeneralisierung besteht in einer Annahme der männlichen Perspektive. Die Durchführung der Forschung und der gesundheitlichen Versorgung erfolgt aus einer männlichen Perspektive und Männer werden als Norm angenommen. Frauen werden ausgeschlossen bzw. sind unterrepräsentiert. Schlüsse, die dadurch gezogen werden, sind unzulässige Generalisierungen. Ein besonderer Aspekt des Androzentrismus ist der paradoxe Gynozentrismus. Hier werden Männer in Bereichen ausgeschlossen, die Frauen zugeschrieben werden, im Besonderen in Fragen zu Familie, Haushalt und Fortpflanzung.

2. Geschlechterinsensibilität liegt dann vor, wenn das biologische oder soziale Geschlecht als wichtige Variable ignoriert wird. Eine Unterform der Geschlechterinsensibilität ist der „Familiarismus". Dieser bezieht sich als eine spezifische Kategorie der mangelnden Geschlechtersensibilität auf die Gefahr, dass Familien als kleinste sozialwissenschaftliche Analyseeinheit erforscht werden, wo Individuen in ihrer Geschlechtsidentität hätten untersucht werden müssen.

Oft wird die Familie oder der Haushalt als eine ökonomische Einheit gesehen. Das Familieneinkommen wird nicht differenziert nach seinen Einkommensquellen erfasst (wie z.B. männliche oder weibliche Hauptverdienende). Dadurch ist es nicht möglich, den Einfluss des Einkommens auf das unterschiedliche Verhalten der Familienmitglieder so zu analysieren, dass Geschlechtsunterschiede angemessen berücksichtigt werden.

Als eine weitere Unterform der Geschlechterinsensibilität kann angenommene Geschlechterhomogenität auftreten, wenn bestimmte Bevölkerungsgruppen untersucht werden: z.B. benachteiligte Jugendliche oder behinderte Kinder. Auch innerhalb bestimmter Subgruppen ist es notwendig, auf geschlechtsspezifische Differenzen zu achten.

3. Der doppelte Bewertungsmaßstab liegt dann vor, wenn unterschiedliche Maßstäbe angelegt werden, obwohl die Situationen für beide Geschlechter ähnlich oder identisch sind. Eine Unterform sind hierbei Geschlechterdichotomien. Sie beschreiben die Überbewertung von biologischen oder sozialen Geschlechtsdifferenzen. Ähnlichkeiten und Gemeinsamkeiten werden ausgeschlos-

---

6 Eichler et al. (1999): „Moving Toward Equality: Improving the Health of Canada's people, Recognising and Elimination Gender Bias in Health - Health Canada's training guide on gender equality" Das Handbuch wurde übersetzt von Fuchs, Maschewsky, Maschewsky-Schneider (2002) „Zu mehr Gleichberechtigung zwischen den Geschlechtern: Erkennen und Vermeiden von Gender Bias in der Gesundheitsforschung."

sen. Dabei werden Geschlechtsstereotypen als Charaktereigenschaften begriffen, die aus der biologischen Körperlichkeit abgeleitet werden, statt sie als gesellschaftliche Erwartungen zu sehen (M. Eichler et al. 2000). Die Grundannahmen für geschlechtsbezogene Verzerrungseffekte und die daraus entwickelten Kategorien bilden die Basis für eine „Gender Based Analysis", ein Analyseinstrument für Geschlechtergerechtigkeit.

7. Resümée

In vielen Bereichen der gesundheitlichen Versorgung, Gesundheitsforschung, und -politik gilt es, trotz sehr großer Fortschritte, nach wie vor impliziten Androzentrismus zu überwinden und eine angemessene Geschlechtsdifferenzierung herauszuarbeiten. So kann das Ziel einer geschlechtergerechten und - angemessenen Gesundheitsversorgung erreicht werden. Dieser Ansatz reduziert allerdings die hochkomplexen Gender Theorien und läuft Gefahr, binäre Klassifikationsmuster, die nur an Differenzen der Geschlechter orientiert sind, zu reproduzieren. Die Dekonstruktion - Basis der Gender Theorie - stellt das Grundmuster binären Denkens in Frage. Die Schwierigkeit liegt dabei allerdings darin, dass sie den Rahmen angreift, in dem sich überhaupt verallgemeinerbare Aussagen über geschlechtstypische Problemlagen und Konfliktkonstellationen machen lassen. Dies ist gerade in einer stark empirischen, anwendungsbezogenen Disziplin wie den Gesundheitswissenschaften, schwierig.

Das Konzept der Gender Based Analysis kann eine Möglichkeit sein, die politische Strategie des Gender Mainstreaming voranzubringen und erscheint als ein Weg, Fehl-, Unter- oder Überversorgung im Gesundheitswesen zu vermeiden, sowohl bei Männern und Frauen als auch unter einem erweiterten Blick mit weiteren Differenzierungen. Im Sinne von Gender Mainstreaming sind Auswirkungen des Gesundheitsmodernisierungsgestzes (GMG), das unser Gesundheitssystem weitreichend verändert, zu prüfen.

Literatur

Altgeld, T. (2003): Was spricht Männer an? Männergerechte Gesundheitskommunikation findet in der Gesundheitsförderung und Prävention kaum statt? In: Impulse (39): 8.

Altgeld, T. (Hrsg.) (2004): Männergesundheit. Neue Herausforderungen für Gesundheitsförderung und Prävention. Weinheim/München: Juventa.

Bellach, B. M. (2000): Leitlinien und Empfehlungen zur Sicherung von Guter Epidemiologischer Praxis. Eine Mitteilung der Arbeitsgruppe Epidemiologische Methoden der Deutschen Arbeitsgemeinschaft Epidemiologie (DAE). In: Bundesgesundheitsblatt - Gesundheitsforschung - Gesundheitsschutz 43 (6): 468-475.

BMFSFJ - Bundesministerium für Familie, Senioren, Frauen und Jugend (Hrsg.) (2001): Bericht zur gesundheitlichen Situation von Frauen in Deutschland: Eine Bestandsaufnahme unter Berücksichtigung der unterschiedlichen Entwicklung in Ost und West. Schriftenreihe des Bundesministerium für Familie, Senioren, Frauen und Jugend. Stuttgart: Kohlhammer.

Bundeszentrale für gesundheitliche Aufklärung (Hrsg.) (2003): Leitbegriffe der Gesundheitsförderung. Glossar zu Konzepten, Strategien und Methoden in der Gesundheitsförderung. Schwabenheim.

Doyal, L. (2000a): Gender Equity in Health. Debates and Dilemmas. In: Social Science & Medicine 51 (6): 931-939.

Doyal, L. (2000b): Sex, Gender and Health. http://www.medicusmundi.ch/bulletin/bulletin7702.htm (23.10.2000)

Doyal, L. (2003): Biological sex and social gender: challenges for preventive and social medicine. In: Sozial- und Präventivmedizin 48 (4): 207-208.

Eichler, M.; Fuchs, J.; Maschewsky-Schneider, U. (2000): Richtlinien zur Vermeidung von Gender Bias in der Gesundheitsforschung. In: Zeitschrift für Gesundheitswissenschaft 8 (4): 293-310.

Eichler, M. et al. (2002): Zu mehr Gleichberechtigung zwischen den Geschlechtern: Erkennen und Vermeiden von Gender Bias in der Gesundheitsforschung (deutsche Bearbeitung von Fuchs J.; Maschewsky K./Maschewsky-Schneider U.). Blaue Reihe. Berlin: BZPH (Berliner Zentrum Public Health).

Engelmann, U.; Stamm, J. (2003): Gender und Gesundheit. Gender-Aktivitäten in der gesetzlichen Krankenversicherung. In: Feministisches Frauen Gesundheitszentrum Berlin (Hrsg.): Clio - die Zeitschrift für Frauengesundheit (56): 10-12.

Faltermaier, T. (2004): Männliche Identität und Gesundheit. Warum Gesundheit von Männern? In: Altgeld (2004): 11-33.

Franzkowiak, P.; Helfferich, C.; Weise, E. (1998): Geschlechtsbezogene Suchtprävention: Praxisansätze, Theorieentwicklung, Definitionen. Forschung und Praxis in der Gesundheitsförderung. Bd. 2. Köln: BZgA.

Fuchs, J.; Maschewsky-Schneider, U. (2002): Geschlechtsangemessene Publikationspraxis in den Gesundheitswissenschaften im deutschsprachigen Raum? - Ergebnisse einer Literaturreview. In: Das Gesundheitswesen 64: 284-291.

Hahn, D.; Maschewsky-Schneider, U. (2003): Geschlechtsunterschiede und Gesundheit/Krankheit. In: Bundeszentrale für gesundheitliche Aufklärung (2003): 549-52.

Heinrich-Böll-Stiftung (Hrsg.) (2002): Alles Gender? Oder was? Theoretische Ansätze zur Konstruktion von Geschlecht(ern) und ihre Relevanz für die Praxis in Bildung, Beratung und Politik 1. Berlin: Heinrich-Böll-Stiftung.

Helfferich, C.; von Troschke, J. (1994): Der Beitrag der Frauengesundheitsforschung zu den Gesundheitswissenschaften/Public Health in Deutschland. Schriftenreihe der Koordinierungsstelle Gesundheitswissenschaften/Public Health an der Abteilung für Medizinische Soziologie der Universität Freiburg, Bd. 2: Freiburg.

Helfferich, C. (2003): Geschlechterperspektive in der Gesundheitsförderung. In: Bundeszentrale für gesundheitliche Aufklärung (2003): 47f.

Hollstein, W. (2000): Männlichkeit ist eine hochriskante Lebensform - Traditionelle Männlichkeit und ihre Folgen für Krankheit und Gesundheit. In: Dr. med. Mabuse. Die Zeitschrift im Gesundheitswesen 125 (Mai/Juni 2000).

Jahn, I. (2002): Methodische Probleme einer geschlechtergerechten Gesundheitsforschung. In: Kolip/Hurrelmann (2002): 142-156.

Jahn, I.; Kolip, P. (2002): Die Kategorie Geschlecht als Kriterium für die Projektförderung von Gesundheitsförderung Schweiz. BIPS (Bremer Institut für Präventionsforschung und Sozialmedizin). http://www.gesundheitsfoerderung.ch/de/pro/files/progeschlechtkriteriumkolip.pdf (15.09.2003).

Klotz, T.; Hurrelmann, K.; Eickenberg H.-U. (1998): Männergesundheit und Lebenserwartung. Der frühe Tod des starken Geschlechts. In: Deutsches Ärzteblatt 95, Heft 9, 27. Februar 1998, A 460-A464.

Kolip, P. (Hrsg.) (1994): Lebenslust und Wohlbefinden. Beiträge zur geschlechtsspezifischen Jugendgesundheitsforschung. Weinheim München: Juventa.

Kolip, P.; Hurrelmann K. (2002): Geschlecht-Gesundheit-Krankheit: Eine Einführung. Bern/Göttingen/Toronto: Hans Huber.

Kolip, P. Lademann, J.; Deitermann, B. (2004): Was können Männer von der Frauengesundheitsbewegung lernen? In: Altgeld (2004): 11-33.

Lange, C.; Lampert, T. (2003): Stand und Perspektive einer geschlechtssensiblen Gesundheitsberichterstattung. In: der mann - Wissenschaftliches Journal für Männergesundheit (3) 1: 20-25.

Magistrat der Stadt Wien (1999). Wiener Männergesundheitsbericht 1999. Magistratsabteilung für Angelegenheiten der Landessanitätsdirektion. Wien.

Maschewsky-Schneider, U. (1996): Frauen - das kranke Geschlecht? Mythos und Wirklichkeit. Leverkusen.

Maschewsky Schneider, U. (1997): Frauen sind anders krank - Zur gesundheitlichen Lage der Frauen in Deutschland. Weinheim/München: Juventa.

Maschewsky-Schneider, U.; Fuchs, J. (2001): Gender Bias - Gender Research: Entwicklung von methodologischen Standards zu geschlechtsspezifischer Forschung am Beispiel Public Health. In: Zwingmann (2001): 235-252.

Merbach, M.; Klaiberg, A.; Brähler, E. (2001): Männer und Gesundheit - neue epidemiologische Daten aus Deutschland im Überblick. In: Sozial- und Präventivmedizin 46 (4): 240-247.

Ministerium für Frauen, Jugend, Familie und Gesundheit des Landes Nordrhein-Westfalen (2000): Gesundheit von Frauen und Männern. Landesgesundheitsbericht 2000. Landesinstitut für den öffentlichen Gesundheitsdienst des Landes Nordrhein-Westfalen. Bielefeld.

Ministerium für Arbeit, Soziales, Gesundheit und Frauen des Landes Brandenburg (2003): Zwei Geschlechter - zwei Gesundheiten? Berichte zur Gesundheit von Männern und Frauen im Land Brandenburg. Potsdam.

Schneider, U. (1981): Was macht Frauen krank? Ansätze zu einer frauenspezifischen Gesundheitsforschung. Frankfurt/M.

Senator für Arbeit, Frauen, Gesundheit, Jugend und Soziales (2001): Frauengesundheitsbericht Bremen. Freie Hansestadt Bremen.

Sozialministerium Baden-Württemberg (2000): Zur gesundheitlichen Situation der Frauen in Baden-Württemberg. Stuttgart.

Winter, R.; Neubauer, R. (2004): Balancierte Männergesundheit. In: Altgeld (2004): 243-255.

Zwingmann, C. (Hrsg.). Rehabilitation weiblich - männlich. Geschlechtsspezifische Rehabilitationsforschung. Weinheim/München: Juventa.

HIV/AIDS und Gender
Michael Ruf

1. Einleitung

Wurde HIV/AIDS zunächst als Bedrohung für homosexuelle Männer gesehen, sind heute global Frauen und Männer gleichermaßen infiziert. Das Virus überträgt sich heute weltweit überwiegend durch Geschlechtsverkehr zwischen Männern und Frauen. Im vorliegenden Artikel möchte ich deutlich machen, dass die Einbeziehung der Kategorie Gender in den AIDS-Diskurs entscheidend für ein umfassendes Verstehen und eine wirkungsvolle Bekämpfung der Krankheit ist. Ich werde zeigen, dass die Analyse der Ansteckungsgefahren und Infektionsursachen für Frauen ein erheblich anderes Bild liefert als die Untersuchung der Ansteckungsgründe für Männer. Daraus ergeben sich Formen der Prävention, die anstatt *geschlechtsblind* zu sein, Männer und Frauen unterschiedlich ansprechen.

2. Weltweites Ausmaß der Krankheit

1981 erreichte AIDS erstmals das U.S.-amerikanische Bewusstsein. Wissenschaftlerinnen und Wissenschaftler nannten die Krankheit zunächst GRID, *gay-related immune deficiency*. Dieser Begriff wurde schon im folgenden Jahr durch AIDS (*acquired immunodeficiency syndrom*) ersetzt, auch um zu zeigen, dass viele nicht-homosexuelle Menschen den Virus in sich tragen.

Hatte anfangs die heterosexuelle Mehrheitsgesellschaft HIV/AIDS noch als Phänomen einer sexuellen Minderheit gesehen (*„Schwulen-Krebs'*), betraf die Krankheit schnell und in großem Maße u.a. heterosexuelle Frauen und Männer, Kinder und intravenöse Drogenkonsumierende (W. N. Elwood 1999: vii). Bis heute konstruieren Massenmedien und Populärkultur ein Bild von AIDS als die Krankheit der *Anderen*, also von homosexuellen Männern, Drogenbenutzerinnen und -benutzern oder Menschen, die auf einem anderen Kontinent leben.[1]

2001 übertrug sich HIV weltweit in 70% der Fälle durch Geschlechtsverkehr zwischen Männern und Frauen, nur zu 10% durch Sexualverkehr zwischen Männern und bei 5% der Ansteckungen durch das Einspritzen von Drogen (UNFPA 2001: 4). Dies widerspricht allerdings nicht der Tatsache, dass die biologische Ansteckungsgefahr bei ungeschütztem Sex zwischen Männern höher ist als bei Sex zwischen Mann und Frau. Die Übertragungswege des Virus unterscheiden sich regional stark. Während in den besonders betroffenen Regionen Sub-Sahara Afrika und Südostasien Sex zwischen Mann und Frau den Virus

Region	Hauptübertragungswege für Erwachsene, die mit HIV/AIDS leben
Sub-Sahara Afrika	GMF
Nordafrika und Naher Osten	GMF, IVD
Süd- und Südostasien	GMF, IVD
Ostasien und Pazifik	IVD, GMF, GMM
Lateinamerika	GMM, IVD, GMF
Karibik	GMF, GMM
Osteuropa und Zentralasien	IVD
Westeuropa	GMM, IVD
Nordamerika	GMM, IVD, GMF
Australien und Neuseeland	GMM

Abbildung 1:
Hauptübertragungswege des Virus
Abkürzungen:
GMF: Geschlechtsverkehr zw. Mann und Frau
GMM: Geschlechtsverkehr zw. Mann und Mann
IVD: Intravenöser Drogenkonsum
(UNAIDS 2002: 6)

in erster Linie überträgt, geschieht die Ansteckung in Westeuropa hauptsächlich durch Geschlechtsverkehr zwischen Männern und intravenösen Drogengebrauch, wohingegen in Osteuropa und Zentralasien die Ansteckung durch die Einspritznadel dominiert (siehe Abbildung 1).

---

1 Beispielhaft möchte ich die Studie Hart (2000) nennen, in der der Autor zeigt, wie 32 U.S.-amerikanische Spielfilme zwischen 1985 und 1997 AIDS überwiegend mit homosexuellen Männern in Verbindung bringen, wohingegen sich vor allem in den 90ern die tatsächliche Demographie der Betroffenen signifikant verändert hatte.

„Heute nimmt AIDS in Afrika mehr Leben als die Summe aller Kriege, Hungersnöte, Fluten und Verwüstungen solch tödlicher Krankheiten wie Malaria. Es verwüstet Familien und Gemeinden, überwältigt und entleert Gesundheitsdienste und raubt den Schulen ihre Schülerinnen und Schüler und Lehrerinnen und Lehrer." Nelson Mandela (Übers. M.R.) zitiert in UNFPA 2001: 6.

Waren 1999 noch 34 Mio. Menschen infiziert, so waren es Ende 2003 bereits 36-46 Mio. Menschen. 2003 steckten sich rund 5 Mio. neu mit dem Virus an, und etwa 3 Mio. an AIDS Erkrankte starben. Am stärksten betroffen sind die afrikanischen Länder, die südlich der Sahara liegen (25-28,2 Mio. Infizierte), in denen durchschnittlich 8% der Erwachsenen infiziert sind, Tendenz steigend. In Süd- und Südostasien leben zwischen 4,6 und 8,2 Mio. Personen mit HIV/AIDS und in Russland und Ukraine hat sich die Krankheit in wenigen Jahren enorm ausgebreitet (UNAIDS 2003: 36f.) (s. Abb. 2).

In den nächsten Jahren werden aller Voraussicht nach die Infektionszahlen steigen, v. a. da sich die Krankheit in besonders bevölkerungsstarken Nationen erst in der Frühphase befindet. In einer Studie spricht der amerikanische Geheimdienst (CIA 2002) von einer *nächsten Welle* von HIV/AIDS in fünf Ländern. Nach diesen Schätzungen werden für 2010 in China 10 bis 15 Mio., in

Abbildung 2: Menschen, die 2003 mit HIV infiziert sind
Quelle: UNAIDS 2003: 36f.

Indien 20 bis 25 Mio., in Nigeria 10 bis 15 Mio., in Äthiopien 7 bis 10 Mio. und in Russland 5 bis 8 Mio. Menschen mit HIV/AIDS erwartet. Die Folgen für besonders betroffene Gesellschaften sind erheblich. Haushalte verlieren ihre Ernährerinnen und Ernährer, Unternehmen ihre Arbeiterinnen und Arbeiter, Schulen ihre Lehrerinnen und Lehrer, Kinder ihre Eltern, die Gesundheitssysteme werden belastet und das Bruttoinlandsprodukt nimmt ab (UNAIDS 2002).

3. Gender-spezifische Gefährdung

3.1 Perspektivenwechsel im AIDS-Diskurs

Das weltweite Ausmaß der Epidemie und die Konsequenzen für v.a. die besonders betroffenen Gesellschaften zeigen den großen Handlungsbedarf. Neben der Behandlung bereits Infizierter, inklusive der Versorgung mit lebensverlängernden Medikamenten, ist Prävention essentiell für eine Bekämpfung von HIV. Da 70% der Ansteckungen durch Geschlechtsverkehr zwischen Männern und Frauen geschehen, beziehen sich meine Ausführungen in erster Linie auf diese Form der Übertragung des Virus. Beantwortet man die Frage nach effektiver Prävention mit *Kondome schützen*, hat man durchaus Recht, da Kondome nachweislich die Ansteckung verhindern. Doch muss auch gefragt werden, unter welchen Bedingungen Menschen Kondome benutzen bzw. nicht benutzen.

Beschränkt man Präventionsarbeit auf die Verbreitung der *Kondome schützen*-Botschaft, unterliegt man dem Irrglauben, allein Faktenwissen bestimme das sexuelle Verhalten eines Menschen. Beispielsweise benutzen 36% der Jugendlichen in der Bundesrepublik kein Kondom beim ersten Geschlechtsverkehr, obwohl die meisten Jugendlichen über den Zusammenhang von Kondomen und AIDS informiert sind. Bei mehrmaligem Verkehr mit einer Partnerin steigt diese Quote auf 60% bei Jungen. Bei Jungen ohne feste Freundin ist der Anteil jener, die keine Kondome benutzen lediglich 8% geringer (BZgA 2001: 65).

Sexualität ist ein soziales Phänomen, das in einem Kontext von gesellschaftlichen, ökonomischen und kulturellen Faktoren verortet ist. Das Sexualverhalten wird nicht nur durch persönliche Entscheidungen auf Grundlage von Faktenwissen beeinflusst, sondern ist durch weitere Faktoren bestimmt, wie soziale und sexuelle Identitäten, das Ausmaß, in dem Menschen Kontrolle über ihr Leben und ihre Gesundheit haben, sowie die Lebens- und Arbeitsbedingungen, die die Benutzung von Kondomen bedingen. Wie ich noch näher zeigen werde, spielt Gender nun hinsichtlich der genannten Faktoren eine entscheidende Rolle (C. Campbell et al. 1998: 1f.).

Diese Einbeziehung soziologischer Überlegungen in den Präventionsdiskurs - eine Vorbedingung für eine Betrachtung unter der Geschlechterkategorie - kann man auch im Paradigmenwechsel im AIDS-Diskurs beobachten (D. Whelan 1999: 5-7): Von der Mitte der 1980er bis zum Anfang der 1990er Jahre war das *Risikoreduktions-Modell* (risk reduction model) zentraler Ansatz im Kampf gegen AIDS. Es versuchte individuelles Verhalten durch Information und Bildung, Serviceleistungen wie Tests, Beratung und die Bereitstellung von Kondomen sowie die Förderung nicht-diskriminierenden Verhaltens zu verändern. Anfang der 1990er wurde diese Strategie durch ein Konzept der *gesellschaftlichen Gefährdung* (societal vulnerability approach) ergänzt. Demnach ist die Gefährdung eines Individuums durch soziokulturelle, ökonomische und politische Faktoren beeinflusst, die die Fähigkeit einer Person, sich zu schützen und mit den Folgen von HIV/AIDS umzugehen, einschränken. Zu diesen gesellschaftlichen Aspekten gehören u.a. die Diskriminierung und Marginalisierung bestimmter sozialer Gruppen, Analphabetentum und der Mangel an Bildungschancen, geringe Beschäftigungsmöglichkeiten, Einkommen, Land und Besitz. Da Gender-Normen sämtliche genannten Faktoren beeinflussen, muss jede Analyse von HIV/AIDS diese Aspekte aus einer Gender-Perspektive untersuchen.

3.2 Gefährdung von Frauen

Betrachtet man also den Kontext, in dem Sexualität stattfindet, findet man zahlreiche Faktoren, die das Risiko der Ansteckung erhöhen. Im ersten Schritt erläutere ich, inwieweit männliche *power* (Macht, Kraft, Gewalt) unterschiedliche gesellschaftliche Sphären durchdringt und die daraus entstandenen kulturellen Normen und Ideale sowie materiellen Verhältnisse Frauen gefährden. Dabei beziehe ich mich auf die Rede von Geeta Rao Gupta (2000) „Gender, Sexuality, and HIV/AIDS: The What, the Why, and the How" bei der Internationalen AIDS-Konferenz in Südafrika. Zweitens führe ich aus, inwieweit Arbeitsmigration und wirtschaftliche Ungleichheiten Frauen in gefährliche Lebensumstände drängen. Dabei beziehe ich mich auf den von UNAIDS veröffentlichten Artikel „Gender and HIV/AIDS: Taking stock of research and programmes" (D. Whelan 1999).[2]

---

2 Auch durch biologische Faktoren sind Frauen mehr gefährdet als Männer. Beispielsweise ist die Wahrscheinlichkeit, dass ein infizierter Mann eine Frau bei ungeschütztem Vaginalverkehr ansteckt 1 zu 500. Hingegen stehen die Chancen etwa 1 zu 1000, wenn es die Frau ist, die den Virus trägt. Diese Wahrscheinlichkeiten werden bei Vorhandensein anderer Geschlechtskrankheiten, jungem Alter der Frau oder weiblicher Genitalverstümmelung erhöht. (siehe R. A. Royce et al. 1997)

3.2.1 Practices, partners, pleasure/pressure/pain, procreation und power

Nach Gupta ist Sexualität durch eine Reihe von Ps bestimmt - *practices, partners, pleasure/pressure/pain* und *procreation*. Doch am wichtigsten ist *power*. Denn *power* bildet die Basis für jede sexuelle Interaktion und beeinflusst, wie Menschen alle anderen Ps erfahren. *Power* entscheidet wo, wie und mit wem Sex stattfindet (2000: 2). Forscherinnen und Forscher haben untersucht, auf welche Weise Machtdifferenzen zwischen Frauen und Männern die sexuelle Autonomie von Frauen beschneiden und gleichzeitig die männliche sexuelle Freiheit ausweiten. Eine zunehmende Infektionsgefahr von Frauen und Männern folgt aus dem Zusammenspiel von ungleicher Machtverteilung und Sexualität. Gupta nennt sechs Faktoren, die eine Gefährdung von Frauen darstellen.

(1) Kultur der Stille
In vielen Gesellschaften schreibt eine ‚Kultur der Stille' Frauen vor, sexuell unwissend und passiv zu sein. Folglich können sich Frauen nur schwer über Risikoreduktion informieren und geschützten Sex mit ihren Partnern aushandeln.

(2) Norm der Jungfräulichkeit
Das ‚Ideal der Jungfräulichkeit' für unverheiratete Frauen erhöht deren Ansteckungsgefahr, da ein Erfragen von Informationen den Verdacht sexuellen Aktivseins hervorrufen würde. Um eine Jungfrau zu bleiben, praktizieren einige Frauen alternative Formen des Geschlechtsverkehrs, wie Analverkehr, wodurch wiederum die Gefährdung erhöht wird.

(3) Stigmatisierung von hilfesuchenden Frauen
Aufgrund der Kultur der Stille und dem Ideal der Jungfräulichkeit kann das Aufsuchen von Behandlungseinrichtungen für Frauen stigmatisierend sein.

(4) Ideal der Mutterschaft
Da Mutterschaft in vielen Gesellschaften ein Ideal darstellt, ist das Verwenden von Verhütungsmitteln oder nicht-penetrativ praktizierter Sexualverkehr für die Frau problematisch.

(5) Ökonomische Abhängigkeit
Durch die wirtschaftliche Abhängigkeit vieler Frauen wird die Wahrscheinlichkeit erhöht, dass Frauen Sex gegen Geld oder Gefälligkeiten tauschen, und die Chance verringert, dass sie erfolgreich Schutzmaßnahmen aushandeln oder eine als riskant wahrgenommene Partnerschaft beenden.

(6) Gewalt gegen Frauen

„Ich wurde nicht stark verwundet, aber ich wurde verletzt und konnte nicht richtig gehen. Noch heute weiß ich nicht, ob ich AIDS bekommen habe. Ich habe nie einen Arzt besucht, weil ich kein Geld habe." Überlebende des Genozids von Ruanda (Übers. M.R.) zitiert in Gordon & Crehan 1999: I.

Frauen, die sexuell misshandelt werden, haben mit höherer Wahrscheinlichkeit ungeschützten Verkehr und multiple Partner. Auch handeln sie häufiger Sex gegen Geld oder Drogen. Körperliche Gewalt oder deren Androhung verhindert das Aushandeln der Benutzung von Kondomen, die Thematisierung von Treue oder das Verlassen von als riskant empfundenen Partnerschaften.

Im Detail: Gewalt gegen Frauen und HIV/AIDS

Laut WHO sind 20% der Frauen in den USA, 40% in Europa und 58% in der Türkei Opfer häuslicher Gewalt (Le monde diplomatique 2003: 76). In Südafrika zogen Forschende aus ihrer Studie mit 37.000 Männern den Schluss, dass männliche Gewalt enorme Folgen für den Kampf gegen AIDS hat. Ein Viertel der Männer gab an, vor ihrem 18. Lebensjahr Sex mit einer Frau ohne deren Zustimmung gehabt zu haben. 30% der Männer glaubten, vergewaltigte Frauen hätten darum gebeten und 20% glaubten, die Frauen genossen die Vergewaltigung (UNFPA 2001: 10).

Welche Faktoren erhöhen die Gefahr sexueller Gewalt? (1) Krieg: Der Zusammenbruch von Gesetz und Ordnung schafft einen rechtsfreien Raum; Kriegsparteien richten Bordelle mit Frauen des Feindes ein; Soldaten benutzen Vergewaltigung als Waffe oder Zeichen des Sieges (20.000-50.000 vergewaltigte bosnische Frauen im Balkan-Krieg); die Sozialisation junger Männer in eine militaristische Kultur, die oft männliche *power* in ihrer brutalsten Art demonstriert, kann sexuelle Gewalt beinhalten. (2) Drogenkonsum: begünstigt sexuelle Gewalt und ist mit einer Gender-Brille zu betrachten. So sind *all-male environments*, z.B. Militär, bevorzugte Orte des Alkoholkonsums. (3) Illegalisierung von Sexarbeit: Anti-Prostitutions-Maßnahmen führen zu mehr Gewalt gegen Sexarbeiterinnen, da ihre Rechte und Glaubwürdigkeit als Zeuginnen und Opfer eingeschränkt werden. (P. Gordon & K. Crehan 1999: 4-7).

Die Verletzung des weiblichen Genitalbereichs erhöht die Gefahr der Übertragung von HIV. In Thailand steckte jeder Zehnte Vergewaltiger sein Opfer mit einer Geschlechtskrankheit an. Neben diesen körperlichen Schäden schwächt sexuelle Gewalt Frauen auch psychologisch. So leiden Opfer an schweren Traumata, ein Schleier des Schweigens verhindert das Verarbeiten des Erlebten und im Falle des sich Offenbarens können soziale Ablehnung und Verstoß die Folgen sein (dies.: 7f.) - alles Faktoren, welche die gesellschaftliche Position der Frauen enorm schwächen und somit die Ansteckungsgefährdung erhöhen.

3.2.2 Makroökonomische und politische Bedingungen

Makroökonomische und politische Bedingungen erhöhen die gesellschaftliche Gefährdung von Frauen (C. Whelan 1999: 14-19).

(1) Migration

Von ihren Familien getrennte männliche Arbeitsmigranten interagieren oft sexuell mit wechselnden Partnerinnen, davon häufig ungeschützt. Nach ihrer Rückkehr gefährden diese Männer durch ungeschützten Geschlechtsverkehr ihre Partnerinnen. In Bangladesh, Mauritius und Thailand senden viele Familien ihre Töchter aus finanziellen Gründen in entfernte Fabriken. Nachdem die Mädchen ihr Elternhaus verlassen haben, werden sie ohne den Schutz ihrer Familien und Dörfer häufig früh sexuell aktiv und sind meist unwissend bezüglich der Gefahr durch HIV. Infolge der Migrationsbewegungen müssen Frauen männerloser Haushalte die Doppelaufgabe von Familie und wirtschaftlichem Überleben bewältigen, ohne den gleichen Zugang zu landwirtschaftlicher Produktion oder Einkommen wie Männer zu haben. Für viele dieser Frauen wurde *transactional sex* (der Handel von Sex gegen Beistand, Güter oder Geld) zum rationalen Mittel um zu überleben. Im Kongo nennen Frauen solche Partner, die auf diese Weise den Unterhalt der Frau finanzieren, *Rettungsringe*.

(2) Erzwungene Migration

Gut dokumentiert ist der in Südostasien praktizierte Sexhandel. Aufgrund wirtschaftlicher Notwendigkeit schicken beispielsweise burmesische Familien ihre Töchter zur Arbeit nach Thailand, oft in Folge falscher Versprechungen. Dabei realisieren sie nicht, dass sie ihre Töchter dabei als Sexsklavinnen verkaufen. In jüngster Zeit fragen Freier verstärkt besonders junge Frauen nach - im Glauben, diese seien weniger wahrscheinlich mit HIV infiziert.

(3) Wirtschaftliche Faktoren

Nach Bledsoe (1990) sind in Uganda Mädchen aus Familien mit besonders geringem Einkommen besonders durch ältere Männer bedroht. Diese als *sugar daddies* bezeichneten Männer bieten Geld für Sex. Die Mädchen bezahlen mit diesen Einnahmen u. a. Schulgebühren und Bücher. Doch auch und gerade in Ehen besteht eine enorme Gefährdung von Frauen. Nach Hamblin (1995) war das Leben in einer monogamen Beziehung für die Hälfte der infizierten senegalesischen Frauen deren einziger Risikofaktor. Die Studie von Bassett & Sherman (1994) aus Zimbabwe macht die Abhängigkeit vom Ehemann besonders deutlich. Vor die Entscheidung gestellt, sich entweder für die Beendigung einer Beziehung mit hoher Ansteckungsgefahr (*high-risk relationship*) inklusive der negativen wirtschaftlichen Folgen oder für eine solche Beziehung mitsamt dem Gesundheitsrisiko zu entscheiden, bevorzugten die Frauen die AIDS-Gefahr.

Bereits bestehende ökonomische Ungleichheiten zwischen den Geschlechtern werden teilweise durch AIDS weiter verstärkt. So trägt die Epidemie aus zwei Gründen zu einer Senkung des Hochzeitsalters von Frauen bei. Erstens suchen Männer junge Frauen, da sie annehmen, dass diese mit höherer Wahrscheinlichkeit noch nicht infiziert sind. Zweitens bevorzugen Familien wirtschaftlich stabile und somit oft ältere Ehemänner für ihre jungen Töchter, gerade in einer Zeit, in der infizierte Familienangehörige eine zusätzliche finanzielle Belastung bedeuten. Frühere Heirat führt häufig zu schnellem Schulabbruch, Gesundheitsgefährdung durch frühes Kindergebären und wirtschaftliche Abhängigkeit vom männlichen Partner (C. Whelan 1997).[3]

3.3 Gefährdung von Männern

Die beschriebene männliche Dominanz, ungeschützter Sex, Verkehr mit häufig wechselnden Partnerinnen und Gewalt gegenüber Frauen gefährden auch die Männer selbst. Daneben gibt es weitere Faktoren, welche die Gefahr einer HIV-Infektion bei Männern erhöhen. Ich werde im ersten Schritt Aspekte männlichen Sexualverhaltens beschreiben und anschließend die These diskutieren, dass bestimmte kulturell bedingte Erwartungshaltungen an Männern deren riskantes Verhalten begünstigen. Dabei beziehe ich mich auf drei m. E. für diese Debatte grundlegende Texte: „Men, HIV/AIDS and the Crisis of Masculinity" (G. Lindegger & K. Durrheim 1999), „AIDS AND MEN – Old problem, new angle" (M. Foreman 1998) und den oben erwähnten Text von Greta Gupta (2000). Ergänzend stelle ich den Zusammenhang von Kondombenutzung und Maskulinität anhand einer Fallstudie über Goldminenarbeiter in Südafrika dar (Campbell et al. 1998).

Nach Foreman (1998) hatten 1995 in sämtlichen 18 untersuchten Ländern Männer mehr sexuelle Partnerinnen als umgekehrt. Einer Studie aus Costa Rica zu Folge hatten 70% der Frauen, aber nur 9% der Männer nur mit einem Partner bzw. einer Partnerin Sex (J. Madrigal & J. Schifter 1990). In Großbritannien gaben 24% der Männer und 7% der Frauen an, Sex mit mehr als zehn Frauen bzw. Männern gehabt zu haben (K. Wellings et al. 1994: 95f.). Da Männer mehr Partnerinnen und Partner haben, ist es für sie wahrscheinlicher, sich mit HIV zu infizieren und den Virus weiterzugeben. In Harare, Zimbabwe, besuchten die

---

3 McFadden (2001) zeigt, wie männerdominierte Gesellschaften wirtschaftliche Exklusion und Diskriminierung von Frauen in vielen afrikanischen Staaten durch kulturelle Traditionen legitimieren. Kultur müsse verteidigt werden, v.a. gegenüber westlichen Einflüssen. Gewohnheitsregeln und kulturelle Praktiken werden legalisiert.

untersuchten Männer durchschnittlich 7,4mal pro Monat eine Sexarbeiterin. Nur in der Hälfte der Fälle benutzten die Männer Kondome, so dass diese jährlich 40mal ungeschützten Verkehr mit verschiedenen Partnerinnen hatten (Adamchak et al. 1990: 245).

Foreman sieht die Ursachen für männliches Sexualverhalten in gesellschaftlich akzeptierten Konzepten von Männlichkeit. Er geht von der Grundannahme aus, dass Männlichkeit ein kulturelles Konstrukt ist und weniger ein biologisch verwurzeltes Set an Eigenschaften. Männer handeln entsprechend der internalisierten Normen ihrer Kultur. So wird von jungen Männern erwartet, ihr sexuelles Können regelmäßig unter Beweis zu stellen (1998: 8f.). Der Glaube, männliche Sexualbedürfnisse können nicht kontrolliert werden, ist weit verbreitet. In den USA betrachten viele Menschen (homo- und heterosexuelle) Männer als biologischen Kräften jenseits ihrer Kontrolle ausgeliefert, Kräfte, die sie antreiben, so viele Partnerinnen wie möglich zu suchen (G. Rotello 1997). Viele Thailänderinnen und Thailänder glauben, Männer haben starke sexuelle Bedürfnisse und brauchen ein Ventil (J. Knodel et al. 1996). Männer, die nicht an die Kontrollierbarkeit ihrer Sexualität glauben, enthalten sich weniger wahrscheinlich dem Geschlechtsverkehr und benutzen seltener Kondome.

Nach Foreman bedeutet Mannsein, privilegiert zu sein, aber auch Lasten zu tragen und Ansprüchen genügen zu sollen. Viele Männer fürchten, nicht dem männlichen Ideal zu entsprechen. Die meisten Studien zeigen Maskulinität als eher zerbrechlich, provisorisch, etwas, das man erlangen kann und dann verteidigt werden muss, etwas, das unter ständiger Gefahr steht, verloren zu werden. Ein Mann aus Zimbabwe beispielsweise behauptet, es sei nur dann richtiger Sex, wann man in die Frau ejakuliert. Viele Männer suchen nach Wegen, ihre Ängste zu überwinden. In den USA betrinken sich einige Männer vor einem Bordellbesuch, gerade weil sie ungeschützten Sex haben möchten und sie dazu im nüchternen Zustand nicht im Stande sind (G. Rotello 1997: 139). In Indien nimmt die Zahl der Bordellbesuche in Wahlzeiten, in denen Alkohol verboten ist, um 30% bis 40% ab.

Während es durchaus unterschiedliche Männlichkeitsentwürfe gibt und interkulturelle Unterschiede bei den Geschlechterrollen zu finden sind, sind einige Aspekte von Maskulinität nahezu universell, so Lindegger & Durrheim (1999). Sie zeigen fünf Beispiele weit akzeptierter Aspekte von Männlichkeit, die für die AIDS-Problematik von hoher Bedeutung sind. (1) Die Behauptung des männlichen unkontrollierbaren Sextriebes wird gleichermaßen von Frauen und Männern geglaubt. (2) Eroberung ist essenzieller Bestandteil der Definition von Männlichkeit. Männlichkeit konstituiert sich durch die Eroberung von Frauen, weswegen auch homosexuelle Männer aus der Zone des Mannseins oft ausgeschlossen werden. (3) Oft wird Maskulinität praktisch mit Penetration gleichgesetzt. (4) Unterschiede und Gegensätze konstruieren Maskulinität. Männlichkeit steht im Kontrast zu Femininität und Homosexualität. Wer eine stabile Maskulinität aufrechterhalten möchte, distanziert sich von Homosexuellen. (5) Ein idealer männlicher Körper ist die Grundlage von Maskulinität. Bei der Formung

---

Im Detail: Goldminenarbeiter in Carletonville, Südafrika

75.000 der 250.000 Bewohner von Carletonville, nahe Johannesburg, sind männliche Arbeitsmigranten und arbeiten in der dortigen Goldmine. Sie kommen hauptsächlich aus ländlichen Armutsregionen mit hoher Arbeitslosigkeit, so dass Minenarbeit eine der wenigen Möglichkeiten wirtschaftlichen Überlebens darstellt. Die kommerzielle Sexindustrie boomt, und ebenfalls verarmte Frauen verkaufen ihre Sexualität. 2/3 der Frauen unter 25 Jahren sind HIV-infiziert und werden vor dem 30. Lebensjahr sterben (UNFPA 2001: 8). Präventionsmaßnahmen begannen rasch und beinhalteten v. a. die Bereitstellung von Kondomen und informationsbasierter Gesundheitserziehung. Dennoch stiegen die Infektionszahlen und ungeschützter Verkehr ist die Regel.

Campbell et al. (1998) untersuchten die Lebensbedingungen der Minenarbeit: Die niedrige wahrgenommene Selbstwirksamkeit bei den Arbeitern reduziert gesundheitsförderndes Verhalten. Wo Tuberkulose weit verbreitet ist und das Verletzungs- und Todesrisiko bei Arbeitsunfällen hoch sind, ist HIV lediglich eine zusätzliche Gesundheitsgefahr.

Die soziale Konstruktion von Männlichkeit im Kontext der Minenarbeit läuft faktischem Wissen über die Notwendigkeit von Kondomen entgegen. Die Arbeitsmigranten sehen *Fleisch-auf-Fleisch-Sex* als unabdingbar für ausgeglichene Blut- und Spermapegel. Kondombenutzung gilt in einem Kontext hoch angesehener Vaterschaft als das Verschwenden von Spermien. Die Minenarbeiter betrachten ungeschützten Sex als einzigen Weg zur Befriedigung männlicher Bedürfnisse, da Kondome kalt und unangenehm seien.

Ähnlich sind Geschlechterkonstruktionen, Identitätsvorstellungen und wirtschaftliche Gründe entscheidend dafür, dass die Frauen ungeschütztem Verkehr zustimmen. Die Sexarbeiterinnen respektieren die Männer in überzogenem Maße, haben einen geringen Grad an Selbstrespekt, verleugnen ihre Tätigkeit, sehen sich als hilflose Opfer von Armut und männlicher Dominanz und betrachten ihre Situation fatalistisch. Die männlichen Kunden verweigern geschützten Sex, so dass den Frauen oft keine Wahl bleibt.

dieses Idealkörpers spielen Sport und Militärtraining eine Schlüsselrolle, um aus Jungen ‚richtige Männer' zu machen. Dabei spielen Werte wie Konkurrenz und Härte sowie Wunsch nach Kontrolle in der Sozialisation eine wichtige Rolle. Diese Dispositionen begünstigen die Tolerierung oder sogar Ermutigung sexueller Diskriminierung und Belästigung. Frauen gelten dann als vergleichsweise von Emotionen und Wünschen geleitet. Besonders wirkungsvoll kombiniert eine Figur wie Rambo die genannten Aspekte in einem Rollenmodell. Er ist angetrieben durch Testosteron, penetriert das Unbekannte, geht Risiken ein, erobert Gegner und ist stets durch Vernunft geleitet. Die Benutzung eines Kondoms wird als Einschränkung des Männlichkeitsideals gesehen. Viele Männer lehnen Kondome ab, weil sie in der Mitte der sexuellen Eroberung kein Kondom anlegen können, ohne sich lächerlich zu fühlen.

Gupta (2000) sieht die Gefährung durch weitere Männlichkeitserwartungen und Machtunterschiede verursacht (3f.): (1) Da von Männern erwartet wird, in Sex-Fragen wissend zu sein, suchen diese nicht nach Informationen bezüglich AIDS und geben ihre Unkenntnisse nicht zu. Folglich experimentieren sie mit unsicheren Formen des Sexualverkehrs. (2) Im Sinne eines hydraulischen Modells benötigen Männer eine Vielzahl an Frauen, um ihre Bedürfnisse zu befriedigen. (3) Eine die Dominanz über Frauen betonende Männlichkeitsvorstellung trägt zur Homophobie und der Stigmatisierung von Männern, die Sex mit Männern haben, bei. Die letztgenannten Männer verheimlichen folglich ihr homosexuelles Verhalten und thematisieren somit nicht offen die Gefahren ihres Verhaltens. (4) In vielen Gesellschaften werden Männer sozialisiert, selbständig zu sein, Gefühle nicht zu zeigen und keinen Beistand in Stresssituationen zu suchen. Unverwundbarkeitsvorstellungen untergraben Versuche des Schutzes und führen zu einer Leugnung des Risikos.

4. Gender und Prävention

„Die Zeit ist reif, um Männer nicht als irgendein Problem zu sehen, sondern als Teil der Lösung." Peter Piot, Exekutivdirektor von UNAIDS (Übers. M.R.) zitiert in UNFPA 2001: 4.

Die geschlechterspezifische Analyse von HIV-Gefährdung hat gezeigt, wie unterschiedlich die Gründe dafür sind, dass sich Männer und Frauen mit dem Virus infizieren. Präventionsmaßnahmen, die Gender in ihren Ansatz einbauen, sind notwendig und wurden in jüngster Zeit verstärkt entwickelt. Im Folgenden stelle ich eine Kategorisierung von Präventionsstrategien hinsichtlich der Implementierung der Komponente Gender vor. Daran anschließend erläutere ich die These, warum gerade Männer im besonderen Maße Ziel von Kampagnen sein sollten.

Gupta (2000) unterscheidet fünf Arten von Präventionsarbeit (5-7): (1) *Ansätze, die Gender-Stereotype reproduzieren*: Diese stellen Frauen als hilflose Opfer oder als Quelle der Infektion dar. Zum Beispiel zeigt ein Poster für die Präventionsarbeit eine Sexarbeiterin als Skelett, welches das Todesrisiko zu den Kunden bringt. Die damit einhergehende Stigmatisierung erhöht die Gefährdung der Sexarbeiterinnen durch Infektion und Gewalt. Auch werden oft auf Kondomen stereotypische Macho-Männer abgebildet, um den Verkauf der Kondome zu steigern. Die oben beschriebenen Männlichkeitsideale werden so gefestigt. (2) *Gender-neutrale Ansätze*: Die „Mach's Mit"-Kampagne der Bundeszentrale für gesundheitliche Aufklärung kann dieser Sparte zugeordnet werden. Die Plakate rufen zur Benutzung von Kondomen auf, ohne jedoch zu thematisieren, warum sich Männer bzw. Frauen auf Sex ohne Schutz einlassen. (3) *Gender-sensitive Ansätze*: Diese Maßnahmen gehen auf unterschiedliche Bedürfnisse von Männern und Frauen ein. So gibt es Programme, die Femidome (Kondome für die Frau) verteilen oder den Zugang von Frauen zu verschiedenen Gesundheitsservices erleichtern. Solche Strategien verbessern die Situation vieler Frauen. Doch verändern sie nicht die kontextuellen Umstände, die die Wurzel der Gefährdung darstellen. (4) *Transformative Ansätze*: Ziel ist es, Geschlechterrollen umzuwandeln und Geschlechterverhältnisse gerechter zu gestalten. Beispielsweise können solche Vorgehensweisen männliche Jugendliche ansprechen und alternative Formen des Mannseins anbieten. In Projekten mit Paaren werden diese gemeinsam beraten, wie wechselseitiger Schutz vor Infektionen aussehen kann. (5) *‚Empowering' Ansätze*: Programme, die Frauen zu *empowern – power* zu geben – versuchen, verbessern deren Zugang zu Information, Bildung, Dienstleistungen, Technologie, Entscheidungsprozessen sowie wirtschaftlichen Ressourcen und schaffen eine Gruppenidentität als Quelle von *power*. *Empowering* kann für Frauen und Männer zur Befreiung von bestimmten Sexualnormen und Geschlechterrollen führen. Zu Strategien des *Empowering* gehören die Vergabe von Mikrokrediten an Frauen, die Förderung politischer Partizipation und Unternehmensgründungen, Mitsprache bei den Projekten selbst sowie bewusstseinsschaffende Maßnahmen und Training von Kompetenzen.

Foreman betrachtet gender-spezifische Präventionsarbeit mit Männern und Frauen als notwendig. Da Frauen in vielerlei Hinsicht besonders die Folgen von AIDS zu bewältigen haben, sie durch ihre allgemeine Unterprivilegierung gefährdet sind und als Gruppe leicht zu erreichen sind (z.B. schwangere Frauen in Kliniken, Sexarbeiterinnen in Rotlichtbezirken), sind viele Kampagnen oft auf Frauen ausgerichtet worden. Doch ironischerweise sind gerade jene Verhaltensweisen, die AIDS eindämmen könnten - wie Kondombenutzung und Treue - am wenigsten unter weiblicher Kontrolle. Foreman behauptet, die HIV-Epidemie wird von Männern angetrieben. Nur Präventionsprogramme, die bei männlichem Sexual- und Drogenverhalten ansetzen, können Erfolge erzielen. Wenn es eine grundlegende Veränderung der derzeitigen AIDS-Situation geben soll, müssen die Männer ihr Verhalten verändern. Viele der momentanen Präventionsprogramme, die sich nicht mit dem Thema Männlichkeit beschäftigen, sind zum Scheitern verurteilt. Da die Wurzeln des Verhaltens erwachsener Männer in ihrer frühen Erziehung liegen, ist es wichtig, Jungen vor dem Beginn ihrer sexuellen Aktivität zu erreichen. Dabei versorgen in erster Linie Medien und Gleichaltrige Jungen mit relevanten Informationen. Entsprechend ist v. a. in diesen Bereichen die Erziehungs- bzw. Bildungsarbeit anzusetzen.

5. Gender-Perspektive auf dem Vormarsch?

Fragt man nach dem Grad der Implementierung der Kategorie Gender in die internationale Bekämpfung von AIDS, muss zwischen Theorie und Praxis unterschieden werden. Gupta (2000: 4f.) erkennt einen Wandel in der internationalen öffentlichen und politischen Rhetorik seit 1998: Der AIDS-Diskurs in wissenschaftlichen Zeitschriften und auf Foren beinhaltet mittlerweile die Analyse von Gender in signifikantem Maße. Doch dieser Fortschritt findet bislang nur geringe Entsprechung in der Präventionsarbeit. Die Praxis vollzieht sich meist auf den ersten beiden der oben genannten fünf Arten von Prävention.

Die Vereinten Nationen haben die Verbindung zwischen Gender-Ungleichheit und HIV/AIDS erkannt. UNAIDS, das 1996 entwickelte gemeinsame Programm verschiedener UN-Organisationen, sprach im Jahre 2001 Empfehlungen zum Umgang mit Gender und HIV/AIDS aus: Betonung der Rolle von Frauen und Frauenorganisationen in der Entwicklung von AIDS-Politiken; *Empowering* von Frauen und Männern; Einsatz für strukturelle Veränderungen einschließlich der Transformation gesellschaftlicher Normen und Praktiken. Doch hat UNAIDS Gender noch nicht genügend in die eigene Organisation und in sämtliche Programme und Projekte eingearbeitet. Seit kurzem kooperieren UNAIDS und UNIFEM und haben bereits eine Regionalkonferenz zum Thema Gender und HIV/AIDS für zehn afrikanische Staaten organisiert. In der Erklärung von Kampala heißt es, dass AIDS-Programme von Prinzipien des *Empowering* von Frauen, Geschlechtergerechtigkeit, Menschenrechten und Partizipation geleitet werden müssen (V. Tallis 2002: 40-49). Auch hat das UNESCO *Institute for Education* (UIE) in Hamburg beispielsweise Gender in das Projekt *Empowering Educational Strategies in AIDS/HIV Prevention* eingebaut.

Literatur

Adamchak, Donald J. et al. (1990): Male knowledge of and attitudes and practices towards AIDS in Zimbabwe. In: AIDS. 1990. 4(3). 245-250.

Barker, Gary (2002): "Cool your head, men:" Results from an action-research initiative to engage young men in preventing gender-based violence in favelas in Rio de Janeiro, Brazil' Development in Practice. Oxfam.
http://www.developmentinpractice.org

Bassett Mary. & Sherman Judith et al. (1994): Female Sexual Behavior and the risk of HIV Infection: an ethnographic study in Harare, Zimbabwe. Washington, DC.: International Center for Research on Women (Women and AIDS Programme Research Report Series).

Bledsoe, Caroline (1990): The politics of AIDS, condoms and heterosexual relations in Africa: recent evidence from the local print media. In: Handwerker, P.W. (1990): 197-224.

Bundeszentrale für gesundheitliche Aufklärung (BZgA)(2001): Jugendsexualität. Wiederholungsbefragung von 14- bis 17-Jährigen und ihren Eltern. Ergebnisse der Repräsentativbefragung aus 2001.
http://www.sexualaufklaerung.de/bilder/jugendsex2001.pdf (28.4.2004)

CIA (2002): The Next Wave of HIV/AIDS: Nigeria, Ehtiopia, Russia, India, and China.
http://www.fas.org/irp/nic/guv-aids.html (3.5.2004)

Campbell, Catherine; Mzaidume, Yodwa; Williams, Brian (1998): Gender as an obstacle to condom use: implications for HIV-prevention amongst commercial sex workers in a mining community.
http://www.agenda.org.za/cathy.htm (28.4.2004)

Elwood, William N. (Hrsg.) (1999): Power in the Blood: A Handbook on AIDS, Politics, and Communication. Mahjaw, NJ: Lawrence Erlbaum Associates.

Foreman, Martin (1998): AIDS AND MEN – Old problem, new angle. Panos HIV/AIDS Briefing No 6, December 1998
http://www.panos.org.uk/PDF/reports/aidsandmenoldproblem.pdf (28.4.2004)

Gordon, Peter & Crehan, Kate (1999): Dying of Sadness: Gender, Sexual Violence and the HIV Epidemic. SEPED Conference Paper Series.
http://www.undp.org/seped/publications/dyingofsadness.pdf (28.4.2004)

Gupta, Geeta Rao (2000): Gender, Sexuality, and HIV/AIDS: The What, the Way, and the How. Plenary Address XIIIth International AIDS Conference, Durban, South Africa.
http://www.icrw.org/docs/DurbanSpeech.pdf (28.4.2004)

Hamblin J. Reid E. (1995): Women, the HIV epidemic and human rights: a tragic imperative. New York: UNDP.

Handwerker, Penn W. (Hrsg.) (1990): Births and power: the politics of reproduction. Colorado: Westview Press.

Hart, Kylo-Patrick R. (2000): The AIDS Movie. Representing a Pandemic in Film and Television. Binghamton, NY: Haworth Press.

Knodel, John. et al. (1996): Thai views of sexuality and sexual behaviour. In: Health Transition Review. 1996. 6. 179-201.

Le monde diplomatique (Hrsg.) (2003): Atlas der Globalisierung. Berlin: taz Verlags- und Vertriebs GmbH.

Lindegger, Graham & Durrheim, Kevin (1999): Men, HIV/AIDS and the crisis of masculinity. Paper at the First International Psychology Congress in Africa, Durban.

Madrigal, Johnny & Schifter, Jacobo (1990): Primera Encuesta Nacional Sobre SIDA, Asociación Demográfica Costarricense. San José: Costa Rica.

McFadden, Patricia (2001): Cultural Practice as Gendered Exclusion. Experiences from Southern Africa. In: Swedish International Development Cooperation Agency (SIDA) (2001): 58-72.

Oxaal, Zoë & Baden, Sally (1997): Approaches to Empowerment in Policy and Practice. In: dies (1997): Gender and Empowerment: Definitions, approaches and implications for policy (8-19). Sussex, UK: Institute of Development Studies (IDS).
    http://www.ids.ac.uk/bridge/Reports/re40c.pdf (28.4.2004)
Rotello, Gabriel (1997): Sexual Ecology: AIDS and the destiny of gay men. New York: Dutton.
Royce, Rachel A. et al. (1997): Sexual transmission of HIV. England Journal of Medicine. 10. April 1997: 1072-1078.
Swedish International Development Cooperation Agency (SIDA) (Hrsg.) (2001): Discussing Women's Empowerment. Theory and Practice. Stockholm: SIDA Studies No. 3.
    http://www.sida.se/Sida/articles/10200-10299/10273/studies3_.pdf (28.4.2004)
Tallis, Vicci (2002): Gender and HIV/AIDS. Overview Port. BRIDGE Cutting Edge Pack. Institute of Development Studies.
    http://www.ids.ac.uk/bridge/reports/CEP-HIV-report.pdf (28.4.2004)
UNAIDS (2002): The impact of HIV/AIDS.
    http://www.unaids.org/barcelona/presskit/factsheets/FSimpact_en.pdf (1.3.2003)
UNAIDS/WHO (2002): AIDS Epidemic update, December 2002.
UNAIDS/WHO (2003): AIDS Epidemic update, December 2003.
    http://www.unaids.org/wad/2003/epiupdate2003_en/Epi03_00_en.htm#TopOfPage (28.4.2004)
United Nations Population Fund (UNFPA) (2001): Partners for Change. Enlisting Men in HIV/AIDS Prevention.
    http://www.unfpa.org/modules/intercenter/partners/pdf/partnersforchange.pdf (1.3.2003)
Wellings, Kaye et al. (1994): Sexual Behaviour in Britain. London: Penguin.
Whelan, Daniel (1999): Gender and HIV/AIDS: Taking stock of research and programmes. UN-AIDS Best Practice Collection. Geneva: UNAIDS.
    http://www.unaids.org/publications/documents/human/gender/una99e16.pdf (28.4.2004)

Links

BRIDGE - http://www.ids.ac.uk/bridge (28.4.2004)
    Nicht-kommerzielle Organisation, spezialisiert auf Gender und Entwicklungsfragen. Affiliert mit dem *Institute for Development Studies* in Großbritannien
UNAIDS - http://www.unaids.org (28.4.2004)
    Gemeinsames Programm der Vereinten Nationen bestehend aus UNICEF, UNDP, UNFPA, UNDCP, ILO, UNESCO, WHO und WORLD BANK.
GENDER UND AIDS - http://www.genderandaids.org (28.4.2004)
    UNIFEMs Webportal zum Thema Gender und AIDS (in Kooperation mit UNAIDS)
HIV/AIDS – *Positive Stories* - http://www.hivaids.webcentral.com.au/ (28.4.2004)
Unheard Voices - http://www.panos.org.np/resources/publications/Unheard_Voices.pdf (28.4.2004)
    (In *Positive Stories* und *Unheard Voices* finden sich autobiographische Erzählungen von Betroffenen.)

Gender im (Re)Konstruktionsprozess: Perspektiven geschlechtsbezogener Bildung
Martina Busche

1. Grundlagen geschlechtsbezogener Jugendbildung

> „An Jungen gefällt mir nicht, wenn sie so laut und cool sind, die nehmen andere gar nicht wahr. Aber einige find' ich süß." (Jana, 12)
> „An Mädchen gefällt mir, wenn sie gut aussehen... und manche sind hilfsbereit." (Kevin, 12)[1]

Auf dem Weg zum Erwachsenwerden spielt Geschlecht für Jugendliche eine große Rolle. Zwischen Spannung und Angst müssen sie sich mit neuen Anforderungen, Erwartungen und Entwicklungen zurechtfinden. Geschlecht als etwas, das sich Menschen im Laufe der Zeit auf unterschiedliche Arten aneignen, bringt auch Probleme mit sich: So wird z. B. im schulischen Rahmen Gewalttätigkeit häufig im Bezug auf Jungen thematisiert, bei Mädchen eher mangelndes Durchsetzungsvermögen und Passivität.[2] Hier setzt die geschlechtsbezogene Bildung an: Zur geschlechtsbezogenen Bildung lassen sich alle Ansätze von Jungen- und Mädchenarbeit sowie Koedukation zählen, die Ge-

---

1 Beide Zitate stammen aus einem Austausch zwischen Jungen und Mädchen während eines Jugendseminars mit einer 7. Klasse in der Heimvolkshochschule „Alte Molkerei" Frille.
2 Diese Zuschreibungen tauchen ebenso umgekehrt auf, indem etwa Jungen als Opfer aggressiver Mädchen thematisiert werden.

schlecht als individuelles und strukturelles Problem thematisieren, gleichzeitig aber am Individuum orientiert die jeweiligen Handlungsmöglichkeiten jenseits enger Geschlechterrollen vergrößern wollen. Konkret geht es um eine Unterstützung der Jugendlichen, sich in Ruhe mit sich und den gesellschaftlichen Anforderungen an sie als Geschlechtswesen auseinanderzusetzen. Die Orte geschlechtsbezogener Bildung können außerschulische Bildungsstätten sein, schulische Projekttage, Freizeit- und Jugendzentren, aber auch der tägliche Unterricht, denn die Herstellung von Geschlecht kann überall stattfinden. Der geschlechtsbezogenen Jugendbildung geht es dabei um eine Reflektion geschlechtlichen Handelns, um einen Beitrag zur Überwindung des gesellschaftlichen Geschlechtermißverhältnisses zu leisten.

Doch auch in geschlechtsbezogenen Bildungsansätzen kommen Bilder und Zuschreibungen von Geschlecht(ern) vor, die Individuen enge Geschlechtsrollen zuweisen und ihrer Vielfalt nicht gerecht werden. Sie sind z. T. notwendig, um die Welt zu ordnen und sich darin zurecht zu finden. Allerdings werden über solcherlei Vorstellungen auch Hierarchien (re)produziert, die im konkreten Subjekt Leid und auf einer strukturellen Ebene Benachteiligungen verursachen („Mädchen können kein Fußball spielen", „Jungen dürfen nicht weinen."). Im Rückgriff auf Theorien, die von einer Konstruiertheit der Geschlechter und einem Gewordensein der Subjekte ausgehen[3], lassen sich solche Annahmen, die Geschlecht oder zumindest einen Geschlechterunterschied herstellen, erkennen. Vor allem (de)konstruktivistische Theorien können dazu beitragen, im Herstellungsprozess von Geschlecht den hierarchisierenden oder ausschließenden Charakter aufzudecken. Wie dies auch mit dem System der Zweigeschlechtlichkeit zusammenhängt, will ich weiter unten anhand einiger Beispiele aus der Jungenarbeit aufzeigen.[4] Für einen Überblick über das Feld der außerschulischen geschlechtsbezogenen Jugendbildung umreiße ich zuerst kurz die Felder der Mädchen- und Jungenarbeit sowie der geschlechter-reflektierenden Bildungsarbeit, die unter dem Einfluss neuerer Theorien steht. Letztere speist sich zu einem Großteil aus der Kritik an einer zweigeschlechtlichen und heterosexuellen Ordnung.

---

3 Für einen Überblick vgl. Fritzsche, B./Hartmann, J./Schmidt, A./Tervooren, A. (Hg.) (2001).
4 Ich beschäftige mich in meiner Analyse von Geschlechterkonstruktionen mit explizit geschlechtskritischen Ansätzen der Bildungsarbeit, welche also Geschlecht als ein gesellschaftliches Herrschaftsverhältnis begreifen. Damit fallen Konzepte heraus, die Geschlecht essentialisieren oder bei Jungen „den wilden Mann" herauskehren und bei Mädchen „die Kompensation weiblicher Defizite" erreichen wollen. Ich habe diese kritischen Ansätze gewählt, weil es mir auf die subtil auftretenden geschlechtsbezogenen Vorannahmen ankam.

1.1 Feministische Mädchenarbeit

Die meisten Konzepte zur feministischen Mädchenarbeit haben den explizit politischen Anspruch, sich auf die Seite von Mädchen zu stellen, die Gesellschaft auf frauen- und mädchenunterdrückende Herrschaftsformen zu analysieren sowie diesen praktische Alternativen entgegenzusetzen.

Die Anfänge feministischer Mädchenarbeit in der BRD liegen etwa 25 Jahre zurück und sind eng verknüpft mit der autonomen Frauenbewegung, die sich von der damaligen Jugendarbeitspraxis aus verschiedenen Gründen abgrenzte (Möhlke/Reiter 1995: 20).[5] In den 70er Jahren begannen die für die feministische Mädchenarbeit einflussreichen Diskussionen um geschlechts-spezifische Sozialisation (vgl. Bilden 1991). Im Zuge dessen wurde die Kategorie „Mädchen" als etwas Hergestelltes[6] begriffen und die Notwendigkeit eines geschlechterdifferenzierenden Blickwinkels erkannt, der die Unterschiede der Mädchen männlichen Norm sichtbar machen sollte. Keine andere Theorie als die der Geschlechterdifferenz und die Realisierung dieser Differenz hat die Mädchenarbeit bis heute mehr beeinflusst (Voigt-Kehlenbeck 2001: 240ff.).

Die ersten praxisrelevanten feministischen Ansätze formulierten heute noch gültige Grundlagen feministischer Mädchenarbeit wie Parteilichkeit für Mädchen, die Anerkennung als gesellschaftlich relevante Gruppe, Nicht-Bewertung von widersprüchlichem Verhalten u. a. (Savier/Wildt 1978). Zu diesen Ansätzen gehört die Entstehung von geschlechtshomogenen Mädchenräumen und -seminaren, in denen jenseits männlicher Normen Selbstbestimmung gelebt werden kann und eine „weibliche Gegenkultur" aufgebaut werden soll (Möhlke/Reiter 1995: 27ff.). Lesbische Jugendbildung nimmt neben der feministischen Mädchenarbeit ein vergleichsweise kleines eigenes Feld ein. Sie tritt in Seminaren der Mädchenbildung und anderen Bereichen, aber auch in den Themengebieten Sexualität und Lebensweisen auf. Neben den autonomen Räumen für Lesben und Mädchen benennen Möhlke und Reiter noch weitere Prinzipien der feministischen Mädchenarbeit: ganzheitliche Erfassung von weiblichen Lebenszusammenhängen inklusive Komplexitäten und Widersprüchen, Selbstbestimmung der Mädchen, Vorbildfunktion und Parteilichkeit der Mädchenarbeiterinnen als solidarische Grundhaltung d.h. ständige Reflexion ihrer Rolle als potenzielles Ideal (ebd.: 29ff.).

---

5 In den 50er Jahren tauchten Mädchen als Zielgruppe von Jugendarbeit in den vorhandenen Konzepten nicht auf, was sich für die Praxis in dem vielfach rezipierten Satz „Jugendarbeit ist Jungenarbeit" niedergeschlagen hat.
6 So lautete der Titel eines in der Mädchenarbeit viel diskutierten Buches von 1977 „Wir werden nicht als Mädchen geboren, wir werden dazu gemacht." (Scheu 1977).

An der Institutionalisierung von Mädchenarbeit durch Mädchenzentren, Beratungsstellen und Seminare, aber auch Förderpläne, Kongresse und Publikationen lässt sich erkennen, dass diese Arbeit einen hohen gesellschaftlichen Stellenwert erlangt hat. Trotzdem sind die wenigsten Mädchenprojekte finanziell unabhängig, und der Kampf um öffentliche Förderung fordert einen großen Teil der Energien der Beschäftigten.

1.2 Antisexistische Jungenarbeit

Antisexistische[7] Jungenarbeit kann als Reaktion auf und als Unterstützung von feministischer Mädchenarbeit gesehen werden. Möhlke und Reiter gehen sogar so weit zu sagen, dass feministische Mädchenarbeit nur dann erfolgreich sein kann, wenn zugleich antisexistische Jungenarbeit durchgeführt wird (Möhlke/Reiter 1995: 27). Auf eine Perspektive langfristiger gesellschaftlicher Veränderungen hin gesehen, könnten sie damit Recht haben.[8] In dieser profeministischen Tradition haben gesellschaftstheoretische Analysen und Konzepte Vorrang vor individualpsychologischen Zugängen. Als Ausgangspunkt der ersten Ansätze zu Beginn der 80er Jahre werden Jungen deshalb zunächst als gewaltbereite Täter in einem frauen- und mädchenunterdrückenden Herrschaftsverhältnis angesehen (Wegner 1995; Möller 1997). Unter Bezugnahme auf die Theorie männlicher Sozialisation wird dieses Bild um das des Jungen als Opfer von einer Männlichkeitsideologie, die vor allem Leiden und Angst produziert, erweitert (Schnack/Neutzling 1991; Böhnisch/Winter 1993; Hoffmann 1994). Die von Jungen ausgeübte Gewalt wird dabei als angstreduzierende Abwehrstrategie gesehen, mit der das Scheitern an gesellschaftlichen Männlichkeitsidealen kompensiert werde (Enders-Dragässer 1991; Johnen 1994). Der Erwerb von (patriarchaler) Männlichkeit erscheint als ein individueller Aneignungsprozess, in

---

7 Verschiedene Veröffentlichungen zur Jungenarbeit stellen das Attribut „antisexistisch" in Frage. Ein Grund dafür besteht in dem impliziten Schuldvorwurf des Sexismus, den Jungen und Männer als Glaubenssatz in ihr negatives Selbstbild importiert hätten und einen positiven Bezug auf Männlichkeit unnötig erschwere (Haindorff 1997: 122). Auf einer anderen Ebene wird argumentiert, dass dieser Begriff nicht als „Label" für die Arbeit zu benutzen sei, da er die konkreten Herangehensweisen kaum repräsentieren könne. Der Anspruch des Antisexismus sowie der davon beeinflusste analytische Blick seien aber sehr wohl aufrecht zu erhalten, solange „Dominanz und Überlegenheitsansprüche [...] nach wie vor wesentliche Bestandteile der Hegemonialen Männlichkeit wie auch aller marginalisierten Männlichkeiten" sind (Jantz/Grote 2003: 24; vgl. auch Karl/Ottemeier-Glücks 1997: 91ff.).
8 Sie lassen aber außer Acht bzw. bewerten m. E. nach zu gering, dass z. B. antipatriarchale Gegenerfahrungen (z. B. sich selbst dafür wertzuschätzen, eine gute Fußballspielerin zu sein) auf der individuellen Ebene der Mädchen auch ohne den Gegenpart der Jungenarbeit stattfinden und durchaus politisierenden Charakter mit praktischen Wirkungen haben können.

dessen Verlauf Dominanz, Rücksichtslosigkeit gegen Andere und gegen sich selbst, Körperferne, Risikobereitschaft, Sexismen etc. erlernt würden.

Gegen diese destruktiven Aneignungsprozesse versucht antisexistische Jungenbildung anzusteuern: Es geht darum, durch Reflexion und Übungen Jungen andere Handlungsmöglichkeiten und Orientierungen anzubieten als sexistisches und gewalttätiges Verhalten. Hierzu gehört das Setzen von konkreten Grenzen im aktuellen Verhalten von Jungen, sowie Übungen, die neue Verhaltensstrategien anbieten, aber auch die Thematisierung der gesellschaftlichen Geschlechterhierarchie. Hier ist u. a. die Funktion von patriarchalen Männlichkeitsentwürfen, die auf der Verfügbarkeit von Frauen basieren, zentral (Heiliger 2000: 34). Die männliche Rolle müsse vor allem hinsichtlich der sexuellen Sozialisation von Jungen befreit werden vom Mythos des „potenten Eroberers", dessen Sexualität von Leistungsdenken, Dominanz und Kompensation bestimmt wird (ebd.: 35f.). Hierzu gehört auch eine Auseinandersetzung mit dem Thema Homophobie[9]. Wie in der Mädchenbildung komme auch den JungenarbeiterInnen[10] eine bedeutsame Rolle zu, die ständige Selbstreflexion und Abgrenzung von traditionellen Männlichkeitsnormen erfordert.

1.3 Geschlechterreflektierende Bildungsarbeit

Die jüngste Debatte der geschlechtsbezogenen Bildungsarbeit[11] steht unter dem Einfluss von postmodernen Denkansätzen. Hierbei werden die bisherigen Prinzipien der geschlechtergetrennten Jugendbildung in Frage gestellt, weil eine Umwertung der Kategorien Frau/Mann bzw. Mädchen/Junge, wie sie in vielen Konzepten angestrebt wird, als eine Verhaftung in einem binären Ordnungsschema der Moderne abgelehnt wird. Diese Ablehnung resultiert aus dem Druck

---

9 Homophobie tritt vor allem in Form von Kommentaren auf, mit denen bestimmte Verhaltensweisen abgewertet werden (z. B. die Frage „bist du schwul, oder was?" an den Klassenkameraden, wenn die körperliche Nähe einmal größer wird als sonst üblich). Homophobie wird v. a. in den neueren Ansätzen zur Jungenbildung als ein Konstitutionsmerkmal patriarchaler Männlichkeit angesehen: d. h. dass etwa ein Homosexualitäts„vorwurf" benutzt wird, um das eigene (heterosexuelle) Normalsein zu bestätigen, Abweichungen von einer männlichen Norm abzuwerten und sich in einer Männlichkeitenhierarchie höher zu stellen (Bieringer/Forster 2000: 17; Sielert 2002: 116ff.).

10 Anders als in der mir bekannten feministischen Mädchenbildung, bei der allein „Frauen" als Mädchenarbeiterinnen tätig sind, gibt es für die Jungenbildung auch Ansätze, die eine Beteiligung von Männern *und* Frauen ausdrücklich wünschen (vgl. Bieringer/Forster 2000: 20).

11 Der Begriff mag etwas irreführend wirken, da auch in den anderen beschriebenen Konzepten „Geschlecht reflektiert" wird. Hier sei der Fokus besonders auf die Herstellungsweisen von Geschlecht gelegt, mögliche andere Bezeichnungen wären „dekonstruktive" oder „reflexive" Bildung. Bislang hat sich allerdings noch kein Begriff dafür erkennbar durchgesetzt.

zur Zuordnung zu einem von genau zwei möglichen Geschlechtern, den das aktuelle Geschlechtersystem produziert[12]. Auf der Suche nach einem Denken jenseits moderner Binarität und Hierarchie wird diese Zwangsordnung als gewaltförmige Einschränkung empfunden (Voigt-Kehlenbeck 2001: 243).

Vorwiegend beziehen sich diese Konzepte kritisch auf die Annahmen der Jugendbildungsarbeit der 80er und 90er Jahre. Voigt-Kehlenbeck (2001) hat diese für die Mädchenarbeit zusammengefasst:

Der erste Kritikpunkt bezieht sich auf die Wahl der Sprache, in der Mädchen häufig als defizitäre Wesen dargestellt werden, die dringend der Unterstützung bedürften. Dahinter steht der Bezug auf die Theorieentwicklung der 80er Jahre (Opferisierung), die an den veränderten Lebensbedingungen der heutigen Mädchen vorbeigingen (ebd.: 247). Der zweite Kritikaspekt stellt die geschlechtergetrennte Bildungspraxis in Frage. Es müsse überprüft und gegebenenfalls neu begründet werden, ob die Maxime, dass Mädchen zum Gewahrwerden ihrer Interessen tatsächlich jungenfreie Räume bräuchten, noch angemessen sei.

„Die gesamte Struktur der Mädchenarbeit [...] zwinge die Mädchen sich innerhalb der zweigeschlechtlichen Ordnung als weiblich und unterstützungsbedürftig zu definieren. [...] Ein möglicher Freiraum der (Selbst) Inszenierung in Zwischenräumen (oder in Uneindeutigkeiten) werde auf diese Weise verstellt." (ebd.: 247f.)

Für die Jungenarbeit stellt sich die Frage, ob sich die geschlechtshomogene Bildungsarbeit nicht auch negativ auf das Geschlechterverhältnis auswirke, indem bestimmte patriarchale Männlichkeitsattribute gestützt würden. Strukturelle Abgrenzung durch Jungenräume kann auch zur Verfestigung einer Abwehr des Weiblichen führen (vgl. Höher 1990: 184). Gleichzeitig können sich Jungen durch die „Sonderbehandlung" ebenfalls als unter-stützungsbedürftige Problemfälle fühlen. Es sei auch fraglich, ob die getrenntgeschlechtliche Bildung nicht zu Konkurrenzsituationen zwischen zeitgleich stattfindenden Jungen- und Mädchenseminaren führt. Insgesamt spielt die Befürchtung, die geschlechtergetrennte Arbeit führe zu einer Zementierung hierarchischer Zweigeschlechtlichkeit, die größte Rolle in dieser Kritik.

Was nun Grundsätze einer geschlechterreflektierenden Jugendbildung sein könnten, basiert auf der Annahme, dass die Herstellung von Geschlecht jeden Moment aufs Neue bewältigt werden muss, dieser Prozess also als veränderbare Selbstentwürfe innerhalb gesellschaftlicher Zuschreibungen stattfindet (doing gender). Um die „Gleichzeitigkeit von Veränderung, Wandlung und Be-

---

12 Am deutlichsten wird die Gewaltförmigkeit der Zweigeschlechtlichkeit bei der Geburt von Zwittern, denen - je nach biologischer Ausgangssituation und Entscheidung der Eltern - ein Geschlecht zugewiesen wird. In der Regel folgen diverse Operationen im Säuglingsalter, nach der Pubertät müssen weitere „Korrekturen" vorgenommen werden (vgl. www.postgender.de).

wältigung" (Voigt-Kehlenbeck 2001: 251) angemessen begleiten zu können, kommt den Jugendarbeitern und -arbeiterinnen die Aufgabe zu, sich selbst als im Wandel zu begreifen und sich im Bezug auf ihre (Geschlechts)Identität selbst zu reflektieren. Die Unterstützungsleistungen für die Jugendlichen beziehen sich nicht auf ein defizitäres Junge- oder Mädchensein, sondern auf die Bewältigung widersprüchlicher Anforderungen des Geschlechtersystems an die Produktion der eigenen Identität. Geschlechterzuschreibungen sollen dabei als erworben und historisch erkannt und als kulturell geprägte Bewältigungsstrategien der individuellen Lebensbedingungen geachtet werden. Dabei spielt die Gestaltungsmacht der Jugendlichen, z. B. bezüglich der Form der Seminare eine wichtige Rolle. Diese soll ermöglichen, dass sie sich selbst den für sie besten Reflektionsrahmen schaffen - dieser kann auch geschlechtshomogen aussehen. Ein weiterer Punkt neben der Rolle der Jugendarbeiterinnen und -arbeitern und der größtmöglichen Partizipation stellt die Auseinandersetzung mit sich entwickelnden Jugendkulturen jenseits von bzw. quer zu Zweigeschlechtlichkeit dar. Auch andere Differenzierungsfaktoren wie familiärer Hintergrund, soziale Stellung und ethnische Einflüsse sollten ins Gewicht fallen (ebd.: 251ff.).

Innerhalb geschlechtshomogener Räume werden einengende Zuschreibungen ebenfalls zunehmend reflektiert. So wurde beispielsweise ein Konzept zur „Mädchenarbeit ohne Mädchenbild" entwickelt (Rauw/Reinert 2001). Dieser Ansatz ist mittlerweise auch für die Jungenarbeit aufgegriffen worden („Mann-Sein ohne Männlichkeit", vgl. Jantz/Grote 2003).

2. Geschlechterkonstruktionen am Beispiel von Jungenarbeit

Im Folgenden werde ich anhand einiger in geschlechtsbezogenen Bildungskonzepten[13] auftretenden Vorstellungen von Geschlecht darstellen, wie Mechanismen funktionieren, die eine binäre und hierarchische Geschlechterordnung reproduzieren können. Weiter unten geht es dann um weitere Funktionsabläufe, die Spielräume eröffnen können, (zwei)geschlechtliche Zuschreibungen weniger starr zu handhaben. Dabei ist zu beachten, dass diese Mechanismen nicht unbedingt getrennt voneinander auftreten, sondern eine Verzahnung von herrschaftsstabilisierenden und -destabilisierenden Faktoren auftreten kann. Hierbei spielen neben Geschlecht als solchem auch die Felder von Identität und Sexualität eine wichtige Rolle.

---

13 Mit „Konzepte" sind hier v. a. Monographien und Aufsatzsammlungen gemeint, die sich theoretisch und praktisch mit geschlechtsbezogener Bildung auseinandersetzen und eine konzeptuelle Geschlossenheit aufweisen.

2.1 Die „richtige" männliche Identität

Um einen positiven Bezug zur eigenen Männlichkeit herausbilden zu können wird in Jungenarbeitskonzepten häufig die bedeutende Rolle von Vätern und anderen männlichen Beziehungspersonen als Identifikationsfiguren genannt. Besonders im Bezug auf die Suche nach einer Geschlechtsidentität in der frühen Kindheit wird die Abwesenheit dieser thematisiert. Eine typische Beschreibung dessen lautet etwa so:

> „In der Regel ist er [der Vater; M.B.] zeitlich und räumlich für den kleinen Jungen nicht greifbar. Einerseits ist er zur Identifikation dringend nötig und wird herbeigesehnt, andererseits gewinnt er durch seine häufige Abwesenheit etwas Unnahbares, manchmal auch Drohendes, dem Jungen Angsteinflößendes." (Sielert 2002: 80)

Die angenommene Bedeutung des (abwesenden) Vaters als Identifikationsfigur und Bedrohung verdichtet sich häufig zu der Aussage, dass ein Junge ohne die Identifikation mit einem (anwesenden) Vater nicht zu einer geglückten „balancierten" Herausbildung einer (männlichen) Identität gelangen kann.

Diese Aussage beinhaltet einen Negierungsmechanismus, bei dem Weibliches als positive identifikatorische Möglichkeit nicht zugelassen wird, denn „Frauen gelten in einer Kultur der Zweigeschlechtlichkeit als schlechte Vorbilder zum Erwerb männlicher Identität und ihr Lernangebot in den Bereichen Integration, *Reflexivität, Selbstbezug, (kulturelle) Bindung, Ent-spannung, homosozialen Bezug, Schutz, Begrenztheit und Prozess* läuft ins Leere und oder dient nur als Negativschablone für die Jungen" (ebd.: 82; Herv. im Original).

Es geht mir hier nicht darum, faktisches Abgrenzungsverhalten von Jungen im Bezug auf Frauen insgesamt in Frage zu stellen, sondern ich will mit diesem Beispiel deutlich machen, dass die Höherwertigkeit des männlichen Geschlechts auf der Abwertung des Weiblichen beruht und mit der ausschließenden Annahme, *dass Jungen von Frauen nichts lernen können*, diese Bewertung in Bildungskonzepten fortgeschrieben wird.[14]

Vor allem in sozialisationstheoretisch begründeten Annahmen wird eine vermeintlich notwendige Konstante zwischen erwachsener (väterlicher) Männ-

---

14 Mädchen und Frauen werden mitunter auch als etwas Bedrohliches, Fremdes konstruiert: „Manche Äußerungen [von Jungen; M. B.] sind ohnehin schambesetzt, erst recht in der Anwesenheit von Mädchen und Frauen, deren Reaktion nicht eingeschätzt werden kann." (Sielert 2002: 92). Für eine Situation der Bedrohung könnte aber - vielmehr als die jeweiligen Geschlechter, die sich im Raum aufhalten - ausschlaggebend sein, wie gut sich die einzelnen Personen kennen. Ausgehend vom Konzept von Rauw/Jantz/Reinert/Ottemeier-Glücks (2001), könnte es sich hier als sinnvoll erweisen, „das Geschlecht nicht alleine zu lassen", d. h. andere Faktoren wie Nähe, sozialer Hintergrund etc. miteinzubeziehen, um einer Funktionalisierung des (anderen) Geschlechts als Abgrenzungsbereich vorzubeugen.

lichkeit und der Ausprägung letzterer durch Söhne gezogen, die männliche Vorbilder mit dem Verweis auf die Unberechenbarkeit und Unproduktivität von Frauen zur männlichen Identitätsbildung aufwertet.

Zwei Momente erscheinen mir hier besonders fragwürdig:

1. die Voraussetzung einer männlichen Identität, die zu bilden sei und die durch Attribute wie „positiv", „balanciert" oder „ausgewogen" beschrieben wird. Das bedeutet, dass eine Idealvorstellung von Männlichkeit existiert, die implizit in den Konzepten vorgegeben ist („balanciert"). Die konkreten Jungen verfügen über diese noch nicht und erscheinen damit als defizitär und der Jungenarbeit dringend bedürftig;

2. die Annahme, dass Frauen - ganz unabhängig davon, wie sie sich verhalten - Jungen nichts oder nur wenig anbieten können, was ihnen gut tut bzw. sie in ihrer Entwicklung unterstützt.

2.2 Heterosexualität als Norm

Äußerungen, die Heterosexualität als Norm setzen, finden sich am häufigsten in den Bereichen Sexualität und (reproduktive) Beziehungen. Ein erstes Beispiel aus einem Praxishandbuch: Bei einer Übung namens „Kondom Happening" soll darüber gesprochen werden, was „mann" sich in der konkreten Situation von „dem Mädchen bzw. der Frau" wünscht (Sielert 2002: 198f.). Die Thematisierungsmöglichkeiten einer sexuellen Verbindung jenseits von Heterosexualität, z. B. indem auch ein gleichgeschlechtlicher Partner benannt wird oder das vermeintliche Geschlecht der anderen Person undefiniert bleibt, werden hier nicht in Erwägung gezogen.

Die Anerkennung und Festschreibung von Heterosexualität als Norm zeigt sich vielfach auch im Umgang mit Homosexualität und Homophobie. Allein das Unterbleiben von Gesprächen über die sexuellen Lebensweisen von Lesben, Schwulen, Bi- und Polysexuellen[15] kann als Wirkungsweise von Homophobie beschrieben werden. Dabei mutet es in einem zweiten Beispiel fast zynisch an, wenn Gespräche über Schwulsein eingefordert werden, damit wichtige Informationen etwa zur Verhinderung von HIV-Infektionen weitergegeben werden (Sielert 2002: 117). Hier wird Schwulsein mit HIV-Infektionen gleichgesetzt - Schwule werden zu Kranken. Dies trägt nicht zu einer Destabilisierung heterosexueller Normen bei, ebenso wenig wie eine Beschreibung heterosexueller

---

15 Der Begriff polysexuell (poly=viel) weist über die sexuelle Entscheidung zwischen nur zwei Geschlechtern hinaus, bezieht also Transsexualität (Veränderung des Geburtskörpers hin zu einem anderen Geschlecht) und Transgender (Infragestellung und Wechsel geschlechtlicher Identitäten) mit ein und legt sich nicht auf Homo, Hetero oder Bi fest.

Kontakte, in der Lust und Erotik benannt werden, diese Ebenen aber bezüglich schwul lebender Männer fehlen.

Obwohl die geschlechtliche Sozialisation in kritischen Konzepten der Jugendbildung oftmals als eine zwanghafte Erziehung zur Heterosexualität angesehen wird (Rauw 2001: 121 ff.; Jantz 2001: 133), wird daraus selten der Schluss gezogen, dass andere (sexuelle) Lebensweisen gleichermaßen bzw. - wertig dargestellt werden sollten oder gar selbstverständlich davon ausgegangen werden kann, dass sich in der anwesenden Jugendgruppe auch Personen mit nicht-heterosexuellen Interessen befinden.

Als drittes Beispiel für heterosexistische Vorannahmen in Bildungskonzepten ist bei der Betrachtung der Sozialisation von Jungen oft eine Referenz auf ein klassisches Familienmodell zu nennen, bei dem der Vater als Familienernährer abwesend ist und ein Junge sich vor allem mit der Mutter auseinandersetzen muss. An Stelle der modernen Kleinfamilie als (statistischer) Normalfall ist aber mittlerweile ein Vakuum getreten. Die postmoderne Restfamilie, in der auch andere Formen des Zusammenlebens praktiziert werden (Lüscher/Schultheiss/Wehrspaun 1990) und andere Aspekte jenseits der Ein-Ernährer-Familie (doppelte Erwerbstätigkeit, väterliche Häuslichkeit, Brüche in den Erwerbsbiographien, Leben bei nur einem Elternteil, Großfamilie oder familienähnliche Wohngemeinschaften, gleichgeschlechtliche Beziehungen) sowie darüber hinaus gehende Implikationen (Religion, von der Hegemonie abweichender ethnischer oder Kulturhintergrund) werden in den konzeptionellen Texten selten thematisiert.

2.3 Zwischenfazit: Mechanismen der Konstruktion von (Zwei)Geschlechtlichkeit

Die Verfestigung (zwei)geschlechtlicher Normen findet durch unterschiedliche Mechanismen statt, von denen ich auf Abwertung und Ausschluss von Weiblichem sowie der normativen Setzung von Heterosexualität näher eingegangen bin.

Mit der Abwertung von Weiblichem geht nicht nur oft eine Homogenisierung der jeweiligen Geschlechtsgruppen einher, indem durch die Geste der Unterscheidung überhaupt erst geschlechtliche Gruppen geschaffen werden. In der Abwertung liegt dazu eine geschlechtliche Hierarchisierung, die die eine Gruppe über die andere stellt. Da die genannten Mechanismen dazu dienen, zwei eindeutig zu unterscheidende und gegensätzliche Geschlechter als natürliche Ordnung herzustellen, sind ihre Wirkungsweisen häufig ineinander verschränkt. Die Annahme zweier, sich ausschließender Geschlechtsgruppen reduziert den Raum, in dem das Subjekt sich bewegen kann, auf ein Entweder-Oder. Die Vorstellung eines „inneren Kerns", einer wahren geschlechtlichen Identität, schließt Dynamik und Handlungsweisen aus, die jenseits des körperlich zugeschriebenen Geschlechts liegen. Die Reproduktion hegemonialer Ordnungslinien von Geschlecht kann zudem zur Homogenisierung („Jungen sind so, Mädchen sind so") beitragen, bei der die individuellen Unterschiede, Einzigartigkeiten und auch Verbindungen zwischen den Gruppen verwischen. Mit diesen vorgefundenen Mechanismen gehen Hierarchisierungen einher, wenn z. B. von einer unterschwellig höher bewerteten (weil hegemonialen) heterosexuellen Beziehungsweise zwischen Menschen ausgegangen wird.

2.4 „Wer bin ich und wenn ja, wie viele? ": Identität als produktives Spannungsfeld

Im Folgenden geht es um Handlungsansätze, die Möglichkeiten zur Verflüssigung zweigeschlechtlicher Hierarchien liefern können. Hier habe ich den Fokus exemplarisch auf das Feld der Identität gelegt.

Nochmals will ich als Beispiel auf Homophobie eingehen, welche sowohl bei Jugendlichen als auch Erwachsenen als zumindest latent vorhanden begriffen werden und identitätsnormierende Verhaltensweisen stützen kann (Rauw/Jantz 2001: 111ff.). Mit Blick auf erwachsene Jugendarbeiterinnen und - arbeiter entkoppelt Rauw lesbische Sexualität und Homophobie, indem sie letztere nicht als die Angst vor dem eigenen Lesbischwerden betrachtet (aus der Perspektive von Heterosexuellen), sondern als Angst vor einem Mangel an gesellschaftlicher Anerkennung für eine „gelungene weibliche Identitätsentwicklung" (Rauw 2001: 119), die sich auf der Entsprechung eines heterosexuellen Ideals gründet (ebd. 117ff.). In ihrer Analyse macht sie deutlich, dass der Ausstieg aus dieser „Identitätsfalle" nur über die Reflexion der eigenen Mittäterschaft[16] an der hierarchischen Organisation des Geschlechterverhältnisses gelingen kann und ermutigt zu einem Bruch mit tradierten Verhaltensweisen (ebd. 125).

Auch in expliziten Jungenarbeitskonzepten wird darauf hingewiesen, in der Reflexion der eigenen Identität als Jungenarbeiter Ambivalenzen wahrzunehmen und Spannungen auszuhalten (Sielert 2002: 101f.). Zu erkennen, dass weder die eigene Geschlechtlichkeit noch die eigene Biographie frei von Brüchen und Widersprüchen ist, kann von einem einengenden Anpassungsdruck entlasten. Fällt ein Seminarleiter aus einer angenommenen Geschlechtsrolle und ent-

---

16 Hierbei bezieht sie sich auf den Mittäter-Begriff von Thürmer-Rohr (1990).

täuscht die Erwartungen, die von den Jungen auf ihn projiziert wurden, kann es zu Spannungen kommen. Anlass dafür kann ein lackierter Fingernagel sein, ein ungewohntes Näheangebot oder ein anderes Infragestellen von Männlichkeit. Je bewusster ein Jungenarbeiter mit Ambivalenzen und Widersprüchen innerhalb der eigenen Identität umgehen kann, desto größer sind wohl seine Spielräume, in so einer Situation gelassen zu reagieren. Er kann zwischen unterschiedlichen Handlungsmöglichkeiten entscheiden, ohne zwanghaft eine eindeutige Männlichkeit beweisen zu müssen.

Die Veränderung des eigenen Geschlechterverständnisses kann durch Reflexion dem Imperativ einer unveränderlichen Geschlechtsidentität entgegenwirken. Es macht einen Unterschied, ob von einer starren Geschlechtsidentität ausgegangen wird, die ein erwachsener Mensch auf jeden Fall gefunden haben muss oder ob von einer ständigen Entwicklungsmöglichkeit des Geschlechts in Richtung einer Abkehr von eingrenzenden Idealen ausgegangen wird. Es sind also nicht nur die Jugendlichen, die Anreize zur Auseinandersetzung erhalten sollen, sondern auch die Jungenarbeiter und Männer insgesamt befinden sich in einem ständigen Wandlungsprozess, in den sie die Geschlechterebene einbringen können. So macht es Sinn, den Reflexionsrahmen größer zu setzen: Die Einbeziehung einer lebenszeitlichen Achse des möglichen Wandels unterstützt die Sicht auf Geschlecht als vielschichtige Angelegenheit, ebenso die Auseinandersetzung mit unterschiedlichen Theorien oder kulturellen Zuweisungen. Solch ein Pluralisierungsansatz kann also zu einer größeren Akzeptanz flexibler Geschlechtermodelle beitragen.

2.5 Das Geschlecht nicht alleine lassen: Verschränkungen mit anderen Kategorien

In vielerlei Hinsicht macht es Sinn, die Kategorie Geschlecht von ihrer Bedeutung als alleiniges Handlungskriterium zu entlasten und statt dessen die Verwobenheit mit anderen Dimensionen wie „Ethnizität" und „Klasse" mit zu berücksichtigen.

Zugrunde liegt dem die Abkehr von einem (starren) Identitätskonzept, welches als gesellschaftliches und ideologisches Bedeutungssystem verstanden werden kann (Jantz/Rauw 2001: 33f.)[17] und sich bereits durch die wahrnehmbaren Unterschiede der Jugendlichen - auch in homogenen Geschlechts-

---

17 In Bezug auf die Ziele einer geschlechtsbezogenen Jugendarbeit kann dies nicht die Herausbildung einer normativ festgelegten Identität sein: „Durch die Postulierung einer ‚gelungenen Identität' werden die gesellschaftlichen Zwänge, die so wie so auf die Subjekte ausgeübt werden, nochmals verstärkt. Denn welche definieren, was als gelungen anzusehen ist?" (Jantz 2001: 61)

gruppen - verbietet (Jantz 2001: 61). Indem weitere Kategorien wie Ethnizität und soziale Herkunft eingeführt werden, kann Geschlecht als alleiniger Bedeutungsgeber daran gebrochen werden. Das heißt, dass Geschlecht als Analysekriterium in Bezug auf ungleiche Ausgangsbedingungen z. B. bei der Durchsetzung von Interessen fungiert, es zur Erklärung von Subjektpositionierungen aber nicht ausreiche.

> „Viel ertragreicher für die geschlechtsbezogene pädagogische Praxis sind Ansätze, die andere als ausschließlich auf Geschlecht bezogene Subjektpositionierungen in gesellschaftlichen Bezugsrahmen miteinbeziehen, d. h. die der Vielschichtigkeit von Selbstthematisierungen einzelner Individuen entgegen kommen. Gefragt ist ein konzeptionelles Instrumentarium, das vermag, die Herstellungspraxen der Geschlechtszugehörigkeit mit den kulturbezogenen Selbstdarstellungen verschränkt zu betrachten (vor dem Hintergrund der hiesigen hierarchischen Verhältnisse zwischen den Geschlechtern, zwischen den Kulturen, zwischen den sexuellen Lebensstilen, zwischen den Klassen usw. usf.)." (Reinert/Jantz 2001: 99)

Mit der Erkenntnis der Prozesshaftigkeit und Wandelbarkeit der jeweiligen Subjektpositionen ergeben sich größere Handlungsspielräume. Durch ein Verständnis eines Ineinandergreifens unterschiedlicher Herstellungsweisen eines Selbst tritt Relationalität an die Stelle von starren Gesellschafts- und Selbstkonzepten, ohne biographische und kontextbezogene Erfahrungen zu negieren. Durch das Erfassen der Lebensrealitäten der einzelnen Jugendlichen in ihren Teil- und Mehrfachzugehörigkeiten kann der Überbetonung durch nur eine Kategorie und der damit einhergehenden Vereinheitlichung entgegengewirkt werden. Selbst geschlechtsbezogene Differenzen, die z. B. durch das Abliefern unterschiedlicher geschlechtsbezogener Identitätsbeweise entstehen, können mitunter nicht kategorieimmanent erklärt werden (ebd.: 99ff.). So kann permanentes lautes Reden bei Jungen auch andere Ursachen haben als die Darstellungsnot männlichen Durchsetzungsvermögens, auch wenn dieses Verhalten zuerst einmal in ein alltägliches Männlichkeitsbild hineinpasst.[18]

Mit der Öffnung der Geschlechterkategorie für die Implikationen anderer Strukturkategorien kann sich zusätzlich ein Blick auf die Differenzen innerhalb einer sozialen Gruppe ergeben: Wird beispielsweise Ethnizität als relevanter Faktor in die Analyse von Situationen miteinbezogen, verändern sich Subjektpositionen und Zuschreibungen mitunter.[19] Durch die Fassung von Identität als

---

18 Dahinter könnte auch ein angelerntes familiales Redeverhalten stecken, welches als einziges in einer zehnköpfigen Familie Aufmerksamkeit garantiert.
19 Reinert und Jantz verdeutlichen dies durch Beispiele der Berufswahl, bei der Mädchen ohne deutschen Pass von Arbeitsämtern davon abgeraten wurde, andere als traditionell weibliche Berufe zu wählen, da dies ihre Chancen auf dem Arbeitsmarkt verringern würde. Hier wird eine sexistische Arbeitsteilung von einer rassistischen Zuschreibung überlagert. Gleichzeitig werden beispielsweise die kulturellen oder sozialen Unterschiede zwischen Frauen sichtbar, wenn diese innerhalb einer

fluides und relationales Element im Hinblick auf Selbst- und Fremdbezug, nicht
jedoch als deskriptives und damit festschreibendes Element in der Bestimmung
jugendlichen Verhaltens, wird die Unzulänglichkeit nur einer Kategorie deutlich.

2.6 Zwischenfazit: Mechanismen der Verflüssigung von (Zwei)Geschlechtlichkeit

2.6 Zwischenfazit:
Mechanismen der Verflüssigung von (Zwei)Geschlechtlichkeit

Im Bezug auf die Verflüssigung zweigeschlechtlicher Normen erweisen sich vor
allem Pluralisierungseffekte als produktiv. Diese lassen sich auf unterschiedlichen Ebenen finden: Zu nennen sind z. B. multiple und antagonistische Identi-
tätskonzepte, die ihren Gewinn in der Ausdifferenzierung sexueller und geschlechtlicher Subjektkonstitutionen haben. So kann ein Seminarleiter die Perspektive eröffnen, dass es nicht zwingend notwendig ist, sich in sexueller Hinsicht nur für Männer oder Frauen zu entscheiden und dass diese Wahl nicht ge-
netisch getroffen wird. Auch die Ebene der unter-schiedlichen reflexiven Zugänge, mit denen auf das Geschlechterverhältnis geblickt wird (biographisch,
kulturell, gesellschaftlich) eröffnen Interpretationsmöglichkeiten, die jenseits
zweigeschlechtlicher Ordnungsmuster liegen. Diese Ebenen können herausfor-
dernde Widersprüche erzeugen, die tradierte Selbstverständlichkeiten irritieren.
Reflexion kann eine vielschichtige Auseinandersetzung mit Alter, Lebens-
phasen, Hierarchien, geschlechtsbezogenen und sexualitätsbezogenen Ängsten
bedeuten, welche den Facettenreichtum von Geschlechtsausprägungen beleuchtet und einer Naturalisierung von Zweigeschlechtlichkeit entgegenwirken kann.
Der Möglichkeit von Inkohärenz und Brüchen kommt dabei eine zentrale Bedeutung zu.

Zusammenfassend läßt sich für die Verflüssigung normativer Imperative
festhalten: Mehrdimensionalität kann dazu beitragen, Selbstverständlichkeiten
zu hinterfragen sowie Homogenisierungen und Hierarchisierungen kritisch zu
begegnen.

3. Jugendbildung jenseits von Zweigeschlechtlichkeit?

Wie ich oben bereits erwähnt habe, sind die hier exemplarisch beschriebenen
Mechanismen zur besseren Anschaulichkeit getrennt dargestellt worden, sie

---

Gruppe von Frauen thematisiert werden, etwa in Form der Beteiligung von hochqualifizierten
Migrantinnen an privater Reproduktionsarbeit, mit der sie die Karrieren mehrheitsdeutscher Frauen
unterstützen (Reinert/Jantz 2001: 101).

müssen jedoch zusammen gelesen werden. Auch müssen die herauskristallisierten Mechanismen im Kontext der Problematisierung von Geschlechterverhältnissen und der Herstellung des Subjektes in gesellschaftlichen Transformationsprozessen gesehen werden.

Auf die Frage, wie eine Geschlechterperspektive in der Jugendbildung jenseits von hierarchischer Zweigeschlechtlichkeit aussehen kann, geben die aktuellen Konzepte ambivalente Antworten: Einerseits wird eine normative Basis entlang hegemonialer Normen installiert, auf welcher jedoch andererseits Geschlechterkonzepte jenseits von Zweigeschlechtlichkeit entwickelt werden. Diesen Entwicklungen liegen Annahmen zugrunde, die von einer feststehenden Identität und einem beweglichen Selbstkonzept, homogenisierter Geschlechtsgruppen und Brechung dieser Abgeschlossenheit durch andere Kategorien ausgehen.

In aktuellen Bildungskonzepten scheinen Verschiebungen maßgeblich auf einer äußeren Ebene struktureller Modernisierungsprozesse stattzufinden, während sich diese auf der Ebene von Denkweisen und Haltungen jedoch nicht niederschlagen. Konkret bedeutet das, dass sich die Geschlechtsausprägungen von Männlichkeit und Weiblichkeit in Bezug auf Rolle und Verhalten gemäß postindustrieller Anforderungen ausdifferenzieren, die dichotome Denkweise von Männlichkeit und Weiblichkeit als identitäre Essenz und Orientierungspunkt aber bestehen bleibt. Wird gegenwärtig kaum noch offen von einer Natürlichkeit oder Wesenhaftigkeit geschlechtlicher und sexueller Identität gesprochen, zeigen sich in Konzepten geschlechtskritischer Jugendbildung Argumentationsmuster, die „bestimmte Elemente der sozialen Konstruktion der Differenz als Natur" (Gildemeister/Wetterer 1992: 211) entwerfen, ein substantielles Verständnis von geschlechtlicher und sexueller Existenz konstruieren und dessen Hegemonie bekräftigen. Damit gehen auch solche Ansätze von einer vorsozialen Unterscheidbarkeit von Jungen und Mädchen oder Frauen und Männern aus und reproduzieren die alltagstheoretische Faktizität der Zweigeschlechtlichkeit. Eine Folge ist das Ausklammern von Vielschichtigkeiten, Widersprüchlichkeiten und Temporalität, Machtverhältnissen und Interessenskonflikten in und zwischen den homogenisierten Gruppen, aber auch in und zwischen den homogenisierten Subjekten. Veränderungspotenziale bleiben verborgen, indem die eigenständige Produktion von geschlechtlichen Bedeutungen in den Konzepten nur als Deskription der Subjekte erscheint und nicht als der Ort ihrer Erschaffung.

Es lässt sich konstatieren, dass auch Konzepte der geschlechtsbezogenen Jugendbildung dazu beitragen, funktionale Sexualitäts- und Geschlechtsentwürfe zu produzieren und Subjekte in die vorgegebenen Entwürfe einzuordnen. Diese Anpassung vollzieht sich besonders auf den Ebenen der ökonomischen Rationalisierung von Subjekten sowie durch die Herstellung der Kategorien Geschlecht, Ethnizität und Klasse.

Um unterschwellige Geschlechterentwürfe sichtbar zu machen, lohnt es sich, Ziele und Annahmen, die den jeweiligen Konzepten unterliegen, als gesellschaftlich funktionale Konstrukte zu begreifen und sie offen zu legen. Ist das Ziel ein feministisches Ideal, dem Mädchen entsprechen sollen, der sanfte und angepasste Junge oder ist es ein vermeintlich geschlechtsneutrales, aber mündiges Subjekt, das sich v.a. durch politische Partizipation auszeichnet?

4. Ausblick

„Die Geschlechtsidentitäten können weder wahr noch falsch, weder wirklich noch scheinbar, weder ursprünglich noch abgeleitet sein. Als glaubwürdiger Träger solcher Attribute können sie jedoch gründlich und radikal *unglaubwürdig* gemacht werden." (Butler 1991: 208)

Aus meiner Kritik an Zweigeschlechtlichkeit in der Jugendbildung ergibt sich die Frage, wie geschlechtsbezogene Jugendbildung handlungsfähig sein kann, wenn sie den Anspruch verfolgt, sich dem hierarchischen System der Zweigeschlechtlichkeit entgegenzustellen, ohne dabei den Gegenstand ihrer Kritik immer wieder selbst herzustellen. Diese Verschränkung von Kritik und dem Gegenstand der Kritik bedeutet zuerst einmal die Notwendigkeit der Reflexion der eigenen Situiertheit in diesem Kräftefeld. Ein Verständnis, das Macht und Widerstand nicht als gegensätzlich begreift und die Gleichzeitigkeit von Verflüssigung und Verfestigung wahrnimmt, stellt hier einen produktiven Zugang dar. Andernfalls mögen die „politisch korrekten" Ansprüche sowohl die Diskrepanz von Anspruch und Wirklichkeit als auch das eigene Verstricktsein in die Machtverhältnisse überdecken bzw. als gesellschaftliche Realität weitertragen. Mit einem machtreflektierenden Analyseverfahren[20] lassen sich Diskrepanzen und Paradoxien von Konzepten und Annahmen sowie die Schwierigkeiten in ihrer Umsetzung herausarbeiten. Darin liegt auch die Möglichkeit, (selbst)kritisch blinde Flecken zu analysieren, Ambivalenzen zu thematisieren und damit Irritationspotenzial zur Verwirrung der Ordnung im Feld der geschlechtsbezogenen Jugendbildung zu entfalten. Mit einer dekonstruktivistischen Politisierung des Geschlechts durch individuelle und gesellschaftliche Praktiken der Verunsicherung von Binaritäten, Reflexion und Dynamisierung von Grenzziehungen geht es um die Entwicklung einer Perspektive auf Gesellschaft, in der jeder Mensch „ohne Angst verschieden sein kann" (Adorno 1969: 131).

---

20 Hier beziehe ich mich auf einen an Foucault angelehnten Begriff von produktiver Macht (vgl. Foucault 1999: 133ff.).

Literatur

Adorno, T. W. (1969): Minima Moralia. Reflexionen aus dem beschädigten Leben, Frankfurt/M.: Suhrkamp.

Bieringer, I/Forster, E. J. (2000): Einleitung: „echtCOOL" Mit Schülerinnen und Schülern über Männer, Frauen und Gewalt reden. In: Bieringer et al. (2000): 14 - 20.

Bieringer, I./Buchacher, W. /Forster, E. J. (Hg.) (2000): Männlichkeit und Gewalt. Konzepte für die Jungenarbeit, Opladen: Leske und Budrich.

Bilden, H. (1991): Geschlechtsspezifische Sozialisation. In: Hurrelmann et al. (1991): 281 - 303.

Böhnisch, L./Winter, R. (1993): Männliche Sozialisation. Bewältigungsprobleme männlicher Geschlechtsidentität im Lebenslauf, Weinheim, München: Juventa.

Butler, J. (1991): Das Unbehagen der Geschlechter, Frankfurt/M.: Suhrkamp.

Enders-Dragässer, U. (1991): Dominanz und Kooperation. Interaktionsformen im Unterricht. In: Jugend und Gesellschaft 2-3. 1991. 4 - 7.

Foucault, M. (1999): Der Wille zum Wissen. Sexualität und Wahrheit I, 11. Auflage. Frankfurt/M.: Suhrkamp.

Fritzsche, B./Hartmann, J./Schmidt, A./Tervooren, A. (Hg.) (2001): Dekonstruktive Pädagogik. Erziehungswissenschaftliche Debatten unter poststrukturalistischen Perspektiven. Opladen: Leske und Budrich.

Gildemeister, R./Wetterer, A. (1992): Wie Geschlechter gemacht werden. Die soziale Konstruktion der Zweigeschlechtlichkeit und ihre Reifizierung in der Frauenforschung. In: Knapp et al. (1992): 201 - 253.

Haindorff, G. (1997): Auf der Suche nach dem Feuervogel. Junge Männer zwischen Aggression, Eros und Autorität. In: Möller (1997): 109 - 146.

Heiliger, A. (2000): Zu Hintergünden und Ansätzen einer antisexistischen Jungenarbeit. In: Bieringer et al.: 32 - 38.

Höher, F. (1990): Professionelle Frauen und mütterliche Männer. In: Schlüter et al. (1990): 173 – 182.

Hoffmann, J. (1994): Die Lüge vom coolen Jungen. In: Jugendpolitik 1, 1994, 10 - 11.

Hurrelmann, K./Ulich, D. (Hg.) (1991): Neues Handbuch zur Sozialisationsforschung. Weinheim/ Basel: Beltz.

Knapp, G.-A./Wetterer, A. (Hg.) (1992): Traditionen Brüche. Freiburg: Kore.

Jantz, O. (2001): Die Angst der Männer vor den Männern Möglichkeiten und Grenzen einer mitmännlichen Begegnung in der Jugendarbeit. In: Rauw et al. (2001): 127 - 142.

Jantz, O. (2001): Gleich und fremd zugleich. Die produktive Herausforderung dekonstruktivistischer Gedanken für die geschlechtsbezogene Pädagogik. In: Rauw et al. (2001) : 43 - 66.

Jantz, O/Rauw, R. (2001): Alles bleibt anders! Standortbestimmung geschlechtsbezogener Pädagogik. In: Rauw et al. (2001): 17 - 42.

Jantz, O./Grote, C. (2003): Mann-Sein ohne Männlichkeit. Die Vielfältigkeit von Lebensentwürfen befördern. In: dies. (2003) (Hg.): Perspektiven der Jungenarbeit. Konzepte und Impulse aus der Praxis (13-29). Opladen: Leske und Budrich.

Johnen, W. (1994): Die Angst des Mannes vor der starken Frau. Einsichten in Männerseelen, Frankfurt/M.: Fischer.

Karl, H./Ottemeier-Glücks, F.-G. (1997): Neues aus dem Mekka der antisexistischen Jungenarbeit. - Ein Blick in die „interne" Diskussion. In: Möller (1997): 91 - 107.

Lüscher, K./Schultheis, F./Wehrspaun, M. (Hg.) (1990): Die „postmoderne" Familie. Familiale Strategien und Familienpolitik in einer Übergangszeit. Konstanzer Beiträge zur sozialwissenschaftlichen Forschung, Band 3. Konstanz: Universitätsverlag.

Möhlke, G./Reiter, G. (1995): Feministische Mädchenarbeit - Gegen den Strom, Münster: Votum.

Möller, K. (Hg.) (1997): Nur Macher und Machos? Geschlechterreflektierende Jungen- und Männerarbeit, Weinheim, München: Juventa.

Moser, V./Rendtorff, B. (1999): Geschlecht und Geschlechterverhältnisse in der Erziehungswissenschaft. Eine Einführung, Opladen: Leske und Budrich.

Rauw, R./Jantz, O./Reinert, I./Ottemeier-Glücks, F. G. (Hg.) (2001): Perspektiven geschlechtsbezogener Pädagogik. Impulse und Reflexionen zwischen Gender, Politik und Bildungsarbeit. Opladen: Leske und Budrich.

Rauw, R./Jantz,O. (2001): Homophobie - Die Angst. In: Rauw et al. (2001): 111 - 116.

Rauw, R./Reinert, I. (Hg.) (2001): Perspektiven der Mädchenarbeit. Partizipation, Vielfalt, Feminismus. Opladen: Leske und Budrich.

Rauw, R. (2001): Die Angst der Frauen vor der Autonomie. Wie's losgeht, wenn Frauen von sich selbst ausgehen. In: Rauw et al. (2001): 117 - 126.

Reinert, I./ Jantz, O. (2001): Inter, Multi oder Kulti? Inwiefern die geschlechtsbezogene Pädagogik die interkulturelle Perspektive benötigt. In: Rauw et al. (2001): 89 - 110.

Savier, M./Wildt, C. (1978): Mädchen zwischen Anpassung und Widerstand, München: Frauenoffensive.

Schlüter, A./Roloff, C./Kreienbaum, M. A. (Hg.) (1990): Was Frauen umtreibt. Frauenbewegung - Frauenforschung - Frauenpolitik, Pfaffenweiler: Centaurus.

Schnack, D./Neutzling, R. (1991): Kleine Helden in Not. Jungen auf der Suche nach Männlichkeit, Reinbek bei Hamburg: Rowohlt.

Sielert, U. (2002): Jungenarbeit. Praxishandbuch für die Jugendarbeit. Teil 2, Weinheim, München: Juventa.

Voigt- Kehlenbeck, C. (2001): ... und was heißt das für die Praxis? Über den Übergang von einer geschlechterdifferenzierenden zu einer geschlechterreflektierenden Pädagogik. In: Fritzsche et al. (2001): 237 - 254.

Wegner, L. (1995): Wer sagt, Jungenarbeit sei einfach? In: Widersprüche. Zeitschrift für sozialistische Politik im Bildungs-, Gesundheits- und Sozialbereich 56-57. 1995. 161 - 179.

Winter, R./Neubauer, G. (2001): dies und das - Das Variablenmodell „balanciertes Junge- und Mannsein" als Grundlage für die pädagogische Arbeit mit Jungen und Männern, Tübingen: Neuling.

IV.
Internationaler Kontext und Entwicklungszusammenarbeit

Systeme des Nichtwissens, Expertentum und die Macht der Wissensproduktion: zur Konstruktion von Frauen und Gender in der Entwicklungszusammenarbeit
Catrin Becher

1. Einleitung

Die Geschlechterkämpfe der 70er Jahre sind weder in Deutschland noch sonst auf der Welt beigelegt und international gesehen verliert die Frage nach „Mann oder Frau" nicht an Bedeutung. Das zeigt eine sich global herausbildende Frauenbewegung, die sich über nationale Grenzen hinweg vernetzt. Träger dieser Vernetzung ist auch die bi- und multinationale Entwicklungszusammenarbeit, über die Frauenförderung und Genderprogramme in den Partnerländern ausgetragen werden. Im Zuge dieses Prozesses kommt es jedoch zu einer Entpolitisierung, Technokratisierung und Bürokratisierung. Der Entwicklungsdiskurs und die Entwicklungsrhetorik verwalten dann nur noch die Handlungen der Akteurinnen und Akteure und es kommt zu einer Abschwächung von Konzepten, die „Empowerment"[1] orientiert sind. Da die Lebenswelt der Akteurinnen und Ak-

---

1 Empowerment ist ein breit verwendetes Konzept in den unterschiedlichsten Disziplinen wie Psychologie, Managementtheorien und Sozialpädagogik. In der Entwicklungszusammenarbeit wird unter Empowerment ein fortdauernder Prozess verstanden, der bei benachteiligten Bevölkerungsgruppen das Selbstvertrauen stärkt, sie zur Artikulation ihrer Interessen und zur Beteiligung in der Gemeinschaft befähigt und ihnen den Zugang zu und die Kontrolle von Ressourcen verschafft, damit sie ihr Leben selbstbestimmt und eigenverantwortlich gestalten und sich am politischen Prozess beteiligen können. So zielt z. B. der Empowerment Ansatz in der Frauenförderung auf Selbstbestimmung, Erweiterung der Selbstorganisation und eine aktivere Beteiligung von Frauen an allen gesellschaftlichen Prozessen ab (GTZ 2004). Es sind also hauptsächlich Prozesse des Macht-

teuren, deren Alltagswissen und -handlungen und deren Interaktion mit autoritären Regierungsmodi ausgeblendet werden, greifen Maßnahmen zu kurz bzw. es
kommt zu einer Instrumentalisierung der eigentlichen Nutznießer in einem eigentlich als „partizipativ" gedachten Entwicklungsprozess. Dies läßt sich besonders deutlich im Handlungsfeld „Frauen und natürliches Ressourcenmanagement" zeigen.[2]

2. Bemerkungen zu „Frauen und Entwicklungspolitik"

Frauen- oder Genderforschung in Ländern der „Dritten Welt"[3] im Kontext der
Entwicklungszusammenarbeit basiert zum einen auf einer neo-kolonialen Tradition und findet zum anderen in einem fremdkulturellen[4] Kontext statt. Dies
unterscheidet diese Art der Wissensproduktion entscheidend von der Wissensproduktion innerhalb eigener kultureller Kontexte. Ich bin der Ansicht, dass
unser recht naives und einfaches Verständnis für Frauen oder Geschlechterbeziehungen in der „Dritten Welt" in Gegenwart und Vergangenheit durch Ethno-
und Androzentrismus geformt wird und wurde.[5] Diese „Zentrismen" führen zu
Abwertung und Verzerrung fremder Kulturen und gründen sich auf die unre-
flektierte Aufwertung und Verabsolutierung der eigenen Kultur, die stillschwei-
gend als Bewertungsmaßstab des „Fremden" dient (Arbeitsgruppe Ethnologie
1989: 15). Systeme des Nichtwissens basieren auf dieser verzerrten Darstellung
fremdkultureller Alltagswelten und reproduzieren sie. Entscheidende Mechanismen der sozialen Verteilung und inhaltliche Bestimmungsgründe von Systemen des Nichtwissens sind gesellschaftliche Machtverhältnisse. Sie regeln den
gesellschaftlichen Zugang zu Wissen und prägen die Inhalte. Weite Wissensbe-

---

gewinns angesprochen, d.h. implizit ist die Forderung nach größerer Verfügungsmacht über bedeutende materielle und immaterielle Ressourcen gemeint und damit auch die Möglichkeit, die Richtung des Entwicklungsprozesses zu beeinflussen.

2 Dieser Artikel erwuchs aus meiner gegenwärtigen Promotion, die an anderer Stelle ausführlicher
dargestellt wird (Becher 2003a,b). Für die Unterstützung bei der Realisierung dieses Promotionspro-
jekts möchte ich insbesondere Dr. Karin Gaesing und Christian Gräfen von der GTZ danken.

3 Ich schwanke im Verlauf dieses Textes zwischen „Dritte Welt" und Süden, was jedoch weniger
inhaltlich und mit dem Ende der Dritten Welt (Menzel) als mit dem Fehlen einer trefflicheren Terminologie zu tun hat.

4 Das ist nicht nur in diesem Fall so, denn auch Ethnomethodologinnen und Ethnomethodologen
suchen den Kontakt zum kulturell Fremden, allerdings indem sie die eigene Kultur befremden. Ich
möchte Kultur nicht als etwas Statisches verstehen, sondern als ein prozessuales Konzept, das
konstruiert und dekonstruiert wird.

5 Androzentrismus ist eine Weltanschauung, die Männer als Zentrum, respektive als Maßstab und
Norm versteht und eine gesellschaftliche Fixierung auf den Mann oder das „Männliche" beinhaltet.
Männliche Lebensmuster und Denksysteme haben hierbei den Anspruch der Universalität.

reiche werden zum Sonderbesitz sozialer Gruppen, der Experten und Expertinnen. Die Interaktion von Alltags- und Expertenwissen resultiert in der Ausblendung des Alltagswissens und der Abschottung des Expertenwissens. Handlungsanleitungen für sozialen Wandel basieren auf solchen Systemen des Nichtwissens und besitzen deshalb keine lebensweltliche Geltung (Lachenmann 1994: 286, 291).

Übertragen auf die Entwicklungszusammenarbeit bedeutet dies, dass die Beziehung der Entwicklungsexpertinnen und -experten zu den „zu Entwickelnden" von Expertenwissen bestimmt wird. Diese Expertinnen und Experten gelten als *die* Handelnden. Die „zu Entwickelnden" werden zu ignoranten, unwissenden, passiven Empfangenden oder Objekten (Arce 2000: 32; Hobart 1993: 1). Fragen nach Art und Weise der Wissensproduktion und der Machtdimensionen solcher Prozesse werden oft in den Begriffen von Ökonomie, Technologie und Management gefasst. Entwicklungspolitik unterliegt einer Bürokratisierung[6], die objektive Wahrheit für sich beansprucht und darüber Verfügungsmacht und Kontrolle über „zu Entwickelnde" aufbaut und ausübt. Obwohl Ansätze und Konzepte der Entwicklungspolitik in ihrem semantischen Gehalt politisch sind, werden sie in ihrer Anwendung entpolitisiert, zu rhetorischen Instrumenten gemacht und bekommen eine eher technische als Empowerment - Orientierung (Roberts 1992: 240). Dies führt zu einer Charakterisierung des Entwicklungsdiskurses als sozialtechnokratisch und bürokratisch (Lachenmann 1990: 27ff.).

In diesem Kontext der Systeme des Nichtwissens und des Ausblendens von erkenntnistheoretischen Fragen ist auch Frauen- oder Genderforschung in der Entwicklungspolitik zu sehen. Dies wird im Folgenden an den beiden Beispielen „Gender und Umwelt" und „Gender und partizipative Ansätze" gezeigt. Zunächst aber soll darauf eingegangen werden, wie Frauen bzw. Genderansätze zur Entwicklungspolitik kamen.

3. Von Frauen- zu Genderpolitik und wieder zurück?

Die Frauen- oder Genderfrage in der Entwicklungszusammenarbeit lehnt(e) sich an die in der Vergangenheit dominanten Entwicklungstheorien bzw. -modelle an. In der Modernisierungstheorie wurde davon ausgegangen, dass sich die

---

6 Bürokratisierung meint, dass Handeln nach formalen Regeln ablaufen muss, d.h. konkrete Inhalte und Fälle ausklammert, ohne die Vorgabe den politischen Willen zu hinterfragen. Aufgrund der hierarchischen Struktur und Kompetenzabgrenzung kann bürokratisches Handeln nicht in Bezug auf einen übergreifenden Sinn überprüft werden; aufgrund der Eigendynamik und des Interesses an Selbsterhaltung bürokratischer Organisationen wird Wissen über die tatsächlichen Wirkungen des Handelns verhindert (Lachenmann 1994: 297).

Gleichheit von Männern und Frauen sozusagen automatisch einstellen würde. Es wurde von einer Universalisierung der sozialen Beziehungen auch hinsichtlich der Geschlechterverhältnisse ausgegangen. Dies führte zu einer fortschreitenden Benachteiligung und Ausgrenzung von Frauen. Das Bild von Frauen in der Dritten Welt als „traditionsgebundene" Wesen, entweder unfähig oder unwillig in die „moderne" Welt einzutreten, passte gut in westliche und neokoloniale Geschlechtsstereotypen und lieferte den Grund für die Ausblendung von Frauen als „Untersuchungsobjekte" und Akteurinnen während der beiden ersten Entwicklungsdekaden.

Die von der feministisch orientierten Bewegung inspirierte Entwicklungs- und Wissenschaftskritik jedoch führte seit den 70er Jahren dazu, Frauen in den Ländern der Dritten Welt sichtbar und die Marginalisierung und Stereotypisierung von Frauen zum Thema zu machen. Es wurde gezeigt, dass eine androzentristische, männlich geprägte Forschung zur Konstruktion von Frauen als Objekte führt. An diesem Aufzeigen waren auch Frauen des Südens aktiv beteiligt.[7] Der Ansatz von DAWN (Development Alternatives with Women for a New Era) beispielsweise, eine von Frauen des Südens initiierte und getragene Nichtregierungsorganisation (NRO), betont das Recht von Frauen, die Richtung des Entwicklungsprozesses zu beeinflussen, indem sie Verfügungsmacht über bedeutende materielle und immaterielle Ressourcen erlangen (*Empowerment*). Die Forderung von DAWN bezieht sich auch auf eine Veränderung im Entwicklungsparadigma, weg von der Annahme, dass das Hauptproblem der Frauen in der sogenannten Dritten Welt die unzureichende Beteiligung an einem ansonsten nützlichen Prozess des Wachstums und der Entwicklung sei. Diese Forderung nach Empowerment umfasst eine grundsätzliche Entwicklungskritik und berührt weitreichende Fragen der Integration von Frauen in den Entwicklungsprozess. Sie grenzt sich zu den sogenannten WID (Women In Development) Ansätzen ab, die darauf abzielen, Frauen lediglich in den Entwicklungsprozess zu integrieren. Dies soll über ihre „Rolle" als „Hausfrau" und „Mutter", über einkommensschaffende Maßnahmen, Bildungsangebote und Selbsthilfeprojekte geschehen. Der Integrationsansatz von WID wurde und wird jedoch scharf kritisiert, da er substantielle Ursachen der Ungleichheit nicht einbezieht und vorgibt, alle Aktivitäten und Angebote für Frauen und Männer in gleicher Weise zugänglich zu machen. Es wurde erkannt, dass Frauenprojekte im traditionellen Interventionsstil nicht besonders vielversprechend sind, weil sie sich nur auf einen engen Bereich der ökonomischen und sozialen Realität beziehen. Abgelöst wurde WID von einem Ansatz, der sich Gender And Development (GAD)

---

7 Es gibt natürlich nicht *die* feministische Bewegung oder Wissenschaft, da es verschiedene Strömungen und Ausdifferenzierungen gibt.

nennt und geschlechtsspezifische Zugänge zu Ressourcen einbezieht. In der Praxis der Entwicklungszusammenarbeit sollen mit Hilfe von Genderanalysen die verschiedenen Verantwortlichkeiten bei produktiven, reproduktiven, sozialen und politischen Tätigkeiten als integraler Teil der Gesellschaft im gesamten Entwicklungsprozess wahrgenommen werden. Der Zugang zu und die Verfügungsmacht von Frauen und Männern über unterschiedliche Ressourcen sollen sichtbar gemacht werden. Ferner sollen Macht- und Abhängigkeitsbeziehungen einbezogen werden.[8]

Kritik hierbei ist, dass diese Art von Genderanalysen und -studien genau hier stehen bleiben.[9] Es wird wieder versucht, Frauen in den männlich geprägten Entwicklungsprozess zu integrieren und ihre Potentiale für (ökologische oder ökonomische) Entwicklungsziele zu instrumentalisieren. Die gesellschaftliche Relevanz von Gender und Schwierigkeiten, die in der Geschlechterordnung liegen, werden nicht betrachtet. Stattdessen wird die „Frauenfrage" instrumentalisiert (Lachenmann 1997a: 1, 2001b: 195). Simple Genderanalysen, wie sie in der Praxis der Entwicklungszusammenarbeit umgesetzt werden, bergen das Risiko, dass sie an der Analysekategorie „Gender" kleben bleiben und nicht als eine Weiterführung als Identitätsbasis für eine politisch motivierte Frauenbewegung dienen, da sie nur als technisches Instrument verstanden werden. Solche Studien und Analysen werden strategisch mit wenig politischer Konnotation eingesetzt aufgrund des Lippenbekenntnisses „für die armen Frauen etwas gemacht zu haben". Die Resultate aber finden keinen Eingang in weitere Projektplanung und Implementierung (Becher 1998, Lachenmann 1997b: 14; 44). „Just add women and stir" ist ein trefflicher Ausdruck dafür, wie Genderanalysen in der Entwicklungspraxis Anwendung finden und in diesem rhetorischen Sinne dazu beitragen ungleiche Machtverhältnisse zu verschleiern.

---

8 Mit dem Genderkonzept verknüpfte sich nicht nur die Absicht, lokale, kulturspezifische Konstruktionen der geschlechtsspezifischen Differenzen zwischen Männern und Frauen zu erfassen, sondern auch Differenzierungen zwischen Frauen und eine Öffnung der westlich geprägten Vorstellung von Zweigeschlechtlichkeit aufzuspüren (Hauser-Schäublin 1991: 12). Wenn das „Weibliche" und das „Männliche" in einheitlichen Kategorien, die einander gegenüberstehen, konzipiert werden und alle realen Frauen als identisch begriffen werden, dann werden schon im Prozess des Wahrnehmens verschiedene Wirklichkeiten und Möglichkeiten der Frauen abgeschnitten (Lenz 1992: 77f.). Bei dem „Kollektivsubjekt" Frau handelt es sich um eine Annahme, die keineswegs eingelöst wird, sondern westlich geprägter Feminismus war/ist an der Schaffung dieses Subjekts mitbeteiligt. Mögliche Bündnisse unter Frauen sind also nicht naturwüchsig, sondern das Resultat eines sozialen Prozesses (Hasenjürgens 1993: 24f.).

9 Da die Strategie des heutigen Gender Mainstreaming aus dem Genderansatz in der EZ hervor gegangen ist, bleibt die Frage zu stellen, ob sich nicht auch hier die Instrumentalisierungsfrage stellen lässt? Sprich: Dient Gender Mainstreaming zur Abdämpfung der feministischen Forderung nach grundlegenden Veränderungen in der Geschlechterordnung?

Männliche Perspektiven in solchen Genderanalysen beschränken sich zumeist auf Haushaltsanalysen, einen Vergleich des Zugangs von Frauen und Männern zu Ressourcen und des Budgets ohne aufzuzeigen, wie die lokale Geschlechterordnung konstruiert und legitimiert wird. Genau hier wäre ein guter Ansatzpunkt, Männer in Prozesse des sozialen Wandels mit einzubeziehen. Dies war ja auch ursprünglich der Grund, Genderanalysen ein- und auszuführen, nämlich die Erkenntnis, dass ein Wandel in der Geschlechterordnung nur zu machen ist, wenn er auf die Einsicht und den Willen der Männer trifft.

Um nicht bei simplen Genderanalysen stehenzubleiben wird jedoch wieder vermehrt die Forderung nach einer Frauenautonomie als Weiterführung dieses Prozesses gefordert, bei dem die Veränderung von ungleichen Machtbeziehungen und die Notwendigkeit des Empowerment von Frauen betont wird. Ein solcher Autonomieansatz versucht also nicht, Frauen in Umweltfragen oder ökonomischen Belangen zu instrumentalisieren und sie in bestehende Entwicklungsprozesse zu integrieren, sondern betont die ungleichen Machtverhältnisse und das notwendige Empowerment von Frauen (Lachenmann 1997b: 14).

In der Geschichte der Entwicklungspolitik lässt sich also ein Verlauf von Frauen als zu Integrierende in den Entwicklungsprozess, über Gender als die Einbeziehung von geschlechtsspezifischen Dimensionen, wieder hin zu einem eher emanzipatorischen, Empowerment orientierten Verständnis konstatieren. Dies geschieht aus der Einsicht heraus, dass Genderkonzepte in der Entwicklungszusammenarbeit als rhetorisches Mittel eingesetzt werden, unter dem Verlust einer politischen Forderung nach substantiellen Veränderungen im Geschlechterverhältnis. Dies bedeutet, dass Gender Mainstreaming in der Entwicklungszusammenarbeit in zweierlei Hinsicht auf Kosten der Frauen geht. Erstens werden Frauen aus dem Entwicklungsprozess durch oberflächliche Studien und Analysen ausgeschlossen und zweitens wird das Prinzip des Gender Mainstreaming missbraucht, indem neue geschlechtsspezifische Strategien gegen die alten, bewährten Formen der Frauenförderung ausgespielt werden (Stiegler 2000).[10] Durch oberflächliche Genderanalysen und -studien in der Entwicklungszusammenarbeit wird die komplexe soziale Realität mit ihren lokalen, kulturspezifischen Konstruktionen der Geschlechterordnung ausgeblendet. Dies führt zum einen zur Instrumentalisierung von Frauen für von „außen" vorgegebene Entwicklungsziele und zum anderen, trotz partizipativer Entwicklungsansätze, wieder zum Ausschluss ihrer Teilhabe am Entwicklungsprozess.

---

10 Aus diesem Grund lässt sich eine „reine Frauenperspektive", wie in den Texthinweisen für Autorinnen und Autoren dieses Bandes gefordert, nicht vermeiden. Dies ist auch nicht meine Intention, da gerade dadurch frauenpolitische Forderungen und Sichtweisen wieder unter den Tisch fallen. Es geht also nicht um Ausgrenzung derselben durch Genderkonzepte und Mainstreaming, sondern um eine zusätzliche Forderung hinsichtlich der Geschlechterdemokratie.

4. Fallbeispiel: Frauen und Umwelt

Wichtig im Themenfeld Frauen/Gender und Entwicklung ist die Debatte um „Frauen und natürliches Ressourcenmanagement", weil sich daran zeigen lässt, wie sich Konstruktionen von Frauen für bestimmte Zwecke instrumentalisieren lassen. Die Kritik am herkömmlichen Entwicklungsmodell war der Hintergrund für die Entstehung von Women and Sustainable Development (WED) und den Ökofeminismus. In diesem Prozess standen seit Mitte der 80er Jahre Frauen nicht mehr als Opfer von Umweltkrisen im Mittelpunkt, sondern in ihrer Fähigkeit als effiziente und ökologisch versierte Umweltmanagerinnen. Dies basierte auf der Annahme, dass Frauen ein privilegiertes Wissen und Erfahrung bezüglich natürlicher Ressourcen besäßen. Deshalb wurden sie als Quelle der Lösung von Umweltkrisen betrachtet. Ökofeministinnen führten die spezifische Beziehung von Frauen zur Natur und hier ganz besonders zu Wäldern und Bäumen auf ihre biologische Konstitution zurück und sahen die Zerstörung von Natur als ein Ergebnis männlicher Rationalität. Die angenommene Nähe von Frauen zu ihrer natürlichen Umwelt und zu Wäldern führte zu deren Integration in Umwelt- und Forstprojekte und zu der Ansicht, dass Frauen eine wichtige Kraft im Erhalt der natürlichen Ressourcenbasis seien.

Die generelle Zuschreibung der Beziehung zwischen Frauen und Umwelt als verantwortliche Pflegerinnen (Caring and Nursing) birgt die Gefahr, dass die Arbeit und das Wissen von Frauen als unbezahltes Humankapital instrumentalisiert werden um Umweltprogramme voranzutreiben. Die bloße Nutzung weiblicher Arbeitskraft ohne Veränderung der Nutzungsrechte von Frauen über natürliche Ressourcen heißt zum einen, Frauen in einem unveränderten Zustand der hierarchischen Geschlechterbeziehungen zu lassen.[11] Aber zum anderen kann es dadurch auch zu einer Destabilisierung der Frauenökonomie[12] und zur Einschränkung von Sicherheitsstrategien in der landwirtschaftlichen Produktion kommen (Becher 2003a,b).

Deshalb wird die „natürliche" Beziehung von Frauen und Umwelt und die Art der Generalisierung und Stereotypisierung von Frauen des Südens streng zurückgewiesen. Die Subsummierung von Frauen unter eine gleichmachende

---

11 Dass diese Annahme nach wie vor Geltung hat, zeigt sich in einer aktuellen Publikation der GTZ zum Thema „Menschen und Wälder". In dieser wird dargestellt, dass die Partizipation von Frauen in Aufforstungsmaßnahmen deren Mitspracherecht und Nutzungsrechte quasi automatisch gewährleistet (GTZ 2003: 6).

12 Das Konzept der Frauenökonomie zieht den systematischen Charakter der ökonomischen Tätigkeiten von Frauen und deren soziale und kulturelle Einbettung in Betracht, wobei besonders die Verflechtung von Subsistenz und Marktwirtschaft im Vordergrund steht. Auf diese Weise wird lokale Ökonomie als sozial organisiert und strukturiert begriffen, in der Handlungsspielräume sehr stark von der Beziehung zum Staat abhängen (Lachenmann 1995, 2001d).

Kategorie, die sie glorifiziert (oder auch in der Opferrolle sieht), reflektiert nicht die komplexe soziale Realität, in der Frauen und Männer Umwelt konstruieren und mit ihr interagieren. Das Fehlen der Betrachtung von konkreten, lokalen, gesellschaftlichen und polit-ökonomischen Umwelt- und Geschlechterordnungen führt zur Konzeption von Frauen als universale Kategorie ohne Differenzierung. Deshalb soll die Strukturierung des lokalen, geschlechtsspezifischen, natürlichen Ressourcenmanagements durch konkrete empirische Studien aufgezeigt werden.

Die „natürliche" Beziehung von Frauen und Umwelt wird von Ansätzen abgelöst, die einerseits die Konstruktion von Umwelt aus einer Alltags- und Lebensweltanalyse heraus, aber auch die gesellschaftliche Konstruktion von Umwelt und Gender in Institutionen und die geschlechtsspezifische Strukturierung relevanter Handlungsfelder zu ihrem zentralen Untersuchungsgegenstand machen. In einer solchen wissenssoziologischen Analyse ist es möglich, geschlechtsspezifische Wissenssysteme und Frauen als Akteurinnen zu fassen ohne ihr Wissen zu mystifizieren oder sie als statisch darzustellen (Becher 1997, 2001, Lachenmann 1997a, 2001a, Leach 1992).

5. Gender und partizipative Entwicklung

Die Kritik an den Systemen des Nichtwissens (s.o.) und die Hinwendung zur Erfassung und Einbeziehung von lokalen Wissenssystemen in die Entwicklungspolitik führte zu der Annahme, dass nur durch eine Partizipation der „Zielgruppen"[13] hinreichend Erfolg erzielt werden könne. Die vorherrschende Perspektive ist, dass die Einbeziehung von Zielgruppen in welcher Art auch immer, zu einer Verbesserung der Entwicklungszusammenarbeit führt. Diese Einsicht gründete auf Studien, die lokale Wissenssysteme als sehr komplex und auf alltäglichem Erfahrungswissen basierend gekennzeichnet hatten. Diese waren in keinster Weise in die Praxis der Entwicklungszusammenarbeit eingegangen, sondern der Überheblichkeit des internationalen und nationalen Expertentums anheim gefallen. Partizipative Ansätze wurden unter anderem auch eingeführt, um das Empowerment von Frauen zu unterstützen. Die Praxis jedoch sieht so aus, dass von homogenen Dörfern oder Gemeinschaften (communities) als Zielgruppen ausgegangen wird. Eine soziale, ökonomische und politische Differenzierung des sozialen Feldes findet jedoch nicht statt. Dadurch kommt es zur Exklusion jener, die in einer eher machtlosen, marginalen gesellschaftlichen

---

13 Die Verwendung des üblichen Begriffs „Zielgruppe" weist schon auf die unterstellte Homogenität des sozialen Feldes hin.

Position sind und zu einem Bias, da nur die Meinungen und Prioritäten der Mächtigen gehört werden, die sich in der Öffentlichkeit artikulieren (Guijt/Shah 1998: 1). Sozialer Wandel geht in solche Ansätze ebenso wenig ein wie Machstrukturen zwischen Männern und Frauen. Es besteht außerdem die Gefahr, dass pseudo-traditionale Strukturen genutzt werden um Frauen auszuschließen und ihnen so die Möglichkeit der Partizipation an neuen ökonomischen Handlungsfeldern zu nehmen (Lachenmann 1996b: 19ff).[14]

Eigentliche Empowermentaspekte sind verloren gegangen. Obwohl Konzepte der Partizipation einen sehr politischen Anspruch besitzen, nämlich zu veränderten gesellschaftlichen Machtbeziehungen, zu einer Neubewertung von lokalen Wissenssystemen und zu einer Veränderung der Beziehung von Entwicklungsexpertinnen und -experten und lokalen Akteurinnen und -akteuren beizutragen, bleiben sie rhetorisches Mittel um finanzielle Ressourcen zu mobilisieren. Sie sind eher an einer technisch orientierten Manie als an Fragen des Empowerments orientiert Die ursprünglich emanzipatorische Bedeutung ist verloren gegangen. (Becher 1998, Sodeik 1998, Veldhuizen 1998).

6. Fazit: Veränderte Wissensproduktionen und Machtbeziehungen

Systeme des Nichtwissens geben nach wie vor den Rahmen für Entwicklungspolitik und Entwicklungszusammenarbeit ab wie anhand der zwei Beispiele „Frauen und Umwelt" und „Gender und Partizipation" kurz gezeigt werden konnte. Lokale Wissenssysteme, Handlungsrationalitäten, Konstruktionen der Geschlechterordnungen und Machtbeziehungen werden entweder ignoriert oder simplifiziert. Partizipative Ansätze, die eigentlich als Antwort auf die fehlende Integration von lokalen Wissenssystemen und Akteuren gedacht sind, verfehlen ihr Ziel, da soziale Blindheit und technisches Verständnis von Entwicklungsprozessen auch hierbei vorherrschen. Um dies zu verdeutlichen möchte ich gerne ein Beispiel anführen, das sich während meiner Feldforschung in Äthiopien ereignet hat. In einem partizipativ angelegten Landnutzungsprojekt wurden die pflügenden Bauern von der Polizei zusammengetrieben um einen Brunnen zu bauen. Dieser Brunnen war Ergebnis eines partizipativen Entscheidungsfindungsprozesses in der Vergangenheit. An diesem Beispiel läßt sich sehr gut verdeutlichen, worauf die Bürokratisierung von Entwicklungszusammenarbeit beruht: Der Brunnen hatte zu einem bestimmten Datum fertig zu sein. Aufgrund

---

14 Es gibt hier Ähnlichkeiten beim Ausschluss von Frauen in formalen Demokratisierungsprozessen, bei denen Tätigkeiten von Frauen in Frauenräumen, Frauenorganisationen oder Bewegungen geschwächt werden, da es sich hierbei um Modernisierungsstrategien handelt, bei denen die Unterstützung von autonomen Strukturen fehlt (Lachenmann 2001b: 203f).

der autoritären und hierarchischen Struktur und Kompetenzabgrenzung wurde bürokratisches Handeln aber nicht in Bezug auf einen übergreifenden Sinn überprüft. Stattdessen wurde die staatliche Gewalt bemüht und das Pflügen der Felder verhindert, was zu einem Ernteausfall und somit zu einer Einschränkung der Überlebenssicherheit der Kleinbauern führte. Die Projektleitung, mehrere Hundert Kilometer entfernt in der Hauptstadt, erhält kaum Kenntnis über solche Vorfälle und falls doch, wird nicht reagiert und das Wissen über die tatsächlichen Wirkungen des entwicklungsbezogenen Handelns verhindert.

6.1 Der Ruf nach neuen Entwicklungskonzepten

Eine der Vorbedingungen um eine notwendige, tiefgreifende Veränderung durchzusetzen ist eine Abkehr von Modernisierungsideen, deren Ziele von Entwicklungsexpertinnen und -experten schon vordefiniert sind. Die Wissensbasis dieser Expertinnen und Experten ist ein konventionelles Wissenschaftsverständnis, dessen andro- und ethnozentristischer Charakter offensichtlich ist. Gebraucht wird also ein neues Entwicklungskonzept, das eine radikale Integration lokaler Wissenssysteme und Perspektiven beinhaltet. Dafür muss erst einmal die Art der gegenwärtigen Interventionspolitik und ihre zugrundeliegende Wissensproduktion in den Vordergrund gerückt werden. Eine entwicklungssoziologische Perspektive auf Wissensproduktion, Herrschaft und Macht ist hierbei gefragt (Arce 2000: 44, 50). Es ist also folglich die Einsicht notwendig, dass Wissensproduktion nicht von ihren sozialen und politischen Bedingungen getrennt werden kann und deshalb die Entstehung und Existenz epistemischer Kulturen[15] nachvollzogen werden muss. Der Schwerpunkt sollte allerdings auf der Konstruktion der Maschinerie der Wissenskonstruktion liegen (Evers 2000: 10).

Der Abbau der Systeme des Nichtwissens bedeutet aber nicht nur eine Einsicht in die Konstruktion der Maschinerie der Wissenskonstruktion, sondern auch eine Abkehr von Herrschaft durch Basisdemokratie, von Bürokratie zu sozialen Bewegungen und von der organisierten Unverantwortlichkeit durch die Internalisierung von Drittwirkungen. Die Frage ist, ob die Kultur des Schweigens, die Verteidigung gegen die bürokratische Entwicklungsadministration und die methodologischen und epistemologischen Ansätze gegen den Einbezug des Alltagswissens und der Lebenswelt in kreativer Weise verändert werden können. Die Anwendung von handlungsorientierten Ansätzen ist hierbei ein erster Schritt, der nicht nur dazu führt Alltagshandlungen zu verstehen, sondern der auch eine Konzeptualisierung der Menschen als aktiv und rational Handelnde

---

15 Epistemische Kulturen bestimmen, wie wir wissen, was wir wissen (Knorr-Cetina 1999: 1).

vorsieht, die auf der Grundlage ihres eigenen Wissens (das seine eigene Logik besitzt) agieren. Der damit verbundene Schwerpunkt ist konträr zu den Ansätzen vieler internationaler Entwicklungsorganisationen, die nach wie vor die betreffenden Akteurinnen und Akteure als irrational, unwissend und defizitär charakterisieren (Lachenmann 1994: 303).

6.2 Akzeptanz einer Differenz als Element der Vielfalt

Was hat dies nun alles mit Frauen/Gender und Entwicklungspolitik zu tun? Nun, es waren zum einen viele feministisch orientierte Forscherinnen, die gezeigt haben, dass westliches/wissenschaftliches Wissen nicht ganz so umfassend ist und von einer spezifischen sozialen und historischen Vision der Weltordnung und Rationalität geformt wird. Dies resultierte in der Forderung, dass epistemologische Modelle, die auf einem androzentristischem Modell aufbauen, sich selbst reduzieren und deshalb dazu beitragen dass das andere Subjekt nicht als gleiches anerkannt wird (Moore 1996: 3). Die Akzeptanz einer Differenz als ein Element der Vielfalt wird hier als Basis für ein Beziehungsgefüge gesehen, das multidimensional ist und sich nicht auf Verfügungsmacht und Herrschaft begründet (Künkel 1995: 58).

6.3 Die geschlechtsspezifische Einbettung der Ökonomie

Diese Rationalität und Weltordnung beinhaltet aber auch, dass über Systeme des Nichtwissens geschlechtsspezifische Konstruktionen und Annahmen übertragen werden, die ungleiche Machtverhältnisse der Geschlechter weiter vergrößern (oder erst schaffen). Es kommt einerseits zur „Hausfrauisierung" und Verdrängung von Frauen aus formalen Sektoren und Tätigkeiten, aber auch zum Eintrittshemmnis in diese Sektoren. Frauen werden weiterhin in Entwicklungsprogrammen gefördert, die an WID orientiert sind. Ihre aktuellen ökonomischen Tätigkeiten werden jedoch ausgeblendet. Es fehlen deshalb empirische Studien, welche die Beziehungen zwischen den geschlechtsspezifisch strukturierten verschiedenen Handlungsfeldern, Frauenökonomien als Teil des Produktionssystems und die möglichen Handlungsspielräume aufzeigen. Mit dem Konzept der geschlechtsspezifischen Einbettung der Ökonomie (Engendering Embeddedness) wird diesen Beziehungen zwischen den verschiedenen Handlungsfeldern und der Transformation von Frauenräumen nachgegangen. Es werden damit aber auch die konkreten empirischen Verbindungen des ökonomischen Handelns mit sozialen Beziehungen und Strukturen beobachtet (Lachenmann 2001d: 83).

Mit einem solchen relationalen und prozessgerichteten Analyseansatz, bei dem das interaktive, handlungstheoretisch gefasste Verständnis von Einbettung mit sozialen Räumen und Arenen verbunden wird, bleiben simple Genderanalysen auf der Strecke. Damit wird die Möglichkeit eröffnet mit alten Vereinfachungen von Frauen und Geschlechterbeziehungen in den Ländern des Südens aufzuräumen. Die „neue" Perspektive der Anerkennung von Frauen als aktiv Handelnde trägt zu einer Abkehr von der Konstruktion von Frauen als Opfer oder diese als Umweltengel glorifizierende bei. Ins Zentrum rücken dann auch Modi der Wissensproduktion, die in globale, hierarchische Geschlechterverhältnisse und -ordnungen eingebettet sind.

Literatur

Altmann, Uta; Teherani-Krönner, Parto (Hrsg.) (1997): What have Women's Projects Accomplished so far? Proceedings of the II. International Conference on Women in Rural Development. Humboldt University of Berlin. 31 – 52.

Arbeitsgruppe Ethnologie (Hrsg.) (1989): Von fremden Frauen. Frausein und Geschlechterbeziehungen in nichtindustriellen Gesellschaften. Frankfurt a.M.: Suhrkamp.

Arce, Alberto (2000): Creating or regulating development. Representing modernities through language and discourse. In: Arce et al. (2000): 31 – 51.

Arce, Alberto; Long, Norman (Hrsg.) (2000): Anthropology, Development and Modernities. Exploring discourses, conter-tendencies and violence. London, New York: Routledge.

Becher, Catrin (1997) Ethiopian peasants and the land: The gender division of labour and knowledge. A case study from North Survey carried out for GTZ (Gesellschaft für technische Zusammenarbeit). Land Use Planning and Resource Management Project in Oromia Region (LUPO) unveröffentlichtes Dokument.

Becher, Catrin (1998): Concepts and approaches of gender and participation in development cooperation: The case of the Land Use Planning and Resource Management Project in Oromia Region (LUPO), GTZ. unveröffentlichtes Dokument.

Becher, Catrin (2001): „According to our tradition a woman can not own land": Die geschlechtsspezifische Einbettung von Land und Ökonomie im Norden Ghanas. In: Lachenmann/Dannecker (2001): 51 – 71.

Becher, Catrin (2003a): Natural resource management, modes of governance and the construction of gender in Ethiopia. In: Bruchhaus (2003): 98 – 107.

Becher, Catrin (2003b): Engendering agriculture and natural resource management in Ethiopia: Environmental rehabilitation programs, negotiations of the gender order and public spaces. To be published in: Proceedings of the 15th International Conference on Ethiopian Studies, Universität Hamburg, 21.-25.07.2003.

Bruchhaus, Eva-Maria (Hrsg.) (2003): Hot spot Horn of Africa. Between integration and disintegration.

Evers, Hans-Dieter (2000): Epistemic cultures: Towards a new sociology of knowledge, working paper No 330, Sociology of Development Research Center, Faculty of Sociology, University of Bielefeld.

Gesellschaft für Technische Zusammenarbeit (GTZ), Facharbeitskreis Waldwirtschaft (2003): People and forests. Opportunities for improving livelihoods, alleviating poverty and safeguarding the environment through sustainable forest management, Eschborn.

Gesellschaft für Technische Zusammenarbeit (GTZ) (2004): Glossar. http://www.gtz.de/glossar/deutsch/2_12.html

Guijit, Irene; Shah. Meera Kaul (1998): Waking up to power, conflict and process. In: dies. (Hrsg.) (1998): The myth of community. Gender issues in participatory development (1-23). London: Intermediate Technology Publications.

Hasenjürgen, Brigitte (1993): Von der „Subsistenzdebatte" zur „Geschlechterforschung" - Frauen und Arbeit im Diskurs der westdeutschen Frauenforschung. In: dies. (Hrsg.) (1993): Frauenarbeit – Frauenpolitik (11 – 32). Münster: Verlag Westfälisches Dampfboot.

Hauser-Schäublin, Brigitta (Hrsg.) (1991): Ethnologische Frauenforschung. Ansätze, Methoden, Resultate. Berlin: Dietrich Reim Verlag.

Hitzler, Ronald et al. (1994): Expertenwissen. Die institutionalisierte Kompetenz zur Konstruktion von Wirklichkeit. Opladen: Westdeutscher Verlag.

Hobart, Mark (1993): Introduction. In: ders. (Hrsg.) (1993): An anthropological critique of development: The growth of ignorance (1-30). London: Routledge.

Knorr-Cetina, Karin (1999): Epistemic cultures. How science can make sense. Cambridge, Mass.: Harvard University Press.

Künkel, Petra (1995): Die Mühen der Differenz. Frauenforschung in Afrika südlich der Sahara, Saarbrücken: Breitenbach.

Lachenmann, Gudrun (1990): Ökologische Krise und sozialer Wandel in afrikanischen Ländern. Handlungsrationalitäten der Bevölkerung und Anpassungsstrategien in der Entwicklungspolitik; mit einer empirischen Studie über Mali. Saarbrücken: Breitenbach.

Lachenmann, Gudrun (1994): Systeme des Nichtwissens. Alltagsverstand und Expertenbewusstsein im Kulturvergleich. In: Hitzler et al. (1994): 285 – 305.

Lachenmann, Gudrun (1995): Internationale Frauenpolitik im Kontext von Globalisierung und aktuellen Transformationsprozessen. working paper 229. Forschungsschwerpunkt Entwicklungssoziologie. Fakultät für Soziologie. Universität Bielefeld.

Lachenmann, Gudrun (1996): "Why gender matters". Renforcer les aspects genre dans le cadre de la coopération germano-camerounaise, Stärkung von Genderaspekten im Rahmen von Vorhaben der deutschen TZ in Kamerun. Consultancy for the Deutsche Gesellschaft für Technische Zusammenarbeit (GTZ). Unpublished report.

Lachenmann, Gudrun (1997a): Future Perspectives of Rural Women's Projects: Intervention, Interaction or Empowerment? In: Altmann et al. (1997): 31 – 52.

Lachenmann, Gudrun (1997b): Frauen und Globalisierung: Aktuelle Entwicklungen und kritische Diskurse. Working paper No 284. Forschungsschwerpunkt Entwicklungssoziologie. Fakultät für Soziologie. Universität Bielefeld.

Lachenmann, Gudrun (2001a): Die geschlechtsspezifische Konstruktion von Umwelt in der Entwicklungspolitik. In: Nebelung et al. (2001).

Lachenmann, Gudrun (2001b): Globalisierung der Entwicklungspolitik: Sozialwissenschaftliche Konzepte geschlechtsspezifisch betrachtet – Fallstudien zu Armutsbekämpfung und Dezentralisierung in Afrika. In: Schrader et al. (2001): 181 – 210.

Lachenmann, Gudrun (2001c): Geschlechtsspezifische Einbettung der Wirtschaft, Einführung: Geschlechterbeziehung als Paradigma. In: Lachenmann/Dannecker (2001): 15 – 47.

Lachenmann, Gudrun (2001d): Transformation der Frauenökonomie und Dimensionen der Einbettung in Afrika. In: Lachenmann/Dannecker: 83 – 110.

Lachenmann, Gudrun; Dannecker, Petra (Hrsg.) (2001): Die geschlechtsspezifische Einbettung der Ökonomie. Empirische Untersuchungen über Entwicklungs- und Transformationsprozesse. Münster, Hamburg, Berlin, London: LIT Verlag.

Leach, Melissa (1992): Women's crops in women's spaces: Gender relations in Mende rice farming. In: Croll, Elisabeth; Parkin, David (1992): 76 – 96.

Lenz, Ilse (1992): Frauenarbeit und Frauenpolitik zwischen Subsistenzproduktion und Arbeitsmärkten. Frauen international - komplexe Beziehungen. In: Entwicklungsprozesse und Geschlechterverhältnisse. ssip bulletin No. 63. Saarbrücken: Breitenbach. 75 – 91.

Moore, Henrietta (1996): The changing nature of anthropological knowledge. An introduction. In: dies. (Hrsg.) (1996): The future of anthropological knowledge (1-15). London: Routledge.

Nebelung, Andreas; Poferl, Angelika; Schultz, Irmgard (Hrsg.) (2001): Geschlechterverhältnisse, Naturverhältnisse. Feministische Auseinandersetzungen und Perspektiven der Umweltsoziologie. Opladen: Leske + Budrich.

Parpart, Jane L.; Marchand, Marianne H. (1995): Exploding the canon: An introduction/conclusion. In: dies. (Hrsg.) (1995): Feminism, postmodernism, development. London: Routledge.

Robertson, Roland (1992): Globalisation: Social theory and global culture, London: Sage.

Schrader, Heiko; Kaiser, Markus; Korff, Rüdiger (Hrsg.) (2001): Markt, Kultur und Gesellschaft. Zur Aktualität von 25 Jahren Entwicklungsforschung. Festschrift zum 65. Geburtstag von Hans-Dieter Evers. Münster, Hamburg, London: LIT Verlag.

Sodeik, Eva (1998): Erfahrungen mit partizipativen Methoden. In: Entwicklungsethnologie. Heft 2. 7. Jahrgang. 24 – 31.

Stiegler, Barbara (2000): Wie Gender in den Mainstream kam. Konzepte, Argumente und Praxisbeispiele zur EU-Strategie des Gender Mainstreaming. Friedrich-Ebert-Stiftung. Abteilung Arbeit und Sozialpolitik. Bonn.

TOSTAN - Eine Herausforderung für die Entwicklungstheorie? Weibliche Genitalverstümmelung im Kontext von Geschlecht, Kultur und postkolonialer Kritik
Daniela Hrzán

1. Weibliche Genitalverstümmelung in der öffentlichen Diskussion

Seit Mitte der 1990er Jahre ist weibliche Genitalverstümmelung[1] eines der am meisten diskutierten Themen, wenn es um die Darstellung afrikanischer Frauen geht. Während frühere Texte vor allem versuchten, über Praktiken genitaler Verstümmelung aufzuklären, sind in den vergangenen Jahren verstärkt Diskussionen über weibliche Genitalverstümmelung im Kontext der Debatten um Kulturrelativismus vs. universalen Menschenrechten geführt worden. Des Weiteren haben afrikanische Aktivistinnen und Feministinnen ihre Positionen zu dieser Problematik dargelegt. Betont werden soll hier auch, dass sehr unterschiedliche Debatten über dieses Thema geführt werden, die keineswegs so einfach zu charakterisieren sind, wie häufig dargestellt. Weder sehen sich alle Afrikanerinnen als wehrlose Opfer barbarischer Praktiken und alle „westlichen" Frauen als ihre Erlöserinnen, noch sind alle afrikanischen Frauen für Genitalverstümmelung und alle westlichen Frauen Kulturimperialistinnen, die sich gedankenlos in eine fremde Kultur einmischen. Es gibt afrikanische Aktivistinnen, wie zum Beispiel Awa Thiam, die seit vielen Jahren gegen Praktiken genitaler Verstümmelung kämpfen, oft auch gemeinsam mit Frauen aus dem „Westen" (A. Thiam 1995). Ebenso gibt es afrikanische Wissenschaftlerinnen, die an amerikanischen Universitäten lehren und den westlichen feministischen Diskurs über weibliche

---

1 Der Begriff „weibliche Genitalverstümmelung" bezeichnet hier alle Praktiken, die die teilweise oder vollständige Entfernung der äußerlichen weiblichen Genitalien oder jede andere Verletzung der weiblichen Genitalien betreffen, sei es aus kulturellen oder anderen nicht-therapeutischen Gründen (World Health Organzation 1996).

Genitalverstümmelung scharf kritisieren, was aber nicht automatisch bedeutet, dass sie sich für den Fortbestand derartiger Praktiken einsetzen. So meint Obioma Nnaemeka, dass jedes Mädchen, das beschnitten wird, eines zu viel sei, kritisiert aber die Diskussionen über die „richtige" Benennung von Genitalverstümmelung unter europäischen und US-amerikanischen Feministinnen als ein Ablenkungsmanöver. Dadurch würde der wirklich zentrale Punkt verschleiert, nämlich den Afrikanerinnen zuzugestehen, dass sie selbst in der Lage seien, zu entscheiden, wie sie mit dieser Problematik umgehen (O. Nnaemeka 2001: 177). Des Weiteren gibt es Weiße[2] Frauen, die ihre eigene Sprechposition selbstkritisch hinterfragen und Ethnozentrismus und Rassismus im Umgang mit diesem Thema thematisieren, genauso wie Aktivistinnen, die ihr Engagement nie in Frage gestellt haben, weil sie der Meinung sind, dass ihre Einmischung in diese Menschenrechtsverletzung legitim ist. Obwohl die Debatten um weibliche Genitalverstümmelung primär von Frauen geführt werden, beteiligen sich auch Männer daran. So beschäftigt sich der Senegalese Abdou Karim Sané mit der Frage, warum ein afrikanischer Mann sich dafür einsetzen sollte, dass mit diesem „grausamen Ritual" gebrochen wird (A. K. Sané 2003: 95).

Bestimmte Aspekte weiblicher Genitalverstümmelung sind bis jetzt selten thematisiert worden. Dazu gehört vor allem auch der entwicklungstheoretische Diskurs. Dafür lassen sich zwei Gründe benennen: Zum einen stellte das Thema „weibliche Genitalverstümmelung" keine Priorität in der Entwicklungstheorie und -praxis dar. Weder afrikanische Frauen noch Institutionen der Entwicklungshilfe nahmen die weibliche Genitalverstümmelung als wichtig wahr. Zu groß waren dafür dringendere Probleme wie Bürgerkriege, Hungersnot oder AIDS. Zum anderen ist die Abwesenheit von weiblicher Genitalverstümmelung in der Geschichte entwicklungstheoretischer Ansätze zu erklären. Beide der „großen" Hauptstränge der Entwicklungstheorie - Modernisierungstheorie und Dependenztheorie - vernachlässigen Kultur als einen wichtigen Faktor menschlicher Entwicklung. Frauen- und später auch genderzentrierte Ansätze, die die „großen Theorien" kritisierten, berücksichtigten ebenfalls nicht die kulturellen Aspekte von Entwicklung, sondern konzentrierten sich auf ökonomische Gesichtspunkte.

Mit TOSTAN gibt es ein Projekt, das im Kampf gegen die genitale Verstümmelung von Frauen erfolgreich ist. Was verbirgt sich hinter diesem Namen? Worauf lässt sich der Erfolg zurückführen? In dem vorliegenden Beitrag

---

2 „Schwarz" und „Weiß" werden großgeschrieben, um deutlich zu machen, dass es sich um soziale Konstruktionen handelt, nicht um rassische Zuschreibungen. Dabei soll die Großschreibung von „Weißen" diese nicht zentrieren, sondern eher verdeutlichen, dass nicht nur „Schwarzsein," sondern auch „Weißsein" eine soziale Konstruktion darstellt, die durch ihren unmarkierten Status in der Regel aber nicht als solche wahrgenommen wird und deshalb erst einmal sichtbar gemacht werden muss.

möchte ich entwicklungstheoretische Ansätze dahingehend untersuchen, was sie über die Schnittmenge von Geschlecht und Kultur im Kontext postmoderner und postkolonialer feministischer Kritik auszusagen vermögen und welche Schlussfolgerungen sich daraus für den Umgang mit weiblicher Genitalverstümmelung in der Praxis ergeben können.

2. „Gender" und Entwicklungstheorie: Ermächtigung oder Enttäuschung?

Der Gender-and-Development (GAD) Ansatz, der sich in den 1980er Jahren etablierte, stellt wie sein Vorgänger Women in Development (WID)[3] eine Kritik an dominanter entwicklungspolitischer Theorie und Praxis dar. Regina Frey hat in ihrer Analyse von Bedeutungsdimensionen der Kategorie „Geschlecht" im Entwicklungsdiskurs gezeigt, dass WID und GAD gern kontrastierend gegenübergestellt werden. GAD steht dabei für den tiefer greifenden Ansatz, der mit höherer Transformationskraft ausgestattet ist und mit einer Ermächtigung (*empowerment*) von Frauen einhergeht. WID dagegen wird als an liberalfeministische Ansätze angelehnt gesehen und als ein Integrationsansatz betrachtet, der wenig konfrontativ ist und vor allem auf eine bessere Verwertung weiblicher Arbeitskraft abzielt (R. Frey 2003: 79).

Caroline Moser, eine der bekanntesten Vertreterinnen des GAD-Ansatzes, nimmt eine Unterscheidung zwischen praktischen und strategischen Gender-Bedürfnissen (*practical and strategic gender needs*) vor. Praktische Gender-Interessen, die sich in Bedürfnisse umsetzen lassen, stellen dabei eine direkte Reaktion auf unmittelbar wahrgenommene Probleme dar. Strategische Gender-Interessen dagegen werden deduktiv aus der Analyse der Unterdrückung von Frauen entwickelt und zielen auf die Überwindung der Geschlechterhierarchie ab (M. Braig 2001: 114). Mosers Artikulation von strategischen Gender-Bedürfnissen, wie beispielsweise der Kampf gegen sexuelle Gewalt, wurde als wichtig angesehen, aber auch kritisiert. So bemängelt Gudrun Lachenmann Mosers „problematische Unterscheidung" zwischen praktischen und strategischen Gender-Bedürfnissen, die dazu verleite, nur „die naheliegenden Bedürfnisse der Frauen zu befriedigen" (G. Lachenmann 1999: 77), während Frey kritisiert, dass Gender-Bedürfnisse und -interessen hier ausschließlich Bedürfnisse und Interessen von Frauen seien (R. Frey 2003: 104). Der zweite einfluss-

---

3 Der die 1970er Jahre bestimmende WID-Ansatz stellte vor allem eine Kritik an der Ausblendung der ökonomischen Rolle von Frauen im Entwicklungsprozess dar und forderte ihre Integration. Dies sollte hauptsächlich durch die Etablierung von Frauenprojekten zur Einkommensbeschaffung geschehen (R. Frey 2003: 80).

reiche Ansatz innerhalb des GAD-Paradigmas ist DAWNs Ermächtigungs-Ansatz (*empowerment approach*), der sich gegen Ende der Frauenweltdekade 1985 herausbildete. DAWN steht für „Development Alternatives with Women in a New Era" und ist ein Frauennetzwerk des „Südens". Die Vertreterinnen DAWNs fordern die Überwindung von Ungerechtigkeiten basierend auf Klasse, Geschlecht und „Rasse" sowie die Beseitigung von Armut und allen Formen von Gewalt (G. Sen/ C. Grown 1988: 80ff.). Macht soll dabei im Zusammenspiel verschiedener emanzipatorischer Organisationen und Aktivitäten erkämpft werden. DAWN geht es also um viel mehr als nur die Integration von Fraueninteressen in bestehende Entwicklungsprojekte, nämlich um eine Infragestellung von dominanten Entwicklungsparadigmen selbst (I. Kerner 1999: 11).

Im Zuge postmoderner Theoriebildung gerieten unhinterfragte Annahmen der Moderne, insbesondere der Glaube, dass rationales Denken und technologische Innovationen Fortschritt und Aufklärung garantieren, ins Wanken. Die großen Metaerzählungen - in der Entwicklungstheorie und -praxis waren dies die Modernisierungs- und die Dependenztheorien - wurden nicht länger als Wahrheiten angesehen, sondern als privilegierte Diskurse, die abweichende Stimmen zum Schweigen bringen (J. Parpart/ M. Marchand 1995: 2). So untersucht die postkoloniale Theoretikerin Chandra Mohanty, wie bestimmte analytische Kategorien in den Texten westlicher Feministinnen benutzt werden, um Wissen über „Dritte-Welt-Frauen" zu produzieren (C. Mohanty 1991). Sie argumentiert, dass westliche Feministinnen, trotz ihrer Heterogenität, ähnliche textuelle Strategien benutzen, um *Andere* als nicht-westlich und sich selbst als westlich zu konnotieren (C. Mohanty 1991: 52). Die diskursive Reproduktion eines „Dritte-Welt-Unterschieds" - eine angenommene stabile, ahistorische Macht, die alle Dritte-Welt-Frauen unterdrückt, beispielsweise in Form eines universellen Patriarchats - spiele dabei eine entscheidende Rolle. Die mangelnde Differenzierung zwischen kulturellen Gegebenheiten wird auch in entwicklungstheoretischen Diskursen über „Kultur" thematisiert, wie im Folgenden gezeigt wird.

3.   „Kultur" in der Entwicklungstheorie: Die große Unbekannte?

Je nach Disziplin, Zugang, politischer Prägung, Erkenntnisinteresse bzw. Fragestellung kann „Kultur" sehr verschiedene Dinge im entwicklungstheoretischen Diskurs bedeuten (vgl. S. Schech/ J. Haggis 2000). In Deutschland wird die Diskussion um die Rolle von Kultur in der Entwicklungstheorie und -politik u.a. von der 1991 gegründeten Arbeitsgemeinschaft Entwicklungsethnologie (A-GEE) e.V. geführt (AGEE 1996: 283). Einer ihrer Vertreter, Frank Bliss, zeichnet in chronologischer Abfolge nach, dass die Gründe für die Abwesenheit von „Kultur" in der Entwicklungstheorie auf die Definition von Entwicklung als einem linearen ökonomischen Prozess zurückzuführen sind. Die Modernisierungstheorien der 1950er und 1960er Jahre führten die Rückständigkeit der ehemaligen Kolonien auf endogene Faktoren zurück, zum Beispiel dem dominierenden Sakralen, machten sich aber wenig Mühe, diese Faktoren genauer zu analysieren. Die Dependenz-Diskussion der 1970er Jahre war auf die kapitalistische Weltwirtschaft gerichtet, die für die Unterentwicklung in Ländern des Südens verantwortlich gemacht wurde. „Kulturalisierende" Tendenzen wurden bekämpft, um aufzuzeigen, dass Unterentwicklung nicht durch die Kultur einer Gesellschaft, sondern durch Ausbeutung verursacht wird (F. Bliss 2001: 71f.).

Was traditionelle kulturelle Praktiken betrifft, so wurde sowohl von Seiten der Modernisierungstheorie als auch den Dependenz-Theorien vermutet, dass diese im Zuge von Modernisierung bzw. Revolution von selbst verschwinden würden (F. Bliss 2001: 72). Jane Parpart verweist auf die geschlechtsspezifischen Hintergründe dieser Annahmen. Demnach wurden Geschlechterbeziehungen, beispielsweise die Arbeitsteilung zwischen Frau und Mann sowie bestimmte Traditionen, die Frauen in untergeordneten Positionen halten, als heilig betrachtet und blieben somit unangetastet. Kulturelle Praktiken, wie zum Beispiel auch weibliche Genitalverstümmelung, wurden als „Kultur" bezeichnet und damit aus dem Entwicklungsdiskurs ausgeschlossen. Im Zusammenspiel mit nationalistischen Diskursen führten diese Politiken teilweise dazu, dass solche Praktiken selektiv ausgewählt und von männlichen Führern des Südens als notwendig für die nationale Ehre propagiert wurden (J. Parpart 1995: 228). Beispielhaft dafür ist die Instrumentalisierung weiblicher Beschneidung durch den Führer der Befreiungsbewegung und späteren Präsidenten von Kenya, Jomo Kenyatta, im Kampf gegen die britische Kolonialherrschaft und das von den Briten eingeführte Schulsystem, das nur unbeschnittene Schülerinnen zum Lernen zuließ (vgl. C. Presley 1992: 83-106).

Unter dem Einfluss der kulturellen Wende wurde in den vergangenen Jahren „Kultur" verstärkt thematisiert. Lokalen Wissenskulturen kommt in diesem Zusammenhang eine besondere Bedeutung zu. Ein Bericht der Weltkommission für Kultur und Entwicklung aus dem Jahre 1995 zeichnet ein besonders schillerndes Bild von den Werten lokaler Kulturen. Betont wird zum Beispiel, dass lokale Wissenssysteme „Kulturen des Widerstands" beinhalten, die von Frauen und anderen subalternen Gruppen genutzt werden, um Unterdrückung zu artikulieren (World Commission on Culture and Development 1995: 136). Die Privilegierung lokaler Kulturen und ihrer Wissenssysteme im entwicklungstheoretischen Diskurs ist aber umstritten. So meint Christoph Antweiler, dass die Komplexität lokalen Wissens stark unterschätzt werde (C. Antweiler 1998: 29). Und nicht nur das: Es erfolge geradezu eine Idealisierung lokalen Wissens, die falsch sei. Lösungen, die auf lokalem Wissen basieren, seien nicht notwendigerweise sozial gerecht, und lokales Wissen sei nicht zwangsläufig demokratisch (C. Antweiler 1998: 31). Eine Kritik ganz anderer Art kommt von der postkolonialen Theoretikerin Meera Nanda. In den entwicklungstheoretischen Diskursen führe die starke Betonung von lokaler Kultur zu „Kulturalismus", der die Repräsentationen dieser Kulturen als die ultimative Macht in Entwicklungsprozessen sieht. Dadurch würden nichtwestliche Kulturen wieder neu als die *Anderen* reproduziert, während andererseits die Inhalte und Praktiken, die die Traditionen eben dieser Kulturen beeinflussen, nicht untersucht werden (M. Nanda 2002: 215).

4. Gender ohne Kultur? - Kultur ohne Gender?

Wie ich gezeigt habe, scheint eine Verbindung zwischen Gender und Kultur unter Einbeziehung postmoderner bzw. postkolonialer feministischer Kritiken in der Entwicklungstheorie und -praxis ein schwieriges Unterfangen zu sein. Können Gender, Kultur und postmoderne bzw. postkoloniale Kritik gar nicht zusammengedacht werden und wenn doch, wie könnte solch ein Modell aussehen? In der Aufsatzsammlung *Feminist Futures· Re-Imagining Women, Culture and Development* (2003) stellt Kum-Kum Bhavnani ein neues Paradigma vor: Women, Culture and Development (WCD). Im Mittelpunkt dieses Ansatzes steht die Fähigkeit von Frauen zu handeln, die als ein Mittel gesehen wird, zu verstehen, wie Ungerechtigkeiten reproduziert werden, aber auch in Frage gestellt werden kann. Herausgestellt wird auch die besondere Rolle von Kultur im WCD-Ansatz. Kultur wird für genauso wichtig erachtet wie wirtschaftliche Belange und soll explizit sichtbar gemacht werden. Um kritisch Gender einzubeziehen und diskutieren zu können, sei es notwendig, über Kultur zu reden (K.-K. Bhavnani 2003: 4).[4] Unklar bleibt jedoch der Stellenwert von Männern in diesem neuen Entwurf. Wie schon erwähnt geht es darum, „Frauen" ins Zentrum von Entwicklungstheorie und -planung zu stellen. Aber heißt dies automatisch, dass Männer aus dem Fokus geraten oder soll vielmehr, auch in Anknüpfung an den Ermächtigungs-Ansatz von DAWN, über „Frauen" auch Gender verstärkt problematisiert werden? Ich meine, letzteres ist zutreffend, und es wird abzuwarten sein, wie dieser neue Ansatz rezipiert werden wird.

---

4 Ein weiterer positiver Aspekt des WCD-Ansatzes ist die Einbeziehung *queerer* Perspektiven, eine noch sehr neue Idee im entwicklungstheoretischen und -politischen Diskurs. Dabei wird untersucht, wie Heterosexualität in konventionellen Entwürfen zu Entwicklung institutionalisiert, naturalisiert und geregelt wird (K.-K. Bhavnani 2003: 16).

5. TOSTAN: Durchbruch im Kampf gegen Genitalverstümmelung

Am 31. Juli 1997 verkündeten die Einwohner von Malikunda, einem Dorf im Senegal mit 3000 Einwohnern, der ethnischen Gruppe der Bambara ihren Entschluss, in Zukunft auf die weibliche Beschneidung zu verzichten. Diese Erklärung, die im Beisein senegalesischer Medien und Würdenträger stattfand, stellte eine einzigartige öffentliche und kollektive Verpflichtung dar, diese Tradition nicht weiterzuführen. Etwas Vergleichbares hatte es zuvor in den Ländern Afrikas, in denen weibliche Genitalverstümmelung praktiziert wird, nie gegeben (G. Mackie 2000: 59).

Seit einigen Jahren unterstützen deutsche Entwicklungshilfeorganisationen internationale Organisationen wie TOSTAN im Kampf gegen die weibliche Genitalverstümmelung. Im Mittelpunkt stehen Aufklärung und Maßnahmen, die spezifischen kulturellen Besonderheiten Rechnung tragen und lokale Traditionen einbeziehen (H. Wiezcorek-Zeul 2000: 148-149). TOSTAN[5] („Durchbruch" auf Wolof) ist ein Beispiel dafür, dass erfolgreich gegen Genitalverstümmelung vorgegangen werden kann, wenn Frauen und Männer sowie ihre Kultur respektiert und aktiv einbezogen werden. Molly Melching, Leiterin von TOSTAN, betont, dass das Programm ursprünglich die Abschaffung weiblicher Genitalverstümmelung gar nicht zum Ziel hatte. Es ging eher um eine allgemeine Verbesserung der Lebensbedingungen der Menschen. Durch das Gelernte hätten diese sich dann von selbst dafür entschieden, Praktiken genitaler Verstümmelung aufzugeben (M. Melching 2003: 39).

Bei TOSTAN handelt es sich um ein holistisches Bildungsprogramm in den gängigen lokalen Sprachen, das nicht nur Lesen, Schreiben und Rechnen vermittelt, sondern auch Strategien zur Analyse und Lösung von alltäglichen Problemen, wie zum Beispiel der Reparatur einer Wasserpumpe. TOSTAN arbeitet mit Vermittlungstechniken, die auf traditionellen Elementen afrikanischer Kultur beruhen, also Gesang, Tanz, Theater, Musik und Dichtung. Ziel ist, dass alle Teilnehmenden aktiv partizipieren können, ohne sich darum sorgen zu müssen, wie gut oder schlecht ihre Lese- und Schreibfertigkeiten sind (M. Melching 2003: 40). Positive Eigenschaften, die oft mit afrikanischen Kulturen in Verbindung gebracht werden, beispielsweise die Fähigkeit zum Dialog, Mediation und Konsensfähigkeit sowie Respekt für das Individuum, aber auch die Gruppe, sieht TOSTAN als effektive Mittel, Wandel aus der Perspektive der Menschen selbst herbeizuführen (M. Melching 2001: 157). Dabei ist das Modul 7 von besonderem Interesse für Diskussionen über sinnvolle Wege, weibliche Genitalverstümmelung zu bekämpfen. In diesem Baustein werden Themen rund um

---

5 Wenn nicht anders angegeben, stammen alle Informationen zur Arbeit von TOSTAN von deren Homepage: http://www.tostan.org.

Sexualität und Reproduktion angesprochen, beispielsweise Schwangerschaft, weibliches sexuelles Empfinden, Menopause, sexuelle Gewalt und AIDS. Erklärt wird außerdem die Funktion von reproduktiven Organen, so dass Frauen, die von weiblicher Genitalverstümmelung betroffen sind, von selbst erkennen können, welche gesundheitlichen Schäden dadurch entstehen können, ohne dass das Wort „Beschneidung" überhaupt fallen muss. (M. Melching 2001: 159). Am Ende dieses Moduls steht die Aufführung eines Theaterstücks.[6] Erzählt wird die Geschichte von Poole, einem achtjährigen Mädchen, das nach seiner Beschneidung verblutet. Diese Geschichte wird immer den jeweiligen örtlichen Besonderheiten angepasst und daher sehr lebendig und lebensnah dargestellt. Dies wird u.a. möglich durch die Verwendung von Liedern, die auch bei tatsächlichen Beschneidungen traditionell gesungen werden. Ein außerordentlich wichtiger Bestandteil von TOSTANs Ansatz ist auch, dass die Teilnehmenden eine Person „adoptieren", an die sie die gelernten Informationen weitergeben. Die Erfahrung der Weitergabe des Wissens wirkt ermächtigend, vor allem für Frauen, denen nun aufgrund ihres Wissens großer Respekt in der Gemeinde zuteil wird (M. Melching 2001: 160). Diese Praxis der sozialen Mobilisierung verweist auch auf ein zusätzliches Anliegen von TOSTAN, nämlich die typischen Hierarchien zwischen Lehrenden und Lernenden aufzubrechen. Teilnehmende der Bildungsprogramme sollen stets die Möglichkeit haben, Wissen zu hinterfragen, denn schließlich werden sie nach Beendigung des Programms selbst Lehrende sein (M. Melching 2001: 162).

Die Teilnahme am Bildungsprogramm von TOSTAN ist aber nur eine Seite des Erfolgs. Ohne die öffentlichen Erklärungen ganzer Dörfer, die dazu geführt haben, dass genitale Verstümmelungen an Mädchen dort nicht mehr durchgeführt werden, wäre der Erfolg wohl nicht gegeben. Gerry Mackie erklärt den Erfolg von TOSTAN mit Hilfe der „Konventionstheorie." Er argumentiert, dass Menschen, die weibliche Genitalverstümmelung praktizieren, in einer Art „Konvention" gefangen seien. Solange „Frauen glauben, dass Männer keine unbeschnittene Frau heiraten und solange Männer glauben, eine unbeschnittene Frau sei keine passende Partnerin für die Ehe, bleibt die Vorstellung in der Gemeinschaft verwurzelt" (G. Mackie 2000: 62). Mackie benutzt das Beispiel des Abbindens der Füße von Frauen in China, um aufzuzeigen, dass dort ähnliche Mechanismen am Werk waren, die dafür sorgten, dass diese ebenso gesundheitsschädigende Praktik über Jahrhunderte fortgeführt wurde, dann aber relativ

---

6 Der Einsatz von Theater und oralen Traditionen wie Gesang und Dichtung in Projekten zur Bekämpfung weiblicher Genitalverstümmelung ist nicht auf den Senegal beschränkt, sondern findet zum Beispiel auch in Nigeria als Bestandteil sogenannter „Theater for Development"-Projekte statt. Vgl. Victor Samson Duggas Analyse des Theaterstücks *Das böse Messer* (*The Evil Blade*) der Dichterin und Theaterproduzentin Amatu Braide (V. S. Dugga 2002: 130-146).

plötzlich aufgegeben worden ist (G. Mackie 2000: 69). Laut Mackie waren drei Aspekte für diesen Erfolg entscheidend: (1) eine Erziehungskampagne, die den Menschen eine Alternative aufzeigte, (2) die Vorteile von natürlichen und die Nachteile der abgebundenen Füße wurden mit Worten erklärt, die der chinesischen Kultur entsprechen, und (3) es bildeten sich „Gesellschaften für natürliche Füße," deren Mitglieder sich öffentlich verpflichteten, in Zukunft weder die Füße ihrer Töchter abzubinden, noch ihre Söhne Frauen mit gebundenen Füßen heiraten zu lassen. Ohne seine Forschung zur „Konventionstheorie" zu kennen, so Mackie, hätten die Menschen in Malikunda die Macht öffentlicher Erklärungen für sich entdeckt und damit Genitalverstümmelung erfolgreich abgeschafft (G. Mackie 2000: 70).

Im Folgenden möchte ich zusammenfassend noch einmal darstellen, was meiner Meinung nach den Erfolg von TOSTAN ausmacht.

(1) Fokus auf Gender. Im Gegensatz zu vielen anderen Projekten, die im Namen von GAD implementiert werden, richtet sich das TOSTAN-Programm gleichermaßen an Frauen und Männer. Ausgegangen wird dabei von der Annahme, dass Praktiken genitaler Verstümmelung mit bestehenden Geschlechterrollen korrespondieren, und das der Kampf gegen weibliche Genitalverstümmelung nicht nur Sache der Frauen sein kann. Aufgrund ihrer Führungsfunktionen in den Gemeinden ist es sehr wichtig, dass Männer, vor allem religiöse Führer, an den TOSTAN-Aktivitäten teilnehmen. Der integrative Charakter des Programms ermöglicht es, dringende Probleme des Alltags zu lösen, vermittelt aber auch Wissen und Fertigkeiten, die langfristig helfen, gegen die strukturelle Diskriminierung von Frauen vorzugehen.

(2) *Empowerment.* Gemäß dem von DAWN erarbeiteten Konzept findet hier ein wirkliches *empowerment* der Teilnehmenden statt. Ehemals Lernende werden schließlich selbst zu Lehrenden, die lebenswichtige Informationen an die Gemeinde weitergeben.

(3) Partizipation. Aufgrund der Anknüpfung an lokale kulturelle Traditionen und Wissenssysteme (Theater, Gesang, Tanz, Konsensfindung) können alle aktiv am TOSTAN-Programm teilnehmen. Die Partizipation wird auch dadurch ermöglicht, dass der Lehrstoff stets den örtlichen Gegebenheiten angepasst wird und somit für die Teilnehmenden relevant ist.

(4) Wissensproduktion und -vermittlung. Die Kontrolle über das zu lehrende und zu lernende Wissen liegt stets in den Händen der lokalen Bevölkerung. Lehrende stammen immer aus der Gemeinde, in der sie später auch unterrichten. Die Lehrenden präsentieren sich nicht als Experten, sondern geben Hilfestellung. Die Teilnehmenden des Programms haben die Möglichkeit, eigene Prioritäten zu setzen.

(5) Nachhaltigkeit. Durch die öffentlichen Erklärungen, an denen sich ganze Dorfverbände beteiligen, wird gesichert, dass tatsächlich keine Beschneidungen mehr stattfinden, weil nun niemandem Nachteile entstehen können.

6. Ausblick

Können die Methoden, die im Senegal entwickelt wurden, dazu beitragen, weibliche Genitalverstümmelung auch im restlichen Afrika zu beenden? Dafür scheint es zumindest erste Anhaltspunkte zu geben. Melching berichtet, dass am 26. April 2003 53 Dörfer in Burkina Faso eine öffentliche Erklärung verabschiedeten, in der sie mitteilten, dass sie sich entschieden hätten, Praktiken genitaler Verstümmelung sowie das Verheiraten von minderjährigen Mädchen aufzugeben. 23 dieser Dörfer hatten an einem Projekt der NRO *Mwangaza* teilgenommen, die TOSTANs Bildungsprogramm dort implementiert hatte (Melching 2003: 38). Doch auch Vorsicht ist geboten. Der Entwicklungsethnologe Christoph Antweiler hat darauf hingewiesen, dass lokales Wissen an Orte und die Menschen gebunden ist, die dort leben. Erkenntnisgewinn, der durch das Nutzen dieses lokalen Wissens entsteht, könne nicht ohne weiteres auf andere lokale Kontexte transferiert werden (C. Antweiler 1998: 28). Zu beachten wäre auch, dass Debatten um weibliche Genitalverstümmelung, die auf lokaler Ebene stattfinden, auch von Entwicklungen im Ausland beeinflusst und geprägt sein können. Ausgehend vom Ansatz des Neoinstitutionalismus zeigt Elizabeth Heger Boyle, wie Interaktionen zwischen dem Lokalen und dem Globalen konkret aussehen können. Im Fall Ägyptens zum Beispiel setzten sich religiöse Führer verstärkt für das Fortbestehen weiblicher Beschneidung ein, nachdem der US-Fernsehsender CNN die Beschneidung eines ägyptischen Mädchens live gesendet hatte. Auch aktivistische Gruppen, die sich sonst für ein Abschaffen der weiblichen Genitalverstümmelung engagieren, distanzierten sich vom Verhalten der USA, das sie als eine Verschwörung gegen ihr Land werteten (E. H. Boyle 2002: 104f.).

Ein Patentrezept für den Kampf gegen die weibliche Verstümmelung gibt es also nicht. Der große Erfolg, den TOSTAN bis jetzt hatte, weist allerdings auf die Notwendigkeit hin, die Erfahrungen der Frauen und Männer vor Ort als Ausgangspunkt für die Planung von Projekten zu nehmen. Ein Beispiel aus jüngster Vergangenheit - das „Expertentreffen zur Überwindung der weiblichen Genitalverstümmelung" am 08. März 2003 in Berlin - zeigt, dass „westlicher" Expertenstatus immer noch als gegeben angesehen wird. Positiv ist, dass der gleichnamige Sammelband auch Beiträge von drei afrikanischen Frauen beinhaltet: Asili Barrie-Dirie von FORWARD, Linah Kilimo aus Kenya sowie Yetunde Teriba, eine Vertreterin der African Union. Schwarze Frauen werden also mittlerweile auch als Expertinnen gesehen. Das ist allerdings nicht dasselbe, wie den Frauen vor Ort auch tatsächliches Mitspracherecht zu geben. Das tut TOSTAN auf einzigartige Weise und wirkt deshalb beispielhaft auch für neue Ansätze in der Entwicklungstheorie, die versuchen, Gender und Kultur zu integrieren.

Literatur

Antweiler, Christoph (1998): Local Knowledge and Local Knowing: An Anthropological Analysis of Contested „Cultural Products" in the Context of Development.
http://www.uni-trier.de/uni/fb4/ethno/know.pdf [15. September 2003].

Arbeitsgemeinschaft Entwicklungsethnologie e.V. (1996): Was sollen, wollen und können Ethnologen zu Entwicklungsproblemen beitragen? In: Bliss et al. (1996): 283-288.

Auswärtiges Amt (Hrsg.) (2003): Expertentreffen zur Überwindung der weiblichen Genitalverstümmelung, Berlin, 08. März 2003. Berlin: Auswärtiges Amt

Bhavnani, Kum-Kum/ Foran, John/ Kurian, Priya A. (Hrsg.) (2003): Feminist Futures: Re-Imagining Women, Culture and Development. London/ New York: Zed Books.

Bliss, Frank/ Neumann, Stefan (Hrsg.) (1996): Ethnologische Beiträge zur Entwicklungspolitik 3. Bonn: Politischer Arbeitskreis Schulen.

Bliss, Frank (2001): Kultur und Entwicklung: Ein zu wenig beachteter Aspekt in Entwicklungstheorie und -praxis. In: Thiel (2001): 70-81.

Boyle, Elizabeth Heger (2002): Female Genital Cutting: Cultural Conflict in the Global Community. Baltimore/ London: The Johns Hopkins University Press.

Braig, Marianne (2001): Fraueninteressen in Entwicklungstheorie und -politik. Von Women in Development zu Mainstreaming Gender. In: Thiel (2001): 110-120.

Dausien, Bettina et al. (Hrsg.) (1999): Erkenntnisprojekt Geschlecht: Feministische Perspektiven verwandeln Wissenschaft. Opladen: Leske und Budrich.

Dugga, Victor Samson (2002): Creolisations in Nigerian Theatre. Bayreuth: Bayreuth African Studies.

Frey, Regina (2003): Gender im Mainstreaming: Geschlechtertheorie und -praxis im internationalen Diskurs. Königstein/ Taunus: Ulrike Helmer Verlag.

Hermann, Conny (Hrsg.) (2000): Das Recht auf Weiblichkeit: Hoffnung im Kampf gegen die Genitalverstümmelung. Bonn: Dietz.

Kerner, Ina (1999): Feminismus, Entwicklungszusammenarbeit und Postkoloniale Kritik: Eine Analyse von Grundkonzepten des Gender-and-Development Ansatzes. Münster/ Hamburg/ London: Lit Verlag.

Lachenmann, Gudrun (1999): Entwicklungssoziologie: Geschlechterforschung in der Entwicklungspolitik. In: Dausien et al. (1999): 72-93.

Mackie, Gerry (2000): Durchbruch im Senegal. In: Hermann (2000): 59-74.

Marchand, Marianne H./ Parpart, Jane L. (Hrsg.) (1995): Feminism/ Postmodernism/ Development. London/ New York: Routledge.

Melching, Molly (2001): Abandoning Female Genital Cutting in Africa. In: Perry et al. (2001): 156-170.

Melching, Molly (2003): True Hope for the Abandonment of FGC in Senegal. In: Auswärtiges Amt (2003): 37-44.

Mohanty, Chandra Talpade/ Russo, Ann/ Torres, Lourdes (Hrsg.) (1991): Third World Women and the Politics of Feminism. Bloomington/ Indianapolis: Indiana University Press.

Mohanty, Chandra Talpade (1991): Under Western Eyes: Feminist Scholarship and Colonial Discourses. In: Mohanty et al. (1991): 51-80.

Nnaemeka, Obioma (2001): If Female Circumcision Did Not Exist, Western Feminism Would Invent It. In: Perry et al. (2001): 171-189.

Nanda, Meera (2002): Do the Marginalized Valorize the Margins? Exploring the Dangers of Difference. In: Saunders (2002): 212-223.

Parpart, Jane L./ Marchand, Marianne H. (1995): Exploding the Canon. In: Marchand et al. (1995): 1-22.

Perry, Susan/ Schenck, Celeste (Hrsg.) (2001): Eye to Eye: Women Practising Development Across Cultures. London/ New York: Zed Books.

Presley, Cora A. (1992): Kikuyu Women, the Mau Mau Rebellion, and Social Change in Kenya. Oxford: Westview Press

Sané, Abdou Karim (2003): Frauensache? Männersache? Menschenrecht! In: Terres des Femmes (2003): 95-100.

Schech, Susanne/ Haggis, Jane (2000): Culture and Development: A Critical Reader. Oxford/ Malden: Blackwell.

Sen, Gita/ Grown, Caren (1987): Development, Crises and Alternative Visions. Third World Women's Perspectives. New York: Monthly Review Press.

Thiam, Awa (1995): Black Sisters Speak Out: Black Women and Oppression in Black Africa. Chicago: Reseach Associates School Times Publication.

Thiel, Reinold E. (Hrsg.) (2001): Neue Ansätze zur Entwicklungstheorie, 2. Aufl. Bonn: Deutsche Stiftung für internationale Entwicklung, Informationszentrum Entwicklungspolitik.

TOSTAN: http://www.tostan.org/ [27.September 2003].

Wiezcorek-Zeul, Heidemarie (2000): Verstümmelung - Herausforderung für die Entwicklungspolitik. In: Hermann (2000): 143-152.

World Commission on Culture and Development (1995): Our Creative Diversity. Paris: World Commission on Culture and Development.

World Health Organization (1996): Female Genital Mutilation: An Information Pack. Genf: World Health Organization.
http://www.who.int/docstore/frh-whd/FGM/infopack/English/fgm_infopack.htm.
[10. März 2004].

Für Anregungen und Kritik danke ich Susanne Baer und Aline Oloff.

Rechte nicht nur auf Papier:
Wie brasilianische Gleichstellungsabteilungen im Großraum São Paulo Worte in Taten verwandeln[1]
Bettina Boekle

1. Vorspann

Wer an Brasilien denkt, dem/der fallen beim Stichwort Gender vielleicht zunächst folgende Stereotype ein: das des fußballspielenden Machos, des Straßenkindes, das sich mit einer Waffe heldenhaft durch den Dschungel aus Drogen, Rausch und Mafia schlägt, das der aufreizenden Mullatin, die am Strand von Copacabana ihren Körperkult pflegt...

Brasilien hinter den Kulissen der Genderstereotype betrachtet bedeutet jedoch, eine rege Szene an in- und ausländischen Nichtregierungsorganisationen, politisch aktive Feministinnen und progressive Ansätze im Bereich der lokalen Gleichstellungspolitik zu entdecken. Vor allem letzteren, dem Problem häuslicher Gewalt und beispielhaften Lösungsstrategien gegen diese widmet sich der folgende Beitrag.

---

1 Der Beitrag basiert auf empirischen Forschungsergebnissen meiner unveröffentlichten Diplomarbeit mit dem Titel: „Frauenrechte im Wandel? Häusliche Gewalt in der politischen Auseinandersetzung zwischen Arbeiterpartei (PT) und Frauenbewegungen in Brasilien. Otto-Suhr Institut für Politikwissenschaft/ Freie Universität Berlin. September 2003. 135 S.

2. Ausgangssituation in Brasilien

Brasilien 2003: In der jüngsten Studie der Perseu Abramo Stiftung geben 19 % der befragten Brasilianerinnen an, dass sie mit der Überlegenheit des Mannes über die Frau überein stimmen. Rein statistisch wird in Brasilien jede 15 Sekunden eine Frau verprügelt, und das, obwohl die brasilianische Verfassung von 1988 im Bezug auf Frauenrechte Gegenteiliges garantiert (vgl. Fundação Perseu Abramo 2003: 11). Die Verfassung schreibt die de jure Gleichberechtigung von Frauen und Männern in allen Lebensbereichen fest und gilt insbesondere bezüglich ihrer Rechtsgarantien bei der Bekämpfung häuslicher Gewalt als international fortschrittlich. In Artikel 226 verpflichtet sich der brasilianische Staat dazu, gegen Gewalt innerhalb familiärer Beziehungen einzuschreiten, und somit in den Raum des Privaten zu intervenieren. Weltweit ist eine solche Verpflichtung eines Staates in Verfassungen eher selten anzutreffen.

Vergleichen wir die bestehenden Rechtsgarantien mit den obigen Daten, reichen erstere offenbar nicht aus, um Frauen zu ihren tatsächlichen Rechten zu verhelfen. Offensichtlich bestehen heute, knappe 24 Jahre nach der demokratischen Öffnung, erhebliche Diskrepanzen zwischen den Rechten, die der brasilianische Staat seinen Staatsbürgerinnen offiziell zusichert und dem, was tatsächlich für deren Rechtswirkung getan wird. Verónica Schild bemerkt hierzu:

„It is important to keep in mind, however, that although state forms, what people and groups do with these forms is another matter" (Schild 1998: 99).

Wenn die gesellschaftliche Reichweite von Rechten nicht einer auf dem Papier festgehaltenen Realisierung von Gleichberechtigung entspricht oder dieser sogar entgegen steht, entwickelt sich eine Diskrepanz zwischen Norm und Praxis von Rechten. Rechte selbst, der Rechtsstaat und auch sein Justizsystem werden unglaubwürdig. Demokratie, die ich im weiteren Verlauf als einem ständigen gesellschaftlichen Wandel unterlegenes Partizipationsmodell begreifen möchte, verkommt so mit ihren Rechtsgarantien zu einer bloßen Floskel.

Folgende *Grundfrage* sei voran gestellt:

Welche politischen Strategien und Mechanismen können bewirken, dass Rechte und Rechtswerte, die durch den brasilianischen Staat und seine Staatsbürgerinnen und Staatsbürger gleichermaßen heraus gebildet werden, nicht nur de jure, sondern für Frauen und Männer jeweils auch de facto vorhanden sein können?[2]

2 Bewusst verzichte ich in meiner Diplomarbeit bei der Bezeichnung von Demokratie im Zusammenhang mit Geschlecht auf den unter anderem von der Heinrich-Böll-Stiftung (HBS) geprägten

Vereinfacht formuliert frage ich:

* Was fehlt im brasilianischen Rechtsstaat beim Thema Gleichberechtigung?
* Was muss politisch und gesellschaftlich passieren?
* Wer sind relevante Akteurinnen und Akteure hierfür?

3. Theoretischer Ansatz: Interaktion zwischen Staat und Gesellschaft

Ich stelle die Hypothese auf, dass in Brasilien bei der Verwirklichung von tatsächlicher Rechtsgleichheit für Frauen und Männer offenbar ein „Übertragungsproblem" existiert. Letzteres beinhaltet, dass in der Gesellschaft vorhandene Problemkomplexe - z.B. das Problem häusliche Gewalt - politisch nicht ausreichend gelöst sind. Eine de facto Gleichstellung bleibt, bedingt durch die Nichtübertragung gesellschaftlicher (Unrechts)Erfahrungen von Frauen in den Staat hinein, weitgehend aus. In Anlehnung an Leonardo Avritzer, einem brasilianischen Politikwissenschaftler, halte ich daher eine Interaktion zwischen Gesellschaft, Staat und dessen Institutionen und Verfahren für notwendig, um die angesprochene Übertragung bzw. Transformation durch einen Erfahrungstransfair zwischen staatlicher und gesellschaftlicher Ebene zu ermöglichen.

Avritzer stellt in seinem Band „Democracy and the Public Space in Latin America" heraus, dass es in späten Phasen von Demokratisierung oft an ungelösten Spannungen und fehlender Vermittlung zwischen der von ihm bezeichneten Ebene der politischen Gesellschaft (formelle politische Ämter, Verfahren, Institutionen in einem Staat etc.) und dem öffentlichen politischen Raum (breiterer Raum von Gesellschaft, u.a. soziale Bewegungen und unabhängige Organisationen) liege, die die Realisierung von Demokratie in vollem Umfang ermöglichten.

Die Spannungen zwischen einem offenen, egalitären öffentlichen Raum und einer geschlossenen, hierarchischen politischen Gesellschaft - das Erbe Jahrhunderte währender Feudalstrukturen und einer jahrzehntelangen Militärdiktatur

---

Begriff der Geschlechterdemokratie. Dieser wird in der HBS als Instrument für eine gendergerechte Organisation aufgegriffen. Neben der Prägung des Begriffs durch die HBS wurde die Begrifflichkeit Geschlechterdemokratie erstmalig 1992 von der Berliner Soziologin Halina Bendkowski auf der internationalen Wiener Konferenz „Test the West - Geschlechterdemokratie und Gewalt" in die deutschsprachige Debatte eingeführt (vgl. Wedl/Bieringer 2002: 9). Zwar wäre der Zusammenhang, der in diesem Kontext Geschlechterdemokratie, verbunden mit einer Kritik der kulturellen Konstruktion von Männlichkeit bei der Bekämpfung von Gewalt gegen Frauen begreift, am ehesten kompatibel mit dem in meiner Diplomarbeit intendierten Richtung. Dennoch wird auf den Begriff verzichtet, um verschiedene Debatten, die auch diversen gesellschaftspolitischen Rahmenbedingungen in Europa bzw. Südamerika Rechnung tragen müssen, besser auseinander halten zu können (Anm.d.Verf.).

- könnten eine völlige Demokratisierung gefährden. Letztere wird von Avritzer als die Kapazität bezeichnet, neue Praktiken sozialer Innovation in Formen politischer Entscheidungen zu transformieren (vgl. Avritzer 2002: 6).

Damit der brasilianische Staat neben seiner formalen Demokratisierung, also seinen in der Verfassung festgehaltenen Rechtsgarantien, auch eine innere Demokratisierung seiner Gesellschaft mit tatsächlicher Rechtsgleichheit erfahren kann, hält Avritzer alternative, öffentliche Interaktionsformen für relevant. Diese könnten die beiden genannten Ebenen verbinden und ihre jeweiligen politischen Kapazitäten bündeln (vgl. Avritzer 2002: 136).

Mein empirisches Untersuchungsobjekt, die lokale Gleichstellungsabteilung der Stadtverwaltung von Santo André im Bundesstaat São Paulo, ist meiner Meinung nach ein solcher Interaktionsraum zwischen Staat und Gesellschaft. Die staatliche Bezugsebene wird in meiner Untersuchung verkörpert durch die *Stadtverwaltung Santo Andrés*, die gesellschaftliche Bezugsebene durch die örtlich existierenden *Frauenbewegungen*.[3] Die Gleichstellungsabteilung oder Assessoria dos Direitos da Mulher (ADM) versucht, im Dialog mit Frauenbewegungen und - unter Einbeziehung interessierter Männer - politische Maßnahmen zu entwickeln, die eine Brücke schlagen sollen zwischen den Garantien des brasilianischen Rechtsstaats und der gesellschaftlichen Realität geschlechtlicher Ungleichheit.

Zwischen Stadtverwaltung und Frauenbewegungen, also zwischen Staat und Gesellschaft und zwischen de jure und de facto Rechten, verortet sich die ADM. Einerseits ist sie Teil der städtischen Exekutive und insofern auch politisch und finanziell zur Stadtverwaltung zugehörig. Andererseits ist sie für die Frauenbewegungen der Stadt die staatliche Kontaktstelle, wenn diese ihre politischen Anliegen an die Stadtverwaltung adressieren oder durch diese konkretisiert sehen wollen. Im Sinne Avritzers kann sie so als ein Interaktionsorgan gesehen werden, der die Kapazitäten staatlicher und gesellschaftlicher Akteurinnen und Akteure zusammen bringt und bündelt.

---

3 Ich definiere den Terminus „Frauenbewegungen" in Anlehnung an Sonia Alvarez folgendermaßen: „Women's movements can be defined as those sociopolitical movements, composed primarily but not necessarily exclusively of female participants, that make claims on cultural and political systems on the basis of women's historically ascribed gender roles" (Alvarez 1990: 23).
Nicht alle Frauenbewegungen, die sich in ihrer jeweiligen Ausprägung (z.B. in Stadtteilvereinigungen, in Nichtregierungsorganisationen, in ländlichen Assoziationen etc.) für die Belange von Frauen einsetzen, können als feministisch bezeichnet werden. Molyneux spricht beispielsweise dann von feministischen Bewegungen, wenn diese zum Ziel haben, durch ihre Aktivität die bestehenden, gesellschaftlich zugeschriebenen Geschlechterrollen zu hinterfragen und Machtbeziehungen tatsächlich verändern zu wollen (vgl. Molyneux 1985, zit.n. Craske 1999: 19). Wenn ich im Folgenden von „Frauenbewegungen" spreche, so meine ich damit gleichermaßen feministische und nichtfeministische Bewegungen (Anm.d.Verf.).

Eine solche Position beinhaltet auch Konflikte. Neben dem Problem einer ständigen chronischen Unterfinanzierung der Gleichstellungsabteilung kommt für die ADM hinzu, dass sie sich mit spannungsreichen politischen Interessenlagen in- und außerhalb der Stadtverwaltung konfrontiert sieht. Letztere Problematik resultiert aus dem Ziel der ADM, die unterschiedlichsten Belange von schwarzen, weißen, alten, jungen etc. Frauen aus der Gesellschaft hinein in die Politik der Stadtverwaltung tragen zu wollen.

Bevor ich konkreter auf die von mir untersuchten politischen Maßnahmen der ADM von Santo André eingehe, möchte ich gerne darlegen, mit welchen drei inhaltlichen Schwerpunktsetzungen ich im Rahmen meines Themas arbeitete.

4. Thematische Eingrenzungen

4.1 Zivile, politische und soziale Rechte

Ebenso wie ich Demokratie als ein in ständigem Wandel begriffenes Partizipationsmodell verstehe, sehe ich auch Rechte, die von einem Rechtsstaat garantiert werden, einem ständigen gesellschaftlichen Wandel unterworfen. Der Begriff der Cidadania,[4] zunächst verstanden als zivile, politische und soziale Rechte, wird für mich dabei zu einem zentralen Konzept.

Cidadania ist ursprünglich an die Idee einer Nation geknüpft. Die Cidadania setzt die Existenz von Staatsbürgerinnen und Staatsbürger in Beziehung zu ihrer Eingliederung in einen Staat oder eine Nation (vgl. Ávila 2002: 124). Der Staat strukturiert als institutionelle Gewalt in sich verändernder Form rechtliche und somit auch gesellschaftliche Beziehungen zwischen sich und seinen Staatsbürgerinnen und Staatsbürgern, aber auch rechtliche Beziehungen unter diesen. Er übt somit entscheidenden Einfluss auf die Entwicklung einer Demokratie durch

---

4 Ich verzichte bewusst auf die Übersetzung von „Cidadania", im Deutschen wörtlich mit dem Begriff „Staatsbürgerschaft" übersetzbar, der aber eine neue inhaltliche Dimension beinhalten würde. Anders als in Lateinamerika zieht die Debatte um Staatsbürgerschaft in Deutschland unter anderem nach sich, dass Menschen, die die deutsche Staatsbürgerschaft nicht besitzen, von bestimmten Rechten ausgeschlossen werden. Im Gegensatz hierzu wird in Lateinamerika und Brasilien Cidadania nicht als ein Begriff verwendet, der Menschen von Rechten ausschließt, sondern ihnen diese zuerkennen soll. Neue soziale Bewegungen kämpfen genau darum, nämlich dass allen Staatsbürgerinnen und Staatsbürgern Cidadania nicht nur in ihrer rechtlichen, sondern auch tatsächlichen Ausformung vom Staat und der Gesellschaft zugesprochen werden soll. Die Frauenbewegungen beziehen sich z.B. auf ihre Cidadania, um für alle brasilianischen Frauen die Anerkennung als gleichgestellte Rechtssubjekte gesamtgesellschaftlich zu erreichen. Dabei berufen sie sich indirekt auf die Menschenrechte als die einem jeden Menschen von Natur aus zustehenden, unveräußerlichen Rechte, so z.B. auch auf das Recht menschlicher Würde und körperlicher Unversehrtheit.

seine Setzung oder Nichtsetzung von Normen aus, ist aber nicht die einzige politische Kraft, die diesen Prozess bestimmt (vgl. Lister zit. n. Ávila 2002: 15).

Somit möchte ich zwei Dimensionen, die bei der Frage der Realisierung von Geschlechtergleichheit relevant sind, festhalten: Die erste Dimension betrifft die Garantie von Rechten durch den Staat, die zweite Dimension die interaktive Umsetzung und Konkretisierung in Staat und Gesellschaft durch deren jeweiliges Zusammenwirken.

Durch die Hinzunahme einer feministischen Perspektive, wie sie beispielsweise bei Maxine Molyneux im Zusammenhang mit Cidadania zu finden ist, wird deutlich, dass Rechtsgarantien bezüglich Geschlechtergleichheit immer im Zusammenhang zu sehen sind mit den jeweiligen, in einer Gesellschaft real existierenden Geschlechterbeziehungen und Kontexte. Ein geschlechtssensibler Blick auf Cidadania muss darüber hinaus die Mechanismen offen legen, die zur Marginalisierung von Frauen seitens des Staates oder der Gesellschaft insgesamt beitragen (vgl. Molyneux 2001: 166; vgl. Waylen 1994: 332).

4.2 Häusliche Gewalt als zentrales Thema der Frauenbewegungen

Das Thema häusliche Gewalt ist seit den 70er Jahren in den brasilianischen Frauenbewegungen sehr präsent.[5] Für die Bewegungen geht es bei der Bekämpfung häuslicher Gewalt vor allem darum, den Unrechtserfahrungen von Frauen, die diese hauptsächlich in den eigenen vier Wänden durch ihre Lebenspartner erleiden, öffentlich eine Stimme zu verleihen. Konkret bedeutet dies, bei einem politisch brisanten Thema einen langfristigen gesellschaftlichen Denk- und Lernprozess, z.B. unter Angestellten der Stadtverwaltung oder Juristinnen und Juristen, anregen zu wollen.

Brisant ist das Thema aus vor allem zwei Gründen: Erstens war Gewalt gegen Frauen in einer machistischen Gesellschaft wie der brasilianischen in der Vergangenheit und zum Teil auch noch in der Gegenwart für (Ehe)Männer ein legitimes Mittel zur Durchsetzung ihrer männlichen Interessen und Ehre gegenüber ihren (Ehe)Frauen (vgl. Barsted 1994: 18). Zweitens wurde die Ehe im brasilianischen Recht bis zur Verfassungsneugebung von 1988 als geschützter Raum des Privaten interpretiert, in den der Staat und seine Rechtssprechung

---

5 Häusliche Gewalt wurde in Brasilien von den Frauenbewegungen erstmals in den 70er Jahren durch einen Fernsehspot mit dem Slogan „Quem ama não mata!" (Dt.: „Wer liebt, der/die tötet nicht!") aufgegriffen, um für getötete Frauen als Opfer häuslicher Gewalt und gegen die von der Justiz freigesprochenen Täter und die damit zusammen hängende Straflosigkeit zu demonstrieren (vgl. Pilar Grossi 1994: 474).

rechtlich nicht intervenierte. Die Ehe an sich genoss somit einen höheren rechtlichen Schutz als das Menschenrecht der Frau auf körperliche Unversehrtheit.

Politische Maßnahmen gegen häusliche Gewalt, wie sie auch die ADM von Santo André verfolgt, müssen daher darauf abzielen, eine größere Öffentlichkeit für Frauen und deren Unrechtslagen zu schaffen. Nur auf diesem Weg und zum Beispiel durch gemeinsame Kampagnen von Frauen und Männern, kann gesellschaftlich breitflächig verdeutlicht werden, dass Gewalt gegen Frauen nicht länger „gesellschaftsfähig" ist, wie lange Zeit durch die entsprechende Rechtssprechung propagiert wurde (vgl. ebda.). Ähnlich wie amerikanische Feministinnen, vertreten auch die brasilianischen die Auffassung: „The private is public". Sie fordern vom Staat, dass dieser seiner besonderen Rechtsverantwortung gegenüber seinen Staatsbürgerinnen und deren de jure Rechten tatsächlich und de facto nachkommen muss.

Nicht nur Richterinnen, Richter, Rechtsanwältinnen und Rechtsanwälte - in Brasilien mehrheitlich von Männern besetzte Positionen - müssen dafür sensibilisiert werden, Recht zu sprechen, das Frauen und Männer tatsächlich gleichstellt.Allein dieser Entwicklungsschritt ist schon eine umfangreiche Hausaufgabe für die brasilianische Gesellschaft. Darüber hinaus müssen betroffene Frauen dazu ermutigt werden, zunächst ihre Rechte zu kennen, um sie dann auch öffentlich artikulieren und einklagen zu können. Die ADM versucht, diesen langwierigen Lernprozess verschiedenartig anzuregen und zu unterstützen (vgl. Tabelle 1 unter Punkt 5).[6]

4.3 Problembehandlung auf städtischer Ebene

Die Tatsache der Nichtrealisierung von Rechtsgarantien für Frauen ist für Frauenbewegungen und Feministinnen in Brasilien nichts Neues und Anlass für deren langjährige politische Aktivität. Auch innerhalb der Arbeiterpartei PT (Partido dos Trabalhadores), derzeit Regierungspartei, setzen sich Feministinnen seit der PT-Parteigründung 1980 für die tatsächliche Realisierung oder de facto Gleichstellung von Frauen in der brasilianischen Politik und Gesellschaft ein.

Die ADM von Santo André existiert bereits seit 1989 und war die erste von heute 48 Gleichstellungsabteilungen ihrer Art in einer brasilianischen Stadtver-

---

6 Auch wenn ich mich in meinem Beitrag auf die Maßnahmen der ADM gegen häusliche Gewalt konzentriere, so sei an dieser Stelle erwähnt, dass diese nur einen Bruchteil des gesamten Politikfeldes der Frauen- und Genderpolitik und den damit verbundenen politischen Maßnahmen der ADM darstellen. Insofern ist das Einzelfallbeispiel häusliche Gewalt aus meiner qualitativen Forschung nicht exemplarisch für alle anderen, geschlechterpolitischen Themen, die ebenfalls in der Stadtverwaltung bearbeitet werden (Anm.d.Verf.).

waltung (vgl. Friedrich-Ebert-Stiftung 2000: 15ff.). Das Modell der Arbeiterpartei PT versucht, die Forderungen von Frauenbewegungen durch einen ständigen Dialog in die politischen Maßnahmen der Stadtverwaltung mit einzubeziehen. Seien es Thematiken, wie die Lösung von Arbeitslosigkeit durch arbeitsschaffende Maßnahmen, die Verbesserung öffentlicher Gesundheitsversorgung von Familien in der Kommune oder die Straßenbeleuchtung in der Stadt: Die ADM ist das zuständige Organ der städtischen Exekutive, die sich dafür einsetzt, diese politischen Inhalte geschlechtergerecht zu gestalten.

Was bedeutet dies konkret für die Einbeziehung von Männer und Frauen? Das Ziel der untersuchten Gleichstellungsabteilung ist es, nicht nur die Stadtverwaltung von Santo André gezielt bei der Einbeziehung einer geschlechtsspezifischen Perspektive zu beraten, sondern auch, Frauen auf ihre Rechte aufmerksam zu machen und den gesamtgesellschaftlichen Kontext des Problems - Welche Mechanismen führen zu häuslicher Gewalt innerhalb einer Gesellschaft und müssen deshalb beseitigt werden? - zu berücksichtigen. Insofern möchte ich festhalten, dass die ADM einen Ansatz verfolgt, der die beiden oben beschriebenen Dimensionen von Cidadania strategisch in einem Interaktionsraum zusammen führen will.

5. Maßnahmen gegen häusliche Gewalt

5.1 Konkrete politische Aktivitäten

Zeitspanne	Maßnahme	Ziele
1989-92	Frauenpolizeistation	Registrierung von Gewaltvorfällen
	Frauenhaus	zeitlich begrenzte Aufnahme von Frauen
1993-96	*Wahlniederlage der PT, Abschaffung der Gleichstellungsabteilung*	
1997-2000	Regionales Informations-/Aktionsnetzwerk	Informationsaustausch, Vernetzung
	Betreuungszentrum für betroffene Frauen	Jurist./Psychologische/Soziale Beratung
2001-04	Programm mit NGO: „Gênero e Cidadania"	Präventionspolitische Maßnahmen für Männer und Frauen
	Kurs für Frauen in brasilianischem Recht	Ausbildung von Mutiplikatorinnen

Abbildung 1: Politische Maßnahmen gegen häusliche Gewalt
Quelle: eigene Darstellung in Anlehnung an Martins Costa 2003: 57.

Die ADM von Santo André hat sich seit ihrer Gründung v.a. durch politische Maßnahmen bei der Bekämpfung häuslicher Gewalt hervor getan (s.vorige Abbildung).

5.2 Die Einbeziehung von Männern

In den Anfangsjahren der Gleichstellungsabteilung waren die Maßnahmen gegen häusliche Gewalt eindeutig auf die sofortige Hilfe für Frauen in Gewaltsituationen ausgerichtet, so z.B. die Einrichtung der Frauenpolizeistation, des Frauenhauses etc. Seit einigen Jahren wird vermehrt Networking in der Region und auch mit der NGO CES[7] betrieben, die gezielt mit Männern u.a. im Bereich der Gewaltprävention arbeiten.

Hervor zu heben ist hier das seit 2001 angelaufene Projekt „Gênero e Cidadania" (Gender und Cidadania), bei dem es um die Einbindung von Geschlechteraspekten in stadtpolitische Maßnahmen wie z.B. den Bau eines Parkplatzes, die Ausgestaltung einer Gesundheitsstation und einkommensschaffende Maßnahmen geht. Bei dem Programm werden gezielt Gesprächsgruppen mit Frauen und Männern getrennt initiiert, bei denen es um die konkreten Bedürfnisse der einzelnen Bürgerinnen und Bürger geht. In diese Gesprächsarbeit fließen auch Thematiken wie gesellschaftliche Rollenverteilung und deren Hinterfragung mit ein. Im Programm geht es also nicht länger „nur" um Sofortlösungen, sondern um langfristige Verbesserungen eingefleischter Denkstrukturen. Sérgio Barbosa, einer der Projektkoordinatoren, bemerkt bezüglich des Umdenkens von Männern in einer machistischen Gesellschaft wie der brasilianischen folgendes:

> „Männer müssen erst einmal einen gedanklichen Raum finden, sich um sich selbst zu kümmern, eigene Sensibilität zu entwickeln und dann die eigene Rolle in der Gesellschaft bezüglich ihres Geschlechtes und den damit zugrunde liegenden Machtbeziehungen in Frage zu stellen. Sie müssen verstehen lernen, dass die Ungleichheiten zwischen Frauen und Männern nicht natürlich

---

7 Nach einer anfänglichen Arbeit mit den im Gesundheitsbereich Berufstätigen hat das CES (Zentrum für Gesundheitserziehung) auf Wunsch von Frauen selbst (die Organisation wurde von einer Frauenaktivistin ins Leben gerufen) die ersten Männergruppen des Staates São Paulos gegründet und ist heute eine gefragte Referenz auf diesem Gebiet. Der Grundgedanke ist dabei auch, dass die Gesundheit von Männern einen großen Einfluss auf die der Frauen hat, z.B. im Bereich der Familienplanung, in der der brasilianische Mann normalerweise kaum präsent ist (vgl. Interview 11: 1). Neben zwei weiteren Organisationen in Rio de Janeiro ist das CES die einzige Einrichtung in Brasilien, die in Projekten mit Jugendlichen und Frauen auch gezielt mit Männern vor allem niedriger Einkommensstufen arbeitet. In den Projekten, die immer in Kooperation mit bereits existierenden Gruppen wie Nachbarschaftsvereinigungen oder kirchlichen Gruppen realisiert werden, geht es neben der Vermittlung von Kenntnissen über die eigene Gesundheit um Bewusstseinsveränderungen, z.B. der männlichen Teilnehmenden darum, über deren sexuelles Verhalten zu sprechen und damit die von ihnen praktizierte Geschlechterrolle zu reflektieren (Anm.d.Verf.).

sind, sondern dass diese sozial konstruiert werden durch soziale, wirtschaftliche und sexuelle Macht. Wir versuchen, eine solche Reflektion zu erreichen, indem wir sie als betroffenes Subjekt ins Zentrum der eigenen Reflektion stellen. Erst danach fangen wir mit den Diskussionen über Beziehungen zwischen Frauen und Männern an" (Interview mit Sérgio Barbosa, 06.05.03).

Auch wenn die ADM bei ihrer Arbeit die geschlechtsspezifischen Rollenverteilungen, die die sozialen und politischen Realitäten von Männern und Frauen in bestimmten Maße berücksichtigt, so sieht sie ihre Aufgabe - zumindest bei der Bekämpfung häuslicher Gewalt - klar in der Unterstützung von Frauen und deren Rechte. Daher war es unvermeidbar, dass es aufgrund dieses an Frauen ausgerichteten Ansatzes zu Diskussionen zwischen den feministischen Gruppierungen der Stadt und der Gleichstellungsabteilung kam, als das Programm „Gênero e Cidadania", in dem auch Männer Zielgruppe der Maßnahme sind, von der ADM mitinitiiert und -finanziert wurde. Die heutige Leiterin der Gleichstellungsabteilung, Silmara Conchão vertritt hierzu folgende Meinung:

„Ich glaube als Feministin, die ich bin, denke ich heute anders als noch vor zwei Jahren. Ich glaube, wir Frauen müssen unsere Vorbehalte gegenüber einer gemeinsamen Arbeit [mit Männern] ablegen, zusammen arbeiten und Männer als unsere Alliierten in unserem Kampf betrachten. Es geht nicht darum, Männer zu empowern, denn sonst werden wir nie die Gleichheit erreichen, von der wir träumen. Frauen werden immer Ungleichheit erfahren. Es geht darum, Männer zu dieser Reflektion zu bringen. (...) Wir wollen, dass Frauen gegenüber Männern ihre Gedanken, ihre Artikulationsfreiheit und ihre Rechte ausdrücken und ausüben, weil wir in der Gesellschaft, in der wir zusammen leben, unterschiedlich sind. Deswegen versuche ich immer mehr, Männer in diesen Reflektionsprozess miteinzubeziehen, nicht in der Hinsicht, sie zu empowern, aber mit dem Ziel, sie auf ihre gesellschaftliche Rolle und Aufgaben hin zu weisen" (Interview mit Silmara Conchão, 18.03.03).

Es wird deutlich, dass die Assessoria versuchen möchte, Frauen aus ihrer „Opferrolle" zu holen und sie zu Subjekten zu machen, die an ihren Rechtslagen selbständig etwas ändern können. Außerdem kommt zum Ausdruck, wie relevant der Einbezug von Männern in originär frauenpolitische Maßnahmen wird, wenn sich in der Gesellschaft als Ganzes Veränderungen bei der Interpretation von Rechten ergeben sollen.

6. Empirische Ergebnisse

6.1 Politische Beteiligung

Um Frauen zu ihren tatsächlichen Rechten zu verhelfen und die Erfahrungen von Frauen und auch Männern aus der Gesellschaft hinein in die Politik übermitteln zu können, bedarf es partizipativer Strategien. Partizipation ist für die

PT, z.B. bei Haushaltsentscheidungen auf lokaler Ebene, im Rahmen von Demokratie ein zentrales Thema. Dies kann ein Erklärungsfaktor für die Favorisierung der PT durch einen Teil der Frauenbewegungen sein, ist aber nicht der einzige.[8]

Das Hauptelement zur Realisierung einer Interaktion zwischen den genannten Beziehungsebenen besteht im bewussten Zulassen partizipativer Strategien durch die politische Ebene einerseits und der Beteiligung durch die gesellschaftliche Ebene andererseits. Dies bedeutet den Bruch mit einer Politik, die sich lediglich an Eliten und Staatsbürger, weniger aber an Staatsbürgerinnen richtet.

Die ADM ist auf politischen Druck der städtischen Frauenbewegungen entstanden. Die Bewegungen konnten zwar nicht durch eine direkte und rechtlich bindende Kompetenz beim Gründungsprozess der ADM mitentscheiden, dennoch durch ihren gemeinsamen politischen Willen Einfluss auf die Stadtverwaltung erlangen. Insofern läuft die Art und Weise, wie die ADM 1988 entstand, einem Charakterzug der brasilianischen Transition zuwider, in der Politik nicht selten „von oben" und über die Köpfe von Betroffenen hinweg gemacht wurde.

6.2 Politisches Zusammenspiel

Das PT-Gleichstellungsmodell der ADM erscheint deshalb so erfolgversprechend, weil es lokal, und daher mit geringen bürokratischen Hürden verbunden, an konkreten und individuellen Problemsituationen ansetzt. Es fördert einen direkten Dialog zwischen den Ebenen der Politik und der Gesellschaft, zwischen formellen politischen Institutionen, Ämtern und Verfahren auf der einen, und einem breitem gesellschaftlichen Raum auf der anderen Seite. Poltische Nähe - verbunden mit einer hieraus resultierenden, stärkeren Verbindlichkeit politischer Versprechungen - entsteht in der ADM durch die Überschneidung und das Aufeinandertreffen von politischen Bedürfnissen der (Frauen)Bewegungen und deren Umformulierung in politische Maßnahmen. Gerade dieser Weg, der Raum für Flexibilitäten außerhalb administrativer Verfahren erlaubt, erscheint auch bei der Verfolgung bzw. in Zukunft noch auszubauenden Partnerschaften mit "Gender"-NGOs vielversprechend.

---

8 Darüber hinaus gibt es für die genannte Favorisierung einen weiteren, historisch begründeten Erklärungsfaktor. Die Frauenbewegungen standen, wie andere soziale Bewegungen Brasiliens auch, beim Übergang von der Diktatur zur Demokratie während den ersten demokratischen Wahlen des Landes (1981/82) insbesondere der als basisnah geltenden Arbeiterpartei PT nahe (vgl. Alvarez 1990, 171).

6.3 Politische Autonomie

Neben den positiven Effekten, die die lokale Ebene im Bezug auf die politische Nähe zwischen (Frauen)Bewegungen und städtischer Verwaltung beinhaltet, kann eben diese zu einem zentralen Problem für die Autonomie gesellschaftlicher und politischer Akteurinnen und Akteure werden. Vier von mir interviewte Frauenaktivistinnen stimmten darin überein, dass der Erhalt der Autonomie der Frauenbewegungen sowohl unabdinglich als auch problematisch sei, damit diese weiterhin politischen Druck auf die Stadtverwaltung ausüben könnten.

Die Frauenbewegungen sind somit einem gewissen, nicht immer kontinuierlich realisierbarem „Mobilisierungsdruck" ausgesetzt, wollen sie weiterhin garantieren, dass sich für die Frauen ihrer Stadt Rechtslagen ändern. Dies mag auch ein Grund für die abwehrende Haltung einiger Feministinnen gegenüber der Einbeziehung von Männer, sein.

Der gemeinsame lokale Bezug und das Arbeiten an der gleichen Problematik lassen die politischen Beziehungen zum Teil so familiär werden, dass Forderungen und Aktivitäten der Frauenbewegungen von Außenstehenden kaum noch getrennt von denen der ADM wahr genommen werden oder umgekehrt. Andererseits ist nicht auszuschließen, dass es auch eine tatsächliche Deckungsgleichheit von Forderungen der ADM und denen der Frauenbewegungen geben kann.

7. Schlussbetrachtungen

Auf meine eingangs gestellte Grundfrage nach politischen Strategien und Mechanismen für mehr Gleichberechtigung in Brasilien möchte ich abschließend folgendes antworten:

Bei der politischen Realisierung von Geschlechtergerechtigkeit muss es in Zukunft darum gehen, dass auch der Staat als zentrale Steuerungsinstanz nicht nur seiner finanziellen, sondern vor allem seiner politischen Verantwortung gegenüber seinen Staatsbürgerinnen und Staatsbürgern nachkommt. Das Bekenntnis hierzu bedeutet insbesondere, männliche und weibliche Rollenzuschreibungen rechtlich zu hinterfragen, um Rechtslagen tatsächlich zu verändern.

Neben diesem Engagement seitens des Staates braucht es Formen staatsbürgerlichen Drucks, die den Staat und seine Institutionen an deren Rechtsverantwortung erinnern. Die Erfüllung dieser Rechtsverantwortung muss konkret eingefordert werden. Meine Untersuchung ergab, dass Frauenbewegungen als Teil der gesellschaftlichen Ebene fähig sind, sich über ein ihnen nahe stehendes, staatliches Artikulationsorgan - die Gleichstellungsabteilung - zu äußern, und so staatliche Politik im eigenen Interesse zu beeinflussen. Es geht hierbei eben nicht um die Gegenüberstellung von als unvereinbar zu begreifenden Positionen, sondern um die Fähigkeit, gesellschaftlich vorhandene Belange auf direkte Weise dort einzubringen, wo Politik am ehesten in gesellschaftliche Entwicklung betreffende Maßnahmen umgesetzt werden kann: im Interaktionsraum dazwischen.

Literatur

Alvarez, Sonia E./ Dagnino, Evelina/Escobar Arturo (Hrsg.) (1998): Cultures of Politics, Politics of Culture. Re-visioning Latin American Social Movements. Boulder: Westview Press.

Alvarez, Sonia (1990): Engendering Democracy in Brazil. Women's Movements in Transition Politics. Oxford: Princeton University Press.

Ávila, Maria Betânia (2002): Cidadania, Direitos Humanos e Direitos das Mulheres. In: Bruschini/ Unbehaum (2002): 121-143.

Avritzer, Leonardo (2002): Democracy and the Public Space in Latin America. Princeton and Oxford: Princeton University Press.

Barsted, Leila de Andrade Linhares (1994): Violência contra a Mulher e Cidadania: Uma Avaliação das Políticas Públicas. Rio de Janeiro: Cadernos CEPIA.

Braig, Marianne (2001): Zwischen Menschenrechten und Rechtsstaatlichkeit. Zivile Frauenorganisationen und Demokratisierung des Staates in Lateinamerika. In: Gräser (2001): 226-243.

Bruschini, Cristina/Unbehaum, Sandra G. (Hrsg.) (2002): Gênero, Democracia e Sociedade Brasileira. São Paulo: Fundação Carlos Chagas.

Craske, Nikki (1999): Women and Politics in Latin America. New Brunswick: Rutgers University Press.

Friedrich-Ebert-Stiftung (2000): Gênero nas Administrações. Desafios para Prefeituras e Governos Estaduais. São Paulo: Projektpublikation ILDES.

Fundação Perseu Abramo (2003): A Mulher Brasileira no Espaço Público e Privado. Como vivem e o que pensam as Brasileiras no Início do Século XXI? São Paulo: Pesquisa de Opinão Pública.

Gräser, Markus (Hrsg.) (2001): Staat, Nation, Demokratie. Festschrift für Hans-Jürgen Puhle, Göttingen: Vandenhoeck und Ruprecht.

Martins Costa, Delaine (Hrsg.) (2003): Gênero e Mercocidades Brasileiras: Violência contra a Mulher. Rio de Janeiro: IBAM/DES/ISER.

Molyneux, Maxine (2002): Women's Movements in International Perspective. Latin America and Beyond. London: Palgrave.

Pilar Grossi, Miriam (1994): Novas/Velhas Violências contra a Mulher no Brasil. In: Estudos Feministas 1994. 2. 473-483.

Schild, Verónica (1998): New Subjects of Rights? Women's Movements and the Construction of Citizenship in the „New Democracies". In: Alvarez/Dagnino/Escobar (1998): 93-117.

Waylen, Georgina (1994): Women and Democratization. Conceptualizing Gender Relations in Transition Politics. In: World Politics 1994. 46. 327-354.

Sonstige Informationsquellen

Internet
www.santoandre.sp.gov.br
Interviews
Interview mit Silmara Conchão, Gleichstellungsbeauftragte Santo André, 18.03.2004
Interview mit Sérgio Barbosa, Projektkoordinator der NGO CES. Santo André, 06.05.2003

V.
Kultur und Medien

Mythos „Femme fatale" -
Zur medialen Inszenierung weiblicher Leidenschaft im Film
Stephanie Catani

1. Der Mythos

So alt wie die Menschheitsgeschichte selbst ist das Bild der grausam-schönen Frau unter dem Namen *Femme fatale* in die Kulturgeschichte eingegangen. Die Frau, die sinnlich, erotisch und verführerisch lockend den Mann kaltblütig in sein Verderben führt, bevölkert Mythologie, Glaubensgeschichte, Literatur und Kunst gleichermaßen - und hat an Faszination bis heute nicht verloren.

Die griechische Mythologie findet in der schönen Helena den Grund für den trojanischen Krieg oder erzählt von der bestechenden Circe, die Odysseus Kameraden in Schweine verwandelt, um ihn dann auch selbst zu verführen. Die Bibelgeschichte setzt fulminant mit dem Auftritt der Verderben bringenden Frau ein: Eva, die Adam trotz Gottes Verbot den Apfel pflücken lässt, versagt damit der Menschheit das „Paradies auf Erden". Im Neuen Testament wird König Herodes Johannes den Täufer köpfen lassen - auf Wunsch seiner Frau Herodias. Auch das Märchen hat in der schönen, jedoch bösen Frau ein Lieblingsthema gefunden: Schneewittchens Kampf gegen die verschlagene Stiefmutter, die zunächst noch „Schönste im ganzen Reich", liefert nur ein Beispiel.

Die literarische Dämonisierung der Frau lässt sich an unzähligen Texten belegen: Heinrich von Kleist inszeniert die Amazone *Penthesilea*, die den griechischen Kriegshelden Achilles wie ein Tier zerfleischt, Oscar Wilde sorgt dafür, dass *Salome*, die Tochter Herodias als Schuldige für die Köpfung Johannes des Täufers in die Literaturgeschichte eingeht, und im ausgehenden 19. Jahrhundert erfolgt dann geradezu eine Blütezeit dieser Frauendarstellung, die in Sacher-Masochs *Venus im Pelz* und den *Grausamen Frauen* einen bemerkenswerten Höhepunkt besitzt. Und selbst ohne so genannte „Klassiker" zu

bemühen, durfte wohl jeder schon in zeitgenössischen Romanen die schöne, a-
ber ebenso intrigante Gegenspielerin bewundern, oder die Durchtriebenheit der
sündhaft attraktiven, jedoch genauso berechnenden Täterin in einem Kriminal-
roman verfolgen, bis ihr am Ende die „gerechte" Strafe zukommt.

Sinnliche Attraktivität in verführerischer Einheit mit grausamer Berechnung:
Der gleichermaßen schöne wie gefährliche Frauenkörper schreit förmlich danach, aufs Bild gebannt zu werden. Die neuzeitliche Kunstgeschichte erzählt
davon und findet einen ihrer Höhepunkte um 1900, als Salome, Circe, Eva und
zahlreiche ihrer archetypischen Verwandten in facettenreichen und schier unzähligen Versionen von der zeitgenössischen Malerei festgehalten werden.[1]

Im Folgenden soll nun unter Berücksichtigung der diesbezüglichen For-
schungsdiskussion die Filmgeschichte der *Femme fatale* und die geschlechtsspezifischen Charakteristika dieser Rolle vor der Kamera beleuchtet und hinterfragt werden. Am Beispiel des sehr aktuellen Films „Femme fatale" wird
gezeigt, wie ein Versuch auszusehen vermag, durch das Medium „Film" den
Mythos nicht nur zu kreieren, sondern gleichzeitig in seinem imaginierten Charakter bereits zu entlarven.

2.   Die mediale Inszenierung durch den Film

Mit der Geburt der Leinwand als neuer Form der medialen Inszenierung werden
auch hinsichtlich der Dämonisierung des Frauenkörpers und damit der Gestaltung der *Femme fatale* neue Möglichkeiten geschaffen. Die Filmgeschichte der
grausamen Frau ist beinahe ebenso lang wie die Geschichte des Mediums an
sich. Marlene Dietrich wurde 1930 in *Der blaue Engel* zum Inbegriff der deutschen *Femme fatale*, und in der Folge sorgten Billy Wilders *Double Indemnity*
(1944) oder Rita Hayworth als Protagonistin in *Gilda* (1946) und in Orson Wel-
les *The Lady from Shangai* (1946) in den USA für einen regelrechten „Boom"
der grausamen Frau im Film noir.

Stets scheint die Darstellung weiblicher Sexualität und Leidenschaft dabei
untrennbar mit ihrer gleichzeitigen Dämonisierung einherzugehen. Während uns
der männliche Verführer in der Gestalt unbekümmerter Gigolos und herzensbre-
chender Don Juans begegnet (so präsentiert Johnny Depp in *Don Juan de Marco*
beispielsweise ein Highlight der medialen Stilisierung männlicher Verführungs-
künste), scheint die weibliche Libido - wird sie nicht in Gestalt des naiven,
leicht verfügbaren Mädchens inszeniert - nur überleben zu können, wenn sie

---

1 Die Ausstellung in den Niederlanden im Museum Groningen „Femme Fatales 1860 - 1910" und
der diesbezügliche Katalog lieferten diesbezüglich einen bemerkenswerten Überblick. Zum Ausstel-
lungsarchiv vgl. die Internetseiten des Museums www.groninger-museum.nl

sich mit dem Bösen verbündet. Auch das Hollywood-Kino der letzten Jahrzehnte scheint der Faszination der „grausamen Frau" verfallen zu sein und verhilft ihr durch neue Darstellungsmöglichkeiten - deren jeweilige Qualität dahingestellt sei - zu weiteren Erfolgen. Kathleen Turner brillierte als *Femme fatale* in *Body Heat* (1981), Sharon Stone gelang in *Basic Instinct* (1992) mit einem lasziven Übereinanderschlagen ihrer Beine der Durchbruch im Filmgeschäft, Madonna setzte sich mit ihrer Rolle als sadistische Sex-Gespielin in *Body of Evidence* (1993) endgültig ein Denkmal als Sex-Ikone der frühen Neunziger und Glenn Close bedrohte in ihrer Rolle der hysterisch-gefährlichen Geliebten in *Fatal Attraction* (1987) das männliche Opfer Michael Douglas in der Rolle des „hörigen" Mannes ebenso wie die eiskalte Demi Moore in *Disclosure* (1994). Der aktuellste Film *Femme fatale* (2002) von Brian de Palma setzt diesem weiblichen Archetypus bereits im Titel ein Denkmal und lässt vermuten, dass der „Boom" sein Ende noch lange nicht erreicht hat.

Der Mann an der Seite der *Femme fatale* ist ebenfalls zum Klischee geraten und zeichnet sich meist durch stereotype Eigenschaften aus. Der verführerischen Faszination von Schönheit und emotionaler Kälte verfallen, mutiert er zum Handlanger der Frau und agiert im Spiel um Macht und meist auch Tod als Sklave seiner hörigen Lust, indem er im Auftrag der Frau zum Verbrecher wird. Das letztendlich doch - weltlich (Verhaftung) oder wahlweise geistlich (Tod) - gefällte Urteil bildet ebenso wie die *Femme fatale* per se ein Stereotyp bei der Darstellung. *Double Indemnity, Fatal Attraction, Body of Evidence, Disclosure*: Sie alle rücken die Weltverhältnisse wieder zurecht, indem die *Femme fatale* zwar heimlich von Männern begehrt und von Frauen beneidet werden durfte, letztlich ihrer Strafe jedoch nicht entrinnen kann

Selbstbewusst, dominant, kaltblütig und darüber hinaus von einer bestechenden physischen Attraktivität präsentieren diese Frauenfiguren einen Gegenentwurf zu institutionalisierten Frauenrollen, welche in Ehefrau- oder Mutterfiguren die friedliche, „gutartige" Frau inszenieren - die jedoch im Gegenzug auf eine „entfesselte Leidenschaft" verzichten muss.

3.   Fragestellung

Dieser geschlechterspezifische Dualismus verkehrt jedoch nicht nur tradierte Geschlechterverhältnisse, indem er die aktive und dämonische Rolle der Frau und die passive, unterworfene Rolle dem Mann zuteilt, sondern erweitert sie zudem. Im Gegensatz zur sexuell aktiven, gleichzeitig immer auch dämonisierten Frau wird dem Mann im Medium Film häufig eine vollkommen „entdämonisierte" Verführerrolle zugestanden, die seine Leidenschaft nicht zwangsläufig auch negativ konnotiert.

Dies wirft Fragen nach den Ursprüngen und der Bedeutung dieser Bilder auf. Vor dem Hintergrund einer aktuellen Genderdebatte, die nach einem weiblichen Diskurs fragt und die politische Repräsentation der Geschlechter neu überdenkt, muss dieser offensichtlich überaus traditionsreiche und geschlechterspezifisch geradezu aufgeladene Diskurs genauer beleuchtet werden. Dabei wird keine moralisierende Analyse dieser Frauenbilder angestrebt, sondern soll lediglich ein Impuls geliefert werden, das eigene Bewusstsein zu öffnen in Hinblick auf die Tradition dieses Mythos und seine gegenwärtige Entwicklung, den fiktiven Charakter seiner Figuren und eine Kritik, die oftmals eine differenzierte Auseinandersetzung mit der *Femme fatale* vermissen lässt. Und nicht zuletzt steht das Medium, das dieses Frauenbild transportiert, der Film nämlich, zur Diskussion. Seine medialen Möglichkeiten hinsichtlich einer geschlechterspezifischen Inszenierung müssen untersucht und hinterfragt werden.

4. Gender und Film

Unverkennbar hat sowohl die feministische als auch die Gender-Forschung, die sich mit dem Medium Film beschäftigt, in der Auseinandersetzung mit der Darstellung der Frau ein bevorzugtes Thema gefunden. Zumal in Hinblick auf die aktive Verführerrolle wird sich explizit weiblichen Rollen gewidmet, die in ihrer Dämonisierung und gleichzeitigen Ästhetisierung offensichtlich strengeren Gesetzesmäßigkeiten unterliegen als das männliche Rollenspektrum.

1972 - 1974 erschien in den USA die Zeitschrift *Women and Film*, das erste Buch über Frauen im Film folgte mit Marjorie Rosens *Popcorn Venus* ein Jahr später, während die deutschsprachige Zeitschrift *Frauen und Film* 1974 veröffentlicht und zu einem neuen Diskussionsorgan wurde. Entscheidend war in diesem Zusammenhang jedoch die theoretische Wende („theoretical turn"), die bereits Mitte der siebziger Jahre erfolgte und sich von der ursprünglichen Auffassung von Film als Widerspiegelung der Realität trennte. Ins Zentrum der Aufmerksamkeit rückte nun statt des bloßen Inhalts das Medium der Repräsentation und dessen Sprache, mit anderen Worten: der Film als Text. Die Semiotik des Films, also Kameraeinstellungen, Kostümdesign, außersprachliche Kommunikation, Schnitttechniken, Lichtführung und Bildkomposition stellen dabei Elemente dar, die den Film in seiner Funktion als Transportmedium erst vollkommen konstituieren und häufig geschlechterspezifisch kodieren. Der Film als ästhetischer Entwurf liefert stets dabei bereits interpretierte Identitäten und die visuelle Inszenierung unterliegt einer Filmsprache, die künstlerisch funktioniert und Geschlechteridentitäten als Interpretationskomplexe vorstellt. Mit anderen Worten: Jeglicher Art der Präsentation analog formuliert auch die Filmsprache keine objektiven „Wahrheiten", sondern subjektive Entwürfe einer grundsätzlich fiktiven Wirklichkeit.

In Bezug auf die Semiotik eines Films bedeutet dies beispielsweise, Nahaufnahmen bestimmter Körperteile (Close-ups) zu analysieren. Der Frauenkörper unterliegt dieser Kameratechnik auf besondere Weise. Wohl jeder kann sich an deutlich mehr Filme erinnern, in denen die Kamera die nackte Silhouette einer Frau langsam fixiert, während die gemächliche Kamerafahrt über den entblößten Männerkörper eher seltsam anmutet.

Neben der Semiotik lieferte die psychoanalytische Theorie den entscheidenden Beitrag zur Diskussion um Gender und Film. Unter Bezugnahme auf Sigmund Freuds Begriff der „Schaulust" (Skopophilie) und des „Unbewussten" stellen sich ab Mitte der siebziger Jahre Theoretikerinnen wie Laura Mulvey und Mary Ann Doane die Frage, wie das Unbewusste - das sie als von der herrschenden patriarchalen Ordnung geprägt begreifen - die Lust am Schauen konstituiert. Diese Schaulust wird dabei geschlechtsspezifisch terminiert und in eine aktive männliche und eine passive weibliche Position unterteilt. Die Erotik des weiblichen Körpers tritt dabei doppelt in Erscheinung:

> „Traditionsgemäß war die Zurschaustellung der Frau auf zwei Ebenen von Bedeutung: Sie war erotisches Objekt für die Charaktere im Film und erotisches Objekt für den Betrachter im Zuschauerraum, wobei die Spannung zwischen den Blicken auf beiden Seiten der Leinwand wechselte." (Mulvey (1975) 1994: 56)

Der Blick auf die Frau wird dementsprechend als grundsätzlich männlich gedacht, was die ausschließliche Erotisierung des Frauenkörpers verantwortet. Eine Identifikation der weiblichen Zuschauerin erfolgt demnach nur, indem auch sie sich den männlichen Blick aneignet. Mary Ann Doane folgt ihrer Kollegin in deren These der „transvestitischen Zuschauerin" und kommt zur Schlussfolgerung, ein weibliches Publikum müsse sich als Mann vorstellen und dessen Blick übernehmen, um Lust am Kino und der Inszenierung des Frauenkörpers insbesondere zu entwickeln. Ihre Prämisse geht aus von der Ausgeschlossenheit der Frau aus einem Diskurs, den der Film über Weiblichkeit und damit sie selbst liefert. (Doane 1982/1991)

Eine Filmtheorie, die dem weiblichen Blick auf und vor der Leinwand keinen Platz einräumt, führte im Anschluss zu kontroversen Auseinandersetzungen und legte den Grundstein für eine Suche nach neuen Konzepten, die Weiblichkeit im Film nicht nur dem männlichen Blick unterwerfen, sondern nach einem spezifisch weiblichen Diskurs fragen. Im deutschsprachigen Raum setzte sich Gertrude Koch bereits 1978 kritisch mit der „Leerstelle" Frau im Kino auseinander und versuchte, sich der Frau als Zuschauerin und Filmfigur zu nähern, ohne die Lust am Film auf ein männliches Bedürfnis zu reduzieren.[2] (Koch 1979)

5. Konstruierter Mythos und konstruiertes Geschlecht

Seit den neunziger Jahren kreist die Gender-Diskussion fachübergreifend immer wieder um die zentrale Frage nach der „weiblichen Wirklichkeit". Angeregt durch Judith Butlers Arbeiten sind die Schwierigkeiten bei der Begriffsbestimmung von Weiblichkeit, Frau und „weiblich" immer wieder offen gelegt worden. Bislang war gerade die feministische Forschung von einer vorgegebenen Identität, die durch die Kategorie „Frau(en)" definiert ist, ausgegangen. Nun aber musste ihre Zielsetzung, nämlich durch diese Identität ein Subjekt zu konstruieren, dessen politische Repräsentation erreicht werden sollte, neu hinterfragt werden:

> „Das feministische Subjekt erweist sich als genau durch dasjenige politische System diskursiv konstituiert, das seine Emanzipation ermöglichen soll." (Butler 1991: 3)

Das gesellschaftliche und politische Problem wird nur allzu deutlich: Wenn nun die Kategorie „Frau" bereits festgelegt ist, dann muss man sich den Determinanten zuwenden, durch die sie hervorgebracht wurde. In Hinblick auf eine jahrelang männlich besetzte Tradition hinsichtlich der Repräsentation geschlechtlich bestimmter Subjekte (gendered subjects) muss man erkennen, dass die geforderte „politische Repräsentation" der Frau, also ihre gesellschaftliche und kulturelle Identität, sich auf genau das beruft, von dem sie sich eigentlich abzugrenzen sucht: auf von vornherein als männlich definierte Subjekte.
    Der Film spitzt dieses Problemfeld zu, wenn man sich der Inszenierung der *Femme fatale* zuwendet. Die semantischen Ursprünge dieses Mythos entstammen unverkennbar maskulin dominierten Diskursen. Diese Prämisse entstammt keineswegs einer feministisch orientierten Analyse, sondern resultiert aus detaillierten Auseinandersetzungen, die vor allem im Bereich der Literaturwissenschaft und der Kunstgeschichte vorgenommen wurden, da sich hier die lange Geschichte und der Facettenreichtum dieser Inszenierung von Weiblichkeit am deutlichsten zeigen. Unverkennbar spiegeln sich im Bild der *Femme fatale* zeitgenössische Bemühungen, die weibliche (tabuisierte) Sexualität zu

---

2 In Anlehnung an Kochs Arbeiten geht man inzwischen durchaus auch von einer möglichen weiblichen Lust vor der Leinwand aus. Dem männlichen Blick wird dabei das Begehren unterstellt, dem weiblichen eher die Bewunderung oder gar der Neid. In Hinblick auf die *Femme fatale* liefert diese These meines Erachtens eine schlüssige Interpretation des geschlechterspezifischen Rezeptionsverhaltens.

dämonisieren, den Reiz des Verbotenen zumindest in der Kunst zu genießen und einen gleichermaßen selbstbewussten wie gefährlichen Umgang der Frau mit ihrer Sexualität zu inszenieren. So bleibt die bemerkenswerte Tatsache auffällig, dass die *Femme fatale* offensichtlich immer dann zu einem Höhepunkt künstlerischer Gestaltung gelangt, wenn parallel zeitgenössische und vorzugsweise männliche Wissenschaftler die weibliche Sexualität thematisieren, sie „anprangern", dämonisieren oder aber gänzlich verleugnen. Die Jahrhundertwende um 1900 stellt ein Paradebeispiel dieser Kongruenz zwischen theoretischer und künstlerischer Thematisierung der Frau und ihrer Sexualität dar. Darüber hinaus zeigt sich auch, dass sich die Quantität der scheinbar unerschöpflichen Imaginationen „Frau" einerseits und die Dürftigkeit weiblicher Beteilung an der Erzeugung dieser Konstruktionen konträr gegenüberstehen.

Mit anderen Worten: Arbeitet man mit dieser Frauenfigur - unabhängig davon, ob man sie medial ironisiert, dekonstruiert oder stilisiert - dann bearbeitet man stets einen vorgefertigten Interpretationskomplex. Dessen grundsätzlich imaginierter Charakter ist von konstituierender Bedeutung und verweist an keiner Stelle auf einen „weiblichen Diskurs" oder eine mögliche Realität der Frau hinter dem Bild. Der Mythos *Femme fatale* impliziert stets eine deutlich maskuline Imagination von Weiblichkeit, die in der schillernden Symbiose von sinnlicher Schönheit und grausamer Berechnung ein tradiertes Wunsch- und Angstdenken zusammenführt, das die männliche Vorstellung von dem Reiz des Frauenkörpers einerseits und seiner Gefahr andererseits in ein verführerisches Bild bannt.

Die Mechanismen, denen diese Frauendarstellung durchgängig unterliegt, haben sich im Medium Film unserer Zeit nicht allzu sehr verändert. Dem ersten Auftritt der Frau, der ihre physische Attraktivität genauso in Szene setzt wie ihre emotionale Kälte, folgt bald die Begegnung mit dem „Opfer" Mann, der ihr verfällt und gemeinsam mit ihr oder alleine in ihrem Namen ein Verbrechen begeht, das meistens im Mord gipfelt. Am Ende erfolgt der Richtspruch, der entweder den Tod der Frau bedeutet oder aber die Verurteilung durch eine juristische Instanz. Die filmische Adaption der *Femme fatale* präsentierte somit lange Zeit lediglich die Weiterentwicklung medialer Möglichkeiten, nicht aber einen inhaltlich tatsächlich neuen Ansatz in der Inszenierung.

6. Publikum, Kritik und der Film

„The ‚femme fatale' is a phenomenon every woman should appreciate, for she is a symbol of emancipation." (Kleibrink 2003: 21)

Mit dieser fragwürdigen These, welche die Sexualität der *Femme fatale* als Zeichen ihrer weiblichen Emanzipation begreift, leitet die Groninger Professorin Marianne Kleibrink ihren Aufsatz „The myths of womankind" ein, der einen Beitrag zum Katalog zur 2003 im Museum Groningen stattfindenden Ausstellung „Femmes Fatales 1860 - 1910" darstellt. Von einer grundsätzlichen Emanzipation der weiblichen Libido im Bild der Femme fatale lässt sich jedoch kaum sprechen, da das sexuelle Begehren der Frau gebannt wird in seiner gleichzeitigen Dämonisierung. Die *Femme fatale* als Emanzipationssymbol jeder Frau zu bezeichnen, würde folglich zu einer sehr fragwürdigen Vorstellung von Weiblichkeit führen. Emanzipiert lässt sich eine Frauenfigur, deren selbstbewusste Leidenschaft unweigerlich mit weiblicher Bösartigkeit verbunden ist, nur schwerlich nennen.

So bleibt Vorsicht geboten bei der Bewertung dieser Frauenrolle, die nur auf den ersten Blick auf eine scheinbare Emanzipation weiblicher Sexualität verweist. Der Film und das Fernsehen der letzten Jahre rücken ganz offensichtlich starke Frauen als Protagonistinnen von Hollywood-Filmen oder Fernsehserien immer stärker in den Vordergrund, was auch als Zeichen aufgeweichter Geschlechterstereotypen gewertet wurde. Allerdings ist es von wesentlicher Bedeutung, diese Frauenfiguren, die uns in Filmen wie *Charlie's Angels* oder in Serien wie *Alias, Charmed* etc. begegnen, nun nicht als Fortführung oder Ergänzung der *Femme Fatale* zu verstehen, und diesen damit gegebenenfalls einen emanzipatorischen Gehalt zu verleihen, der nicht schlüssig bleibt.

Natürlich werden durchaus auch alternative Stimmen laut, die in der medialen Inszenierung der *Femme fatale* eine frauenfeindliche, denunzierende und auf die Befriedigung einer männlichen Libido ausgerichteten Perspektive sehen wollen, die mit einer so genannten „weiblichen Wirklichkeit" nichts gemeinsam habe. Auch hier liegt ein Missverständnis zugrunde, dass in Hinsicht auf die im vorangegangenen Abschnitt geschilderte Gender-Diskussion erörtert werden muss. Ausgehend von der Tatsache, dass die *Femme Fatale* als Resultat eines männlichen Diskurses keinesfalls den Anspruch erfüllen kann und auch nicht soll, eine weibliche Identität zu konstituieren, stellt sich die Frage, ob dieser Anspruch an das Medium Film überhaupt folgerichtig scheint. Wesentlich bleibt, auch der Art der Repräsentation, dem Medium Film Rechnung zu zollen. Es ist fraglich, ob dieses Medium - zu deren Natur eine grundsätzliche Ästhetisierung seiner Personen und Konflikte gehört - die Verantwortung für ein imaginiertes

Frauenbild übernehmen soll, welches - wie sich gezeigt hat - als kulturge-
schichtlicher Mythos scheinbar zeitlos geworden ist.

Sinnvoller wäre eine Aufforderung an sämtliche kritische Auseinandersetzungen mit dem Medium (und das impliziert Publikum, Filmkritik ebenso wie
die Gender-Forschung), das Medium (den Film) ebenso zu berücksichtigen wie
das Objekt (die Frauenfigur) der Repräsentation. Die Aufgabe des Films (ebenso
wenig wie die der Kunst im Allgemeinen) kann nicht darin bestehen, geschlechterspezifische Wirklichkeiten - zumal diese Wirklichkeiten noch heute von der
Gender-Forschung problematisiert werden - authentisch darzustellen.

Provokant formuliert: Würde man auf die Darstellung eines rein „weiblichen
Diskurses", eines Diskurses also, der ohne primär männliche Determinanten
auskommt, verzichten, dürfte der Film die *Femme fatale* fortan nicht mehr inszenieren, da der ursprüngliche Text, mit dem dieses Bild spricht, ein
männlicher ist. Letztlich wäre der Unterhaltungswert künstlerischer Inszenie-
rungen doch sehr in Frage gestellt, würden diese sich zum Ziel setzen,
Realismus und Authentizität als oberste Prämissen zu formulieren. Der Film liefert schließlich immer - und darauf hat sich die Forschung durchaus geeinigt -
eine Interpretation von Wirklichkeit. Das macht ihn als Medium nicht nur aus,
sondern begründet gerade seine Faszination. Die Frage nach der Inszenierung
der *Femme fatale* lässt sich schließlich nur mit Blick auf die kulturelle Tradition
dieses Frauentyps untersuchen. Der Reiz an der Symbiose von explizit weiblicher Attraktivität und gleichzeitiger Grausamkeit - im Gegensatz zur deutlich
harmloseren Verführungskunst des Mannes - besitzt eine traditionsreiche Vergangenheit, deren Ursprünge nicht zuletzt Anforderungen an soziokulturelle
Studien stellen müssten.

Die Filmgeschichte zeichnet sich hingegen nicht nur durch den Transport
des Mythos, sondern auch dessen Relativierung aus. Scheinbar existieren für
den Film - wenn er die *Femme fatale* thematisiert - durchaus Möglichkeiten, an
der Darstellung dieser stereotypen Frauenfigur festzuhalten, sie gleichzeitig aber
auch in ihrem imaginierten Charakter zu entlarven. In Bezug auf die *Femme fatale* - und nicht zu vergessen auch auf den Mann an ihrer Seite - hat sich gezeigt,
dass der Film lange an überlieferten Verhaltensstrukturen festgehalten hat, statt
mit der Stilisierung des Archetypus, den die *Femme fatale* verkörpert, auch und
gerade in den Bildern des Films zu spielen. Hier ergeben sich zahlreiche Möglichkeiten des Mediums, welche in der Forschungsliteratur, die sich zunächst
der Tradition des Mythos und dessen grundsätzlich männlichen Charakter wid-
mete, bisher offenbar nur eingeschränkt berücksichtigt wurden.

7. *Femme fatale* - Über die Möglichkeiten des Films

Erste Schritte, die sich vom starren Archetypus der *Femme Fatale* lösen, sind bereits in Filmen wie *Basic Instinct* oder aber *The last seduction* angelegt, wo die „Heldin" dem Urteil entkommt und den Zuschauer mit einem relativierenden Blick auf die Frage nach Schuld, Unschuld, Wahrheit und Schein entlässt. Besonders aber der jüngste Film von Brian de Palma, der in seinem Titel *Femme Fatale* bereits sein Programm formuliert, liefert ein gelungenes Beispiel, wie ein weiblicher Archetypus darzustellen, gleichzeitig aber auch zu dekonstruieren ist. Nicht eine weitere *Femme fatale* wird thematisiert, sondern der Mythos selbst, der sich dahinter verbirgt und der rein ästhetische und künstlerische Ambitionen transportiert, jedoch keinerlei Aussagen über das Wesen der Frau verspricht.

Die Titelheldin selbst begegnet uns zunächst als „Bild im Bild" - im Spiegelreflex eines Fernsehers, der Billy Wilders Klassiker *Double Indemnity* (1940) und damit die zeitliche Spannbreite dieser Frauenrolle zeigt. Die Frau im Blick des Mannes wird schonungslos offenbart durch die durchgängige Metapher der Fotografie, die immer auch vom Schein, vom Fiktiven und von Zerrbildern der Wirklichkeit spricht. Der Mann, der der *Femme fatale* verfällt, arbeitet als Paparazzo, gleichzeitig aber tritt auch sie selbst, eigentlich stets Objekt der Fotolinse, als Fotografin auf. Die polyperspektivischen Kameraeinstellungen teilen den Bildschirm in Blicke auf die Frau und den Blick der Frau selbst. Ist die *Femme fatale* in anderen Filmen stets den Blicken anderer ausgesetzt, erzählt der jüngste Film auch aus der Sicht der Frau selbst. Der Regisseur entlarvt durch seine Bilder die Scheinheiligkeit derselben. Auf nichts scheint Verlass zu sein; spätestens als der Film uns ein alternatives Ende präsentiert, wird deutlich, dass uns hier Interpretationskomplexe begegnen, die den Anspruch auf Wahrhaftigkeit unmissverständlich dekonstruieren.

> „So ist das Kino, wie es Brian De Palma versteht, noch immer das verläßlichste Mittel, von der Unzuverlässigkeit der Bilder zu erzählen, die eine Realität getreulich dokumentieren sollen." (Körte 2003)

Der Film transportiert den männlichen Blick auf den Frauenkörper und stellt ihn bloß, indem er ihn überfrachtet: In einer Einstellung begegnet ein nackter Frauenkörper, dessen beinahe einzige Bekleidung ein Schmuckstück von unschätzbarem Wert darstellt. Es sind solche Bilder, die schonungslos den Frauenkörper als Ikone, als Fetisch und als bloßes Ornament offenbaren. Deutlich wird: Der Film erzählt nicht von einer verführerisch-bösen Frau, er legt offen, wie ein Mythos stilisiert und ästhetisiert wird. Die Lust des Betrachters geht dabei einher mit dem Gefühl, sich selbst in seiner Rolle als Voyeur entlarven zu können.

„Die Kunst liegt im Blickwinkel des Betrachters. „Femme Fatale" ist nicht nur eine einzige Projektionsfläche der Träume, sondern auch ein Puzzle aus trügerischen Perspektiven." (Hüttmann
2003)

8. Ausblick

Im Rahmen ihrer medialen Inszenierung werden weder die *Femme fatale* noch
ihre hilflos anmutenden männlichen Begleiter aussterben; die Verführungs-
künste der dämonischen Frau scheinen zeitlose Unterhaltung garantieren.

Unter dem Deckmantel vermeintlicher weiblicher Emanzipation kleidet auch
das so genannte Alternativ-Kino eines Quentin Tarantino tradierte Frauenrollen
lediglich in neue Kostüme. Sein aktuellster Film „Kill Bill", den Tarantino in
Einklang mit der Presse auch als Beitrag zu einer Emanzipation der Frau im Kino bezeichnet[3], bedient mit Uma Thurman als blutrünstigem Racheengel letztlich erneut das Klischee der grausam-schönen Verführerin und fasziniert ein
Publikum durch den Reiz der Symbiose von Schönheit und Brutalität, nicht etwa durch eine emanzipierte, weil aktiv agierende Frauenfigur.

Von der Kunst - und damit immer auch einem Interpretationskomplex von
Realität - jedoch zu verlangen, auf geschlechterspezifische und fiktive Rollen-
zuweisungen zugunsten authentischer „weiblicher" oder „männlicher" Wirklichkeiten gänzlich zu verzichten, bleibt ein Anspruch, der wenig Sinn macht, wenn
man die Realität eines Films in ihrem grundsätzlich imaginierten Charakter begreift. Die Entlarvung des voyeuristischen Blicks, der die Femme fatale nicht
nur kreiert, sondern auch rezipiert, lässt sich dennoch auch innerhalb der Inszenierung des Mythos medial umsetzen. Hier lässt sich durch Filme wie de Palmas
Femme fatale ein Wandel ablesen, der subversiv die zumeist maskulin geprägten Determinanten des Mythos offen legt.

Der Anspruch an das Medium „Film", die Möglichkeiten seiner medialen
Inszenierung auszuschöpfen sowie die Verzerrung und Stilisierung seiner Bilder
mit Hilfe derselben zu entlarven, entspricht einer legitimen Erwartungshaltung,
die den Raum öffnet für spannende künstlerische Entwürfe. Letztlich gelingt es
einem solchen Anspruch, nicht nur dem Objekt der Repräsentation, der Inszenierung von Weiblichkeit, sondern auch dem Subjekt, dem Medium selbst,
gerecht zu werden.

---

3 So geschehen beispielsweise in Tarantinos TV-Interview (27.10.2003) mit der von der Medienkri-
tik als „post-feministisch" gefeierten Moderatorin Charlotte Roche, die den Film ausdrücklich wegen seiner emanzipierten und vermeintlich innovativen Frauendarstellung rühmte.

Literatur

Butler, Judith (1991): Das Unbehagen der Geschlechter. Frankfurt am Main: Suhrkamp.

Dietze, Gabriele (Hg.) (1979): Die Überwindung der Sprachlosigkeit. Texte aus der neuen Frauenbewegung. Darmstadt/Neuwied: Luchterhand.

Doane, Mary Ann (1991): Femme Fatales: Feminism, Film Theory, Psychoanalysis. New York: Routledge.

Doane, Mary Ann (1994): Film und Maskerade: Zur Theorie des weiblichen Zuschauers. (Original 1982). In: Weissberg (1994): 66-89.

Frauen und Film. Frankfurt/M.: Stroemfeld Verlag. Gegründet 1974 von Helke Sander. Berlin: Brot + Rosen, später: Berlin: Rotbuch Verlag, ab Nr. 35: Frankfurt a. M.: Stroemfeld 1983ff.

Hüttmann, Oliver (2003): Femme Fatale. Guckloch für Cineasten und Pornographen. In: Spiegel Online 28.03.2003: http://www.spiegel.de/kultur/kino/0,1518,242440,00.html

Kleibrink, Marianne (2003): The myths of womankind. In: Ausstellungskatalog „Femme Fatale 1860 - 1910" hg. vom Groninger Museum und dem Koninklijk Museum voor schone Kunsten Antwerpen, Groningen. 21-27.

Koch, Gertrude (1979): Von der weiblichen Sinnlichkeit und ihrer Lust und Unlust am Kino. In: Dietze (1979): 116-138.

Körte, Peter (2003): Schock und Staunen. In: Frankfurter Allgemeine Sonntagszeitung, 23.03.2003: 25.

Mulvey, Laura (1994): Visuelle Lust und narratives Kino. (Orig. 1975) In: Weissberg (1994): 48-65.

Rosen, Marjorie (1973): Popcorn Venus: Women, Movies and the American dream. New York; Coward: Avon Books.

Weissberg, Liliane (Hg.) (1994): Weiblichkeit als Maskerade. Frankfurt a. M.: Fischer.

Der Einfluss des Faktors Geschlecht auf die Filmpräferenz
Johanna Vollhardt

1. Einleitung

Die meisten Menschen werden wohl einige Bilder vor Augen haben, wenn sie an das Stichwort „Geschlecht und Film" denken, etwa: Das Paar, das vor der Kinokasse steht und sich streitet - er will in einen Actionfilm, sie in einen Liebesfilm, der von ihm abfällig als Schnulze bezeichnet wird. Oder eine typische Szene aus amerikanischen Teenagerfilmen: Sie sitzt im Kinosessel mit weit aufgerissenen Augen und angstverzerrtem Gesicht, man sieht ein furchterregendes Ungeheuer auf der Leinwand, was auf einen Horrorfilm hinweist, er sitzt gelassen neben ihr und nutzt die Gelegenheit, ihr schützend den Arm um die Schulter zu legen. Vermeintlich gibt es Unterschiede, was den Filmgeschmack von Männern und Frauen betrifft. Bestimmte Filme kann man sofort bei Betrachten des Filmplakats als „Frauenfilm" einordnen, bei Science Fiction, Action-Filmen oder Thrillern würde man ein eher männliches Publikum erwarten.

Das sind jedenfalls die Stereotype - wie viel steckt dahinter? Im Folgenden soll es zunächst darum gehen,

- bestehende Stereotype über Filmpräferenzen von Männern und Frauen zusammenzutragen und zu überprüfen, inwieweit sie mit der Realität korrespondieren,
- das Augenmerk insbesondere auf Fälle zu richten, in denen es zu Abweichungen von diesen Erwartungen kommt,

- um anhand dieser Abweichungen nach einer möglichen Erklärung für das Zustandekommen derjenigen Unterschiede zu suchen, die mit der stereotypen Vorstellung zunächst in Einklang zu sein scheinen. Es soll die Frage aufgeworfen werden, inwieweit die Darstellung der Geschlechter im Film die Präferenzen wesentlich mitbestimmen könnten. Somit wird einer Aufforderung Scheeles (1998) entsprochen, „immer und immer wieder denkerisch-analytisch zu überprüfen (...), was an beobachtbaren Geschlechterdifferenzen soziale Konstruktion ist" (Scheele 1998: 55).
- Zum Abschluss werden Konsequenzen gezogen, die sich für die Medienindustrie sowie Verantwortliche in diesem Bereich ergeben (sollten).

2. Pretty Woman vs. Terminator 2 - Stereotyp und Realität der Filmpräferenzen von Männern und Frauen

Viele Filmgenres werden in Hinblick auf den Faktor Geschlecht nicht neutral betrachtet, sondern sind mit einer klaren Vorstellung darüber verbunden, ob sie eher von Frauen oder Männern bevorzugt werden und an welches Publikum sie sich richten. Dies gilt vor allem für Liebesfilme, Sportsendungen, Gewaltdarstellungen, Horrorfilme, sowie Pornographie.

1. Liebesfilme sowie Filme, die tragische Schicksale darstellen, gelten als Frauengenre. Im Englischen werden sie deswegen auch umgangssprachlich ‚chick-flicks' genannt. In mehreren Untersuchungen (vgl. zusammenfassend Oliver, 2000) bestätigte sich dieses Stereotyp: Frauen geben einen größeren Gefallen an solchen Filmen an als Männer, schauen sie häufiger an und berichten intensivere, allerdings negative Gefühle beim Betrachten. Dies führt jedoch nicht zu einer Verringerung ihres Gefallens, sondern scheint sogar einen Teil dessen auszumachen. Zu Bedenken ist hierbei aber, dass es sich jeweils um Befragungen handelt, die Tendenz zum sozial erwünschten Antworten sowie Normen also eine Rolle spielen könnten.

2. Sportsendungen sind ebenfalls mit klaren Vorstellungen hinsichtlich der Geschlechtspräferenzen assoziiert: Man denkt etwa an den Mann, der mit der Bierflasche vor dem Fernseher sitzt, und die sprichwörtliche ‚Fußballwitwe', die das Vergnügen nicht teilt. Sport scheint also, im Gegensatz zum Liebesfilm, eine ‚Männerdomäne' zu sein. In Untersuchungen (für einen Überblick vgl. Oliver 2000) bestätigt sich auch dieses Stereotyp: Männer berichten tatsächlich größeres Gefallen an Sportsendungen, vor allem an aggressiveren Sportarten, während Frauen eher stilistische Sportarten wie Eiskunstlauf bevorzugen.

3. Was *Gewaltdarstellungen* angeht, so zieht es sich wie ein roter Faden quer durch alle Genres, was sich schon im Bereich des Sports andeutete: Männer zeigen generell mehr Vergnügen an Gewaltdarstellungen, sei es im Kontext von Western, Actionfilmen, oder sogar bei Musikvideos. Hier entspricht die Realität einem allseits geläufigen Stereotyp: Schon kleine Kinder haben sehr genaue Vorstellungen davon, welche Filme aufgrund ihrer gewalttätigen Inhalte eher Mädchen oder Jungen gefallen: So gab in einer Befragung die Mehrheit (64,2%) einer Gruppe von Kindern im Vorschulalter bis zur dritten Klasse an, der Film *Teenage Mutant Ninja Turtels* werde Jungen mehr gefallen als Mädchen, wobei ein Drittel der befragten Kinder explizit die Gewalt als Begründung anführte (vgl. Oliver 2000: 218).

4. *Horrorfilme* werden daher erwartungsgemäß auch eher von Männern als von Frauen konsumiert; außerdem geben Männer weniger Angst und Verstörung beim Betrachten dieser Filme an als Frauen, was auch physiologisch nachweisbar ist. Interessant und möglicherweise auch eine Erklärung für die unterschiedlichen Präferenzen ist der Befund, dass Horrorfilme häufig sexuelle Szenen enthalten, die mit Gewalt gepaart sind, ihr also unmittelbar vorausgehen. Solche Szenen erhöhen das Gefallen der Männer, nicht aber der Frauen an den Filmen (vgl. ebd.). Dies ist nicht verwunderlich, wenn man bedenkt, dass der Täter in den allermeisten Fällen männlich und das Opfer weiblich ist.

5. *Pornographie* wird nicht per se von Frauen abgelehnt, wie man es vielleicht annehmen könnte. Zwar lassen sich diese stereotypen Tendenzen zunächst in Untersuchungen finden: Männer berichten größeres Gefallen an pornographischen Filmen sowie intensivere körperliche Reaktionen, während Frauen häufiger als Männer Pornographie aus Prinzip ablehnen. Dieser Unterschied wird jedoch geringer, wenn in die Analyse auch solche Filme einbezogen werden, die sich explizit an ein weibliches Publikum richten. Diese Filme unterscheiden sich von den üblichen Pornofilmen, die von Männern für Männer gedreht werden, dadurch, dass sie keine Nahaufnahmen von Genitalien zeigen und mehr Dialoge beinhalten, in denen Beziehungen und Gefühle thematisiert werden. Diese Filme sprechen auch Frauen an, wenn auch insgesamt ihre Gefallensreaktion nie die der Männer übersteigt (vgl. ebd.). Zu bedenken ist hierbei jedoch auch wieder, dass es sich um Selbstaussagen handelt, bei denen man den Einfluss sozial erwünschter Antworten nicht klar bestimmen kann. Gerade in diesem Bereich dürfte dieser Faktor aber eine nicht unerhebliche Rolle spielen.

Es gibt aber natürlich nicht nur Unterschiede, sondern auch geteilte Präferenzen bei Männern und Frauen: So nennen in einer US-amerikanischen Untersuchung von Fischhoff, Antonio und Lewis (1998), in der 560 Personen zwischen 15 und 83 Jahren gebeten wurden, ihre 15 liebsten Filme aufzulisten,

Männer zwar am häufigsten Filme wie *Krieg der Sterne* (Rang 1), *Der Pate* (Rang 2) oder *Terminator 2* (Rang 6), Frauen hingegen Filme wie *König der Löwen* (Rang 2), *Vom Winde verweht* (Rang 5) oder *Pretty Woman* (Rang 8). Es gibt jedoch auch Filme, die von Personen beiderlei Geschlechts favorisiert werden: z.B. *Forrest Gump* (Frauen: Rang 1, Männer: Rang 3) oder *Braveheart* (Frauen: Rang 6, Männer: Rang 3).

3. Wie entstehen Geschlechtsunterschiede?

Nachdem festgestellt werden konnte, dass sich bestehende Stereotype tatsächlich in Untersuchungen bestätigen lassen, stellt sich die Frage, wie diese Unterschiede entstehen. In der Psychologie der Geschlechtsunterschiede lassen sich ganz grundsätzlich zwei Arten von Erklärungsansätzen unterscheiden, die auch hier herangezogen werden: Es sind zum einen biologische, zum anderen sozialisationsbedingte Ansätze (vgl. Alfermann 1996; Trautner 1994).

3.1 Der biologische Erklärungsansatz

Biologisch orientierte Ansätze zur Erklärung von Verhaltensunterschieden zwischen Männern und Frauen gehen davon aus, dass diese angeboren und biologisch determiniert seien. Zwei Ursachen für das Zustandekommen von Geschlechtsunterschieden werden innerhalb dieses Ansatzes typischerweise genannt: zum einen hormonelle Unterschiede, die sich auf das Verhalten auswirken, zum anderen evolutionsbiologische Erklärungen, die Unterschiede im Verhalten von Männern und Frauen mit ihren unterschiedlichen Fortpflanzungsstrategien erklären: Da Männer mit einer theoretisch unbegrenzten Anzahl von Partnerinnen eine sehr große Anzahl von Nachkommen zeugen können, sei für sie am vorteilhaftesten, sich entsprechend zu verhalten, während es für Frauen wichtig sei, sich für die Aufzucht ihres zahlenmäßig begrenzten Nachwuchses einen zuverlässigen Partner zu suchen, der sie dabei unterstützt (vgl. Alfermann 1996). Diese Erklärungen kann man auch auf den Medienbereich und die Präferenzen unterschiedlicher Genres übertragen: So könnte man sagen, dass der höhere Testosteronspiegel der Männer eine Bevorzugung aggressiver Filme bewirke, und, entsprechend dem evolutionsbiologischen bzw. soziobiologischen Ansatz, dass Männer Pornographie mögen, weil es eine Anzahl vieler Partnerinnen simuliere (vgl. Holtz-Bacha 1995; Oliver 2000).

Von diesen Erklärungen wird hier aber Abstand genommen. Denn es ist kritisch anzumerken, dass biologische Faktoren nie isoliert von gesellschaftlichen Bedingungen wie Normen und geschlechtstypisierender Erziehung untersucht wurden oder werden können. Selbst bei scheinbar eindeutig auf das biologische Geschlecht zurückführbaren Unterschieden kann man also nie mit Sicherheit sagen, worauf sie letztlich basieren. Das starre, dichotome sowie deterministische Geschlechterbild, das den biologischen Erklärungen zugrunde liegt, gilt u. a. deswegen - zumindest in den Sozialwissenschaften - heute schon als überholt. Stattdessen werden sozialisationsbedingte Erklärungen bevorzugt, die im folgenden Abschnitt kurz skizziert werden sollen.

3.2 Der sozialisations- und lerntheoretische Ansatz

Sozialisationsbedingte Erklärungen gehen davon aus, dass geschlechtstypisches Verhalten im Rahmen der Sozialisation gelernt und übernommen wird. Geschlecht wird hier als bedeutsame soziale Kategorie gesehen, mit der bestimmte Rollenerwartungen und Stereotype verknüpft sind. So werden in unserer westlichen Gesellschaft mit der männlichen Rolle Eigenschaften wie „stark", „dominant", „leistungsorientiert" etc. verknüpft, während von Frauen erwartet wird, dass sie „einfühlsam", „sanft" und „emotional" sind (vgl. Alfermann 1996). Diese Erwartungen werden von der sozialen Umwelt vermittelt und von dem Heranwachsenden im Rahmen sozialer Lernprozesse übernommen und gefestigt, etwa durch die Wirkung von Belohnungen (z.B. Anerkennung, Lob), wenn Verhaltensweisen gezeigt werden, die typischerweise von dem jeweiligen Geschlecht erwartet werden. Hierbei dienen nicht nur Familie, Schule und Freunde als Vermittler von Erwartungen oder als Verhaltensmodelle, sondern auch Medien begünstigen den Erwerb von Stereotypen zunehmend mehr - z.B., indem sie Verhaltensmodelle liefern und durch die Art der Ausgestaltung männlicher und weiblicher Filmrollen vorgeben, was als geschlechtstypisches Verhalten angesehen wird.

Auch das Zustandekommen von Filmpräferenzen kann auf diese Weise erklärt werden: Mädchen und Jungen wachsen durch ihre unterschiedliche Erziehung in andere Lebenswelten hinein. So werden Mädchen oft ermutigt, eher warm, fürsorglich und sozial zu sein, während Jungen eher dafür Anerkennung bekommen, wenn sie stark, aggressiv und wettbewerbsorientiert sind. Diese Eigenschaften werden so internalisiert, dass sie sich später auf viele Bereiche niederschlagen und möglicherweise auch die Medienauswahl beeinflussen: Frauen interessieren sich dann aufgrund ihrer Sozialisation mehr für Filme, in denen es um Gefühle und Beziehungen geht, Männer eher für aggressive Filme. Außerdem werden Heranwachsende seit ihrer Kindheit und später besonders durch Gruppendruck innerhalb der Gleichaltrigengruppe dazu ermutigt, bestimmte Filme und Fernsehsendungen zu sehen, die dem Geschlechterstereotyp entsprechen. Es ist wohl eher die Ausnahme als die Regel, dass Mädchen sich innerhalb ihres Freundeskreises Horrorfilme anschauen oder von der Familie darin unterstützt werden, während der Konsum dieser Filme bei Jungen viel eher akzeptiert oder von Gleichaltrigen sogar bewundert wird.

4.   Geschlecht als wesentlicher Teil der Identität

Das Geschlecht ist eine der bedeutendsten sozialen Kategorien (vgl. Trautner 1994). Daher ist es nicht verwunderlich, dass das eigene Geschlecht schon sehr früh eine wichtige Dimension der Selbstwahrnehmung und personalen sowie sozialen Identität bildet. Dies äußert sich z.B. darin, dass Kinder sich schon in einem frühen Entwicklungsstadium an gleichgeschlechtlichen Verhaltensmodellen orientieren (vgl. ebd.). Auch für die Mediennutzung und insbesondere Filmrezeption hat dies Folgen: Empirische Studien haben gezeigt, dass man sich bei der Filmrezeption besonders mit gleichgeschlechtlichen Protagonistinnen resp. Protagonisten identifiziert, also ein besonderes Interesse an ihnen hat und ihnen empathischere Reaktionen entgegenbringt. Dies gilt für beide Geschlechter und zeigt sich schon bei kleinen Kindern (vgl. Holtz-Bacha 1995; Oliver 2000).

Hinzu kommt, dass Frauen in der Medienrezeption eher „realitätsorientiert" sind (vgl. Holtz-Bacha 1995: 277f.): So ist ihnen die Identifikation mit der Protagonistin und den gezeigten Erfahrungen im Film besonders wichtig, sie verknüpfen das Gesehene stärker mit der Realität und suchen nach Übertragungsmöglichkeiten des Filmgeschehens auf ihren Alltag. Ob die Inhalte des Films einen Zusammenhang zu ihrem eigenen Leben aufweisen und sie sich mit den gezeigten Themen identifizieren können, hat bei Frauen einen großen Einfluss auf ihre Gefallenreaktion. Männer hingegen sind in der Regel stärker „fiktionsorientiert" und suchen diese Verknüpfung weniger (vgl. Holtz-Bacha 1995: 278).

5. Die Auswirkung von Identifikationsmöglichkeiten im Film auf das Gefallen

Und so wäre noch eine alternative Erklärungsmöglichkeit für das Zustandekommen der unterschiedlichen Filmpräferenzen denkbar: Möglicherweise ist die Präferenz für bestimmte Filmgenres und Filme davon beeinflusst, wie Männer und Frauen in diesen Filmen dargestellt werden und wie die Hauptrollen zwischen den Geschlechtern verteilt sind, d.h. in welchem Ausmaß Männern und Frauen die Möglichkeit gegeben wird, sich mit gleichgeschlechtlichen Hauptfiguren zu identifizieren.

Darauf zumindest weist eine Studie von Oliver, Weaver und Seargant (1998, vgl. Oliver 2000) hin: Bei Filmen aus der Kategorie „traurige Liebes- oder Schicksalsfilme", die üblicherweise als Frauenfilme eingestuft werden und bei denen es entsprechend häufig um Frauenschicksale geht, fand man keine Geschlechtsunterschiede hinsichtlich des Gefallens, wenn es sich bei der Hauptfigur um einen Mann handelte. Auch wenn die Thematik sich um das Überwinden von Hindernissen drehte und nicht um zwischenmenschliche Beziehungen, wie in einem Film über einen gelähmten (männlichen) Basketballspieler, waren die Reaktionen zwischen den Geschlechtern ausgewogen. Somit konnte also nicht mehr von einem „Frauengenre" gesprochen werden.

Diese Untersuchung weist darauf hin, dass es sich lohnt, die Art und Häufigkeit der Darstellung der Geschlechter im Film genauer zu betrachten. Es muss die Frage gestellt werden, ob sich Filme aller Genres in gleichem Ausmaß an Männer und Frauen richten; etwa dadurch, dass das Verhältnis des Geschlechts der Hauptcharaktere ausgewogen ist und auch die Art der Darstellung Männern wie Frauen gleichermaßen eine Identifikation erlaubt. Oder werden möglicherweise Präferenzen durch ein Ungleichgewicht der Repräsentation oder eine stereotype Darstellung der Geschlechter im Film geformt und in bestimmte Bahnen gelenkt?

6. Darstellung von Männern und Frauen im Film

Zur Beantwortung dieser Frage kann man eine Längsschnittuntersuchung von Eschholz, Bufkin und Long (2002) heranziehen, in denen es um die Repräsentation und Darstellungsweise von Männern und Frauen im populären Hollywood-Film geht. Frühere Analysen von Filmen der vergangenen Jahrzehnte hatten folgendes gezeigt:

1. Bezogen auf die Gewichtung und Art der *Rollen*: Frauen werden in Filmen unproportional zu ihrem tatsächlichen Anteil an der Bevölkerung dargestellt. So zeigte eine Analyse von 100 Filmen von den 1940ern bis 80ern, dass 64% der Hauptrollen männlich und 36% weiblich waren.

2. Bezogen auf das *Alter* der Hauptcharaktere: Meistens werden junge Darstellerinnen unter 35 Jahren gezeigt, Frauen im mittleren Alter aber nahezu ausgeschlossen. Männer hingegen werden in Filmen oft in reiferem Alter und dabei attraktiv dargestellt: Man denke an Schauspieler wie Paul Newman, Richard Gere oder Sean Connery.

3. *Familienstand*: Männer werden im Film seltener verheiratet und mit Kindern dargestellt als Frauen.

4. *Arbeitsfelder* und *Berufsstatus*: Der berufliche Status von Frauen ist in den Filmen im Durchschnitt niedriger als bei Männern. Interessant ist auch, dass Frauen, wenn sie in höheren Positionen dargestellt werden, fast immer an der Seite eines Mannes zu sehen sind, wobei romantische Spannungen dann stets Teil der Geschichte sind.

5. *Gender*: Den Darstellern wurden mehr als maskulin geltende Attribute wie Aktivität, Aggressivität, Dominanz, Autonomie in die Rollen geschrieben, den Darstellerinnen hingegen mehr stereotyp feminine Eigenschaften wie Ehrerbietung, Abhängigkeit, Fürsorge.

Da gesellschaftliche Realität stets im Wandel begriffen ist und sich im Bereich der Gleichstellung von Männern und Frauen in den vergangenen zwei bis drei Jahrzehnten einiges verändert hat, gilt es zu überprüfen, ob sich dies auch im Film widerspiegelt.

Zur Beantwortung dieser Frage haben Eschholz et al. (2002) die 50 beliebtesten Filme in den USA im Jahre 1996 inhaltsanalytisch untersucht. Die Hauptfiguren dieser Filme wurden auf ihr Geschlecht, Alter, Beschäftigungs- und Berufsstatus sowie auf das Vorhandensein als stereotyp männlich und weiblich geltender Eigenschaften hin untersucht.

„Hollywood is a white man's world" - so lautet das erste Ergebnis, das die Autorinnen festhalten (Eschholz et al. 2002: 322). Sie stellten fest, dass 85% der Drehbuchautoren/innen, 93% der Regisseure/innen und 84% der Produzenten/innen der untersuchten Filme männlich und weiß waren. Dies ist möglicherweise der Grund für eine entsprechende Einseitigkeit der Darstellung in den Filmen:

1. *Repräsentation der Geschlechter:* Frauen sind in den Filmen nach wie vor unterrepräsentiert: Sie stellen immer noch nur 35 % der Hauptrollen dar. Ferner unterscheiden sich die Genres dahingehend, zu welchem Anteil Frauen Hauptrollen in ihnen einnehmen: In Action-/Abenteuerfilmen sind Frauen mit einem

Verhältnis von 1:3 besonders unterrepräsentiert, in Dramen beträgt das Verhältnis 1:2, und in Komödien sind Frauen mit einer Relation von 2:3 im Vergleich am besten repräsentiert. Dies entspricht einem Phänomen, das Holtz-Bacha (1995) als „Trivialisierung" bezeichnet: Frauen werden in Film und Fernsehen oft in einem weniger ernsthaftem Kontext dargestellt.

2. *Alter der Hauptfiguren:* Auch hier bestätigt sich das Ergebnis aus früheren Studien: 33% der Darstellerinnen sind 30 oder jünger, hingegen nur 13% der männlichen Darsteller. Entsprechend sind 10% der Darsteller älter als 50, jedoch nur 4 % der Darstellerinnen.

3. *Familienstatus:* Hier gibt es, im Gegensatz zu früheren Studien, keine signifikanten Unterscheide mehr, d.h. Männer und Frauen werden mit einem vergleichbaren familiären Status dargestellt. Der einzige Unterschied ergibt sich in Hinblick auf die Beschäftigung: Unter den Hauptcharakteren mit Kindern sind Frauen deutlich seltener berufstätig als Männer. Männer werden auch nicht allein erziehend dargestellt, mit Ausnahme von einzelnen Filmen wie *Mr. Mom* oder *Mrs. Doubtfire.*

4. *Berufsstatus:* Männer werden signifikant häufiger mit einer beruflichen Beschäftigung dargestellt als Frauen: 93% der Darsteller haben im Film eine Arbeit, hingegen nur 75% der Darstellerinnen. Der Berufsstatus der Männer im Film unterschied sich nicht signifikant von dem der Frauen, d.h., dass in diesem Fall Veränderungen der gesellschaftlichen Realität widergespiegelt werden. Ein Unterschied besteht jedoch darin, dass Männer immer noch fast ausschließlich in männlich dominierten Berufen dargestellt werden (83%), während die Zuteilung bei den Frauen deutlich flexibler ist: 46% der weiblichen Darstellerinnen waren in weiblich dominierten, ganze 37% in männlich dominierten Berufen beschäftigt zu sehen, der Rest in Berufen, die als geschlechtsneutral gelten können.

5. *Gender:* Wie zu erwarten, sind den Darstellern mehr traditionell als männlich geltende Eigenschaften in die Rollen geschrieben und den Darstellerinnen entsprechend mehr als weiblich geltende. Interessant ist jedoch, dass die Rollen der Darstellerinnen oft ebenso als männlich geltende Eigenschaften beinhalteten. In den männlichen Rollen hingegen war diese Flexibilität nicht enthalten, d.h. diese waren ausschließlich auf stereotyp männliche Eigenschaften (wie Stärke, Wettbewerbsorientierung, Aggressivität, etc.; s.o.) festgelegt.

7. Hat sich an der Darstellung von Männern und Frauen im Film etwas geändert?

Die Untersuchung zeigt, dass es in einiger Hinsicht im Vergleich zu den vergangenen Jahrzehnten eine Besserung der Darstellung von Frauen und Männern im Film gegeben hat, und zwar in Richtung einer gleichgestellteren und weniger stereotypen Darstellung: Männer und Frauen werden nun etwa gleichermaßen häufig als Elternteil oder Ehepartner/in gezeigt, der Berufsstatus ist etwa gleich, und die Geschlechterstereotypisierung ist, zumindest für Frauen, nicht mehr so starr.

Gleich geblieben ist jedoch, dass Frauen in den Filmen immer noch deutlich unterrepräsentiert sind, sowie wesentlich jünger als Männer dargestellt werden, wodurch das sexistische Stereotyp verstärkt wird, das den Wert der Frauen vorwiegend nach ihrem Äußeren beurteilt.

Auch Männer werden von stereotypen Darstellungen nicht verschont: Sie tragen die Bürde, hinsichtlich ihrer Geschlechterrollen in einer „Gender-Zwangsjacke" (vgl. Eschholz et al. 2002: 325) zu stecken: Die Veränderungen sind überwiegend auf der Seite der weiblichen Rolle zu finden. Dies entspricht auch der Realität:

> „[Es sind] (...) eher die Mädchen - und später die Frauen - (...), die sich an die männliche Rolle annähern ( ). Für Mädchen und Frauen wird es immer selbstverständlicher, maskuline Rollenmerkmale in ihr Selbstkonzept und ihre Lebensführung einzubeziehen. (...) Demgegenüber ist das Rollenspektrum der Jungen und Männer vergleichsweise begrenzt geblieben" (Trautner 1994: 187f.).

Es stellt sich also „der Wandel der Geschlechterrollen vor allem als ein Wandel der weiblichen Rolle dar" (Alfermann 1996: 34) - im Film wie in der Realität.

Dieses für die Frauen zunächst positiv klingende Resultat soll jedoch nicht über den wahren Grund der einseitigen Änderung hinwegtäuschen: dass nämlich die weibliche Rolle und als weiblich geltende Attribute (s.o.) gesellschaftlich geringer geschätzt werden. Daher ist es zwar für Frauen erstrebenswert, sich der männlichen Rolle anzunähern, nicht jedoch umgekehrt (vgl. Trautner 1994).

8. Auswirkung der filmischen Darstellung von Männern und Frauen auf die Filmpräferenz

Bezogen auf die Ausgangsfragestellung nach Erklärungsmöglichkeiten für Geschlechtsunterschiede hinsichtlich der Präferenz bestimmter Filmgenres könnten die dargestellten Ergebnisse nun folgendes bedeuten: Kombiniert man die empirischen Befunde, wonach

- die Filmpräferenz ganz wesentlich davon mitbestimmt wird, ob man sich mit den Hauptdarstellenden identifizieren kann,
- diese Orientierung bei Frauen stärker ausgeprägt ist (Realitätsorientierung),
- Frauen in Filmen immer noch unterrepräsentiert werden und weniger Hauptrollen einnehmen, was in einigen Genres - wie den als eher „männlich" geltenden Actionfilmen - besonders stark ausgeprägt ist,

so ist es nicht weiter verwunderlich, dass ihnen dieses Genre in der Regel weniger zusagt und sie sich Genres zuwenden, in denen sie eher Identifikationsfiguren finden - den „Frauenfilmen" eben. Gestützt wird diese Vermutung durch oben angeführte Untersuchungen, in denen gezeigt wurde, dass Präferenzen für Genres nicht streng an das biologische Geschlecht gekoppelt sein müssen. Sie können durchaus unerwartet ausfallen, wenn die Genres nicht mit einem bestimmten geschlechtsstereotypen Muster der Darstellung verbunden sind, sondern stattdessen Männern und Frauen gleichermaßen die Möglichkeit zur Identifikation geben.

Diese Argumentation spricht dafür, dass Geschlechtsunterschiede hinsichtlich der Präferenz von Filmen und Filmgenres sozial konstruiert sein könnten. Das Beispiel demonstriert somit auch, dass man sich immer fragen muss, ob sich nicht selbst auf den ersten Blick scheinbar biologisch bedingte oder zumindest an das biologische Geschlecht gekoppelte Unterschiede bei näherem Hinsehen doch als gesellschaftlich geformt herausstellen könnten (vgl. Scheele 1998). Wenn dies der Fall ist, sind sie aber auch prinzipiell veränderbar und bedeuten nicht zwangsläufig Determination. Der all zu einfache Schluss auf biologische Bestimmtheit ist natürlich verlockend. Aufgrund der politischen und gesellschaftlichen Konsequenzen dieser Annahme, die implizit den status quo rechtfertigt und Veränderungen unnötig oder unmöglich erscheinen lässt, ist diese kritische Hinterfragung jedoch von besonderer Wichtigkeit.

9. Gesellschaftliche Konsequenzen und Ausblick

Es gilt abschließend, nach gesellschaftlichen Auswirkungen der geschilderten Darstellung der Geschlechter im Medium Film zu fragen.

Das Fernsehen ist, im zunehmenden Ausmaß, eine wichtige Informationsquelle für die meisten Menschen weltweit. Fernsehen liefert aber nicht nur Sachinformationen, sondern kann auch wesentlich dazu beitragen, Einstellungen und Ansichten zu formen, so auch die Ansicht der Öffentlichkeit über die Stellung der Frau und des Mannes in der Gesellschaft (vgl. Newland 1987). Darüber hinaus können gleichgeschlechtliche Film- und Fernsehdarsteller/innen auch aufwachsenden Kindern und Jugendlichen als Verhaltensmodell dienen. Um so problematischer erscheint es also, wenn wir feststellen müssen, dass die Darstellung der Geschlechter, sowohl der Männer als auch der Frauen, im Fernsehen nach wie vor stereotyp und verzerrt ist.

Aufgrund der Bedeutung des Fernsehens und seiner Auswirkung auf Einstellungen und das Weltbild der Zuschauenden wäre es wünschenswert, wenn mehr Verantwortung für die Inhalte und Darstellungsweisen übernommen würde.

Eine Möglichkeit dazu wäre eine Lenkung der im Fernsehen gesendeten Filme. Dies wird bzw. wurde in den skandinavischen oder ehemaligen Ostblockstaaten praktiziert (vgl. ebd.), dürfte aber hierzulande kaum auf Befürwortung stoßen. Eine andere Möglichkeit wäre die stärkere Einbeziehung von Frauen im Mediengeschäft. Hält man sich den Frauenanteil von weit unter 15% unter den Regisseuren/innen, Drehbuchautoren/innen etc. vor Augen, so drängt sich die Vermutung auf, dass die Unterrepräsentation von weiblichen Rollen im Film u.a. darin begründet sein könnte. Wenn mehr Frauen die Möglichkeit erhalten würden, als Regisseurinnen, Drehbuchautorinnen oder Programmdirektorinnen Filminhalte mitzugestalten und auszuwählen, wäre es denkbar, dass Filmgenres neu definiert werden und Filme entstehen, mit denen sich Frauen und Männer besser identifizieren können als bisher. Dann wäre es ebenso denkbar, dass sich bestehende Stereotypen hinsichtlich der Präferenz von Filmgenres in Zukunft als ein vorübergehendes Produkt sozialer Konstruktion erweisen und dekonstruiert werden.

Literatur

Alfermann, Dorothee (1996): Geschlechterrollen und geschlechtstypisches Verhalten. Stuttgart: Kohlhammer.

Eschholz, Sarah; Bufkin, Jana & Long, Jenny (2002): Symbolic reality bites: Women and racial/ethnic minorities in modern film. In: Sociological Spectrum. 22. 299-334.

Fischoff, Stuart, Antonio, Joe & Lewis, Diane (1998): Favorite films and film genres as a function of race, age, and gender. Journal of Media Psychology, 3 (1). Online verfügbar unter http://www.calsadeal.edu/faculty/sfischo/media3.html (5.5.2004)

Fröhlich, Romy & Holtz-Bacha, Christina (Hrsg.) (1995): Frauen und Medien. Opladen: Westdeutscher Verlag.

Holtz-Bacha, Christina (1995): Rezeption und Wirkungen - gibt es Unterschiede zwischen Frauen und Männern? In: Fröhlich & Holtz-Bacha (1995.): 254-286.

Luce, L.F. & Smith, E.C. (Hrsg.) (1987): Toward internationalism. Readings in cross-cultural education (2nd ed.). Cambridge, MA: Newbury House.

Newland, Kathleen (1987): Women in words and pictures. In: Luce & Smith (1987): 213-236.

Oliver, Mary Beth (2000): The respondent gender gap. In: Zillmann & Vorderer (2000): 215-23.

Scheele, Brigitte (1998): Psychologie der Geschlechterdifferenzen: zwischen unbeantworteten Fragen und fragwürdigen Antworten. In: Kölner Psychologische Studien. III (1). 23-60.

Schneewind, A. (Hrsg.) (1994): Psychologie der Sozialisation. Enzyklopädie der Psychologie, Themenbereich D, Serie 1. Bd. 1. Göttingen: Hogrefe.

Trautner, Hans Martin (1994): Geschlechtsspezifische Erziehung und Sozialisation. In: Schneewind (1994): Kap. 6.

Zillmann, Dolf & Vorderer, Peter (Hrsg.) (2000): Media entertainment: The psychology of its appeal. Mahwah, NJ: Erlbaum.

Der Cyberspace als Spielwiese der Geschlechterkonstruktion
Vanessa Watkins

1. Einleitung

Das Internet als virtueller Raum des körperlosen Informationsaustauschs bietet ein interessantes Feld für die Untersuchung von Geschlechterkonstruktion. Während man am Anfang noch davon träumte, mit dem Cyberspace einen geschlechtslosen Raum konstruieren zu können, wurde später schnell klar, dass auch dieser Raum kein unbeschriebenes Blatt ist. Der Austausch von Informationen steht immer in Verbindung mit Macht und es bedarf an Akteuren, die auf diese Tatsache aufmerksam machen: Auf theoretischer Ebene haben feministische Technowissenschaftlerinnen dies durch die Entwicklung kritischer Fragestellungen getan, auf diese aufbauend experimentieren Cyberfeministinnen auf ästhetisch-politischer Ebene mit geschlechtlichen Diskursen im Netz und als Zeitvertreib erproben sich spielbegeisterte Menschen an der virtuellen Auflösung von geschlechtlichen Kategorien.

Anhand dieser drei Gruppen möchte mein Artikel die Unterwanderung von Geschlechtskategorien im Cyberspace untersuchen. Mein Hauptaugenmerk liegt dabei auf den virtuellen Spielwelten. Diese werden von Menschen besucht und konstruiert, die keinerlei feministischen Hintergrund besitzen, und genau sie scheinen die Utopie des geschlechtslosen Raums zu leben. Innerhalb dieser virtuellen Orte ist es möglich, sein eigenes Geschlecht zu konstruieren, virtueller Transvestismus ist dabei üblich. Ist das im Bezug auf die herrschende Geschlechterordnung subversiv, weil es herrschende Denkmuster aufbricht? Oder ist es vollkommen irrelevant, weil in einem virtuellen Spielraum alles möglich ist und in der Realität doch niemand aus seiner Haut kann? Diesen Fragen möchte mein Artikel nachgehen anhand vom zwei Theorien, die aus verschiedenen Richtungen kommen, um jeweils andere Aspekte zu beleuchten. Zuerst werden hauptsächlich diskurstheoretische Positionen zu Wort kommen. Sie fragen inwieweit Sprache unser Denken und damit auch unser Handeln beeinflusst. Später fügte ich eine mikrosoziologische Perspektive hinzu. Sie fokussiert alltägliche Handlungen und Interaktionen und wie diese unser Dasein erschaffen und stabil machen. Beide Blickwinkel geben interessante Auskünfte über die Möglichkeiten und die Schwierigkeiten geschlechtlicher Konstruktion im Cyberspace. Gemeinsam können sie aufzeigen, wieso wir im Jetzt-Zustand so hartnäckig an einem Geschlechterdualismus festhalten und wie dennoch zukünftiges Handlungspotential entstehen kann wenn es Akteure gibt, die mit dem Selbstverständlichen spielen möchten.

2. Akteure im Cyberspace: Feministische Technowissenschaftlerinnen und ihre Utopien

In den Anfängen des Cyberfeminismus überwog der Glaube an die Möglichkeit, den Körper, das Geschlecht und die Ethnizität im Cyberspace hinter sich lassen zu können. Donna Haraway rief 1985 ihr „*Cyborgmanifesto*" und darin eine Post-Gender-Welt aus. Fortgeschrittene Kommunikations- und Biotechnologien würden als entscheidende Werkzeuge Körper neu erstellen und Dichotomien wie männlich und weiblich aufbrechen. Indem diese Technologie Menschen die Möglichkeit gäbe, ihre Ideen auf eine Weise zu verwirklichen die den biologischen Körper überschreitet, hätten sie die Macht, sich selbst außerhalb historischer Kategorien wie ‚Frau', ‚Mann', ‚das Andere' oder ‚das Objekt' neu zu definieren. Der Cyberspace würde dann eine Plattform und einen Raum eröffnen, in dem Menschen ihre eigenen Versionen der Realität, des Körpers und ihrer Identität erschaffen können. Hier könnte Gender verschwimmen und der Körper ‚entkörpert' werden.

Diese Vorstellungen gehen auf einen diskurstheoretischen Ansatz zurück, dessen bekannteste Vertreterin Judith Butler ist. Es geht hier um symbolische Ordnungen, d.h. um Legitimationssysteme. Die Bedeutung und Funktion von Sprache ist in dieser theoretischen Position zentral, denn Sprache ist das Grundelement des Diskursiven. Sprache ist nie nur neutrale Abbildung einer an sich sinnhaften Realität, die jenseits des Diskurses existiert. Vielmehr ist Sprache die Erzeugung von Sinn, die Herstellung von Bedeutung in einem ungeordneten Universum oder anders gesagt: Es lässt sich nur das denken, was wir benennen können. Für die Frage nach Subversion ist aus diskurstheoretischer Perspektive die performative Logik von Sprache zentral, d.h. die Produktion sozialer Realität in und durch die Art wie wir über etwas sprechen. Das Internet und die dadurch ermöglichte Kommunikation ist deshalb ein so interessantes Feld für die Diskurstheoretikerinnen, weil hier Bedeutung auf rein textueller Ebene entsteht und körperliche Merkmale wie Rasse und Geschlecht unsichtbar werden. Frauen, so stellten sich Technowissenschaftlerinnen wie Elisabeth Lawley vor, könnten unter diesen Umständen zu Agentinnen des Wandels in einer digitalen Revolution werden und sich selbst außerhalb von vorgegebenen Kategorien erschaffen. Ohne Mühe könnte man seine körperliche Erscheinung nur durch die Manipulation von Worten und Repräsentationen modifizieren, unabhängig vom biologischen Körper. Oder wie ein Comic in der Zeitung *„The New Yorker"* so treffend die Möglichkeiten der neuen Welt verdeutlichte: *„On the internet nobody knows you are a dog"*[1].

3. Cyberfeministinnen und ihre ironischen Brechungen

Als Agent des digitalen Wandels tritt der Cyberfeminismus in Erscheinung. Ein Versuch zu definieren, worum es sich hierbei handelt, ist zum Scheitern verurteilt. CyberfeministInnen sprechen nicht einheitlich und verfolgen kein gemeinsames programmatisches Ziel. Sie sind keine Bewegung, obwohl sie etwas bewegen wollen. Vielleicht könnte man sie als genderbezogenen Diskurs im Netz bezeichnen. Dieser Diskurs legt Wert darauf widersprüchlich zu sein. Zum Ausdruck brachte das die Konferenz *„First Cyberfeminist International"* im September 1997, mit einer Verweigerung sich selbst zu definieren. Stattdessen verfassten sie 100 Antithesen.

Eine Auswahl der 100 cyberfeministischen Antithesen:
cyberfeminism is not ideology
is not boring
ist kein grünes Häkeldeckchen
ist keine theorie
is not complete
is not error 101
is not an ism
is not anti-male
is not genetic
is not science fiction
has not only one language
ist nicht mehr wegzudenken...[1]

---

1 Der Untertitel eines Cartoons von Peter Steiner erschienen in „The New Yorker", 61, 5.7.1993

Mit Bezug auf postmoderne Theorien, die eine essentialistische Bestimmung des Menschen (der Frau, der Geschichte...) als zwangsläufig Ausschluss produzierend entlarvten, betonen die Cyberfeministinnen ihre Heterogenität. Cyberfeministische Projekte operieren in der Regel nicht mit einer massiven Front, im Sinne einer gegenkulturellen Bewegung, sondern mit subversiven Unterwanderungen des Mainstreams mittels ironischer Brechungen, Zitaten und Umformungen. Donna Haraway, die bereits erwähnte theoretische Vorreiterin der Cyberfeministinnen, schrieb schon 1985 zum Thema Ironie:

> „Ironie handelt von Widersprüchen, die sich nicht - nicht einmal dialektisch - in ein größeres Ganzes auflösen lassen, und von der Spannung, unvereinbare Dinge beieinander zu halten, weil beide oder alle notwendig und wahr sind. Ironie handelt von Humor und ernsthaftem Spiel. Sie ist auch eine rhetorische Strategie und eine politische Methode, von der ich wünschte, dass sie von (...) Feministinnen mehr beachtet würde." (Haraway 1995: 33)

Viele Cyberfeministinnen haben sich diesen Wunsch zu Herzen genommen und verweisen in ihren Arbeiten auf die Möglichkeit, durch Ironie Irritationen auszulösen, die Anstöße zum Nachdenken geben, ohne sich dabei eines erhobenen Zeigefingers bedienen zu müssen. Einen Überblick über cyberfeministische Projekte gibt die Old Boys Network Homepage, das derzeit größte Netzwerk der zumeist aus dem Kunst- und Medienkontext stammenden AkteurInnen.

Beispielhaft für den Versuch stereotype Geschlechterbilder anzugreifen, und dem Mythos von einer „männlichen" Technik etwas entgegenzusetzen, steht das Projekt *„Woman Hackers"* von Cornelia Sollfrank. Recherchen ihrerseits ergaben, dass unterschiedlichen Statistiken und Befragungen zufolge weibliche Computer-Hacker nicht existieren. Frustriert von ihrer erfolglosen Suche erfand sie kurzerhand Clara G. Sopht. Dieser sehr scheuen Frau entlockte sie erstmals ein Interview und es dauerte nicht lange, bis aus der fiktiven Figur eine in Hackerkreisen erwähnte Person wurde. Was zuvor eine klare Sache zu sein schien, nämlich dass Frauen sich aufgrund körperlicher Konstitution oder sozialer Prägung nicht daran berauschen können in den Computer anderer Menschen rumzustöbern, so wie man auch keine weiblichen Voyeure findet, wurde plötzlich in Frage gestellt: Vielleicht tauchten weibliche Hacker lediglich nicht auf, weil sie einfach schlauer sind als ihre männlichen Kollegen und sich nicht erwischen lassen, bzw. soweit das möglich ist, sich hinter einer männlichen Identität verbergen. Solche Projekte kreieren Raum für Neues, indem sie etwas denkbar machen was zuvor außerhalb des Vorstellbaren lag. Indem sie feine Risse in einen reinen Männerdiskurs auslösen, ermöglichen sie vielleicht neues Handlungspotential, denn was einmal denkbar wird, kann im Folgeschritt vielleicht auch durchführbar werden.

4. Spieler/-innen und ihr konstruiertes Geschlecht

Die spielerische Variante sich mit Geschlecht im Cyberspace auszuleben wird in sogenannten MOOs praktiziert. Während wir uns bei den feministischen Technowissenschaftlerinnen und den Cyberfeministinnen auf einer diskursiv reflektierenden Ebene bewegten, kommen wir mit den MOO-Spielern zu einer gelebten Form der Geschlechtsdekonstruktion. MOOs oder wahlweise auch MUDs genannt (*„Multi User Dungeons, object oriented"*) sind virtuelle Treffpunkte oder Welten, die stark von den Benutzern mitgestaltet werden können. Es geht den Spielenden in der Regel nicht hauptsächlich um ihr Geschlecht. Ihr Anliegen ist es, Abenteuer zu bestehen, Rätsel zu lösen und das mit Gleichgesinnten. Ich hebe im folgenden Text die geschlechtliche Konstruktion in den Vordergrund, obwohl sie nur einen kleinen Teil der MOOs ausmacht. Virtuelle Gemeinschaften kommunizieren nur über Text, und es herrscht eine hohe Anonymität unter den Interaktionspartnern/-innen. Dennoch kann man dort Freunde und Feinde finden, Teil einer Gemeinschaft sein, sich kennen und lieben lernen und sogar im sicheren Hafen der virtuellen Ehe vor Anker gehen. Es ist vergleichbar mit der Herausbildung einer Kultur, mit eigenen Werten, Ritualen und eigener Sprache. Um sich in diesen virtuellen Welten bewegen zu können, entwirft man einen eigenen Spielcharakter. Identität, Körper und das Geschlecht (weiblich, männlich und verschiedene neutrale Geschlechter[2]) werden mit Worten definiert. Diese können im Laufe des Spiels beliebig geändert werden. Mitspielende sehen diese Beschreibung dann auf ihrem Bildschirm, sobald sie einen virtuellen Raum betreten. Neben der Möglichkeit zu sprechen kann man auch Gefühle oder Handlungen beschreiben. Personen, die ein anderes als ihr biologisches Geschlecht in der virtuellen Welt wählen, werden als Genderswapper (zu dt. Geschlechtswechselnde) bezeichnet.

5. Der virtuelle Körper als verschobenes Zitat

Die virtuelle Praxis der MOOs scheint auf den ersten Blick das Konzept „doing gender" von Judith Butler eins zu eins umzusetzen. Butler stellte 1991 die Trennung von *„sex"* (biologisches Geschlecht) und *„gender"* (sozio-kulturelles Geschlecht) in Frage. Bei Butler ist die Herstellung von geschlechtlicher Identität ein performativer Akt. Das bedeutet eine ständige Wiederholung von vorherrschenden Normen oder ein ständiges Kopieren dieser, ohne dass ein Original

---

2 Zur Auswahl stehen: Neuter (it, its, itself), Spivak (e, em, er, emself), either (s/he, him/her, his/hers, him/herself)

vorhanden wäre. Durch den Akt der wiederholten Benennung bzw. Anrufung wird eine geschlechtliche Identität produziert, und die Tatsache des Vorhandenseins dient sich selbst fortan als Beweis, der nicht mehr anzweifelbaren Existenz (vgl. Butler 1991). Ein zentraler Aspekt dieser Vorstellung ist die Zitierförmigkeit von performativen Äußerungen. Erfolgreich bei der Erzeugung von Realitätseffekten sind Sprechhandlungen vor allem dadurch, dass sie frühere Handlungen echogleich wieder geben. In unserem konkreten Fall bedeutet es, dass der Körper mit all den Konnotationen aus dem ‚realen' Leben auf die virtuelle Welt übertragen wird.

Wie genau sieht also das Zitieren des realen Körpers im Cyberspace aus? Wie könnten aus dieser Übertragung des Körpers in einen nicht körperlichen Raum Bedeutungsverschiebungen entstehen?

Der Sozialwissenschaftler Jürgen Müller hat die sozialen Aspekte von Körperlichkeit im Cyberspace untersucht. Der Körper ist hier natürlich nicht materiell anwesend, sondern in seiner Funktion und mit seinen sozialen Aspekten vorhanden:

(1) Bewegungs- und Raumfunktionalität

In den Räumen der Spielwelten wird auf den Körper in seinen Funktionen für Orientierung, Navigation und Interaktion zurück gegriffen. Die aus dem Alltag vertraute Bewegungsfunktionalität des Körpers ermöglicht es in der virtuellen Welt zu interagieren. Wird z.B. in einer Raumbeschreibung das Vorhandensein eines Buches angezeigt, können Spieler den Inhalt des Buches über die Kommandos ‚nehme Buch' oder ‚lese Buch' erfassen.

(2) Sprache des Körpers

Der *emote*-Befehl kann als virtuelles Pendant zur Körpersprache bezeichnet werden - durch ihn kann den Mitspielern angezeigt werden, ob man die Stirn runzelt, grinst oder sonstige Verrenkungen vollführt. Diese Körpersprache gestaltet die Kommunikation nicht nur informeller, emotionaler und spielerischer, sondern Gestik und Mimik betten die Satzfragmente in einen unerlässlichen, übergeordneten Verstehens - Kontext. Ist auf dem Computerbildschirm nur der Satz ‚Spieler A sagt: Was machst du hier?' zu lesen, bleibt viel Raum für Interpretation. Dagegen die Worte ‚Spieler A zischt mit aggressivem Unterton: Was machst du hier?' vermitteln deutlich, dass wir uns gerade in einem gefährlichen Kontext bewegen.

(3) Körper als Signifikant

Der virtuelle Körper spiegelt die realweltliche, körperliche Bedeutungsdimension im Cyberspace. Menschen aus aller Welt klinken sich in die virtuelle Gemeinschaft ein und bringen ihre alltäglichen Konnotationen des Körpers mit - sei es soziales Geschlecht, Lebensstil oder kulturelle Identität. Auch wenn Bedeutungen des virtuellen Körpers frei wählbar sind, so assoziieren wir dennoch mit jeder Person einen ‚realen' Körper. MOOs verhindern also kein Geschlecht oder Zeichen von Identität, sondern spielen mit ihnen. In jeder Kommunikation schwingt die Vorstellung eines ‚realen' Körpers mit. Die Interaktion im Netz ist eng mit diesem ‚realen' Körper, bzw. seinen Konnotationen verknüpft.

Handlungsräume entstehen laut Butler, indem z.B. ein Teil der Bedeutung bestätigt wird und einem anderen Teil widersprochen wird. Zitierweisen können eine kritische bzw. verändernde Praxis sein, wenn Diskurse so verändert werden, dass sie ihre Autorität verlieren. Müller bringt folgendes Beispiel: virtuelle Körper weiblichen Geschlechts, die dem gängigen Sex-Klischee unserer Zeit entsprechen, gelten im Cyberspace mehr als Repräsentanten eines männlichen Spielers und dessen Phantasien, denn als Referent einer ‚wirklichen' Frau. So kann man sich nach Angaben von Pavel Curtis, dem Begründer von „Lambda-MOO"[3], ziemlich sicher sein, dass sich hinter einem Spielcharakter mit dem Namen „FabulousHotBabe" ein Mann verbirgt. Der ‚reale' männliche/weibliche Körper ist nicht mehr auf ganz ‚natürliche' Weise der Garant von sozialem Geschlecht - die scheinbar in seiner Materialität gegründeten Konnotationen werden nun hinterfragbar.

6. Virtuelle Spielwelten als erweiterte Handlungsräume?

Diese Vorstellungen von Jürgen Müller widersprechen der wissenschaftlichen Untersuchung Birgit Hubers und Evelyn Teutschs. Anhand einer Langzeitstudie und zahlreichen Interviews versuchten die Sozialwissenschaftlerin und die Medienkünstlerin herauszufinden, inwiefern das Potential der Geschlechterkonstruktion in MOOs realisiert wird und welche Veränderungen sich aus dieser virtuellen Praxis ergeben können. Dabei kamen sie zu dem Ergebnis, dass Genderswapping in MOOs zwar ein enormes Verunsicherungspotential für starre Vorstellung von Geschlechterrollen in sich berge, anderseits aber dualistische Geschlechternormen reproduziere und verfestige.

Frauen wählen, der Untersuchung von Teutsch und Huber zufolge, häufig neutrale Geschlechter, um der Aufmerksamkeit zu entgehen, die weiblichen Charakteren zukommt. Weiblich markierte Charaktere werden in MOOs häufig in Form sexueller Kontaktaufnahme angesprochen. Diese erhöhte Aufmerksamkeit wiederum verleitet viele ‚reale' Männer in einem MOO dazu, einen weiblichen Spielcharakter anzunehmen. Diskriminierung wird also nicht wie erhofft

---

3 Eine virtuelle Welt mit fünf Geschlechtern

aufgehoben, sondern anhand weiblicher oder männlicher Namen und Beschreibungen reproduziert.

Interviews von Huber und Teutsch ergaben, dass Spieler ständig mit der Möglichkeit des Genderswappings bei ihrem Gegenüber rechnen. Die Möglichkeit virtueller Geschlechterkonstruktion führt nicht zu einem zunehmenden geschlechtlichen Handlungsspielraum, sondern begünstigt sogar die Reproduktion stereotyper Verhaltensformen. Ein männlicher Genderswapper beschreibt seine Absicht, eine weibliche Figur im Netz zu verkörpern: *„Ich stelle mir vor, was meine Traumfrau sagen und tun würde und das mache ich dann.“* (Huber/ Teutsch 2000: 162) Wenn eine Spielerin, die im MOO eine Frau darstellen will, sich anhand eines Attributs verhält, das im realen Leben männlich codiert ist, so wird sie nicht als ‚reale' Frau anerkannt, die ihre soziale Geschlechtsidentität erweitern will, sondern für einen Mann gehalten, der eine virtuelle Frau spielt, nur dies eben nicht weiblich genug tut. So wird zum Beispiel ein erotisch anmutender Flirt mit einem weiblichen Charakter, der angibt, leidenschaftlich gerne zu programmieren, oft abrupt abgebrochen.

Nicht nur im realen Leben, sondern auch innerhalb konstruierter sozialer Welten scheinen Akteure ohne eine fixierte Geschlechtertrennung hoffnungslos überfordert. Huber und Teutsch fanden heraus, dass die Undurchsichtigkeit des Geschlechts eine starke Verunsicherung hervorruft, was sich auch im ständigen Nachfragen und Bitten nach der Telefonnummer wie auch der Webadresse und echten Fotos des Gegenübers äußert.

Die Kritik von Huber/Teutsch untersucht den Jetzt-Zustand einer virtuellen Spielwelt. Sie können aufzeigen, dass die Möglichkeit der eigenen Geschlechtskonstruktion nicht zwangsläufig dazu führen muss, sich neue Handlungsspielräume erschließen zu wollen. Wie lässt sich dieser Ist-Zustand erklären? Wieso spielt das ‚reale' Geschlecht eine so entscheidende Rolle für die Spieler?

Stefan Hirschauer begründet den Wunsch nach einer eindeutigen Geschlechtsbestimmung in seiner Studie zur sozialen Konstruktion von (RL)Transsexuellen mit der wechselseitigen Abhängigkeit von Geschlechtsdarstellenden und Betrachtenden. Diese Abhängigkeit hat drei Aspekte:

(1) Menschen stellen immer das Geschlecht des anderen *mit* dar. Jeder Mensch verhält sich entsprechend des Geschlechts seines Gegenübers. Wenn die Auskunft über das Geschlecht verweigert wird, behindert dies die eigene Darstellung von Geschlecht.

(2) Menschen bewahren sich gegenseitig davor, an ihrer Fähigkeit des Erkennens, bzw. Wahrnehmens zweifeln zu müssen. Sie ermöglichen einander, in einer Art kognitiver Wechselwirkung an das Alltagspostulat der genau zwei Geschlechter zu glauben.

(3) Darüber hinaus sind Teilnehmende jedoch auch von der Geschlechtszugehörigkeit des/der anderen abhängig, um in ihrer Selbstwahrnehmung nicht
irritiert zu werden. Wenn jemand an der Geschlechtszugehörigkeit eines
Gegenübers zweifelt, so steht auch seine eigene insofern auf dem Spiel,
dass er bzw. sie Schwierigkeiten bekommt, ihre Bedeutung zu fixieren: als
das gleiche oder das andere Geschlecht. „Ich kann wissen, dass ich ein
‚Mann' bin, aber was bedeutet dies, wenn ich über das andere Geschlecht
unsicher bin?" (vgl. Hirschauer 1993: 55).
Hirschauer argumentiert auf mikrosoziologischer Ebene, d.h. er fokussiert die
Alltagspraxen, welche die Zweigeschlechtlichkeit nicht nur darstellen, sondern -
so ein zentrales Ergebnis dieser Perspektive - selbst hervorbringen. Der Fokus
der Mikrosoziologie liegt darauf, wie gesellschaftliche Strukturen durch Handlungen erzeugt und stabilisiert werden. Ervin Goffman entwickelte hierfür das
Schlagwort *doing gender*. Dieser Ausgangspunkt unterscheidet sich von der
diskurstheoretischen Betrachtung dadurch, dass wir die Ebene der Denkmuster
verlassen und nun betrachten, wie diese Denksysteme sich in Interaktionen verfestigen.

7.   Genderswapping - irrelevant und unkritisch oder subversiv?

Zwischen Hirschauers Studie zur sozialen Konstruktion von Transsexualität und
Huber und Teutschs Untersuchung der Genderswapper ergeben sich interessante
Parallelen, aber auch aufschlussreiche Unterschiede.
   Hirschauer begreift Transsexuelle als Experten der sozialen Konstruktion
von Geschlechtszugehörigkeit. Der Geschlechtszuschreibungsprozess vollzieht
sich in einer Art Zeitlupe. In ihrem Schwanken versuchen Transsexuelle, sich an
Geschlechtsindizien zu orientieren und machen dabei deren Konstruktion erkennbar. Auch anhand der Genderswapper kann durch ihren Versuch, die Authentizität des eigenen virtuellen Geschlechts unter Beweis zu stellen, die Konstruktion von Geschlecht in Slow Motion nachvollziehbar gemacht werden.
Handlungen werden textuell festgehalten und dadurch verlangsamt, aber auch
Gefühle, Tonlage der Stimme, Mimik müssen beschrieben werden und treten
dadurch offensichtlicher hervor.
   Ein entscheidender Unterschied zwischen beiden Phänomenen ist, dass beim
virtuellen Transvestismus die Selbstnormalisierung über den Körper und dadurch die unbewusste Umsetzung und Verfestigung von Geschlecht entfällt.
‚Natürlichkeit' entsteht laut Hirschauer durch den kompetenten Umgang mit
genderrelevanten Zeichen, wie z.B. Weiblichkeitssymbolen. Eine Darstellung,
die zu krampfhaft um Perfektion bemüht ist, scheint wie eine ständige Un-

schuldsbeteuerung nur auf sich selbst zu verweisen. So werden z.B. die Handbewegungen von Transsexuellen oft als unnatürlich oder übertrieben wahrgenommen, gerade weil diese so betont weiblich sind. Die Erzeugung des Natürlichen muss allmählich durch eine Routine abgestützt werden. Diese Routine kann als ein körperliches ‚knowing how' bezeichnet werden. Als fleischlich gewordenes Gedächtnis von Darstellungen trägt der Körper wesentlich zur Mühelosigkeit von Geschlechterdarstellung und gleichzeitig zu ihrer Unkenntlichmachung bei. Eine Handbewegung, um bei diesem Beispiel zu bleiben, erscheint uns erst dann als natürlich, wenn sie keiner bewussten Steuerung bedarf.

Im Cyberspace lässt sich selbstverständlich keine körperliche Routine entwickeln. Spielende lernen hier wie das andere Geschlecht zu sprechen, ihre Bewegungen zu beschreiben und adäquat auf ihre Mitspielenden zu reagieren. Da die Natürlichkeit von Geschlechtszugehörigkeit am ‚realen' Körper festgemacht wird, kann ein überzeugender Geschlechtswandel auf rein textueller Ebene leicht als irrelevant abgetan werden. Zwar mag die Vorstellung eines ‚realen' Körpers im Netz mitschwingen und so der virtuelle und der ‚reale' Körper aneinander geknüpft sein, das Körpergedächtnis wird durch diese Interaktionen allerdings nicht berührt.

Jedoch berichtet Hirschauer, dass sich im Laufe seiner Langzeituntersuchung sein vermehrtes Wissen um die Darstellungsleistungen von Transsexuellen dadurch auswirkte, dass er zunehmend unfähig war, schnelle und sichere Entscheidungen über die Geschlechtszugehörigkeit ‚unschuldiger Mitmenschen' zu treffen. Plötzlich war er sich auf der Fußgängerzone nicht mehr sicher, ob die Person, die er eben noch eindeutig als Frau identifiziert hatte, nicht doch vielleicht auch ein Mann sein könnte. Ähnliches gaben auch andere Menschen an, die Transsexuelle bei ihrem Geschlechtswechsel begleitet hatten. Huber und Teutsch stellen im Fazit ihrer Untersuchung Ähnliches für das Genderswapping in MOOs fest: Sie vermuten am Ende, dass die langfristige Nutzung virtueller Welten vielleicht doch zu Veränderungen führen könnte. Ihre Feldforschung gab dafür folgende Anhaltspunkte: Die Notwendigkeit, sich mit Hilfe des Geschlechts zu orientieren, nehme nach zunehmenden MOO-Erfahrungen ab. Das subversive Potential, das in einem spielerischen Umgang mit Geschlechterzuweisungen liegen kann, schienen Langzeitnutzer eher realisieren zu können als MOO-Neulinge.

Transsexuelle kritisieren in der Regel nicht den Geschlechterdualismus, sondern vertreten diesen. Schließlich möchten sie einen anderen Körper, um sich in die dualistische Ordnung eingliedern zu können. Genauso können Genderswapper in der Regel auch nicht als kritische Akteure bezeichnet werden, vielmehr benutzen sie stereotype Geschlechtsattribute, um ihre eigene Darstellung glaubhaft zu machen. Trotzdem fungieren sie als Störfaktoren in unserer Wahrnehmung und werden dadurch zu potentiellen Unterwanderern der herrschenden geschlechtlichen Ordnung.

Huber und Teutsch verorten zusätzlich einen allgemeinen Trend. Sie vermuten, dass der veränderte Umgang mit Geschlecht in MOOs auch auf einen immer stärker werdenden Einfluss von poststrukturalistischen und feministischen Theorien und populären Veröffentlichungen, die Möglichkeiten eines ‚Identitätswechsels' propagierten, zurück zu führen ist.

8. Die Relevanz von Rissen und Wahrnehmungsstörungen

Hier beginnt sich der Kreis zu schließen und gleich kehren wir zu den Technowissenschaftlerinnen und Cyberfeministinnen zurück. Für sich genommen kann die technische Möglichkeit des Genderswapppings zwar langfristig eine Verunsicherung der Geschlechterwahrnehmung auslösen; für Einsichten in die Konstruktion von Geschlecht und ein Denken über die Zweigeschlechtlichkeit hinaus bedarf es aber zusätzlich einer Sensibilisierung für die Möglichkeit, Realität anders zu denken. Das bisher Undenkbare wird vorstellbar durch die feinen Realitätsrisse, die Projekte wie „*Female Hackers*" von Cornelia Sollfrank erzeugen. Die Ausgangsfrage nach einer Unterwanderung von Geschlechterkonstruktionen im Cyberspace führt uns letztendlich zu einem Punkt, der allgemein für eine Auseinandersetzung mit jeglicher Form von Ungleichheit zentral ist. Bei dem Versuch Handlungsmöglichkeiten auszuloten, bewegen wir uns zwischen der (An-)Erkennung von Strukturen und dem Betonen individueller Handlungsmöglichkeiten. Strukturen binden uns an bestimmte, von uns reproduzierte und stabilisierte Handlungsmuster. Individuellen bzw. biologischen Begründungen für Ungleichheit, in unserem Falle die Unterrepräsentation von Frauen im Bereich Technologie, lässt sich nur etwas entgegnen, wenn unsere soziale Einbindung in kulturelle Strukturen in den Blick und in ihrer Macht ernst genommen werden. Um jedoch über den Ist-Zustand hinaus denken zu können, ist es wichtig, Akteuren die Fähigkeit zuzugestehen, dass sie Bedeutungsverschiebungen und Wahrnehmungsstörungen auslösen können und im Folgeschritt vielleicht auch Handlungsräume entstehen, die es ermöglichen sich außerhalb von Kategorien, wie ‚Mann' und ‚Frau' neu zu definieren.

Literatur

Butler, Judith (1991): Das Unbehagen der Geschlechter. Frankfurt a. M.: Suhrkamp.
Draude, Claude (2003): Introducing cyberfeminism.
    http://www.obn.org/reading_room/writings/html/intro.html (Stand: 17.06.03)
Hammer, Carmen; Stieß, Immanuel (Hg.) (2003): Die Neuerfindung der Natur. Primaten, Cyborgs und
    Frauen. Frankfurt a.M./ New York: Campus (im Orig. 1985).
Hapke, Andrea; Korb, Jana (2003): Unsere Arbeitsthesen zum Thema Cyberfeminismus.
    http://userpage.fu-berlin.de/~brat/cyberfemin.html (Stand: 13.7.03)
Haraway, Donna (1995): Ein Manifest für Cyborgs. Feminismus im Streit mit den Technowissenschaf-
    ten. In: Hammer/ Stieß (1995): 33-72.
Hirschauer, Stefan (1993): Die soziale Konstruktion von Transsexualität. Frankfurt a.M
Huber, Birgit; Teutsch, Evelyn (2000): Die Vision vom Cyborg im Cyberspace - Welten jenseits von
    männlich und weiblich? In: Mentges et al. (2000): 151-170.
Lawley, Elisabeth Lane (1993): Computers and the Communication of Gender.
    http://www.itcs.com/elawley/gender.html
Mentges, Gabriele; Mohrmann, Ruth-E.; Foerster, Cornelia (Hg.) (2000): Geschlecht und materielle
    Kultur. Frauen-Sachen, Männer-Sachen, Sach-Kulturen. Münster: Münsteraner Schriften zur
    Volkskunde/Europäischen Ethnologie.
Müller, Jörg (1996): Virtuelle Körper - Aspekte sozialer Körperlichkeit im Cyberspace. WZB Dis-
    cussion Paper FS II 96-105, Wissenschaftszentrum Berlin 1996.
Sollfrank, Cornelia (2003): The Truth about Cyberfeminism
    http://www.artwarez.org/aw/content /orange_truth.html (Stand: 17.06.03)
Sollfrank, Cornelia (2004): Woman Hackers.
    http://www.obn.org/inhalt_index.html (Stand: 16.03.04)
Turkle, Sherry (1998): Leben im Netz. Identitäten in Zeiten des Internet. Hamburg: Rowohlt.
Villa, Paula-Irene (2001): Sexy Bodies. Eine soziologische Reise durch den Geschlechtskörper.
    Opladen: Leske + Budrich.
Weber, Jutta (2001): Ironie, Erotik und Techno-Politik: Cyberfeminismus als Virus in der neuen
    Weltunordnung? In: Die Philosophin. Forum für feministische Theorie und Philosophie. 12.
    Jg. H.24. 81-97.

Kommentierte Linkliste

http://www.obn.org
    Die Homepage des Old Boys Network, des größten Cyberfeministischen Netzwerks, bietet ei-
    nen idealen Einstieg in die Welt des Cyberfeminismus.
http://www.haecksen.org
    Häcksen sind eine Untergruppierung des Chaos Computer Clubs, die Mädchen und Technik
    nicht getrennt denken wollen. Viele praktische Tipps für zukünftige Häckerinnen.
http://userpage.fu-berlin.de/~brat/cyberfemin.html
    Eine gemeinsam produzierte Magisterarbeit von Andrea Hapke und Jana Korb. Sie haben sich
    mit den russischen Cyberfeministinnen beschäftigt.
http://www.rochester.edu/College/FS/Publications/HarawayCyborg.html
    Ein direkter Link zu Donna Haraways Cyborg Manifest
http://www.geobodies.org/
    Die Website von Ursula Biemann, deren Arbeit ich gerne in diesem Artikel noch vorgestellt
    hätte. Ihre Videoarbeit „Performing the border" recherchiert eine Reihe von Frauenmorden an der
    Mexikanischen Grenze und setzt diese in Zusammenhang mit der dortigen Computerchip-Industrie.

VI.
Gender meets ‚Race'

Sushi und Muskeln.
Zur Intersektionalität von ,Rasse' und ,Geschlecht'
Anja Michaelsen

1. Vorschau

Im Folgenden geht es um einführende Überlegungen zum Zusammenwirken von ,Rasse' und ,Geschlecht' in Weiblichkeits- und Männlichkeitsbildern.[1] In feministischen und antirassistischen Diskursen wurde die „Intersektionalität" von ,Geschlecht' und ,Rasse' lange Zeit nicht ausreichend berücksichtigt, was zur grundsätzlichen Kritik von Women of Color am ,weißen' Feminismus geführt hat. Feministische literatur- und kunstwissenschaftliche Analysen zeigen, wie visuelle und sprachliche Repräsentationen Weiblichkeit als das ,Andere' ,männlicher Norm' hervorbringen. In Zusammenführung mit den Bildanalysen der Cultural Studies ist es möglich, die repräsentative Bedeutung von ,Rasse' und ,Geschlecht' gleichermaßen zu erfassen. Dadurch ergibt sich ein komplexeres Bild von Repräsentation und ihrem Verhältnis zur Lebensrealität unterschiedlicher Frauen und Männer.

2. Weiblichkeit und Repräsentation

Germania und Justitia, die Freiheitsstatue und *Der blaue Engel* - Weiblichkeitsrepräsentationen stellen abstrakte Größen wie Nation, Freiheit, Gerechtigkeit, aber auch Rätselhaftigkeit, ,Hure und Heilige' in einer Figur dar. Elisabeth

---

1 Die Einteilung der Menschen in verschiedene 'Rassen' ist wissenschaftlich und ethisch fragwürdig. Sie ist weder durch biologische noch kulturelle Unterschiede gerechtfertigt. Dennoch stellt die vermeintliche 'Rasse' eines Menschen einen elementaren Bestandteil seiner oder ihrer Lebensrealität dar. Um die Wirkmächtigkeit dieser Kategorie zu verdeutlichen, wird der Begriff 'Rasse' deshalb im Folgenden weiterhin verwendet. Er steht für die Zuschreibung von Menschen zu bestimmten 'Rassen' und die sich dadurch vollziehende Herstellung und Verfestigung dieser (C. Lévi-Strauss 1972; A. Brah 1996).

Bronfen erklärt diese Bedeutungsvielfalt mit der Funktion von Weiblichkeit als Projektionsfläche für jene Fantasien, die das ‚Andere' männlicher Norm ausmachen:

> Denn während die Diskurse der westlichen Kultur das Selbst als männlich konstruieren, schrieben sie der Weiblichkeit eine Position der Andersheit zu. Die Frau repräsentiert die Grenzen, Ränder oder Extreme der Norm - das extrem Gute, Reine und Hilflose oder das extrem Gefährliche, Chaotische und Verführerische (E. Bronfen 1995: 418f.).

Weiblichkeit als das „Extreme", das ‚Andere' zu imaginieren, stabilisiert das männliche Selbst, so die These Bronfens. Dabei entstehen Repräsentationen von Weiblichkeit, die nur bedingt in Zusammenhang mit dem Leben realer Frauen stehen. Repräsentation ist hier im ästhetischen Sinn als die mediale Konkretisierung von Weiblichkeitsfantasien gemeint. Diese Bedeutung von Repräsentation steht einer politischen gegenüber, Repräsentation verstanden als öffentliche Interessensvertretung einer Gruppe (E. Bronfen 1995: 409). Die Schwierigkeit in der Analyse von Weiblichkeitsrepräsentationen besteht darin, dass erstere Bedeutung häufig mit letzterer verwechselt wird, dass also Darstellungen von Weiblichkeitsfantasien als Ausdruck des ‚Wesens' realer Frauen missverstanden werden.

Wenn hier von ‚Weiblichkeit' und ihrer Darstellung die Rede ist, dann besteht die Gefahr, genau jenen Ausschluss realer Frauen zu bewirken, dem durch die kritische Analyse von Repräsentationen begegnet werden soll. Um Repräsentationen in Hinblick auf ihr Verhältnis zur Lebensrealität zu erfassen, ist es notwendig zu fragen, *welche* Frauen repräsentiert werden (sollen). Kritikerinnen eines weißen Feminismus haben festgestellt, dass Rassismus in der Forschung regelmäßig geschlechtsneutral gedacht wird, während sich feministische Theorie systematisch als ‚farbenblind' erweist (Combahee River Collective 1983; C. Mohanty 1984; S. Suleri 1992). ‚Rasse' und ‚Geschlecht' bedingen jedoch einander. Dem oben genannten Zitat nach verkörpert die Frau ‚das Andere' im Repräsentationssystem der „*westlichen* Kultur", dementsprechend ist ‚das Andere' auch Ort des ‚rassisch' konstruierten Anderen. Wie Weiblichkeit dient dieses ‚rassisch Andere' als Projektionsfläche für Gut und Böse, für das, was über die ‚herrschende Norm' hinausgeht und diese zugleich durch Abgrenzung stabilisiert (E. Said 1994; S. Gilman 1992). Die Zuschreibung einer ‚Rasse' bringt unterschiedliche Männlichkeits- und Weiblichkeitsdarstellungen hervor, Repräsentationskritik muss demnach die „Intersektionalität" (K. Crenshaw 1995) von ‚Rasse' und ‚Geschlecht' berücksichtigen. Was Intersektionalität bedeuten kann, soll im Folgenden an zwei Beispielen erläutert werden.

3. Die ‚essende Asiatin'

Das Titelbild des von dem Berliner Stadtmagazin *zitty* herausgegebenen Gastro-
nomieführers *essen + trinken* 2002/2003 zeigt die Fotografie einer jungen Frau,
die in ihrer linken Hand einen Teller mit Sushi hält.

Abbildung 1: zitty 2002

Unscharf ist ihre rechte Hand zu sehen, deren Finger sie gerade abgeleckt zu haben scheint. Diese Geste bildet das Zentrum der Abbildung und wird durch die besondere Unschärfe betont. Vor allem aus pornographischer Bildersprache bekannt, verweist das Motiv des ‚Fingerableckens' auf die Analogie von ‚lecker' und ‚sexuell attraktiv'. Essen und Sexualität befinden sich in einer seit langem tradierten metaphorischen Symbiose (T. Kleinspehn 1987; C. v. Braun 1994). Die Geste weist zum einen das Essen als schmackhaft aus, als ‚Covergirl' wiederum ist der Frauenkörper selbst Objekt visueller Einverleibungslust, das dazu anregen soll, es ‚mit den Augen zu verschlingen'. Essen und Sexualität wird durch die Blickachsen miteinander in Beziehung gesetzt. Der Blick der Betrachtenden wird von der zentralen Geste des ‚Fingerableckens' durch den Blick der Darstellerin auf den Teller gelenkt. Die „visuelle Lust" (L. Mulvey 1975) der Betrachtenden verschmilzt mit der kulinarisch/ körperlichen Lust der Darstellerin. Indem der Blick der Frau auf den Teller gerichtet ist, wird auch die Aufmerksamkeit der Betrachtenden von der Geste der Finger auf das Essen und damit das visuelle Begehren zurück auf die ursprüngliche Bedeutung von ‚lecker' geleitet. So drückt die ‚unschuldige' Geste des Fingerableckens die *andere* Bedeutung zugleich aus und verbirgt sie.

Die Frauendarstellung soll, wie so häufig, zum Konsum des Produkts, also zum Erwerb der Zeitschrift anregen. Dafür, ebenfalls wenig überraschend, wird das Essen über den abgebildeten Frauenkörper als begehrenswert inszeniert. Die Bedeutung des Bildes erweitert sich jedoch, wenn man berücksichtigt, dass es sich um eine Asiatin handelt, die asiatisches Essen präsentiert. Asiatisches Essen hat eine lange, durch politische, ökonomische und kulturelle Machtverhältnisse geprägte Tradition in der westlichen Welt, angefangen bei der Einführung des Currypulvers im kolonialen England, (U. Narayan 1997) über die Erfindung des Chop Suey für amerikanische Touristen (J. MacClancy 1995), bis zu den heute in Nordamerika und Europa zahlreichen Sushi-Lokale (C. Wagner 1995). Die ‚Exotik' des Essens ist dabei elementarer Bestandteil des Konsumerlebnisses. Sich ein Produkt einzuverleiben, das als ‚chinesisch', ‚indisch' oder ‚japanisch' gekennzeichnet ist, birgt das Versprechen, fremde Kultur selbst konsumieren zu können. Viele ‚ethnische' Restaurants versuchen deshalb durch eine ‚landestypische' Inszenierung (Raumgestaltung, Musik, Personal) einen ‚authentischen' Eindruck zu vermitteln (D. Bell/ G.Valentine 1997).

Kultur scheint statisch und in einem Produkt fixierbar, seien es ‚exotische' Lebensmittel, Kleidung, Musik, Kunst oder auch ‚spirituelle Lehren'. In Form von ‚exotischem' Essen lassen sich die auf das ‚Fremde' projizierten Eigenschaften *buchstäblich* einverleiben. Essen ist sowohl *Metapher* für konsumierbare, ‚essbare Fremdheit', als auch ihre *Konkretisierung*. Der globalisierte Markt, diese unendliche „Differenz-Genuß-Maschine" (R. Mayer/ M. Terkessidis 1998: 16), nimmt das Bedürfnis, das eigene, als mangelhaft empfundene Selbst durch ‚Exotik' zu vervollständigen in Form immer wieder neuer Produkte auf. Die asiatische Darstellerin hier verspricht, dass das Essen und in der Konsequenz auch das, was in der Zeitschrift präsentiert wird, authentisch und damit in der Logik des Multikulturalismus ‚schmackhaft' ist. Das Bild der ‚essenden Asiatin' ist ‚Supermetapher' für Restaurantessen, das Essens (in) der Fremde, indem es Sinnlichkeitsversprechen vereint, die auf Weiblichkeits-, Exotik- und Essensfantasien beruhen. Geschlechterdifferenz und ‚rassische' Differenz ergänzen sich, wodurch die Gruppe der potenziell Konsumierenden, unabhängig vom Geschlecht, erweitert wird. Entscheidend ist dabei, dass das ‚Fremde' als Produkt konsumiert und angeeignet, das heißt dominiert werden kann.

4.   Geschlechtliche und/ oder ‚rassische' Hierarchisierung?

Anhand des Bildes der ‚essenden Asiatin' war zu sehen, wie sich Geschlechtsidentität und vermeintliche ‚Rasse' verstärken, um visuelle Lust zu erzeugen. Das folgende Beispiel soll zeigen, wie sich die Zugehörigkeit zu einem ‚Geschlecht' und einer ‚Rasse' zunächst zu widersprechen scheinen, sich dieser Widerspruch jedoch aufgrund der Verteilung der Blickpositionen und der ‚rassischen' Hierarchie auflöst. In einem Bericht (P. Welzel 2001) über Dat Vuong, vietnamesischer Herkunft und Inhaber eines Restaurants in Berlin, bezeichnet die Autorin Petra Welzel den Porträtierten als „kleine[n] Mann",

> der mit seinen 32 Jahren in blauem T-Shirt und karierten Bluejeans noch wie ein Jugendlicher aussieht und mit seinem ebenmäßigen schönen Gesicht, den ausgeprägten Muskeln und geschmeidigen Bewegungen auch genausogut Tänzer oder Filmstar sein könnte. [...] Das Licht, das sich durchs Prisma der Fensterscheiben bricht, lässt [sein] schwarzes kurzes Haar und die langen Augenwimpern dunkelblau schimmern.

Dass Welzel in dem Restaurantbesitzer einen „Tänzer" oder „Filmstar" sieht, ist charakteristisch für den durch männliche Darsteller ausgelösten Konflikt. Dieser Konflikt ergibt sich aus einem Blickverhältnis, in dem die Position des betrachteten Objekts traditionell ‚weiblich' kodiert ist und die des betrachtenden Subjekts als ‚männlich' (R. Dyer 1982: 63). Das Blickverhältnis Autorin - Dat Vuong entspricht nicht diesem tradierten Blickverhältnis. Ein männliches Blickobjekt, so Dyer, unterliegt jedoch einem feminisierenden Prinzip. Welzels Blick wird so zu einem ‚männlichen'. Ein Kennzeichen männlicher Filmstars sind typischer Weise besonders exponierte ‚männliche' Attribute, hier entspricht dem die Betonung der „ausgeprägten Muskeln". Dies verunsichert wiederum die männlich kodierte Position der Betrachterin. „What makes a man a man", die Muskeln, stehen für ein Blickobjekt, das potenziell zurückblickt (R. Dyer 1982: 63).

Die Textstrategie besteht darin, den Porträtierten durch die Darstellung in einzelne Elemente zu ‚zerlegen'. So bleibt die objektivierende, ‚männliche' Position der Betrachterin erhalten. Die visuelle Zerteilung eines Blickobjekts dient, so Kobena Mercer, der Vergewisserung der Ganzheit der Betrachtenden und damit dem Erhalt seiner dominanten Position (K. Mercer 1993). Der fragmentierende, männlich kodierte Blick ist, so wird am Beispiel Welzels deutlich, an kein biologisches Geschlecht gebunden. Weiblichkeit und Männlichkeit stel-len vielmehr Prinzipien dar, deren Zuordnung durch die jeweiligen Blickpositionen bestimmt ist. Diese korrespondieren mit einer ‚rassischen' Hierarchie, denn der europäische Orientalismus des 19. Jahrhunderts hat, so Edward Said, den ‚Orient' als sein feminisiertes ‚Anderes' entworfen worden, um seine dominierende, „penetrierende" Position zu behaupten (E. Said 1994: 206f.). Die Achse ‚männlich-weiblich' wird durch konträre rassisierte Feminisierung relativiert, das potenziell verunsichernde Gegenüber durch die Zerteilung in visuelle ‚Häppchen' konsumierbar. Vor dem Hintergrund des geschlechtlich kodierten, ‚umgekehrten' Blickverhältnisses dominiert die Achse Ost-West die Achse männlich-weiblich und ‚entscheidet' den Konflikt zwischen Feminisierung des männlichen Blickobjekts und Exponierung ‚typisch männlicher' Attribute. Die hier beschriebene feminisierende Darstellung eines männlichen Blickobjekts zeigt eine spezifische Repräsentation nicht-weißer, asiatischer Männlichkeit und das daraus resultierende Blick- und Dominanzverhältnis.

5.   Intersektionalität: Wider ein „verlegenes usw."

Die vermeintliche ‚Rasse' der ‚essenden Asiatin' trägt - für potenzielle männliche und weibliche Betrachtende - zur mühelosen Konsumierbarkeit des Blickobjekts bei, im Fall des Dat Vuong löst seine Rassialisierung den Konflikt zwischen vorhandenen widersprüchlichen Geschlechter- und Blickpositionen. An beiden Beispielen ist zu sehen, wie ‚Geschlecht' und ‚Rasse' aufgrund ihrer Intersektionalität spezifische Bilder konsumierbarer Fremdheit hervorbringen.

‚Rasse' und ‚Geschlecht' sind nicht die einzigen Identitätskategorien, die für die Analyse ästhetischer und politischer Repräsentationen und den darin zum

Ausdruck kommenden Dominanzverhältnissen von Bedeutung sind. Soziale Schicht, Alter, Behinderung/ Befähigung und sexuelle Orientierung sind ebenso zu berücksichtigen. Bemühen sich Autorinnen und Autoren darum, allen diesen Aspekten gerecht zu werden, führt dies häufig zu Aufzählungen, die durch ein „verlegenes usw." abgeschlossen werden. Dies sei, so Judith Butler, „ein Zeichen der Erschöpfung", aufgrund des zwangsläufig scheiternden Versuchs, „Identität ein für allemal zu setzen" (J. Butler 1991: 210). In dem Bewusstsein, dass sich Identität nicht endgültig fixieren lässt, und um nicht erschöpft, sondern mit einem für die Realität geschärftem Blick die Repräsentationen des ‚Anderen' zu analysieren, ist es notwendig, vom konkreten Untersuchungsgegenstand ausgehend, eine Auswahl der zu berücksichtigenden Identitätskategorien zu treffen, ohne jedoch bereits im vorhinein den Blickwinkel zu beschränken und dadurch Intersektionalität systematisch auszublenden.

Literatur

Apter, Emily/ Pietz, William (Hrsg.) (1993): Fetishism as Cultural Discourse. Ithaca/London: Cornell.
Bell, David/ Valentine, Gill (1997): Consuming Geographies. We are where we eat. London/ New York: Routledge.
Brah, Avtar (1996): Die Neugestaltung Europas. In: Fuchs/ Habinger (1996): 24-50.
Braun, Christina von (1994): Nicht ich: Logik, Lüge, Libido. Frankfurt am Main: Verlag Neue Kritik.
Bronfen, Elisabeth (1995): Weiblichkeit und Repräsentation - aus der Perspektive von Semiotik, Ästhetik und Psychoanalyse. In: Bußmann/ Hof (1995), 408-445.
Bußmann, Hadumod/ Hof, Renate (Hrsg.) (1995): Genus. Zur Geschlechterdifferenz in den Kulturwissenschaften. Stuttgart: Kröner.
Butler, Judith (1991): Das Unbehagen der Geschlechter. Frankfurt am Main: Suhrkamp.
Combahee River Collective (1983): A Black Feminist Statement. In: Moraga/ Anzaldua (1983): 210-218.
Crenshaw, Kimberlé (1995): Mapping the Margins: Intersectionality, Identity Politics, and Violence against Women of Color. In: Crenshaw et. al. (1995): 357-383.
Crenshaw, Kimberlé et. al. (Hrsg.) (1995): Critical Race Theory. The Key Writings that formed the Movement. New York 1995: The New Press.
Dietze, Gabriele (2001): Race Class Gender. Die Philosophin 23. 2001. 30-49.
Dyer, Richard (1982): Don't look now. Screen 23, 3-4. 1982. 61-73.
Erens, Patricia (Hrsg.) (1990): Issues in feminist film criticism. Bloomington/ Indianapolis: Indiana University Press.
Fuchs, Brigitte/ Habinger, Gabriele (Hrsg.) (1996): Rassismen und Feminismen. Differenzen, Machtverhältnisse und Solidarität zwischen Frauen. Wien: Promedia.
Gilman, Sander (1992): Rasse, Sexualität und Seuche. Stereotype aus der Innenwelt der westlichen Kultur. Reinbek bei Hamburg: Rowohlt.
Goody, Jack (1998): The Globalisation of Chinese Food. In: ders. (1998): Food and Love. A Cultural History of East and West (161-171). London: xxx.

Huggan, Graham (2001): The postcolonial exotic. Marketing the margins. London/New York: Routledge.

Kleinspehn, Thomas (1987): Warum sind wir so unersättlich? Über den Bedeutungswandel des Essens. Frankfurt am Main: Suhrkamp.

Konersmann, Ralf (Hrsg.) (1996): Kulturphilosophie. Leipzig: Reclam.

Lévi-Strauss, Claude (1972: Rasse und Geschichte. In: Konersmann (1996): S. 168-221.

MacClancy, Jeremy (1995): Das andere essen. In: ders. (1995): Gaumenkitzel. Von der Lust am Essen (246-252). Hamburg: Junius.

Mayer, Ruth/ Mark Terkessidis (1998): Retuschierte Bilder. In: ders. (Hrsg.) (1998): Globalkolorit, Multikulturalität und Populärkultur (7-23). St. Andrä: hannibal.

Mercer, Kobena (1993): Reading Racial Fetishism: The Photographs of Robert Mapplethorp. In: Apter/ Pietz (1993): 307-329.

Mohanty, Chandra (1984): Under Western Eyes. In: Boundary 2. 12 (3)/ 13 (1). 1984. xxx.

Moraga, Cherrie/ Anzaldua, Gloria (Hrsg.) (1983): This Bridge Called My Back: Writings by Radical Women of Color. New York: Kitchen Table: Women of Color Press.

Mulvey, Laura (1975): Visual Pleasure and Narrative Cinema. In: Erens (1990): 28-40.

Narayan, Uma (1994): Eating Cultures. Incorporation, Identity, and Indian Food. In: Narayan (1997): 159-188.

Narayan, Uma (1997): Dislocating cultures: identities, traditions, and Third-World feminism. New York/ London: Routledge.

Said, Edward (1994): Orientalism. New York: Vintage Books.

Suleri, Sara (1992): Woman Skin Deep. In: Critical Inquiry. 18 (4). 1992. xxx.

Wagner, Christoph (1995): Der Frühling spielt nur eine Nebenrolle. Dim Sum und Sushi: Fast Food aus Fernost. In: ders. (1995): Fast schon Food. Die Geschichte des schnellen Essens (200-208). Frankfurt am Main: Campus.

Welzel, Petra (2001): Der Ästhet. die tageszeitung. 18. Juli 2001.

zitty (2002): essen + trinken. zitty spezial. 19. 2002/ 2003.

Gender plus ‚Race' im Hollywood-Film
Michael Ruf

1. Einleitung

Für den französischen Filmemacher Jean-Luc Godard ist Filmgeschichte die Geschichte von Männern, die Frauen fotografieren. Diese Sichtweise wird im vorliegenden Aufsatz aufgegriffen, in dem es um Geschlechterrepräsentationen und -verhältnisse in Spielfilmen geht. Darüber hinaus frage ich, wie sich Filminterpretationen verändern, wenn Analysen neben Gender die Kategorie Race integrieren.[1] Was passiert, wenn sich beide Differenzmerkmale überkreuzen, überlagern, ergänzen oder widersprechen?

> „Das Kino gehört zu den multifunktionalen Instrumenten einer Gesellschaft. Es ist Ge-
> schmacksverstärker, Bildermaschine, Zeitkiller, Code-Manipulation, weiche Droge, Sinnpro-
> duktion und dies und jenes."

so der wohl profilierteste deutsche Filmkritiker Georg Seeßlen (2004: 15). Nach Cortés (1995) verbreiten Massenmedien und Populärkultur Informationen, Wissen, Bilder und Ideen über Ethnizität, Kultur, soziale Klasse oder Gender. Dabei

---

1 Hinsichtlich des Begriffes ‚Race' schließe ich mich den Ausführungen von A. Michaelsen in diesem Band (222) zu ‚Rasse' an. Wichtig ist, dass ‚Race' eine soziale Kategorie meint, weshalb auch „Schwarz" und „Weiß" groß geschrieben werden. Rassismus kann nur entgegnet werden, wenn diese Kategorien thematisiert werden. Ich benutze ‚Race', da ich mich auf den U.S.-amerikanischen Kontext (und vorwiegend auf englischsprachige Literatur) beziehe und der deutsche Begriff der ‚Rasse' aufgrund der NS-Zeit andere Konnotationen trägt (siehe auch J. Zerger 1997: 13-68).

bemerken die Rezipierenden oft nicht, dass und was sie lernen - vor allem im Falle fiktionaler Medien. Die dabei stattfindende multikulturelle Medien-Erziehung (*multicultural media education*) fördert und schwächt das Selbstbewusstsein der betroffenen Gruppen und trägt zum Verstehen oder Missverstehen zwischen gesellschaftlichen Gruppen bei. Dorfman (1983) weist darauf hin, dass vermeintlich *reine Unterhaltung* uns eine *heimliche Erziehung* liefert. Die Medien lehren uns, wie man Erfolg hat, wie man liebt, wie man etwas kauft, wie man erobert, wie man die Vergangenheit vergisst und die Zukunft unterdrückt.

Im ersten Teil des Textes gehe ich allgemein auf Gender im Hollywood-Film ein. Hier stelle ich die bis heute als grundlegend behandelte feministische Filmtheorie vor, die Theorie des *männlichen Blicks* nach Laura Mulvey. Im zweiten Teil beziehe ich Race in meine Ausführungen ein. Anhand einer quantitativen Studie und vier Filmanalysen erläutere ich mögliche Phänomene, die entstehen, wenn Race im Hollywood-Film auf Gender trifft.[2]

2.   Gender im Hollywood-Film

2.1 Die feministische Filmtheorie von Laura Mulvey

Laura Mulvey formulierte die *Theorie des männlichen Blicks* erstmals 1975 in ihrem Essay „Visual Pleasure and Narrative Cinema" (L. Mulvey 1994, H. M. Benshoff & S. Griffin 2004: 233-248). Sie geht von psychoanalytischen Überlegungen aus, interessiert sich für die *Lust am Schauen* und fragt, wie für Zuschauende Vergnügen entsteht. Ziel ihrer Analyse ist die Zerstörung des Vergnügens. Visueller Genuss kann mit zwei Konzepten erklärt werden: Erstens, Skopophilie entsteht, indem man eine andere Person durch Betrachtung zum Sexualobjekt macht - zweitens, durch *Identifikation* mit einer Figur auf der Leinwand. Nach Freud ist es gerade das Zusammenspiel beider Aspekte, das Lust am Schauen erzeugt. Eine patriarchalische Gesellschaft verzerrt beide Modi: Die Betrachtung eines sexualisierten *Frauen*körpers erzeugt Skopophilie. Zuschauer und Zuschauerinnen (!) identifizieren sich gerade mit *männlichen* Charakteren. Der Kinofilm verschlüsselt das Erotische in die Sprache der herrschenden patriarchalischen Ordnung. Das Unbewusste dieser patriarchalischen Gesellschaft strukturiert dabei die Filmform.

---

2 Wieso Hollywood? "Überall auf der Welt steht Hollywood für Kino. Überall auf der Welt sind Hollywood-Filme zu sehen. Die Traumfabrik hat einfach keine ernst zu nehmende Konkurrenz. In der so genannten entwickelten Welt liegt Hollywoods Marktanteil irgendwo zwischen 80%, wie beispielsweise in Deutschland, und 95%, wie in Kanada." (M. Maaß 2002)

Die formale und die narrative Ebene des Films konstruieren den männlichen Blick.[3] Auf *formaler Ebene* stellen mindestens vier Strategien diesen männlichen Blick her.

(1) Sexualisierung: Filmeschaffende präparieren Darstellerinnen meist aufwendig, um sexuelle Aufmerksamkeit bei männlichen heterosexuellen Zuschauern zu erreichen. Selbst wenn eine Frau die Heldin ist, stellt der Film ihren sexualisierten Körper meist vollends aus. Filmemacherinnen und Filmemacher finden immer wieder Wege, um ihre Protagonistinnen aus ihrer Arbeitskleidung in Bikinis oder Unterwäsche zu bringen.

(2) Schnitttechniken: Diese erzeugen Beziehungen zwischen subjektiven und objektiven Standpunkten. Eine objektive Aufnahme überblickt die Handlung. Eine subjektive Aufnahme zeigt den Zuschauenden, was eine Figur sieht. Schnitttechniken verbinden den Zuschauer mit dem Blick einer Leinwandfigur. Die in Hollywood üblichen Verbindungen von objektiven und subjektiven Aufnahmen versetzen die Zuschauenden in die Perspektive des *männlichen* Helden.

(3) Fetischismus: Der Film fetischisiert den Frauenkörper, wenn dieser von der Kamera und durch Schnitttechniken in eine Sammlung von kleineren objektivierten Körperteilen aufgebrochen wird. Die Kamera zeigt Frauen oft in Nahaufnahmen. Aufnahmen von schauenden Männern folgen häufig diesen Naheinstellungen von Protagonistinnen. Großaufnahmen von weiblichen Körperteilen führen oft weibliche Figuren im Film ein.

(4) Beleuchtung: Um die Frauen noch verlockender erscheinen zu lassen, beleuchten Filmschaffende sie sorgsam. Bereits Ende der 20er wurde in Hollywood die Dreipunktbeleuchtung entwickelt. Das dabei im Rücken der Figur angebrachte Hinterlicht erzeugt einen Heiligenschein-Effekt - eine glänzende Linie um den Körper des Stars, als ströme das Licht direkt aus der Figur heraus.

Auf *narrativer Ebene* unterscheiden sich die Handlungsoptionen für Mann und Frau erheblich. Mulvey beschreibt, was Männer und Frauen in Filmen machen dürfen. Männer treiben die Handlung voran, ärgern die Bösen und gewinnen das Mädchen für sich. Frauen dürfen gut aussehen, ansonsten passiv bleiben. Der Hollywood-Filmemacher Budd Boettischer bemerkte:

> „Sie ist es, (…), die ihn so handeln lässt, wie er handelt. Die Frau an sich hat nicht die geringste Bedeutung." (zitiert in L. Mulvey 1994: 55)

---

3 Spielfilme haben den männlichen Blick nicht erfunden. Vielmehr gibt es in westlichen Gesellschaften eine Kontinuität dieses Schauens in frühen Gemälden bis zu heutigen Praktiken in der Werbeindustrie. Berger (1972) beschreibt die Geschichte von Porträts von Frauen. Die Gemälde objektivierten die meist nackten Frauen, die nicht zurückschauten und somit der Macht des Blickes des männlichen Malers überlassen waren. Auch organisierte die Perspektivität und Dreidimensionalität des Bildes einen zentralen Standpunkt für den männlichen heterosexuellen Betrachter.

Zusammenfassend gibt es drei Arten von Blicken im Kino: den Blick der Kamera, den Blick des Publikums und den Blick, den die Figuren innerhalb der Leinwandillusion miteinander wechseln. Nach Mulvey sind diese drei Blicke männlich. Wenn die Macht des Protagonisten, der das Geschehen kontrolliert, mit der aktiven Macht des erotischen Blicks zusammenfällt, entsteht, so Mulvey, das Gefühl der Omnipotenz für den männlichen Zuschauer.

... *die Zeiten ändern sich*? Neue Frauen im Hollywood-Film?

Sind Mulveys Überlegungen nach drei Jahrzehnten noch relevant? Nach Benshoff & Griffin (2004: 288f.) möchte ich in drei Schritten antworten.

(1) Hollywood adaptierte in dieser Zeit traditionell männliche Genres für Hauptdarstellerinnen. Selbst der Western, der sonst ohne männliche Helden nicht auskam, zeigte verstärkt weibliche Stars wie Sharon Stone in BAD GIRLS. Sigourney Weaver oder Linda Hamilton verkörperten die Heldinnen in Science-Fiction Filmen wie ALIEN oder TERMINATOR. Eine Lara Croft steht in TOMB RAIDER den Abenteuern von James Bond in nichts nach.

(2) Dennoch objektivieren diese Filme ihre Darstellerinnen und zielen darauf ab, heterosexuellen Männern zu gefallen. Nahaufnahmen fetischisieren die Körper der DREI ENGEL FÜR CHARLIE. Auch arbeiten diese für einen männlichen Chef. Der Prozess der Geschlechter-Annäherung verläuft einseitig. Frauen werden vermeintlich gleich, indem sie sich wie Männer verhalten. Viele Filme repräsentieren Geschlechtergerechtigkeit als die ‚Möglichkeit', genauso körperlich gewalttätig wie Männer zu sein.

(3) Doch gibt es zunehmend Ausnahmen von der Regel. Ein Beispiel ist Marge, die Polizistin in FARGO, die sich nach Radner (1998) mindestens in zweierlei Hinsicht der klassischen Frauenrolle entzieht. Erstens verweigert Marge sich konsequent dem männlichen Blick, indem in FARGO Erotik konsequent beseitigt bzw. verweigert wird. Die Kraft ihres Körpers entsteht durch das fulminante Scheitern, erotische Interessen zu wecken. Dies geschieht durch die Maßlosigkeit von Marges Körper in Form ihrer Schwangerschaft. Zweitens kontrastiert Marge die Verrücktheit der männlichen Protagonisten. Der irrationale Körper konstituiert sich als männlich, für den nur die Logik des Profits gilt. Mord wird von einem wahnsinnigen Mann zum nächsten weitergegeben.

2.2 Kritik an Mulveys Ansatz

So wegweisend Mulveys Theorie auch war, rief sie unterschiedliche Kritikpunkte hervor. (1) Mulvey geht von einer heterosexuellen Annahme aus (J. Gaines 1988: 718). (2) Die Theorie ist insgesamt zu essentialistisch, indem sie Unterschiede zwischen verschiedenen Frauen nicht mit einbezieht und historische Veränderungen in der Filmgeschichte nicht beachtet (H.M. Benshoff & S. Griffin 2004: 244-247). (3) Identifikation verläuft weit komplexer als von Mulvey theoretisiert (S. Neale 1983: 254-260). (4) Mulvey blendet Race in ihren Überlegungen aus. Gaines (1998) führt hierzu aus, dass die Theorie auf dem Mann/Frau-Antagonismus basiert: Schwarze Feministinnen dagegen sehen Unterdrückung in erster Linie hinsichtlich Race und nur in zweiter Instanz hinsichtlich Gender. Sie betrachten Schwarze Männer nicht notwendigerweise als patriarchale Antagonisten. Stattdessen gehen sie davon aus, dass Schwarze Männer ihre rassistische Unterdrückung teilen. Gängige wissenschaftliche Untersuchungen gehen auf die Existenz Schwarzer Frauen nur am Rande ein. Dies geschieht oft durch nachträgliches Anhängen eines Satzes wie ,Die Implikationen unterscheiden sich wohl, wenn Race, soziale Klasse und sexuelle Präferenz mitberücksichtigt werden'.

Auch Young (1996) geht auf den undifferenzierten Weißen Feminismus ein und bezieht diesen auf Mulveys Filmtheorie. So kritisierten Schwarze Autorinnen bereits in den 60ern und 70ern an der Frauen-Befreiungsbewegung das Versagen, keine Politiken und Praktiken zu entwickeln, um die Erfahrungen Schwarzer Frauen anzuerkennen und zu integrieren. Weiße Feministinnen lehnten die Familie als Ort der Unterdrückung ab. Viele Weiße Frauen bestanden auf Empfängnisverhütung und Abtreibung. Für Schwarze Frauen stellten dagegen Familien eine Quelle von Kraft in feindlichen Situationen dar. Schwarze Frauen hatten beispielsweise Verhütungsmethoden als Versuchskaninchen erlebt, wenn z.B. Wohlfahrtsprogramme versuchten, die Fruchtbarkeit der Schwarzen Frauen durch Zwangssterilisation zu kontrollieren. Die Überschneidung mehrerer Differenzkategorien und somit auch den Unterschied zwischen Weißem und Schwarzem Feminismus formulierte Angela Davis (1971) in ihrem Schlüsseltext „Women, Race and Class".

Bezogen auf Film sind für Young die Gesichter und Körper weißer Frauen privilegierte Zeichenträger von Schönheit. Schwarze Frauen erfahren selten die Überbewertung von Schönheit wie dies bei Weißen Frauen der Fall ist und nur wenige Schwarze Frauen sind Teil des Kults um den weiblichen Star.

3. Gender trifft auf Race

3.1 Quantitative Untersuchung

Die Kritik, Mulvey habe eine *Weiße Theorie* geschaffen, ist Grund für die Hinzunahme der Kategorie Race in die Auseinandersetzung mit Gender im Film. Die quantitative Untersuchung von Entman & Rojecki (2000) zeigt den Nutzen einer Analyse beider Kategorien sowie deren Zusammenspiel. Die Studie untersuchte jene 25 erfolgreichsten Filme des Jahres 1996, welche die höchsten Einspielergebnisse in den USA erzielten. Entman & Rojecki analysierten das Verhalten der Leinwandcharaktere hinsichtlich verschiedener Dimensionen. Um kodiert zu werden, musste eine Person mindestens einen ganzen Satz sprechen, ihr Name musste genannt werden oder die Figur musste die Handlung voranbringen. 240 Weiße und 36 Schwarze Figuren fanden somit Einzug in die Studie. In der Auswertung unterschieden die Forschenden zwischen Mann und Frau sowie zwischen Weißen und Schwarzen Personen.

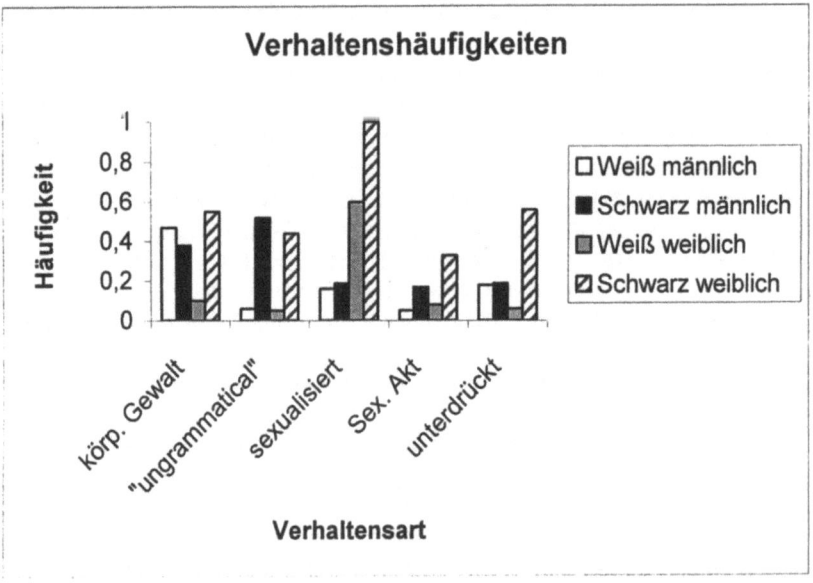

Abbildung 1: Verhaltenshäufigkeiten der Charaktere (nach Entman & Rojecki: 196-201)

Die Wissenschaftler ermittelten Schwarz-Weiß-Unterschiede unabhängig vom Geschlecht. Hinsichtlich der Dimension ‚Sprache' fanden Entman & Rojecki fast keine Weißen Charaktere mit grammatischen Fehlern („ungrammatical"). Hingegen sprachen viele Schwarze Charaktere - auch viele mit hohem Bildungsgrad - grammatisch fehlerhaft. Auffällig ist die Vielzahl von Differenzen zwischen Schwarzen und Weißen Figuren, die nur bei den Frauen auftraten. Dies möchte ich an vier Verhaltensdimensionen zeigen.

(1) Körperliche Gewalt: Schwarze und Weiße Männer unterschieden sich hinsichtlich dieses Verhaltens kaum. Betrachtet man die Frauen, ist der Unterschied jedoch sehr hoch. Schwarze Frauen waren fünf mal häufiger gewalttätig als Weiße Frauen.

(2) Sexualisierung: Die Filme stellten Schwarze und Weiße Männer etwa gleich häufig sexualisiert dar.[4] Schwarze Frauen waren weit mehr sexualisiert als Weiße Frauen, wobei Weiße Frauen häufiger sexualisiert repräsentiert wurden als Weiße Männer. Von den neun schwarzen Protagonistinnen der Studie sexualisierten die Filme alle neun Frauen.

(3) Geschlechtsakt: Die Filmschaffenden stellten weitaus häufiger Geschlechtsverkehr bei Schwarzen Männern und Frauen dar als bei Weißen Figuren. Kein einziger Film zeigte Sexualität oder nicht-sexuelle Intimität zwischen den Races.

(4) Unterdrückung: Während die Spielfilme Schwarze und Weiße Männer etwa gleich häufig in Bedingungen von Unterdrückung zeigten, wurden die Schwarzen Frauen etwa neun mal so häufig als unterdrückte Charaktere wie Weiße Frauen dargestellt.

Zusammenfassend lässt sich sagen, dass die untersuchten Spielfilme eine doppelte Diskriminierung von Schwarzen Frauen aufweisen. Das Bild der Schwarzen Frau ist besonders sexualisiert und negativ. Dennoch können Forschende mit einer quantitativen Studie die Komplexität von Spielfilmen nur unzureichend untersuchen. Deswegen gehe ich nun auf einzelne Filme ein.

3.1 Fallstudien

3.2.1 Gorillas im Nebel

In GORILLAS IM NEBEL (Michael Apted, 1988) geht die Weiße U.S.-amerikanische Biologin Dian (Sigourney Weaver) nach Ruanda, um dort das

---

4 Für Entman & Rojecki stellt der Film in ‚sexualisierten' Szenen mindestens teilweise nackte Körper dar oder betont die sexuelle Stimulation von anderen Charakteren.

Verhalten von Gorillas zu erforschen. Nach Modleski (1999) entwickelt sie sich zur radikalen und erfolgreichen Tierschützerin und muss die Affen gegen Schwarze Wilderer verteidigen. Auf den ersten Blick scheint der Film die Entscheidung einer Frau für eine Karriere und gegen eine Ehe zu respektieren. Tatsächlich hält er diesen emanzipatorischen Anspruch nicht aufrecht, indem er Dian deprofessionalisiert. Mütterliche Instinkte beispielsweise lebt sie sublimiert aus, wenn sie sich einem Affenbaby fürsorglich annimmt. Nach Bhabha (1986) teilt sich die Schwarze Haut in der Repräsentation unter dem rassistischen Blick: Schwarze sind entweder wild oder ergeben, entweder primitiv oder die sprachbegabtesten Lügner. Viele dieser Dualismen treffen auch auf Repräsentationen von Frauen zu. Oft spaltet die männliche Vorstellung Frauen in Jungfrau und Hure. Auch der Film vollzieht diese Aufteilungen.

Modleski erläutert, wie in GORILLAS Schwarze Männer in Gestalt von Edlen oder Wilden auftreten. Der Schwarze Spurensucher Sembagare personifiziert den Edlen, der sein Leben für die Biologin zu opfern bereit ist. Er kümmert sich um die Erfüllung der Wünsche der Heldin. Indem der Film Sembagare Mütterlichkeit und moralische Autorität zugesteht, erscheint GORILLAS *empowering*, während er gleichzeitig die Ängste der Zuschauer vor zu großer Nähe zwischen Weißer Frau und Schwarzem Mann mindert. Alle anderen Schwarzen Männer erscheinen in bedrohlichen Gruppen und gestikulieren in vermeintlich wilder Sprache. Die Inszenierung verstärkt dieses Bild der Bedrohung, indem der Grundkonflikt des Filmes ein Kampf zwischen Tieren und Schwarzen Männern ist und die Gorillas weniger abstoßend dargestellt werden als die Schwarzen Männer. Ähnlich gespalten ist die Weiße Heldin in der Repräsentation. Einerseits ist sie die noble Retterin unschuldiger Kreaturen, andererseits eine Art Hexe, deren Allianz mit den Tieren des Waldes sie in eine Verrückte verwandelt.

Da Schwarze Männer entweder submissive Diener oder bedrohliche Monster sind, und die Weiße Frau zwischen edel und verrückt pendelt, eröffnet sich ein Raum, in den ein tatsächlich menschlicher Charakter treten kann. Diesen Raum beschreitet ein Weißer männlicher Fotograf, Bob. Außerdem tritt GORILLAS in einigen Szenen die Perspektive an den Weißen Mann ab, indem die Geschichte aus Bobs Sicht erzählt wird. Als Dian wütend die Schwarzen Wilderer beschimpft, entgegnet Bob, dass diese nur Bauern im Schachspiel reicher Amerikaner seien. Damit streitet der Film verbal ab, was er visuell selbst leistet. Er macht die Schwarzen Männer zu Sündenböcken und projiziert diesen Prozess der Diskriminierung auf Dian.

Für Modleski ist GORILLAS eine moderne Version von KING KONG (Merian Cooper & Ernest B. Schoedsack, 1933). Letztgenannter wurde von Weißen in einer rassistischen Gesellschaft produziert und ist Teil einer Tradition

von Tierfilmen, die als Allegorien für schwarze Bestien funktionierten. GO-
RILLAS reagiert auf eine Massenkultur, die einerseits die politischen Kämpfe
der letzten Jahrzehnte in der Folge des Feminismus und der Bürgerrechtsbewe-
gung anerkennen muss, und andererseits die Bedrohung dieser Auseinandersetzungen für eine Weiße, männliche Machtstruktur abzuwehren versucht. Dies
geschieht, indem der Film nur scheinbar eine emanzipierte Frau zeigt - genauer
betrachtet privilegiert er den Weißen Mann.

3.2.2 Anna und der König

Die Engländerin Anna, von Jodie Foster in Andy Tennants ANNA UND DER
KÖNIG (1999) gespielt, reist im späten 19. Jahrhundert ins Königreich Siam.
Dort lernt sie den König (Cho-Yun Fat) kennen und unterrichtet seine Kinder.[5]
   Liebrand (2003) beschreibt, wie dieser Historienfilm die Minderwertigkeit
der ‚rassisch Anderen' impliziert. Am Ende des Films versucht ein schurkenhaft
gezeichneter General den König zu putschen. Dieser Umsturzversuch scheitert,
indem Annas Sohn mit einer Trompete das Anrücken der englischen Armee
simuliert und Anna Feuerwerksraketen zündet. Mit anderen Worten: Einem
kleinen englischen Jungen und seiner Mutter gelingt es, gut ausgebildete asiatische Soldaten zu vertreiben. Es scheint ein Kinderspiel, Asiaten vorzuführen.
Wenn ein englischer Geschäftsmann von der Überlegenheit Englands spricht,
widerspricht die englische Lehrerin, wohingegen der siamesische König
schweigt. Die Stimme des Königssohnes aus dem Off unterstützt und verschleiert die imperialistische Grundhaltung des Films, wenn sie von Anna als einem
Menschen schwärmt, der mehr von der Welt wusste als sonst jemand. Der Kö-
nigssohn als würdige autoritative Instanz legitimiert den westlichen Blick auf
Siam. Doch ANNA enthält auch positive Bilder des ‚Anderen'. So zeigt der
Film den Buddhismus respektvoll und den König als kultivierten Gentleman.
   ANNA UND DER KÖNIG irritiert die westlichen Zuschreibungsmuster
durch die Überkreuzung von Gender und Race. Zwar inszeniert der Film ein
Berührungsverbot zwischen europäischer Frau und König aus dem Osten und
setzt auf harte Oppositionsbildungen. Das Königshaus spricht Anna durchwegs

---

5 Selten, so Liebrand (2003: 95), bemühte sich ein U.S.-Filmstudio so sehr, eine andere Kultur
angemessen darzustellen. Thailändische Historikerinnen und Historiker arbeiteten am Drehbuch mit.
Das Filmstudio legte Skriptentwürfe wiederholt thailändischen Behörden vor. Dennoch verbot die
thailändische Seite den Film wegen Beleidigung des Königshauses und Verbreitung historischer
Lügen. Thailändische Studierende gründeten ein Internetforum, um ihrer Kritik Gehör zu verschaffen (http://thaistudents.com/kingandi/index.html (28.4.2004)). Einige der Studierenden kritisierten,
dass ihr mächtiger König Ratschläge von einer Frau annimmt. Unklar ist deshalb, ob die Vorbehalte
antiimperialistisch oder frauenfeindlich motiviert sind.

mit *Sir* an. Mit dieser Gender-Inversion der Anrede führt ANNA das von Edward Said (1981) beschriebene kulturelle Muster vor, das den Westen als männlich (rational, effektiv, zivilisiert) und den Osten als weiblich (passiv, irrational, geheimnisvoll) konnotiert. Der Film macht das übliche Zuschreibungsmuster somit als ein solches kenntlich. ANNA dokumentiert die Widersprüche der westlichen Zuschreibungssysteme. Eine Frau ist die Repräsentantin von vermeintlicher Männlichkeit. Die konsequente Anrede mit *Sir* entstellt die westliche Selbstbeschreibung als *männlich* durch Literalisierung.

> „Die westliche Frau, die für das ˋAndereˋ und das Fremde innerhalb des westlichen kulturellen Repräsentationssystems steht, wird in der Konfrontation mit dem ˋAnderenˋ außerhalb Europas zur Vertreterin des ˋSelbenˋ - zur Repräsentantin ˋwestlich-männlicherˋ Rationalität und Effektivität." (Liebrand 2003: 123).

Dennoch bleibt das Grundaxiom bestehen: der Westen müsse den Osten zivilisieren.[6] Zusammenfassend lässt sich sagen, dass eine Frau den ‚männlichen' Westen und ein Mann den ‚weiblichen' Osten repräsentiert. Dies erschüttert die herkömmlichen Verknüpfungen Westen/männlich und Osten/weiblich.

3.2.3 Die Farbe Lila

Steven Spielberg verfilmte den Roman der Afro-Amerikanerin Alice Walker, der Anfang des 20. Jahrhunderts spielt. DIE FARBE LILA (1985) zeigt die Entwicklung der Schwarzen Frau Celie, die zunächst von ihrem Schwarzen Ehemann über Jahre misshandelt wird und sich später gegen ihn auflehnt. Zwar zeigt der Roman die Verwandlung des Peinigers vom brutalen Chauvinisten hin zu einer fürsorglichen Person, doch stellte Spielberg diese Veränderung bildlich kaum dar. Stattdessen arbeitete er mit Bildern, die existierenden rassistischen Stereotypen ähneln. Diese Bilder ‚funktionieren' für ein Weißes Publikum seit dem Film THE BIRTH OF A NATION (1915)[7].

---

6 Wenn Liebrand sich auf Said und dessen Ausführungen über den „Westen" und den „Osten" der Welt bezieht, ist zwar nicht die Rede von Races. Doch die Einteilung der Welt in Westen und Osten (bzw. in Westen und Rest der Welt) ähnelt stark der Kategorisierung (inklusive Essentialisierung und Hierarchisierung) in ‚Weiße', ‚Schwarze' oder ‚Gelbe' Race.

7 Nach Hall (2000: 251-153) führte D.W. Griffiths THE BIRTH OF A NATION die fünf bedeutsamsten Stereotypen über Schwarze ein, die sich bis heute durch die Filmgeschichte ziehen. Bogle (1973) beschreibt diese Typen: *Tom*: der gute, selbstlose und submissive Schwarze; *Coon*: der Slapstick-Entertainer, verrückt, lustig, faul; *Mulatto*: die attraktive Frau, die aufgrund ihres Weißseins akzeptiert wird, jedoch wegen ihres Schwarzseins ein tragisches Ende findet; *Mammy*: die prototypische Hausdienerin; *Buck*: stark und gewalttätig, z.B. der heutige Gangsta-Rapper.

bell hooks (1993) stellt dar, wie unterschiedlich Schwarze Frauen und Schwarze Männer auf den Film reagierten. Viele Schwarze Männer beklagten die brutale und animalische Darstellung afro-amerikanischer Männer. Schwarze Maskulinität wirkt im Kontrast zu dem kleinen unschuldigen Mädchen besonders dominant und brutal. Schwarze Männer forderten, dass niemand bestimmte Aspekte Schwarzen Lebens in einem nicht-Schwarzen Kontext enthüllen solle. Im Zuge der Debatte klagten Schwarze Männer Schwarze Frauen an, sie würden in Komplizenschaft mit Weißen agieren, wenn sie negative Bilder afro-amerikanischer Männlichkeit produzierten. Nach Bobo (1995) empörten sich drei der vier Schwarzen Autoren, die bei der TV-Show *Tony Brown's Journal* auftraten, der Film sei die rassistischste Darstellung von Schwarzen Männern und der rassistischste anti-Schwarze Familienfilm seit BIRTH.

Zustimmung äußerten dagegen, so Bobo, viele Schwarze Frauen. Zum ersten Mal stünden diese im Zentrum eines populären Medienproduktes. Spielberg zeige Schwarze Frauen, wie sie vorher in Hollywood noch nie zu sehen gewesen waren. DIE FARBE LILA fördere ein besseres Verständnis des historischen Erbes Schwarzer Frauen. Erstmals sorgten Beleuchtung, Kostüme und Set-Design (inklusive zahlreicher technischer Neuheiten) dafür, dass Schwarze Figuren nicht in den Hintergrund des Bildes rückten. Indem Spielberg das Set abdunkelte und die Charaktere schwarze Kleidung trugen, hoben sich die Schwarzen Personen ausreichend vom Hintergrund ab.

hooks gibt zu bedenken, wie die Weißen Medien in den USA die Debatte als öffentliches Spektakel inszenierten. Die *Phil Danohue-Show* forderte fünf Schwarze Autorinnen auf, zu diskutieren, ob sie negative Bilder von Schwarzen Männern herstellen. Die Autorinnen sollten ihre Position verteidigen und weniger die Motivation ihrer Arbeit erklären. Die Medien hoben die vermeintliche Konfusion hinsichtlich Gender unter Schwarzen Leuten hervor. hooks fragt, welchen Interessen gedient wird, wenn die dominante Repräsentation Schwarzer Kultur suggeriert, die Schwarze Familie sei desintegriert und es finde dort ein feindseliger Geschlechterkrieg statt. Das mediale Spektakel unterminierte eine fruchtbare Diskussion über die Rolle von Sexismus in Schwarzen Gemeinden.

Gender und Race überkreuzen sich hier auf der Rezeptionsseite. Während Schwarze Männer den Film aus einer antirassistischen Perspektive ablehnten, begrüßten Schwarze Frauen den Film aus einer feministischen Perspektive.

3.2.4 Im Jahr des Drachen

Im Film IM JAHR DES DRACHEN (Michael Cimino, 1985) entschließt sich der Weiße Polizist Stanley White (Mickey Rourke) im Chinatown New Yorks aufzuräumen. Dabei lernt er eine erfolgreiche Journalistin chinesischer Abstammung Tracy (Ariane) kennen. Sie beginnen eine Affäre. Ich möchte auf drei Punkte hinweisen, die Marchetti (1993) in ihrer ausführlichen Analyse von IM JAHR DES DRACHEN beschreibt.

Erstens, fremde Rituale und Requisiten wie Neondrachen, Löwentänze, Feuerwerke oder Trommelwirbel machen Chinatown zu einem exotischen, mitunter charmanten Ort. Doch ‚chinesische' Tänze verwandeln sich in Aufruhr. Die Ermordung eines chinesischen Gangsters zeigt die Verbindung zwischen Exotischem und Gefährlichem. Jeder Moment des Spektakels, ob Festival, Beerdigung, Bankett oder Bettszene, wirkt bedrohlich.

Zweitens domestiziert White Tracy im doppelten Sinne.

(1) So gibt sie ihre chinesische Identität auf. Sie lehnt anfangs Whites Vorschlag ab, mit ihm zusammen zu arbeiten. Zu Beginn des Films verteidigt sie noch die chinesische Community gegen Weißen Rassismus Doch White überzeugt sie schnell, Chinatown als dekadent, korrupt und bedrohlich darzustellen. Indem der Film die Weiße und chinesische Position als gegensätzlich darstellt und Tracy sich den Idealen Whites unterwirft, schwört sie ihre ‚chinesische' Ethnizität ab.

(2) Sie verliert ihr modernes Frau-Sein. Anfangs wird Tracy als eine unabhängige Frau mit eigener Meinung dargestellt. Im Laufe der Handlung zieht White bei ihr ein, sagt ihr, wie sie ihre Karriere gestalten soll, beschimpft sie und greift sie an. White domestiziert sie und stellt sie unter männliche Kontrolle. Am Ende akzeptiert sie glücklich Stanleys Umarmung. Insgesamt legitimiert die Narration Whites Recht, Tracy als Frau *und* als Chinese-American zu dominieren. Es entsteht der Eindruck, dass nur ein Weißes Liebesobjekt die vermeintlich exzessive Natur asiatischer Sexualität eindämmen kann. White erobert und assimiliert damit das ‚Fremde' in den häuslichen Mainstream.

Drittens tarnt der Film seinen Rassismus durch die Romanze. Die ‚Liebe' Whites zu einer fremden Frau enthebt ihn ein Stück weit aus der Kritik des Sexismus und Rassismus. Die ‚Romantik' wirkt als Gegengift für die offene Diskriminierung im Film. Diese Beziehung ist zwar insofern progressiv, da Hollywood Sexualität zwischen den Races selten zulässt. Doch handelt es sich nicht um eine Liebesbeziehung, sondern um die Kontrolle der Frau durch den Mann.

Zusammenfassend unterdrückt der Film eine farbige Frau doppelt: wegen ihres Geschlechts und wegen ihrer Race. Der Rassismus des Films wird gerade durch die Geschlechterbeziehung versteckt.

3. Schluss

Die feministische Filmtheorie Mulveys entlarvt die Konstruktion eines *männlichen Blicks* im Mainstream-Kino. Eine genaue Betrachtung von Mulveys Theorie zeigt die „Rassen"-Blindheit des Ansatzes. Die quantitative Untersuchung von Entman & Rojecki zeigt die Notwendigkeit einer Analyse, die nach Gender und Race differenziert. Die vier Filmbeispiele belegen, dass eine Gender-Analyse im Sinne Mulveys oft auf Grenzen stößt und eine Betrachtung mehrerer Differenzkategorien erforderlich ist. Oft ist es gerade das Zusammenspiel verschiedener Kategorien, welches eine bestimmte Repräsentation schafft. Eine bloße Gender-Betrachtung ist oft unzureichend, teilweise sogar kontraproduktiv.

In GORILLAS teilen sich die Weiße Frau und die Schwarzen Männer in der Repräsentation in Extreme. Der Film privilegiert den Weißen Mann, der als *ganzer* menschlicher Charakter den Film betritt. In ANNA trifft eine Frau des Westens auf einen Mann des Ostens, womit die Erzählung die übliche Gegenüberstellung des männlich konnotierten Westens und vermeintlich weiblichen Ostens aufbricht oder irritiert. In der Bewertung der Darstellung Schwarzer Männlichkeit in DIE FARBE LILA trifft ein antirassistischer auf einen feministischen Diskurs. Auch inszenierten die Weißen Medien den Geschlechterkampf der Schwarzen Community. In IM JAHR DES DRACHEN wird eine U.S.-amerikanische Frau chinesischer Abstammung doppelt domestiziert - hinsichtlich Gender und Race. Dabei tarnt die ‚Romanze' den Rassismus des Films.

Trotz der Kritik an Mulvey sind ihre Überlegungen für die Untersuchung von Repräsentationsstrategien hinsichtlich anderer Differenzen als Gender grundlegend. Forschende modifizieren und adaptieren Mulveys Fragestellungen und Begriffe zur Untersuchung von Race oder Sexualität. Beispielsweise kann somit untersucht werden, wie das Mainstream-Kino nicht-Weiße männliche Körper ähnlich wie Frauenkörper sexualisiert.

Literatur

Banks, James A. & Banks, Cherry A. McGee (Hrsg.) (1995): Handbook of Research in Multicultural Education. New York: Prentice Hall International.
Barker, Francis; Hulme, Peter; Iversen, Margaret; Loxley, Diana (Hrsg.) (1986): Literature, Politics, and Theory: Papers from the Essex Conference, 1976-84. London: Methuen.
Berger, John (1972): Ways of Seeing. London: BBC/ Penguin.
Benshoff, Harry M. & Griffin, Sean (2004): Gender and American Film. In: dies. (2004): America on Film: Representing Race, Class, Gender and Sexuality at the Movies (201-290). Oxford: Blackwell Publishing.
Bhabha, Homi (1986): The Other Question: Difference, Discrimination and the Discourse of Colonialism. In: Barker et al. (1986): 148-172.

256 Michael Ruf

Bobo, Jacqueline (1995): Watching The Color Purple: Two Interviews. In: dies. (1995): Black women as cultural readers (91-132). New York: Columbia University Press.

Bogle, Donald (1973): Toms, Coons, Mulatto, Mammies, and Bucks. An Interpretive History of Blacks in American Films. New York: Viking Press.

Cortés, Carlos (1995): Knowledge Construction and Powerful Culture: The Media as Multicultural Educator. In: Banks et al. (1995):169-183.

Davis, Angela (1983): Women, Race and Class. New York: Random House.

Dorfman, Ariel (1983): The Empire's Old Clothes: What the Lone Ranger, Babar, and Other Innocent Heroes Do to Our Minds. New York: Pantheon.

Entman, Robert M. & Rojecki, Andrew (2000): Race at the Movies. In: dies. (Hrsg.): The Black Image in the White Mind. Media and Race in America (182-204). Chicago: University of Chicago Press.

Gaines, Jane (1988): White Privilege and Looking Relations. Race and Gender in Feminist Film Theory. In: Screen 29:4. 1988. 12-27.

Hall, Stuart (2000): The Spectacle of the Other. In: ders. (Hrsg.) (2000): Representation. Cultural Representations and Signifying Practices (223-290). London: SAGE Publications.

hooks, bell (1993): Representations. feminism and black masculinity. In: dies. (1993): Yearning. race, gender, and cultural politics (65-77). Boston: South End Press.

Kaplan, E. Ann (Hrsg.) (2000): Feminism & Film. Oxford: Oxford University Press.

Liebrand, Claudia (2003): Gender Meets Race. Andy Tennants "Anna and the King" (1999) - Mit einem Seitenblick auf Walter Langs "The King and I". In: dies. (2003): Gender-Topographien. Kulturwissenschaftliche Lektüren von Hollywoodfilmen der Jahrhundertwende (94-128). Köln: Du Mont.

Maaß, Martin (2002): Multikulti in der Filmmetropole. Hollywood als Globalisierungsprodukt und -strategie. In: Fluter. Bundeszentrale für politische Bildung. 1.7.2002. (5.5.2004) http://www.fluter.de/look/article.tpl?IdLanguage=5&IdPublication=1&NrIssue=9&NrSection =30&NrArticle=981 (5.5.2004)

Marchetti, Gina (1993): Conclusion: The Postmodern Spectacle of Race and Romance in Year of the Dragon. In: dies. (1993): Romance and the „Yellow Peril": Race, Sex, and Discursive Strategies in Hollywood Fiction (202-221). Berkeley: University of California Press.

Modleski, Tania (1999): Cinema and the Dark Continent: Race and Gender in Popular Film. In: Thornhom (1999): 321-335.

Mulvey, Laura (1994): Visuelle Lust und narratives Kino. In: Weissberg (1994): 48-65.

Neale, Steve (1983): Masculinity as Spectacle. Reflections on Men and Mainstream Cinema. In: Kaplan (2000): 253-264.

Neale, Steve & Smith, Murray (Hrsg.) (1998): Contemporary Hollywood Cinema. London: Routledge.

Radner, Hilary (1998): New Hollywood's New Women. Murder in Mind - Sarah and Margie. In: Neale et al. (1998): 247-262.

Said, Edward (1981): Orientalismus. Frankfurt/ Main: Ullstein.

Seeßlen, Georg (2004): Das Kino, die Kränkungsmaschine. In: tageszeitung, 6.4.2004: 15-16.

Tasker, Yvonne (1998): Introduction. In: dies. (1998): Working Girls. Gender and sexuality in popular cinema. London: Routledge.

Thornhom, Sue (Hrsg.) (1999): Feminist Film Theory. A Reader. New York: New York University Press.

Weissberg, Liliane (Hrsg.) (1994): Weiblichkeit als Maskerade. Frankfurt/ Main: Fischer.

Young, Lola (1996): Themes and Issues. In: dies. (1996): Fear of the Dark. ‚Race', Gender and Sexuality in the Cinema (7-37). London: Routledge.

Zerger, Johannes (1997): Was ist Rassismus? Eine Einführung. Göttingen: Lamuv Verlag.

VII.
Gender – jenseits von Heterosexualität

Versuche der Eingrenzung von Grenzüberschreitungen männlich-weiblicher Erotik: Bi-, Poly-, Multi-Sexualitäten
Dieter Dorn

1. Kontaktaufnahme und historisches Vorspiel: Zur sexuellen Identität männerbewegter Männer

Vor mehr als 25 Jahre haben sich einige Männer der „Männerbewegung" der BRD auf die Suche nach einer neuen Sexualität gemacht. Die angestrebte Veränderung des eigenen Verhaltens zu anderen Männern stellte auch die Frage nach den eigenen homosexuellen Anteilen. Einerseits gab es den Wunsch nach emotionaleren und intensiveren Beziehungen zu anderen Männern (wenigstens derselben Selbsterfahrungsgruppe), andererseits kam eine blockierende Angst vor sexuellen Kontakten auf. Einige Zitate aus Medien der „Männergruppenbewegung" dokumentieren die Anstrengungen, auch die Leichtigkeit der Versuche, Berührungshemmungen und die Tabuschwelle Homosexualität zu überwinden:

> „Das ergibt sich meist spontan auf (Männer-)Feten beim gemeinsamen Tanz, bei zufälligen Begegnungen durch Umarmungen und ähnlichen Gelegenheiten. Anfangs reagiert *mann* noch verklemmt, ist gehemmt und merkt aber gleichzeitig deutlich, dass es Spaß macht, einen Mann zu drücken, zu streicheln, mit ihm zu schmusen (...). Die Menschheit zerfällt nicht länger in zwei Lager: in die Frauen, bei denen Mann Wärme, Zärtlichkeit & Geborgenheit sucht/findet, und in die Männer, die mit einem um diese Dinge kämpfen und rivalisieren." (H. Rödner 1976: 37)

In der „Zeitung für Männer, Mann-o-Mann", Berlin-West 1975, erklärt ein Mann:

„Es gibt mit einmal zweimal so viele Menschen, die ich lieben kann. Ich fühle seit einiger Zeit immer stärker, dass ich um mich selber als Mann ganz zu lieben, fähig sein muss, andere, die wie ich sind, zu lieben, und zwar Männer mit Geist und Körper (...). (Ich) hatte und habe (...) Angst vor diesen Situationen, mich total in einen Mann zu verlieben, jedoch habe ich mir in vielen Punkten ein positives ‚schwules' Bewusstsein erkämpft." (vgl. Tom. In: Zeitung für Männer. Mann-o-Mann 1975.)

Doch dieses „schwule Bewusstsein" beinhaltete keine ungebrochene Identifikation mit der gleichzeitig selbstbewusster auftretenden Schwulenbewegung. Deren Diskurse (in der Perspektive der männerbewegten Männer: um Klappensex, Lederkerle und Sado-Maso) werden als „Finalisierung, Fick-sierung und totale Funktionalisierung" abgewehrt.

„Da gerade zeigen sich die Schwierigkeiten des Männlichen, weg von den Kategorien, den Funktionen, der absolut phallischen Genitalität, dem genitalen Ernst zu kommen und sich nicht als Schwanz oder Arschträger, sondern als Persönlichkeit, gar als autonome Person zu begreifen und begreifen zu lernen." (H. Bertram 1976: 23)

Die Männerbewegten grenzen sich ab von der Schwulenbewegung. Statt ein weibliches gegen ein männliches Sexualobjekt auszutauschen, wollen sie ein Ideal eines „schrankenlosen, subkoitalen Intimverkehrs" (vgl. N. O. Brown. In: Brinkmann/ Rygulla 1975: 26) gleichberechtigter Individuen leben.

Die Kategorien hetero-, homo-, bi-sexuell werden „als phallische Funktionalisierung" abgelehnt. In ihrer konkreten gesellschaftlichen Definition, belastet mit „patriachalischer Begrifflichkeit" (H. Bertram 1976: 23), seien sie einer emanzipatorischen Entfaltung von Sexualität abträglich. Sexualität sollte keineswegs nur eine „reine Ausweitung des potentiellen Partnerangebots im genitalen Bereich (...) und mit ‚Bisexualität' (zu) etikettieren" (H. Rödner 1976: 37) sein. Vielmehr wird eine „Entfaltungsmöglichkeit (...) von Zärtlichkeit, (...) Kuscheligkeit, Nähe in (...) einer personalen Beziehung, *ein Prozessereigniss* (...) ohne Zweck und Ziel" (H. Bertram 1976: 24) idealisiert und fast magisch beschworen:

„Eine personale Beziehung zeichnet sich auch in ihren sexuellen Aspekten gerade dadurch aus, dass (...) jeder sich immer wieder neu und bewusst auf die Art und Bedürfnisstruktur der Beziehungsperson in seiner eigenen Art (...) einstellt und dass ein jeder (...) ihn/sie nicht festlegt" (H. Bertram 1976: 24).

Dagegen wird Bisexualität als eine für Männer nur „andere Form von phallischem Imperialismus (Ausweitung der Schwanzmacht)" zurück gewiesen. Sie sei nur eine selbstbezogene „Steigerung der männlichen sexuellen Aggression" (vgl. Stoltenberg 1975). Ein derart negatives Verständnis von Bisexualität ist nicht weit entfernt von den Vorwürfen, die sich ein Jahrzehnt später gegen Bisexuelle richteten: sie seien durch ihre Praktiken für die Ausweitung der Aids-Epidemie verantwortlich (A. Feldhorst 1993).

Die Wortwahl der Männerbewegten ist eine widersprüchliche Mischung von linkem Polit-Slang und Begriffen aus der humanistischen Psychotherapie. Sie reflektiert, normiert, beschönigt und etabliert zugleich ein neues Austauschverhältnis: „ich verschaffe dir Lust, du verschaffst mir Lust" wird zur neuen von der Ökonomie bestimmten Psychologie der Liebe. Sexualität wird zur sexuellen Ökonomie: aus der menschlichen Vereinigung zum Zwecke der Eroberung des Glücks wird eine kommerzielle Übereinkunft, so wie Sexualität als eine Art der Kommunikation zu einer Kommunikationsmode wird.

Die Männerbewegten verleugnen Bisexualität, kaum dass sie als „Entfaltungsmöglichkeit" auftaucht. Indem sie Bisexualität auf einen genital fixierten Akt reduzieren, um sich von der Schwulenbewegung abzugrenzen, legitimieren sie die Zurückweisung des und der unbekannten Anderen. Die Besonderheiten, die Bisexualität charakterisieren, werden nicht wahrgenommen.

2. Zur Sache, Schätzchen: Die „Entdeckung" bisexuellen Verhaltens durch die Sexualwissenschaft

Mit den Forschungen Kinseys etabliert sich in den späten 40er Jahren eine empirisch ausgerichtete Sexualwissenschaft. Während bisher Krafft-Ebing, Reich und Freud ihre Erkenntnisse meist aus kolportierten Berichten, Pathographien oder Selbstbekenntnissen von Patientinnen und Patienten gewonnen hatten, konzentrieren sich Kinseys Bemühungen auf die quantitative Erfassung unterschiedlichster Manifestationen menschlicher Sexualität. Die von Kinsey et al. Interviewten kommen aus allen Alters-, Gesellschaftsklassen und Regionen der USA. Bis 1959 werden über 18000 „Geschlechtsgeschichten", wie die Fallberichte genannt werden, gesammelt, katalogisiert und ausgewertet.

> „Die Untersuchung stellt einen Versuch dar, objektiv festgelegtes Tatsachenmaterial über die Sexualität zu sammeln, wobei eine soziale oder moralische Auswertung der Tatsachen strikt vermieden wird." (A.C.Kinsey et al. In: H. Giese 1961: 834)

Der Terminus der „normalen Sexualität" wird nicht mehr länger im Sinne von „natürlich" oder der „Norm einer auf Fortpflanzung gerichteten Sexualität entsprechend" interpretiert, sondern im Sinne von „gewöhnlich vorkommend" bzw. „üblich". Sexualität wird als die physiologische Fähigkeit verstanden, „auf alle starken Anregungen zu reagieren" (A.C. Kinsey et al. In: H. Giese 1961: 847), die einen Orgasmus ermöglichen. Die Orgasmusfähigkeit wird nun zum Indikator individueller Gesundheit und Maßstab einer neu geschaffenen Normalität.

Alfred Kinsey et al. entwickeln anhand der erfragten Sexualpraxis ein Modell der sexuellen Orientierung, welches das Verhältnis zwischen hetero- und homosexuellem Verhalten statistisch zu erfassen beansprucht. Das heute meist kurz als Kinsey-Skala oder „Kinsey-Kontinuum" bezeichnete Modell unterteilt das sexuelle Verhalten in 7 Kategorien: von 0 = ausschließlich heterosexuellem Verhalten bis 6 = ausschließlich homosexuelles Verhalten. Kinsey und seine Mitarbeiter haben die Hypothese eines Kontinuums sexuellen Begehrens entwickelt: hetero- und homosexuell werden nicht als Gegensätze verstanden, sondern eher als zwei Möglichkeiten auf einem Kontinuum möglichen sexuellen Verhaltens gesehen. Mensch könnte z.B. eine 2 auf der Skala einnehmen (überwiegend heterosexuelles Verhalten bevorzugen, aber häufiger als gelegentlich sich homosexuell verhalten) oder eine 4 (Tendenz zu homosexuellem Verhalten, aber häufiger als gelegentlich Heterosex haben).

Als Kinseys Studien veröffentlicht wurden, erregten sie in der US-Öffentlichkeit großes Aufsehen. So zeigen seine Statistiken beispielsweise, dass ca. 50% aller Männer und 20% aller Frauen vor Erreichen des mittleren Lebensalters sexuelle Kontakte mit Partnerinnen bzw. Partnern des gleichen Geschlechts gehabt hatten. Viele Menschen weigerten sich, die große Anzahl berichteter homosexueller Kontakte zu akzeptieren und Expertinnen und Experten bezweifelten die Repräsentativität der Zahlen. Allerdings hat kein Forschungsergebnis sie bis dato widerlegt. Eine Übersicht verschiedener US-Studien für den Zeitraum von 1900 - 1990 bestätigt nicht nur die von Kinsey ermittelten Zahlen. Sie zeigt auch, dass sich die von Kinsey benannten Anteile zeitlich kaum verändert hatten. (U. Clement 1990: 298)

Die Bedeutung von Kinseys Studien liegt heute weniger in den detaillierten Zahlenangaben zu den Anteilen der einzelnen Kategorien. Sie liefert vielmehr den Nachweis, dass es eine unübersehbare Anzahl von Menschen gibt, die sich weder eindeutig homo- noch heterosexuell verhalten. Seine Statistiken zeigen ferner, dass Heterosexualität und Homosexualität keine klar umrissenen, trennbaren und unvereinbaren Eigenschaften sind. Es ist nach Kinseys Schlussfolgerungen falsch,

> „zwischen 2 deutlich verschiedenen Gruppen, Hetero- und Homosexuellen, zu unterscheiden (...). Nicht alle Dinge sind schwarz oder weiß (...). Die Natur kennt keine scharfen Einteilungen, nur der Mensch erfindet Kategorien und versucht, die Wirklichkeit in verschiedene Schubfächer zu zwingen. Alles Leben ist in jeder Hinsicht ein Kontinuum. Je früher wir dies im Hinblick auf das menschliche Sexualverhalten lernen, umso eher werden wir die Wahrheit über die Sexualität begreifen." (vgl. A.C. Kinsey. In: E.J. Haeberle 1985: 238)

Er fordert, die Begriffe homo- oder heterosexuell nicht als Nomen zur Personenbezeichnung oder als Adjektive zur Kennzeichnung zu benutzen. Sie „sollten

eher dazu verwendet werden, die Form der sexuellen Beziehung oder die Stimu-
li, auf die ein Mensch erotisch reagiert, zu charakterisieren." (vgl. A.C. Kinsey.
In: E.J. Haeberle 1985: 238) In gewisser Weise entstigmatisiert Kinseys Verständnis Homosexualität als ein Etikett bzw. eine soziale Kategorie, mit der
bestimmte Menschen in bestimmten Situationen belegt werden. Homosexualität
ist zu verstehen als zugewiesener sozialer Status, abhängig von sozial sich än-
dernden Konventionen.

Kinseys Studien zeigen, dass weitaus mehr Menschen wie erwartet homosexuelle Kontakte hatten, aber nur ein Bruchteil davon wird konventionell als homosexuell bezeichnet. Was ist mit den Menschen, deren sexuelles Verhalten und
Selbstverständnis weder den normierten Erwartungen von Hetero- noch Homosexuellen entsprechen? Kate Millett behauptete:

> „Homosexualität wurde von einer normalen Welt erfunden, um mit ihrer eigenen Bisexualität
> klar zu kommen." (K. Millett 1990)[1]

Kinseys Studie macht zwar sichtbar, dass viele Menschen sich bisexuell verhalten, doch die Bisexuellen selbst bleiben unsichtbar. „Wie kommt es, dass so viele
Menschen sowohl mit Männern als auch Frauen Sex haben, die nicht bisexuell
sind?"[2] könnte Mensch mit der amerikanischen Bi-Aktivistin Carol Queen fragen. (vgl. C. Queen o.J.)

Es bleibt auch zu fragen, inwieweit sexuelles Begehren überhaupt durch Erfragen des Verhaltens empirisch messbar ist. Die Beobachtung des Verhaltens
allein genügt nicht zur Bestimmung des Phänomens der Bisexualität. Auch die
Herleitung der Bisexualität und eine Bestimmung eigener Charakteristika aus
den Monosexualitäten Hetero- und Homosexualität bleibt unbefriedigend.

3. Entblößung und erste Bewegungen:
Die bisexuelle Identität wird sichtbar

1978 hat der U.S.-amerikanische Psychiater Fritz Klein eines der ersten (U.S.-
amerikanischen) Bücher über Bisexualität, die sich an ein breiteres Publikum
richteten, herausgegeben: „The Bisexual Option, a concept of 100% intimacy"
(F. Klein 1993) (fast zeitgleich mit der Bisexualitätsstudie einer angesehenen
englischen Psychiaterin, Charlotte Wolff (1981)). Fritz Klein konstatierte, dass
den Bisexuellen bis dato ein Status der „Nicht-Existenz" (vgl. F. Klein 1993. In:
Hüsers/ König 1995: 31) zugeschrieben worden sei. Doch mit der sich entwi-

---

1 Übersetzung des Autors, D.D.
2 Übersetzung des Autors, Quelle ist ein subkulturelles Magazin aus San Francisco

ckelnden so genannten sexuellen Liberalisierung der 70er Jahre, dem Entstehen der Frauen-, Lesben-, Männer- und Schwulenbewegung, beginnt auch ein Prozess der Konstituierung von Bisexualität als eigenständiger Sexualform. Kleins Buch und seine folgende Studie sind Ausdruck und Bestandteil dieses Prozesses, der schließlich auch eine eigenständige Bi-Bewegung (v.a. im angelsächsischen Sprachraum) hervorbrachte.

Sexuelle Orientierung wird von Klein et al. verstanden als „multi-variable dynamic process" (F. Klein et al. 1985: 35). Dabei werden 7 Variablen berücksichtigt, die analog der Kinsey-Skala bewertetet werden. Das von Kinsey untersuchte sexuelle Verhalten wird ergänzt durch weitere Dimensionen: „sexuelle Anziehung, (...) sexuelle Phantasien, emotionale Bedürfnisse, soziales Umfeld, Selbstidentifikation und Hetero/Homo Lifestyle" (F. Klein et al. 1985: 39).[3] Klein et al. versuchen, auch die Hypothese, dass sexuelle Orientierungen sich lebensgeschichtlich verändern können, methodisch umzusetzen. Alle Variablen werden bezüglich Vergangenheit, Gegenwart und auf ein Idealbild (Zukunft) hin eingeschätzt, woraus sich ein 21 Felder umfassendes Raster der sexuellen Orientierung ergibt, genannt „The Klein Sexual Orientation Grid (KSOG)" (=Kleins Raster der sexuellen Orientierung).

Eine 1985 mit Lesenden eines erotischen Kontaktmagazin durchgeführte Untersuchung mit dem KSOG ergab, dass alle drei nach ihrem Selbstverständnis unterschiedenen Gruppen der Hetero-, Homo- und Bisexuellen ihren Idealvorstellungen nach zur Bisexualität tendierten.

> „Auch wenn das keineswegs als repräsentativer Befund anzusehen ist, da die LeserInnen eines Kontaktmagazins sicherlich nicht die Haltungen der Gesamtbevölkerung widerspiegeln, könnte das Ergebnis dahingehend interpretiert werden, dass Bisexualität zumindest als Ideal für einige Teilgruppen in den westlichen Gesellschaften eine positive Qualität besitzt." (F. Hüsers/ A. König 1995: 52)

Die Auswertung der Studie verdeutlicht, dass die Selbstidentifikation einer Person am treffsichersten die Beantwortung des Rasters vorhersagen lies. Sexuelle Identitäten sind aber entscheidend von sozialen Prozessen beeinflusst und untrennbar von der gesellschaftlichen und sexualpolitischen Situation. Eine hohe Korrelation von Selbstidentifikation, sexuellem Verhalten und Lebensstil ist abhängig von einer „positiven" Sexualeinstellung der Gesamtgesellschaft.

> „In einer Gruppe oder einer Gesellschaft, in der Homosexualität stark tabuisiert und negativ bewertet wird, sind z.B. zwischen der Selbstbezeichnung als lesbisch oder schwul und dem Sexu-

---

3 Die Übersetzung folgt der Darstellung von Kleins Raster der sexuellen Orientierung durch F. Hüsers/ A. König 1995: 50.

alverhalten mehr Diskrepanzen zu erwarten als in einer Gruppe, die offener über Sexualität spricht und in der Homosexualität selbstverständlich ist." (F. Hüsers/ A. König 1995: 52)

Die Entwicklung einer bisexuellen Identität und Identifizierungsmöglichkeiten sind folglich auch abhängig davon, wie Bisexualität gesellschaftlich thematisiert, normiert und kontrolliert wird. Welche Räume der Entfaltung denen zugewiesen werden, deren Sexualität als eine vom „Normalen" abweichende entworfen wird, ist das Resultat konflikthafter und komplexer Auseinandersetzungen zwischen sozialen Institutionen, Subkulturen und Individuen.

Eine Studie der Engländerin Sue George unter Verwendung des KSOG mit sich als bisexuell verstehenden Frauen bestätigt einen Widerspruch zwischen der alltäglichen Beziehungspraxis der meisten Frauen (eher heterosexuell), sexuellen Phantasien, emotionalen und sozialen Bedürfnissen (eher ausgewogen bisexuell oder tendenziell lesbischer ausgerichtet). (S. George 1993: 173) Die Selbstidentifikation nährt sich (in diesem Falle) offensichtlich stärker aus den Empfindungen und dem angestrebten idealen Lebensstil als aus dem gegenwärtigen manifesten Sexualverhalten. Ebenso wie Erfahrungen identitätsstiftend sind, steuert eine Selbstetikettierung - als bi- oder homo-sexuell - die Strukturierung der eigenen Wahrnehmung.

4.   Höhepunkt: „Loving the Difference" -
Die vielen Gesichter der Bisexualität

Im Zentrum einer neueren internationalen Studie der State University New York (2001) steht die Selbstidentifikation von Bisexuellen, die Bedeutung, die individuell einer (bi-)sexuellen Orientierung zugeschrieben wird. (P. C. Rust. In: Journal of Bisexuality 2001: 33)

Die „International Bisexual Identities, Communities, Ideologies and Politics (IBICIP)-Study" hat ihre Daten in Tiefeninterviews, teilnehmender Beobachtung und Befragung der „Bisexuellen-Community" vorwiegend in anglo-amerikanischen Ländern (USA, Kanada, Australien, Neuseeland, GB) sowie in Frankreich, Belgien und Deutschland gesammelt. Die überwiegende Mehrzahl der Fragebögen wurde von U.S.-Amerikanerinnen und -Amerikanern mit einem relativ hohen Bildungsstand beantwortet (Sample=917 davon 703 US-Bürger).

4.1 Die Benutzung multipler sexueller Identitäten

Um sich selbst zu beschreiben, benutzten 38% der Teilnehmenden der Studie nur den Begriff „bi" bzw. „bisexuell", mehr als 60% wählten mehr als einen Identitätsbegriff zur Beantwortung der Frage nach der aktuellen bzw. früheren Selbstidentifikation.

Die Tendenz sich als bi oder bisexuell zu identifizieren ist bei Frauen etwas ausgeprägter als bei Männern (70% vs. 63%). Männer hingegen bezeichnen sich doppelt so häufig als heterosexuell identifizierte Bisexuelle (14% vs. 7%): damit wollen sie vermutlich darstellen, dass ihre alltägliche Beziehungspraxis eher heterosexuell ausgerichtet ist.

Die meisten selbst-bezeichneten Bisexuellen begnügen sich nicht mit dem Begriff der Bisexualität, um ihr Selbstverständnis zu beschreiben. Viele benutzen zusätzlich monosexuelle (hetero-, homosexuell), alternative (pansexuell, polysexuell, queer etc.) oder andere zusammengesetzte Identitätsbegriffe, um das Bild abzurunden.

„Einige benutzen unterschiedliche Identitäten in verschiedenen Zusammenhängen" (P. C. Rust 2001: 61[4]), entweder weil unterschiedliche Begriffe unterschiedliche Bedeutungen in verschiedenen Kontexten haben oder weil sie unterschiedliche Strategien zur Umschreibung einer sexuellen Identität in verschiedenen Kontexten anwenden. (z.B. sich in hetero dominiertem Kontext als schwul oder lesbisch präsentieren, um Minoritäten sichtbar zu machen, aber in homosexuell bestimmten Zusammenhängen sich als bisexuell beschreiben, um den Ausschluss von Bisexuellen und die Vorurteile ihnen gegenüber - Biphobie genannt - infrage zu stellen.)

Andere benutzen mehrere Identitäten, weil sie empfinden, dass ein einzelner Identitätsbegriff sie nicht umfassend beschreibt (z.B. bisexuell wird kombiniert mit heterosexuell oder homosexuell, um auszudrücken, dass es sowohl mit Männern und Frauen Gefühle sexueller Anziehung oder sexuelle Erfahrungen gibt, aber Mensch sich stärker hingezogen fühlt zu einem Geschlecht/ Sex mehr genießt/ mehr emotionale Bindung/ Beziehung mit einem Geschlecht hat).

Selbstidentifizierte Bisexuelle kombinieren den Begriff bi mit monosexuellen Zusätzen seltener als Menschen mit einer primär monosexuellen Identität (z.B. verstehen sich nur 9% aller bisexuell Identifizierten gleichermaßen als heterosexuell identifizierte Bisexuelle - 15% verstehen sich als schwul bzw. lesbisch identifizierte Bisexuelle. Hingegen benutzen 24% jener, die sich heterosexuell zuordnen bzw. 31%, die sich als schwul oder lesbisch verstehen, den Begriff bi, um ihr Selbstverständnis umfassender zu charakterisieren).

„Zusammengesetzte Identitäten tragen eher dazu bei, eine monosexuelle Identität zu „bisexualisieren" als eine bisexuelle Identität zu monosexualisieren. Für monosexuell identifizierte Menschen kann die Benutzung einer zusammengesetzten Identität einen Kompromiss ausdrücken, Bisexualität ihrer monosexuellen Identität hinzuzufügen. Dagegen haben offensichtlich bisexuell

---

4 Übersetzung der Zitate der IBICIP-Studie (P. C. Rust 2001) vom Autor D.D.

Identifizierte weniger das Bedürfnis nach zusammengesetzten Identitäten, um eine monosexuelle Orientierung ihrer bisexuellen Identität zuzuordnen." (P. C. Rust 2001: 40)

Multiple sexuelle Identitäten werden auch benutzt, um multiple Aspekte des Selbst zu beschreiben: z.b. als bi Queer beschreibt jemand seine bzw. ihre Attraktion für alle Geschlechter und das Interesse an queer politischen Ideen.

4.2 Die Bedeutung der (bi-)sexuellen Identität: das Konzept des Potenzials

Die reale gegenwärtige oder vergangene Beziehungs- und Sexualpraxis stellt für die meisten Bisexuellen der IBICIP-Studie kein Kriterium zur Begründung ihrer Identität dar. Vielmehr beziehen die meisten die Sinngebung, wer sie sexuell sind, aus einem internalisierten Gefühl von sexueller Attraktion oder der inneren Bereitschaft, Sex oder emotionale und/ oder romantische Beziehungen zu Angehörigen beider bzw. aller Geschlechter zu haben (P. C. Rust 2001: 63). Bisexualität wird so verstanden als *Potenzial*, die Kapazität oder Fähigkeit, solche Gefühle entwickeln zu können.

„Einige betonen, dass ihre bisexuelle Identität nur auf ihren Gefühlen und Potentialen beruht und nicht auf ihrem (aktuellen) Verhalten (z.B. in schwuler Beziehung leben, aber sich sensuell und sexuell zu Männern und Frauen hingezogen fühlen)." (P. C. Rust 2001: 46)

Zentral im Selbstverständnis ist die Wahrnehmung, *fähig zu sein*, Gefühle und/ oder sexuelle Kontakte sowohl zu Männern als auch zu Frauen zu entwickeln - nicht die Tatsache, solche Gefühle und Erfahrungen (gehabt) zu haben. Da das manifeste *Verhalten nicht Teil ihrer Definition von Bisexualität ist*, fühlen sich einige Bisexuelle legitimiert, sich selbst dann als bisexuell zu bezeichnen, wenn ihr sexuelles Verhalten dem nicht entspricht.

Eine soziologische Studie von Martin Weinberg et al. mit sich als bisexuell verstehenden Menschen in Kalifornien konstatiert, dass Bisexuelle ihre Identität als mehr oder weniger stabil wahrnehmen. Aber ein grundlegendes Merkmal ihrer Identität sehen sie *in der Möglichkeit*, zu jedem Zeitpunkt Veränderungen im Lebensstil vornehmen zu können. (vgl. M. S. Weinberg et al. In: F. Hüsers/ A. König 1995: 46) Für die meisten Bisexuellen bedeutet demgemäß das Potenzial, phasenweise zwischen einem eher homo- und einem eher heterosexuell gelebten Lebensstil wechseln zu können, *für alle Ausrichtungen* des sexuellen Begehrens *grundsätzlich* offen zu sein. Bisexualität ist also nicht mit einer Übergangsphase (etwa von einer hetero- zu einer homosexuellen Identität) gleich zu setzen. (Wie etwa V. Sigusch mit dem Modell der „Verdrängungsbisexualität" unterstellt: es handle sich bei der Bisexualität um den „unbewussten Versuch, dem Grauen der Homosexualität zu entgehen." (V. Sigusch 1990: 173))

Dass Bisexuelle sowohl gleichzeitig als auch in sequentieller Monogamie mit gegen- als auch mit gleichgeschlechtlichen Partnern bzw. Partnerinnen in Beziehungen leben können, macht klar, dass sexuelle Identität nicht unbedingt und ausschließlich von der aktuellen sexuellen Praxis abhängt, sondern stark von Idealen geprägt ist. In Weinbergs Studie wurde auch deutlich, dass das von vielen Bisexuellen favorisierte Ideal der Mehrfachbeziehung (Polyamory) nur von einem Teil tatsächlich gelebt wird. Die IBICIP-Studie verortet die

> „Gründe für die Differenz von Gefühl und Verhalten (...) sozial, z.B. im Druck bestimmter Arten von sexuellem Verhalten oder in sozialen Strukturen, die bestimmte Arten sexuellen Verhaltens wahrscheinlicher und zugänglicher machen, wie z.B. die kulturelle Vorgabe von Heterosexualität wie sie sich in der sozialen Institution der Ehe reflektiert." (P. C. Rust 2001: 46)

Die Erwartungen ehelicher Monogamie können den Ausdruck gleichgeschlechtlicher Gefühle behindern. Ebenso werden Gelegenheiten für sexuelle Beziehungen durch soziale Strukturen beschränkt, die den Freundschaftskreis mitbestimmen. Für Menschen, die in vorwiegend heterosexuell bestimmten Kreisen verkehren, kann es schwierig sein, Zugang zur homosexuellen Subkultur zu finden. Menschen, die sich eher schwul oder lesbisch identifizieren, entdecken, dass ihre Möglichkeiten für andersgeschlechtlichen Sex nicht nur beschränkt, sondern von Freunden und Freundinnen entmutigt und negativ sanktioniert werden.

> „Für einige basiert die bisexuelle Identität auf einer asymmetrischen Kombination von Erfahrung und Gefühl mit Männern und Frauen. Sie fühlen sich mehr von dem einem Geschlecht angezogen, aber genießen aktuell Sex mehr mit dem anderen Geschlecht. Ihre aktuellen sexuellen Erfahrungen reichen nicht aus, um ihre Phantasien auszuleben mit entweder dem einen oder dem anderen Geschlecht. Sowohl Frauen als auch Männer werden tendenziell emotional eher von Frauen angezogen und sexuell eher von/ zu Männern oder finden es einfacher, gelegentlich Sex mit Männern zu haben (aber auch umgekehrt). Sie weisen verbreitete Konzepte der Bisexualität zurück, die von gleicher sexueller Attraktion oder gleicher Anzahl sexueller Erfahrungen mit Frauen und Männern ausgeht." (P. C. Rust 2001: 49)

Bisexuelle Identität kennzeichnet eine hohe Flexibilität, die erlaubt, eine konsistente sexuelle Identität aufrecht zu erhalten, selbst wenn sich sexuelle Gefühle und Erfahrungen im Laufe der Zeit ändern.

5. Abklingen der Erregung und Schluss: Geschlechterpolitische Bedeutung von bisexueller Identität

Hetero- und Homosexualität sind in der Öffentlichkeit definiert in Bezug auf das Angezogensein zu einem Geschlecht. Auch viele Bisexuelle haben in ihrem Selbstverständnis ein auf Geschlechtern begründetes Konzept von Sexualität übernommen (zweigeschlechtliches Begehren = Menschen beider Geschlechter können zu Objekten sexuellen Verlangens werden). Es gibt aber auch bi-identifizierte Menschen, die diese Bedeutung von Geschlecht in einem Konzept von Bisexualität zurückweisen.

> „(Sie) machen geltend, dass ihre Sexualität keine Kombination einer auf Männer und einer auf Frauen gerichteten Sexualität sei, sondern eine Sexualität, in der das Geschlecht der/des anderen irrelevant oder nebensächlich sei.(...) Einige erkennen in Geschlecht (Gender) oder 'Sex'[5] Konzepte mit mehr als zwei Möglichkeiten, das bedeutet, der Mangel an Bedeutung von Gender heißt, dass sie sich nicht von beiden Geschlechtern angezogen fühlen, sondern von allen bzw. irgendeinem Gender oder Geschlecht" (P. C. Rust 2001: 52).

Besonders problematisch ist die Frage nach der Rolle von Gender hinsichtlich Sexualität für Menschen, deren eigene Geschlechtszuordnung nicht eindeutig in die männliche oder weibliche Kategorie fällt.

> „Wenn Mensch sowohl als Frau als auch als Mann erscheint, dann ist jede Interaktion mit einem anderen Individuum - selbst einem mit eindeutiger, traditioneller Geschlechtsrolle - weder eindeutig gleich- noch andersgeschlechtlich." (P. C. Rust 2001: 53)

Bisexualität kann noch in anderer Weise als Herausforderung der traditionellen Geschlechterhierachie und als Form der Nicht-Diskriminierung (Unterscheidung) von Geschlechtern gesehen werden. Niemand wird als möglicher Liebespartner oder mögliche Liebespartnerin aufgrund der Geschlechtszugehörigkeit ausgeschlossen. Für diese bisexuellen Menschen ist die Tatsache, dass sie ihre Gefühle oder Partnerwahl nicht auf ein Geschlecht beschränken, eine Form der Geschlechtergleichheit.

Schließlich sehen einige in der Bisexualität einen Weg, dichotomes Denken grundsätzlich infrage zu stellen. Dies bezieht sich nicht nur auf das Konzept der Zweigeschlechtlichkeit, sondern auch auf die Unterscheidung von homo- und heterosexuell, die auf einer dichotomen Geschlechtsrollen-Unterscheidung beruht.

---

5 im englischen Originaltext wird einem „sozialen Geschlecht" = „Gender" ein quasi angeborenes „biologisches Geschlecht" = „Sex" gegenübergestellt.

> „Weder ‚Heterosexualität' noch ‚Homosexualität' sind als statische, ungeschichtliche Größen zu verstehen...Von Lesben und Schwulen wird die Hegemonie der Heteronormativität durch ihr Bekenntnis zur Homosexualität zwar hinterfragt, heterosexuelle Identität aber gleichzeitig als gegensätzliche Kategorie der Homo-Hetero-Dichotomie bestärkt. Womöglich ist ihr Protest (...) gegen sexuelle Unterdrückung viel eher systemerhaltend als subversiv wirksam. Vielleicht bestünde der wichtigste Schritt darin, die Dichotomie ‚Heterosexualität'/ ‚Homosexualität' an sich ad acta zu legen". (W. Tilmann 2003)

Es gibt kein allgemeingültiges Sexualitäts-Ideal mehr, behauptet eine „historisch-rekonstruktive und interpretative Untersuchung zu Männlichkeitskonzepten, Frauenbildern, erotischen Standards und Partnerschaftsmodellen von Männern" Mitte der 90er Jahre. (F. Früchtel 1994) Der/die Einzelne stelle sich patchworkartig eine sexuelle Identität zusammen aus einem variantenreichen „Arsenal unterschiedlicher sexueller Standards" (ders.: 285). Allgemein verbindliche Maßstäbe seien ersetzt worden durch eine Pluralisierung und Differenzierung verschiedenster sexueller Orientierungsmuster.

> „Grell voneinander abstechend können ziemlich unterschiedliche Auffassungen von Sexualität, Beziehungsformen und Wertmaßstäben nebeneinander gelebt werden. Sie müssen nicht zu einem stimmigen Ganzen integriert werden, sondern erhalten ihren Erlebniswert aus ihrer Unstimmigkeit." (ders.: 285)

Zumindest innerhalb einer multisexuell ausgerichteten Jugendsubkultur haben universalistische Modelle von Männlichkeit/ Weiblichkeit einen Teil ihrer Bedeutung verloren. Viele möglichen Variationen und Facetten der Geschlechtertypik dienen in der ‚Erlebnissexualität' als Grundlage individueller Gestaltung und Veränderung. Die Pluralisierung der Geschlechterbilder umfasst sowohl eine (quasi traditionelle) Polarisierung, als auch eine Androgynisierung bis hin zur Umkehr der Rollen, wie sie von Hyperstars wie Madonna oder Bowie oder Michael Jackson vorgespielt werden.

Literatur

Bertram, Heiner (1976): Männersolidarität. In: Mannsbild. Zeitung für Männer. 1976. 23.

Brinkmann, Rolf D./ Rygulla, Ralf R. (1975): Acid. Neue amerikanische Szene. Frankfurt/M.: Zweitausendeins.

Clement, Ulrich (1990): Empirische Studien zu heterosexuellem Verhalten. In: Zeitschrift für Sexualforschung 3 (4). 12/1990. 289-319.

Feldhorst, Anja et al. (1993): Bisexualitäten. Eine Dokumentation zu bisexuellen Lebensstilen und Lebenswelten. Berlin: Aids-Forum D.A.H.

Früchtel, Frank (1994): Modernisierung männlicher Sexualität. Tübingen: Neuling.

George, Sue (1993): Women and Bisexuality. London: Scarlet Press.

Giese, Hans (1961): Mensch, Geschlecht, Gesellschaft, Frankfurt: Zühlsdorf.

Haeberle, Erwin J. (1985): Die Sexualität des Menschen. Berlin/ New York: Walter de Gruyter.

Hüsers, Francis/ König, Almut (1995): Bisexualität. Stuttgart: Thieme.

Klein, Fritz et al. (1985): Sexual orientation: a multi-variable dynamic process. In: ders. (1985): Two Lives to lead. Bisexuality in Men and women (35-49). New York/London: Harrington Park Press.

Klein, Fritz (1993): The Bisexual Option. A concept of 100% intimacy. New York: Harrington Park Press.

Kinsey, Alfred et al. (1961): Begriff des Normalen und Abnormen im geschlechtlichen Verhalten. In: Giese (1961): 833-851.

Millett, Kate (1990): Flying. New York: Simon & Schuster.

Queen, Carol: Who's Bi? In: Black Sheets 7. San Francisco o.J.

Rödner, Helmut (1976): Männergruppen. Versuche einer Veränderung der traditionellen Männerrolle. Berlin: Editora Qeimada .

Rust, Paula C. (2001): Two Many and Not Enough. The meanings of bisexual identities. In: Journal of Bisexuality. 1(1). 2001. 31-68.

Sigusch, Volkmar (1990): Anti-Moralia. Sexualpolitische Kommentare. Frankfurt/ Main: Campus.

Stoltenberg, John (1975): Ich weigere mich Mann zu sein. In: Zeitung für Männer. Mann-o-Mann.

Tom (1975): Ein Traum. Wohin gehe ich. In: Zeitung für Männer. Mann-o-Mann.

Walter, Tilmann (2003). Rezension zu: kea. Zeitschrift für Kulturwissenschaften (2001), Ausgabe 14: Heteronormativität [17]. Forum Qualitative Sozialforschung/ Forum: Qualitative Social Research [On-line Journal], 4(2).
http://www.qualitative-research.net/fqs-texte/2-03/2-03review-walter-d.htm (31.03.03)

Weinberg, Martin S. et al. (1994): Dual Attraction. Understanding Bisexuality. zit. In: Hüsers/ König (1995): 46.

Wolff, Charlotte (1981): Bisexualität. Frankfurt/ Main: Fischer.

Bisexuelle Gruppen im Internet

www.bine.net - Bundesweites Bisexuelles Netzwerk
www.z-bi.de - Zentrum für bisexuelle Lebensweisen, Berlin
www.bi.org. - Internationales Bisexuelles Netzwerk
www.eurobicon.org - Europäische Konferenz von Bisexuellen

Weiterführende Literatur

Garber, Marjorie (2000): Die Vielfalt des Begehrens. Frankfurt/ Main: Fischer.

Geller, Thomas (1990): Bisexuality. A reader and sourcebook. Ojai, California: Times Change Press.

Gooß, Ulrich (1995): Sexualwissenschaftliche Konzepte der Bisexualität von Männern. Stuttgart: Psychosozial-Verlag.

Hill, Ivan (1989): The bisexual spouse. New York: Harper & Row.

Honens, Brigitte (1996): Wenn die andere ein Mann ist: Frauen als Partnerinnen bisexueller Männer. Frankfurt/ Main: Campus.

Hutchins, Loraine/ Kaahumanu, Lani (1991): Bi any other name. Bisexual People speak out. Boston: Alyson Publications.

Kuntz-Brunner, Ruth (1994): Bisexualität. Doppelte Sehnsucht - doppelte Scham. Reinbek: Rowohlt.

Lano, Kevin/ Perry, Clarie (1995): Breaking the barriers to desire. New approaches to multiple relationships. Nottingham: Five Leaves Publications.

Rose, Sharon/ Stevens Cris et al./ The Off Pink Collective (1996): Bisexual Horizons. London: Lawrence & Wishart.

Tucker, Naomi (1995): Bisexual Politics. Theories, Queries & Visions. New York: Haworth.

Nachwort
Rita Süssmuth

1.   Gender Mainstreaming - „was ist das und wozu ist es gut?"

Seit einigen Jahren wird der Begriff „Gender Mainstreaming" immer bekannter. Anders als im Musikbereich meint „Mainstream" hier nicht den genormten Geschmack, sondern im Gegenteil eine differenzierte Herangehensweise zur Durchsetzung der Gleichstellung der Geschlechter. Dieser englische Begriff wurde von der vierten Weltfrauenkonferenz 1995 in Beijing/Peking in die politische Strategie aufgenommen und sollte weltweit genutzt werden. Die Europäische Union hat dieses Konzept übernommen und ich greife zurück auf eine Definition des im Europarats aus dem Jahr 1998:

> „Gender Mainstreaming bedeutet (Re-)Organisation, Verbesserung, Entwicklung und Evaluation von Politikprozessen in der Weise, dass die Gleichbehandlung von Männern und Frauen als Perspektive in alle Politiken, auf allen Ebenen, in allen Stadien von und für alle Beteiligten aufgenommen wird" (Europarat 1998a: 15). Das heißt also, dass alle Entscheidungsprozesse aus der Position von Geschlechtergleichstellung aus bewegt werden sollten. Alle Entscheidungen müssen auf die Auswirkungen auf beide Geschlechter hin überprüft werden. Auf der EU-Ebene im Amsterdamer Vertrag wurde weiterhin im Artikel 2 festgelegt: „Aufgabe der Gemeinschaft ist es, durch die (...) Durchführung der in den Artikeln 3 und 4 genannten gemeinsamen Politiken und Maßnahmen in der ganzen Gemeinschaft (...) die Gleichstellung von Männern und Frauen (...) zu fördern." Dies wird spezifiziert in §3 (2): "Bei allen in diesem Artikel genannten Tätigkeiten wirkt die Gemeinschaft daraufhin, Ungleichheiten zu beseitigen und die Gleichstellung von Männern und Frauen zu fördern."

Im Amsterdamer Vertrag sind noch weitere Grundsätze festgelegt worden. Im Artikel 137 heißt es:

> „(1) Zur Verwirklichung der Ziele des Artikels 136 unterstützt und ergänzt die Gemeinschaft die Tätigkeit der Mitgliedsstaaten auf folgenden Gebieten: (...)
> Chancengleichheit von Männern und Frauen auf dem Arbeitsmarkt und Gleichbehandlung am Arbeitsplatz.

(2) Zu diesem Zweck kann der Rat unter Berücksichtigung der in den einzelnen Mitgliedsstaaten bestehenden Bedingungen und technischen Regelungen durch Richtlinien Mindesvorschriften erlassen, die schrittweise anzuwenden sind."

Nachfolgend wurde im Artikel 141 festgelegt:

„(1) Jeder Mitgliedstaat stellt die Anwendung des Grundsatzes des gleichen Entgelts für Männer und Frauen bei gleicher oder gleichwertiger Arbeit sicher. (…)
(4) Im Hinblick auf die effektive Gewährleistung der vollen Gleichstellung von Männern und Frauen im Arbeitsleben hindert der Grundsatz der Gleichbehandlung die Mitgliedstaaten nicht daran, zur Erleichterung der Berufstätigkeit des unterrepräsentierten Geschlechts oder zur Verhinderung bzw. zum Ausgleich von Benachteiligungen in der beruflichen Laufbahn spezifische Vergünstigungen beizubehalten oder zu beschließen."

Der Europäische Rat der Minister hat eine Empfehlung verabschiedet, die Bezug nimmt auf die Erklärung von Istanbul im November 1997 und die Gleichheit von Männern und Frauen als fundamentales Kriterium für Demokratie bestätigt (Europarat 1998b: 1). Darauf bezugnehmend arbeitet das Steering Committe on Equality between Women and Men (CDEG) zu den europäischen Prozessen von Gender Mainstreaming.

Im Unterschied zur Frauenbewegung - auch wenn diese eine der Ursprünge von Gender Mainstreaming ist - ist dieses Prinzip also ein „top-down-Prozeß", der durch die Europäische Union gefordert wird.

Auf der Bundesebene ist schon im Grundgesetz Artikel 3, Absatz 2 aufgenommen:

„Der Staat fördert die tatsächliche Durchsetzung der Gleichberechtigung von Frauen und Männern und wirkt auf die Beseitigung bestehender Nachteile hin."

Das Bundesministerium für Familie, Senioren, Frauen und Jugend ist das Ministerium, das die Gender Mainstream Prozesse innerhalb der deutschen Bundesregierung koordiniert.

Im Programm „Frau und Beruf", das im Juni 1999 gestartet wurde, sollen vielfältige Maßnahmen die Chancengleichheit von Männern und Frauen im Beruf und in der Gesellschaft nachdrücklich voranbringen. Die Bundesministerin a.D. Christine Bergmann stellte prägnant folgende Ziele des Programms „Frau und Beruf" vor, es will die:

- Ausbildungschancen junger Frauen verbessern, gerade auch in den zukunftsorientierten Berufen der Informationsgesellschaft,
- Arbeitsplatzchancen und berufliche Aufstiegsmöglichkeiten für Frauen erweitern,
- Benachteiligungen für Existenzgründerinnen abbauen,

- Die Vereinbarkeit von Familien- und Erwerbsarbeit fördern und Männer stärker in die Familienarbeit einbeziehen,
- Der Einkommens- und Lohndiskriminierung von Frauen entgegenwirken und
- Den Anteil von Frauen in Forschung und Lehre erhöhen (BMFSFJ 2001: Vorwort).

Um Gender Mainstreaming zu implementieren, ist eine interministerielle Arbeitsgruppe „GenderMainstreaming (IMA GM)" gegründet worden, die zentrales Arbeits- und Koordinierungsgremium ist. Mitglieder dieser Arbeitsgruppe sind die zuständigen Abteilungsleiterinnen und Abteilungsleiter der Bundesressorts, geleitet wird sie von Staatssekretär Peter Ruhenstroth-Bauer (BMFSFJ) (Stand Mai 2004). Das BMFSFJ hat eine koordinierende Funktion im Gender Mainstreaming Prozess. Im BMFSFJ selbst steuert eine sogenannte Kontaktgruppe GenderMainstreaming unter der Leitung des Leiters der Zentralabteilungen den Prozess. In dieser Kontaktgruppe sind die Abteilungen auf Unterabteilungsleitungsebene vertreten.

Jedes Ministerium für den Implementierungsprozess im eigenen Haus selbst verantwortlich ist und jedes Ministerium seine eigenen Strukturen bildet.

Das neue „Gesetz zur Gleichstellung von Frauen und Männern in der Bundesverwaltung und in den Gerichten des Bundes" (Bundesgleichstellungsgesetz BG-Lei G, Verabschiedung am 5.12.2001, BMFSFJ 2003) greift die oben genannten Ziele auf. Als weiterer Schritt auf dem Weg wurde im Herbst 2003 das GenderKompetenzZentrum in Berlin gegründet, das wissenschafltich beratend eigenständig arbeitet und vom BMFSFJ gefördert wird.

Diese theoretischen Grundlagen müssen natürlich noch in die Praxis gebracht werden. Und wie bei so vielen grundsätzlichen Neuerungen braucht auch das viel Zeit und Energie aller Beteiligter. Denn die gesamten Organisationsstrukturen sowie die politischen Einzelentscheidungen müssen nun auf Basis der neuen Kriterien geprüft und oft auch geändert werden, wenn geschlechtsspezifische Benachteiligungen vorliegen. Es bedarf, da es wie gesagt ein top-down-Prozeß ist, der Überzeugung der Führung einer Organisation sowie der sorgfältigen Schulung innerhalb dieser. Ein weiterer wichtiger Faktor sind nach Geschlechtern aufgeschlüsselte Statistiken, denn diese zeigen Mängel auf und ermöglichen es, Themenbereiche und Aktionsfelder zu identifizieren.

Insgesamt bedeutet es, das Gender Mainstreaming Männern und Frauen zu gute kommt und Strukturen und Entscheidungen nicht nur in der Geschlechterhinsicht transparenter werden. Die Hauptfragestellung muss also lauten, welche Auswirkungen Gesetze und Förderrichtlinien auf Frauen sowie auf Männer haben.

Was heißt das nun in der Praxis? Ich möchte Ihnen ein Beispiel für die Auswirkungen von Maßnahmen geben. Es handelt von einer Entscheidung in einem Stadtrat einer Großstadt. Auf der Agenda der Haushaltsentscheidungen steht der Teilausbau eines Fußballstadiums, um im Rahmen der WM 2006 die Spiele durchführen zu können. Da die Gelder knapp sind, wird überlegt, wie denn die Finanzierung dieses Prestige-Projekts ermöglicht werden kann. So wird der gesamte Haushalt durch gesehen. Zu den Sparmaßnahmen zählt auch die Schließung der Friedhofstoiletten auf zwei großen Friedhöfen. Von der Geschlechterperspektive her betrachtet lassen sich ganz einfach zwei Fragen beantworten. Frage eins: Wem dient die Baumaßnahme? Hauptsächlich Männern, da Besucher eines Stadions meistens nicht Frauen sind und es auch nur eine kleine Zahl professioneller Frauenfußballerinnen gibt. Frage zwei: Wer pflegt die Gräber? Hauptsächlich ältere Frauen, die aufgrund körperlicher Voraussetzungen und gesundheitlicher Entwicklung die Toiletten benötigen. Es dürfte also die Finanzierung der Maßnahme, also des Stadions, nur durch die Kürzung von Männerbezogenen Mitteln ermöglicht werden.

Anhand dieses einfachen Beispiels wird klar, dass die Ausrichtung von Gender Mainstreaming die ungleichen Wirkungen auf Frauen und Männer klar heraus arbeitet.

Anstelle von Frauenbeauftragten in Bundes- und Landesressorts, Verwaltungsbehörden und der Kommunalverwaltungen soll eine alle Politikfelder erfassende Analyse der gleichen oder ungleichen Wirkungen von Geschlechterpolitik erfolgen.

2. Gender Mainstreaming und die Rolle der Frauenbeauftragten - „alles wird gut?"

Ich teile die Einschätzung, dass Gender Mainstreaming die übernommene Gleichberechtigungs- und Gleichstellungspolitik zur Herstellung von Chancengleichheit ablösen soll. Daneben bleiben noch die Felder von klassischer Frauenförderung und (Leistungs)Quote. Letztere ermöglicht - verkürzt ausgedrückt - in männerdominierten Hierarchie-Ebenen oder Berufsfeldern den Frauen den Zugang. Frauenförderpolitik ist meines Erachtens die andere Seite der Medaille von Gender Mainstreaming. Denn dies offenbart die Problemfelder, und die Gleichstellungspolitik versucht, diese Probleme der unterschiedlichen Geschlechterbevorzugung konstruktiv zu lösen.

Es sei hier ganz klar gesagt: Gender Mainstreaming ist bisher nicht die hochgelobte Lösung. Dafür ist dieses Konzept noch zu jung, noch nicht von der Spitze („top") vollends an der Basis angekommen („down"). In der ersten Euphorie wurden die klassischen Konzepte, die hart erarbeitet wurden und inzwischen zu greifen begonnen haben, gerne beiseite geschoben.

Wir dürfen uns nichts vormachen, die Frauenbeauftragten, sei es nun in der Kommune oder an der Universität, haben nach wie vor eine essentielle Aufgabe zu erfüllen, weil Gender Mainstreaming noch längst nicht auf allen Ebenen des öffentlichen Lebens angekommen ist. Dauerbrenner wie die Thematik Halbtagsbeschäftigung, Vereinbarkeit von Familie und Beruf sind durch Gender Mainstreaming nicht wegdefiniert worden, sondern bedürfen weiterhin großer Aufmerksamkeit. Erst wenn das Prinzip von Gender Mainstreaming in allen Ebenen durchgeführt wird, können wir auf Frauenbeauftragte verzichten. Bundesministerin a.D. Christine Bergmann, formulierte prägnant:

> „Frauen haben in den letzten Jahren, was ihre Qualifikation und Bildung angeht, deutlich aufgeholt. Dennoch klaffen die Qualifikationen von Frauen und ihre tatsächlichen Positionen, Einkommen und Berufsaussichten noch auseinander" (Bermann zit. n. Schayan 2002: 30).

Ich plädiere also dafür, dass man, um das Erreichte zu halten u.a. die Institution der Frauenbeauftragten bestehen bleiben sollte, sonst ist das Gewonnene allzu schnell wieder verloren.

3. Gender Mainstreaming bei der Bundesregierung - erste Erfahrungen

Dadurch, dass der Amsterdamer Vertrag bindend ist, hat sich in der Bundesrepublik im Sektor Gender Mainstreaming schon einiges getan. Das Bundesgleichstellungsgesetz verpflichtet alle Ministerien, Gender Mainstreaming anzuwenden.

Die Bundesregierung hat am 23. Juni 1999 einen Kabinettsbeschluss gefasst, der die Gleichstellung von Frauen und Männern als durchgängiges Leitprinzip ihres Handelns anerkannt und beschlossen, diese Aufgabe mittels der Stategie des Gender Mainstreaming zu fördern.

Bis jetzt habe ich von Organisationsstrukturen gesprochen und Schulungen erwähnt - doch wie laufen diese Umsetzungsprozesse tatsächlich? Um das ganze Konzept greifbarer zu machen, möchte ich ein Pilotprojekt der Bundesregierung kurz beschreiben. Der Gender-Prozeß in der Bundeszentrale für politische Bildung ist das erste Gender-Projekt im Rahmen des Bundesministeriums des Innern. Die bpb ist dort eine nachgeordnete Behörde. Unter der Führung von Thomas Krüger, dem derzeitigen Leiter der Bundeszentrale für politische Bildung, beschäftigt sich die gesamte Zentrale - u.a. mit Gender-Beauftragten in jedem Fachbereich - mit diesem Thema. Ein Kernteam führt die Schulungen, interne Reorganisationsprozesse und Auflagen in enger Zusammenarbeit mit der

Leitung durch. Wichtig ist, dass Gender Mainstreaming in das Leitbild der bpb aufgenommen wurde und somit auch an alle Mitarbeiter kommuniziert sowie in allen Abteilungen umgesetzt wird.

Die bpb eignet sich in meinen Augen besonders als Pilotprojekt, weil dort nicht nur die gesamte Organisationsstruktur „gegendert" werden kann, sondern sich m.E. noch zwei weitere Felder anbieten, „beackert" zu werden. Zum einen kann es als ein Teil der Bundesregierung, der publiziert, Fachliteratur zum Thema Gender Mainstreaming anbieten. Zum anderen kann schon beim Prozeß der Herstellung von politischer Bildungsliteratur auf die Grundfrage geachtet werden: Sind die Autoren - neben fachlichen - und Gender-Gesichtspunkten ausgesucht? Werden die Themen, zu denen publiziert wird, unter die „Gender-Lupe" genommen?

Dem Ziel der bpb, dass Gender Mainstreaming und damit Gleichstellung Alltagsroutine wird, sind die Mitarbeiter der bpb sehr viel näher gekommen, und das finde ich beispielhaft für Gender-Prozesse in der Bundesregierung.

4. Gender Mainstreaming - stolpert es über sich selbst?

Wie bei allen top-down-Prozessen besteht auch beim Gender Mainstreaming die Gefahr, dass sich die Mitarbeiter nicht an die neuen Regeln gewöhnen (wollen), dass fertige Konzepte in der Schublade verschwinden und die Umsetzung gar nicht oder mit zu wenig Konsequenz durchgeführt werden. Dabei kann eine Organisation nur dabei gewinnen, weil neben der Gleichstellung, die sich menschlich wie fachlich positiv auswirkt, die Strukturen entstaubt und optimiert werden. In der Tat aber muss die Führung einer Organisation/Behörde sehr großes Augenmerk auf die konsequente Anwendung des Gender Prozesses haben, sonst verläuft sich im Alltagsgeschäft die Zielrichtung.

Ein weiteres Manko ist, dass momentan der Schwerpunkt der Gleichstellung von Mann und Frau liegt, dabei aber bisher zu wenig über die gleichgeschlechtlichen Orientierungen gesprochen wird. Spätestens nach der Novellierung der Lebenspartnerschaften müsste dies mehr beachtet werden.

Was letzten Endes bleibt, sind die berühmten Budgetierungsfallen und bürokratischen Hürden, die bei der Komplexität und Bezugsgröße des Gender Mainstreaming-Ansatzes zwangsläufig mit einhergehen. Natürlich besteht die Gefahr, dass sich Gender Mainstreaming, wenn man den großen Bogen und das Ziel aus den Augen verliert, sich selbst ad absurdum führen kann.

Wie bei der Seefahrt - wenn man sich für eine weite Reise mit exzellenten Karten, ausreichend Proviant, gut ausgebildeter Mannschaft und einem seetüchtigen Schiff zu einem fernen Ziel aufmacht; man wird es auch erreichen, selbst wenn das Schiff einmal in große Wellen kommt. Das wünsche ich dem Gender Mainstreaming Konzept - dass es den Stürmen der Zeit trotzen und uns zu neuen Ufern bringen wird.

Literatur

Bundesministerium für Familie, Senioren, Frauen und Jugend (2001): Maßnahmen der Bundesregierung zur Verbesserung der Chancengleichheit von Frauen und Männern. Sommer 2001, www.bmfsfj.de

Bundesministerium für Familie, Senioren, Frauen und Jugend (2003): Das neue Gesetz zur Gleichstellung von Frauen und Männern in der Bundesverwaltung und in den Gerichten des Bundes (Bundesgleichstellungsgestz BG-Lei G), Februar 2003 (2. Auflage), www.bmfsfj.de

Bundesministerium für Umwelt, Naturschutz und Reaktorsicherheit (2004): Umwelt - Nachhaltigkeit - Geschlechtergerechtigkeit. Aktivitäten in Deutschland von Rio nach Johannesburg. Redaktion Anke Oxenfarth. www.bmu.de

Bundeszentrale für Politische Bildung (2002): Aus Politik und Zeitgeschichte. Heft B33-34/2002 vom 19. August 2002, Bonn

Bundeszentrale für Politische Bildung (1999): Amsterdamer Vertrag. Herausgegeben von Thomas Läufer. Bonn: Europa Union Verlag

Europarat (1998a): Gender Mainstreaming - Conceputal framework, methodology and presentation of good practices. EG-S-MS (98) 2 rev.

Europarat (1998b): Recommendation No. R (98) 14 of the Committee of Ministers to Member States on Gender Mainstreaming. 7. Oktober 1998

Goldmann, Monika: Das Konzept des Gender Mainstreaming. Ziele, Strategien, Instrumente. Informationsmaterial der Gründungsinitiative Gender Akademie NRW e.V.

Metz-Göckel, Sigrid/ Roloff, Christine (2002): Genderkompetenz als Schlüsselqualifikation. In: Journal für Hochschuldidaktik, Nr. 1/2002. 7-10

Nohr, Barbara (2001): Mainstreaming und Gedöhns - Feminismus Light. In: Freitag 49 vom 30.11.2001 (www.freitag.de)

Schayan, Janet (2002): Gender Mainstreaming. In: Deutschland Nr. 3/2002. 26-30

Links

www.gender-mainstreaming.net
www.gew-sh-huf.de/Gender_Mainstreaming/gender_mainstreaming.html
www.staat-modern.de
www.undp.org
www.bmfsfj.de
www.total-e-quality.de

Autorinnen und Autoren

Catrin Becher
geb. 1967, Diplom-Soziologin. Derzeit Doktorandin an der Universität Bielefeld am Forschungs-schwerpunkt Entwicklungssoziologie bei Prof. Gudrun Lachenmann und wissenschaftliche Mitar-beiterin beim Projektträger des Deutschen Zentrums für Luft- und Raumfahrt in der Arbeitseinheit ,Genderforschung/Chancengleichheit'. Die Promotion hat die Konstruktion der Geschlechterord-nung in Beziehung zu Landwirtschaft und natürlichen Ressourcen in Äthiopien zum Thema. Die Forschung in Äthiopien erfolgte in Zusammenhang mit gutachterlichen Tätigkeiten für die GTZ und wurde im Anschluss an die Feldforschung von der FES gefördert. Der Promotion ging eine Diplom-arbeit zum Thema ,Landzugang von Frauen im Norden Ghanas', der zweite Bildungsweg und ein Aufenthalt mit dem Deutschen Entwicklungsdienst (DED) in Äthiopien voraus. Die Autorin ist verheiratet, wohnt in Bonn und hat zwei Kinder.
Email: Becher.Gutschmidt@t-online.de

Bettina Boekle
geb. 1978, Diplom-Politologin, studierte Politologie und Öffentliches Recht an der Universität Marburg und an der FU Berlin mit Spezialisierung auf Internationale Beziehungen und die Region Lateinamerika. Diese Ausrichtung wird sie im Masterstudiengang „International Relations" der Johns-Hopkins-University im Herbst 2004 in Bologna und Washington fortsetzen. Nach einem einjährigen Schüleraustausch (1995) mit dem American Field Service (AFS), Interkulturelle Begeg-nungen e.V. in Südbrasilien verbrachte sie mehrmonatige Forschungsaufenthalte in Lateinamerika, v.a. in Brasilien, und arbeitete bereits für die GTZ, das Institut für Auslandsbeziehungen (ifa) und das Auswärtige Amt. Stipendiatin der Friedrich-Ebert-Stiftung und Mitbegründerin des Berliner Arbeitskreises „Genderforum". Ehrenamtliche Trainerin für interkulturelles Lernen im AFS seit 1996.
Email: BettinaBoekle@yahoo.com

Martina Busche
geb. 1975, Studium der Politikwissenschaft, Geographie, Anglistik und Philosophie in Marburg und Berlin, Forschungsaufenthalte in den Niederlanden und in Schweden, Abschluss als Diplom-Politologin mit einer Diplomarbeit zum Thema „Ansätze politischer Jugendbildung jenseits von Zweigeschlechtlichkeit". Geschlechterpolitisches, kulturelles und anti-rassistisches Engagement, Organisation von internationalen Konferenzen und Meetings. Seit 1999 praktische und konzeptio-nelle Tätigkeiten im Bereich der (geschlechtsbezogenen) Jugendbildung in unterschiedlichen Bil-dungsstätten, u. a. in der Heimvolkshochschule Alte Molkerei Frille. Lebt in einem Wohnprojekt in Berlin.
Email: Mart@riot-grrl.de

Stephanie Catani
geb. 1975. Studium der Romanistik (Spanisch/Italienisch) und Germanistik an der Ruhr-Universität Bochum und in Sevilla, Spanien. Bachelor-Abschluss 1999 an der RUB, Magister-Abschluss 2001 an der RUB. Seit Dezember 2001 Stipendiatin der FES-Graduiertenförderung. Laufende Promotion in der Neueren deutschen Literaturwissenschaft über die Frau in der Anthropologie und der Literatur um 1900 an der Universität Würzburg. Daneben seit 1999 freie Mitarbeiterin im internationalen Verlagslektorat.
Email: Stephanie.Catani@web.de

Dieter Dorn

Diplom-Sozialpädagoge, Gestalt- und Körpertherapeut, vorwiegend tätig als Sozialarbeiter in verschiedenen sozialen Feldern: u.a. mit Drogengebrauchenden, HIV-Positiven, Vätern im Trennungs- und Scheidungsprozess, Psychiatrie-Erfahrenen. Beteiligt an internationalen/ anglo-amerikanischen Projekten (Kongressen) zu Fragen der sexuellen Orientierung und geschlechtlichen Identität.
Email: Dieter.Dorn@arcor.de

Marc Gärtner

M.A., Studium der Geschichte, Kultur- & Sozialwissenschaft in Marburg/Lahn & Bremen. 1994 Aufenthalt auf Cuba. Antirassistisches Engagement führte zur Beschäftigung mit Feminismus und Gender Studies, Mitarbeit in politischen und therapeutischen Männergruppen. Nach diversen Jobs in der Medien- und Kulturarbeit seit 2001 wissenschaftlicher Mitarbeiter im EU-Forschungsprojekt *Work Changes Gender* bei Dissens e.V., Berlin. Lehrtätigkeit an der Katholischen Hochschule für Sozialwesen Berlin und bei genderWerk, Veröffentlichungen u.a. in *Switchboard* und *Leviathan*.
Email: Marc.Gaertner@dissens.de

Lena Hipp

Der Beitrag von Lena Hipp basiert auf ihrer Diplomarbeit „Regulierung von Teilzeitarbeit – Eine Entwicklung in Richtung Übergangsarbeitsmärkte?" von Lena Hipp, mit welcher sie ihr Studium der Politikwissenschaft 2003 an der Freien Universität abschloss. Ihr Interesse an arbeitsmarkt- und sozialpolitischen Fragestellungen konnte sie auch nach Ende ihres Studiums durch ihre Tätigkeit als wissenschaftliche Mitarbeiterin für einen Abgeordneten des Deutschen Bundestags weiterverfolgen und ab Sommer mit einer Promotion über Auswirkungen von Erwerbsunterbrechungen an der Cornell University (NY, USA) weiter vertiefen.
Email: Magdalena.Hipp@gmx.de

Daniela Hrzán

geb. 1974, Studium der Amerikanistik und Journalistik an der Universität Leipzig sowie Fulbright-Stipendiatin im Africana Women's Studies Program der Clark Atlanta University, USA.; z.Zt. Wissenschaftliche Mitarbeiterin am Lehrstuhl für Öffentliches Recht und Geschlechterstudien an der Juristischen Fakultät der Humboldt-Universität zu Berlin sowie Mitarbeit im Studiengang Geschlechterstudien der HU. Promotionsprojekt: *Whiteness* und *White Privilege* in Diskursen zu weiblicher Genitalverstümmelung. Arbeitsschwerpunkte: Critical Whiteness Studies, Postkoloniale Theorie, Gender & Menschenrechte im Kontext kultureller Traditionen, kombinierte Diskriminierungen, Transdisziplinarität.
E-Mail: Daniela.Hrzan@rewi.hu-berlin.de

Uta Kletzing

geb. 1975, Diplom-Psychologin mit Spezialisierung in Arbeits- und Organisationspsychologie und einer Zusatzausbildung zur Kommunikations- und Verhaltenstrainerin. Seit September 2003 ist sie beim GenderKompetenzZentrum der HU Berlin tätig. Als Stipendiatin des FES leitete sie Seminare zum Thema „Frauen in Führungspositionen" und ist Mitbegründerin des Genderforums Berlin. Als Teilnehmerin an einem Mentoring-Programm der Europäischen Akademie für Frauen in Politik und Wirtschaft Berlin war sie in der Geschäftsstelle Gender Mainstreaming des BMFSFJ tätig. Die Mitarbeit am Lehrstuhl für Arbeits- und Organisationspsychologie der Universität Leipzig ermöglichte eine Vertiefung zu Gender Mainstreaming speziell im Handlungsfeld der Personal- und Organisationentwicklung, die sie in ihrem Promotionsvorhaben weiterführend verfolgt.
Email: Uta.Kletzing@rewi.hu-berlin.de

Andrea von Marschall

Erziehungswissenschaftlerin. Frauen- und Mädchenarbeit, Suchtarbeit, Jugendarbeit, z. Zt. Geschäftsführerin bei *Dissens e.V.*, Mitbegründerin von *genderWerk*, Gender-Trainerin, Selbstevaluationsberaterin, Qualitätsmanagementberaterin, Implementierung von Gender Mainstreaming Prozessen insbesondere in der Kinder- und Jugendarbeit.
Email: Andrea.v.Marschall@dissens.de

Anja Michaelsen

M.A., studierte Soziologie, Neuere deutsche Literatur und Gender Studies an der Universität Köln und der Humboldt-Universität, Berlin. Studium der Women Studies und German Studies an der McGill University, Montreal. Stipendium des Ev. Studienwerks Villigst, e.V. Übersetzung des Romans „Ein Geschenk des Vogels" der zeitgenössischen koreanischen Autorin Eun Heekyung mit einem Stipendium des Korean Literature Institute, Seoul. Praktika beim Orlanda Verlag, Berlin und beim Ban-Ying e V., Berlin. Zuletzt Mitarbeit im Drittmittelprojekt „Die Gleichstellungsfolgen der Umsetzung der europäischen Richtlinien gegen Diskriminierung in der Erwerbsarbeit" am Lehrstuhl für Öffentliches Recht und Geschlechterstudien, Humboldt-Universität, Berlin.
Email: Anja.Michaelsen@rz.hu-berlin.de

Vera Riesenfeld

Dipl. Soziologin, Elektrikerin, Krankenschwester, Hausfrau und Mutter. Danach Abitur und Studium der Soziologie, Politologie und Psychologie in Berlin und Barcelona. Mehrjährige Tätigkeit im Hochschul- und Jugendbildungsbereich, sowie Mitarbeit an unterschiedlichen Forschungsprojekten mit dem Fokus Geschlecht und Arbeit. Zur Zeit wissenschaftliche Mitarbeiterin im Forschungsprojekt *Work Changes Gender*, Gender-Trainerin bei genderWerk, DJane und Mitorganisatorin des Ladyfest, sowie engagierte Mitbewohnerin einen Wohnprojektes.
Email: Vera.Riesenfeld@dissens.de

Michael Ruf

geb. 1976. Er studierte Sozialwissenschaften (Erziehungswissenschaften, Soziologie und Psychologie) an der Universität Heidelberg und der FU Berlin und absolvierte ein Masters-Programm an der University of Massachusetts Boston. Sein Studium wurde von der Ebert-Stiftung, dem Land Baden-Württemberg und der Fulbright-Kommission gefördert. Er arbeitete in Heidelberg und Boston als wissenschaftliche Hilfskraft und am „UNESCO Institute for Education" in Hamburg als Praktikant. Arbeitsschwerpunkte: u.a. Rassismus (Whiteness), Konstruktivismus, Cultural Studies, Medien- und Filmanalysen, Kulturtheorien, Gender, Repräsentationen, Diversity. Engagement bei Internationaler Jugendbegegnung, Kommunalem Kino und der GLOBALE (globalisierungskritisches Filmfestival in Berlin). Leitete das FES-StipendiatInnenseminar „Konstruktion von Männlichkeit".
Email: Michael.Ruf.2000@web.de

Klaus Schwerma

Diplom-Sozialwissenschaftler. Mitbegründer von *genderWerk* und wissenschaftlicher Mitarbeiter im EU-Forschungsprojekt „Work Changes Gender" bei *Dissens e.V.*, Gender-Trainer und Erwachsenenbildner in den Bereichen Männlichkeit und Geschlechterverhältnisse. Mitglied im *Arbeitskreis kritische Männerforschung* und im *Forum Männer in Theorie und Praxis der Geschlechterverhältnisse*. Langjährige Berufstätigkeit in einer mittelständischen Druckerei.
Email: Schwerma@web.de

Brigitte Sorg

Erzieherin, Diplom Sozialpädagogin und steht kurz vor dem Magisterabschluss im Postgradualen Studiengang Gesundheitswissenschaften/Public Health an der Technischen Universität Berlin. Ihre Magisterarbeit schreibt sie über: "Genderanalyse in der Suchtprävention bei Kindern und Jugendlichen. Geschlechtsdifferenzierung in den Publikationen des Bundesministeriums für Gesundheit und Soziale Sicherung". Sie ist Mitarbeiterin im Frauengesundheitszentrum Berlin e.V. und ehemalige Stipendiatin der Heinrich-Böll-Stiftung.
Email: Brigitte.Sorg@web.de

Johanna Vollhardt

geb. 1979 in New York, 1998 – 2004 Studium der (Diplom-) Psychologie an der Universität zu Köln. Studentische Hilfskraft am Lehrstuhl für Allgemeine Psychologie und Kulturpsychologie, hier u.a. Beschäftigung mit Gender. Seit 2000 Stipendiatin der Friedrich-Ebert-Stiftung und Mitglied im Arbeitskreis Gender. Mitbegründerin und stellvertretende Vorsitzende von Jung und Jüdisch Deutschland e.V. Ab Herbst 2004 Promotionsstudium an der University of Massachusetts Amherst im neu gegründeten Ph.D.-Programm „The Psychology of Peace and the Prevention of Violence".
Email: jvollhar@smail.uni-koeln.de

Willi Walter

Männer-, Geschlechter- und Gewaltforscher. Studierte Women's Studies in Peterborough/Ontario und Philosophie, Politologie und Psychologie in Freiburg und Berlin. Verschiedene Lehraufträge in Berlin, Innsbruck, Magdeburg, Bern und Luzern. Arbeitet auch als Ausbilder für Mediation (BM) und Konfliktmanagement. Gründer und Koordinator des seit 1994 bestehenden *AK Kritische Männerforschung*. Sprecher des *Forum Männer in Theorie und Praxis der Geschlechterverhältnisse*. Mitarbeit an *der Pilotstudie Gewalt gegen Männer*. Von 1994 bis 2000 Mitherausgeber der Zeitschrift *Kritische Männerforschung*. Website: www.willi-walter.de
E-Mail: Willi.Walter@menstudy.de

Vanessa Watkins

Sie studiert Angewandte Kulturwissenschaft in Lüneburg mit Kunst- und Bildwissenschaft und Kulturtheorie im Hauptfach und Kulturinformatik im Nebenfach. Sie ist momentan Sprecherin des stipendiatischen Arbeitskreises Gender der Friedrich-Ebert-Stiftung. Im Rahmen des Seminarprogramms der Studienförderung hat sie 2003 ein Seminar zu „Internationalen Genderfragen" und 2004 ein Seminar zur „Konstruktion von Männlichkeit" geleitet. Ihre aktuellen Interessengebiete umfassen die Konstruktion von Wirklichkeit durch Medien und die Frage nach Strukturen gesellschaftlicher und kultureller Machtverhältnisse.
Email: Vanessa.Watkins@gmx.de

The making of... - Danksagungen

Wir danken der Friedrich-Ebert-Stiftung für die Unterstützung unseres Arbeitskreises, der Ernst-Reuter-Gesellschaft der Freien Universität Berlin und der Humboldts-Universitäts-Gesellschaft der HU Berlin für die finanzielle Unterstützung, Prof. Dr. Susanne Baer für ihre ideelle Förderung, Prof. Dr. Rita Süssmuth für die Bereitschaft, für uns zu schreiben, Ulrike Propach für ihre Ausdauer.

Danke an Jana Brunner fürs knallharte Redigieren, Mimi Janke, Atussa Ziai und Götz Feeser für unermüdliches Rumschlagen mit der neuen Rechtschreibung, Tine Deutschländer für die Einführung in die Buchkunst, Uta Kletzing für ihre langjährige Genderpartnerschaft, meinem Bruder Hansjörg für sein jahrelanges Training und Maria A. Gowans und Peter Mares für ihre Hilfe in letzter Not.

Danke an Evelyn Hayn fürs Redigieren und die schicke Internetseite, Sebastian Eggers fürs fleißige Kommas setzen, Tanja Seider und Judith Werdowski fürs genaue Lesen, Lezlee Dunn für ihre Aufmerksamkeit, Werner Mauch für den Einblick in seine Erfahrungen, Jan Diebold für die inspirierende Freundschaft, die Freundinnen und Freunde der S.L. Ranch, den Horst-Verlag in Heidelberg, auf dessen nächsten Jahreskalender wir uns bereits freuen, und natürlich Fritz, Heather und Debbie.

Einführungen in die Soziologie

Martin Abraham, Thomas Hinz (Hrsg.)

Arbeitsmarktsoziologie

Probleme, Theorien, empirische Befunde
2004. ca. 288 S. Br. ca. EUR 24,90
ISBN 3-531-14086-8

Der Band bietet einen fundierten Einblick in die zentralen Theorien und Probleme des Arbeitsmarktes. Voraussichtlich mit Beiträgen von Rolf Becker, Hans Dietrich, Markus Gangl, Henriette Engelhardt, Frank Kalter, Wolfgang-Ludwig-Mayerhofer, Tanja Mühling, Olaf Struck, Heike Trappe u.a.

Paul B. Hill, Johannes Kopp

Familiensoziologie

Grundlagen und theoretische Perspektiven
3., überarb. Aufl. 2004. 358 S.
mit 8 Abb. Br. EUR 26,90
ISBN 3-531-43734-8

Der Band gibt einen fundierten Einblick in die Familiensoziologie. Dabei werden zunächst die historischen und ethnologischen Variationen der Formen familialen Lebens thematisiert und die wichtigsten Theorietraditionen der Familiensoziologie vorgestellt.

Für die zentralen Gegenstandsbereiche – etwa Partnerwahl, Heiratsverhalten, innerfamiliale Interaktion, Fertilität, Familienformen sowie Trennung und Scheidung – wird der theoretische und empirische Stand der Forschung vorgestellt und diskutiert.

Michael Jäckel

Einführung in die Konsumsoziologie

Fragestellungen – Kontroversen – Beispieltexte
2004. 292 S. Br. EUR 24,90
ISBN 3-531-14012-4

Die moderne Gesellschaft lässt sich als Konsumgesellschaft beschreiben. Mode, Geschmack, Stil sind ebenso prägend wie die mit der entstehenden Konsumgesellschaft einhergehende Konsumkritik. Dieses einführende Lehrbuch beschreibt daher die Entstehung und Entwicklung von Konsum und seine gesellschaftliche Bedeutung.

Erhältlich im Buchhandel oder beim Verlag.
Änderungen vorbehalten. Stand: Juli 2004.

www.vs-verlag.de

VS VERLAG FÜR SOZIALWISSENSCHAFTEN

Abraham-Lincoln-Straße 46
65189 Wiesbaden
Tel. 0611.7878-722
Fax 0611.7878-400

Neu im Programm Soziologie

Gabriele Klein

Electronic Vibration

Pop - Kultur - Theorie
2004. 310 S. Br. EUR 24,90
ISBN 3-8100-4102-5

Das Buch entwickelt eine Kulturtheorie des Pop und legt dabei ein besonderes Augenmerk auf Körperinszenierungen. Auf der Grundlage einer empirischen Untersuchung der Jugendkultur Techno wird eine an Bourdieu und den Cultural Studies angelehnte theoretische Skizze der Popkultur vorgestellt, die die lebensweltliche Relevanz globalisierter Kulturen, wie es jugendliche (Pop)Musikkulturen seit ihren Anfängen sind, herausarbeitet. Das Buch gibt Antworten auf die Fragen, warum Techno eine Tanzkultur war und ist und welche Rolle die Körpertechniken und -inszenierungen in dieser Jugendkultur spielen.

Corinna Kleinert

FremdenFeindlichkeit

Einstellungen junger Deutscher
zu Migranten
2004. 318 S. Br. EUR 32,90
ISBN 3-531-14202-X

In diesem Buch wird das Phänomen Fremdenfeindlichkeit grundlegend analysiert: Was ist unter Fremdheit zu verstehen? Warum und wann werden Fremde zu Feinden? Warum trifft das Phänomen nur bestimmte Gruppen von Fremden, andere hingegen nicht? Was sind die Ursachen fremdenfeindlicher Einstellungen? Diese Fragen werden nicht nur theoretisch beantwortet, sondern empirisch anhand einer deutschlandweit repräsentativen Befragung nachgeprüft.

Christine Weinbach

Systemtheorie und Gender

Das Geschlecht im Netz
der Systeme
2004. 206 S. Br. EUR 24,90
ISBN 3-531-14178-3

In dieser Arbeit wird zum ersten Mal der systematische Versuch einer fruchtbaren Begegnung von Systemtheorie und Gender Studies vorgenommen. Ausgangspunkt bildet die Unterscheidung von Bewusstsein und Kommunikation. Die These lautet, dass die je spezifische Strukturierung der stets geschlechtlichen Person einen geschlechtstypischen psychischen und sozialen Unterschied macht.

VS VERLAG FÜR SOZIALWISSENSCHAFTEN

Abraham-Lincoln-Straße 46
65189 Wiesbaden
Tel. 0611.7878 - 722
Fax 0611.7878 - 400

If you have any concerns about our products,
you can contact us on
ProductSafety@springernature.com

In case Publisher is established outside the EU,
the EU authorized representative is:
Springer Nature Customer Service Center GmbH
Europaplatz 3, 69115 Heidelberg, Germany

Printed by Libri Plureos GmbH
in Hamburg, Germany